现代职业教育体系建设系列教材
编委会名单

（排名不分先后）

现代职业教育体系建设系列教材

会计专业系列

财务会计

CAIWU KUAIJI

主　编◎陈　彦

副主编◎施秋霞　李思远　黄道平

广东高等教育出版社
Guangdong Higher Education Press

·广州·

内 容 简 介

本教材是在进行深入供需调研、职业能力分析的基础上进行课程体系建构，遵循“以就业为导向、以能力为本位”的职业教育理念，以会计专业教学标准和课程标准为蓝本，依据工作过程中的工作岗位任务作为单元进行设计，通过设置货币资金、存货业务、固定资产业务、无形资产业务、投资性房地产业务、涉税业务、往来核算、职工薪酬、筹集资金、对外投资、财务成果和编制报表等岗位任务，使学生能够运用企业会计准则解决会计岗位实际问题；同时增加非营利组织会计核算任务，使学生具备企业和非营利组织会计实务的操作技能，实现理论和实践的深度融合，提升学生的会计基本职业素养，为从事会计工作打下坚定的基础。

图书在版编目（CIP）数据

财务会计/陈彦主编．—广州：广东高等教育出版社，2016.12
（现代职业教育体系建设系列教材）
ISBN 978-7-5361-5811-5

Ⅰ.①财…　Ⅱ.①陈…　Ⅲ.①财务会计-高等职业教育-教材
Ⅳ.①F234.4

中国版本图书馆 CIP 数据核字（2016）第 309845 号

出版发行：广东高等教育出版社
地　　址：广州市天河区林和西横路/510500
电　　话：（020）87551597
网　　址：www.gdgjs.com.cn
印　　刷：佛山市浩文彩色印刷有限公司
开　　本：787 mm×1 092mm　1/16
印　　张：25.75
字　　数：595 千
版　　次：2016 年 12 月第 1 版
印　　次：2016 年 12 月第 1 次印刷
定　　价：46.00 元

出版说明

自2014年全国职业教育工作会议召开以来，职业教育改革发展进入了新的发展阶段。各地围绕推进职业教育领域综合改革，大力发展现代职业教育。在新一轮的改革创新浪潮中，广东省将科学建立现代职业教育系列标准，推动现代职业教育课程教材改革作为深化职业教育改革的重要内容。《广东省人民政府关于创建现代职业教育综合改革试点省的意见》中明确要求："建立中职—专科高职—应用本科衔接互通的标准框架体系及专业课程教学标准，开发相关的示范课程及教学资源库，研制现代职业教育体系规划教材。"《广东省现代职业教育体系建设规划（2015—2020年）》也明确提出："到2020年，在50个专业试点中高职衔接专业标准和课程标准，开发500门中高职衔接的示范课程及资源库，编写1 000本现代职业教育体系规划教材。"

为贯彻落实省政府加快发展广东现代职业教育的工作部署，2013年以来，广东省教育厅陆续启动了74个专业教学标准和课程标准研制项目，取得了一批重要的研究成果，包括现代职业教育标准体系建设系列丛书，一批专业的教学标准以及1 100多门专业核心课程标准。广东省教育厅十分重视标准研制成果的推广和应用，连续两年下发通知（粤教职函〔2015〕77号、粤教职函〔2016〕58号），明确各地、各中等职业学校要特别围绕已经完成的专业教学标准和课程标准开发教材。广东省教育研究院聚焦标准成果的转化，组织参与标准研制的专家学者和一线教学经验丰富的专业教师，研发出目前呈现在读者面前的系列教材。

本系列教材以专业教学标准和课程标准为依据，呈现出三大特点：一是系统性。专业教学标准和课程标准的研制始终坚持"能力核心、系统培养"的指导思想，通过岗位分层实现职业能力分级，基于职业能力分级实现中职、高职、本科的教育分层。教材的研发与标准研制一脉相承，体现教育属性和职业属性的有机结合，既能满足专业教学及升学的需要，也能满足就业的需求。二是创新性。标准研制成果明确地将职业能力点有机地融入课程之中，建立了以职业能力为核心、中高职分级培养的课程体系。教材通过行动导向、项目引领、任务驱动等模块化教学，增强了"做中学、做中教"的教学双向互动，让职业能力培养有效地体现在教学过程当中。三是实用性。教材内容的研发基于工作过程及职业情境，对准由行业企业专家提出的真实用人要求和职业活动，让学生切实掌握就业岗位工作内容，达到职业能力及职业道德要求，实现学有所指、学有所用的目的。

系列教材的研发得到了广东省教育厅高中职处、高教处等领导的关心和指导，也得到省内有关职业院校、行业企业的大力支持和积极参与，在出版期间尤其得到了广东高等教育出版社的大力支持，在此特别致以衷心的感谢！

系列教材的出版是我们为了实施和推广专业教学标准和课程标准所做的一项探索性工作，由于水平有限，难免存在不尽如人意之处和谬漏，恳请广大专家、读者和一线教师提出宝贵意见，帮助我们把这项工作做得更好。

现代职业教育体系建设系列教材编委会
2016 年 7 月

序　言

陈彦教授是我院在广东省内高校会计领域具有一定影响力的专家型教师，曾在民营和外资企业担任财务经理、财务副总监，拥有多年丰富的企业实践经验。从教十几年来，以其渊博的学识修养、严谨的治学态度，一直致力于会计的教学和科研工作，不仅桃李芬芳，更在省部级重大科研项目研究和专业课程建设上有重大建树。凭借其精深学术造诣和精湛教学技艺，担任全国高校财经教学研究会副会长、广东省高职教育财经专业教学指导委员会委员、广东省财政厅会计专家库成员、广东省科技厅项目评审财务专家。

《财务会计》这本教材是广东省教育研究院立项课题“现代职业教育体系视野中的财务会计课程教材开发研究”的结题成果，也是广东特色现代职业教育标准体系建设取得的阶段性研究和实践的成果之一，对于探索系统化人才培养，满足多样化、不同层次的需求，为职业教育专业课程体系改革提供了有益的参考。因此，该教材付梓出版非常有意义。

加快发展现代职业教育是党中央、国务院作出的重大战略决策。作为一名长期从事高等职业教育的工作者，我真心地期望有更多的职业教育学者、行业企业专家坚持创新、对接产业，以匠人之心追求技艺的极致，开发出更多基于现代职业教育体系的优质教材，取得更多具有示范带动作用和推广价值的高水平教科研成果，共同助推职业教育大发展。

广东机电职业技术学院
党委书记

2016 年 9 月

前　言

财务会计是高职高专财会专业的核心课程，本教材以最新企业会计准则为依据，以高职高专能力本位培养为目标，以项目驱动为导向，以会计工作岗位过程为指导，紧贴高职高专的学情来编写。本书既可供中高职衔接的会计类专业学生使用，也可供高职会计类专业学生和行业企业人员使用。本书具有以下特点：

1. 教材在编写中突出了中高职衔接，具有很强的针对性

该教材以中高职衔接体系会计专业教学标准和课程标准为蓝本，在文字表述上充分考虑了高职学生的知识基础，突出中高职衔接教育的特点，重实操，轻理论；教材结构科学，内容编排遵照由简入难、由简单到复杂，通俗易懂。该教材体现立德树人、能力核心、工学结合、理实一体的职业教育课程开发思想，衔接性与普适性相结合，既能满足升学又能满足就业的学习要求。

2. 教材内容体现任务驱动、项目导向

教材依据工作过程中的工作岗位任务作为项目进行设计，以工作过程导向重构教材结构，设计学习情境。采用项目导向和任务驱动设计内容，在能力项目的设计上突出学生实操能力，在项目下设置多个任务，通过任务驱动完成能力训练目标。

3. 教材内容来源于企业真实案例，在编写上有很强的实务性

该教材与企业、行业共同开发，遵循“以就业为导向、以能力为本位”的职业教育理念，体现职业岗位或职业岗位群所要求的专业知识、操作技能和工作规范。通过核算货币资金、财产物资、往来款项、职工薪酬、筹集资金、对外投资、涉税业务、财务成果、外币业务和编制报表等岗位任务，使学生能够运用企业会计准则解决会计岗位实际问题，并且提升学生的会计基本职业素养，为从事会计工作打下坚实的基础。教材课证深度融合，内容与助理会计师考试内容紧密结合，同时注重教材内容的丰富性，扩充各类相关知识和案例，满足高职学生和企业自学人员考证的需要。

本书由广东机电职业技术学院、广东农工商职业技术学院和广东轻工职业技术学院联合编写。广东机电职业技术学院陈彦教授担任主编，负责总体组织策划并编写导言部分；广东农工商职业技术学院施秋霞老师负责编写项目一、项目二、项目三、项目六和项目十；广东机电职业技术学院李思远老师负责编写项目四、项目五、项目七和项目九；广东轻工职业技术学院黄道平老师负责编写项目八；最后由陈彦教授和张凯副教授对该教材进行审核。在本书编写过程中感谢广州玮铭会计师事务所的大力支持与参与，感谢广东省教育研究院杜怡萍研究员细致的指导与帮助。金无足赤，书无完书，本书编写难免存在疏漏与不足，恳请读者及时提出修改意见和建议，以使本书得到不断的改进和完善。

编者

2016 年 9 月

目 录

备注：标注星号的内容是中高职衔接中会计类专业学生在中职已经学过的知识点。

导言
认识财务会计

导学案例

最近，一些上市公司公布了会计差错更正公告，对前期会计差错进行更正。会计差错，是指在会计核算时，计量、确认、记录等方面出现的错误。一方面，会计差错特别是重大差错若不及时、正确地更正，不仅影响会计信息的可靠性，而且可能误导投资者、债权人和其他信息使用者做出错误的决策或判断。对上市公司而言，会计差错蕴含着巨大的风险，财务人员不能不谨慎提防。另一方面，会计差错也可能存在人为故意情况，部分上市公司故意混淆非重大会计差错以及重大会计差错，滥用重大会计差错的会计处理准则，操纵利润，性质恶劣。

我们呼吁，上市公司不仅要谨防出现会计差错的风险，更要拒绝以“会计差错”之名行“财务造假”之实。

【案例一】＊ST 国恒：片面理解权责发生制

11 月 29 日，＊ST 国恒发布《关于对 2013 年一季报、半年报会计差错更正的公告》称，经其内控委员会自查，公司于 2012 年 12 月 12 日与无锡广建投资有限公司（以下简称“无锡广建”）签署了《花岗岩购销合同》，2013 年 1 月公司向无锡广建交付了总金额为 1 亿元人民币的商业承兑汇票，2013 年 1 月底，因无锡广建无法按照合同约定交付货物，公司与无锡广建解除了《花岗岩购销合同》并要求其立即归还已收到的全部商业承兑汇票。根据公司内控委员会初步查明，截至目前，尚有 2 800 万元的商业承兑汇票未从无锡广建归还至公司。经询问，因《花岗岩购销合同》已解除，且对方一直没有履行合同，没有交付货物，没有提供发票，公司财务部本着对权责发生制的片面理解，仅将已开出的相关商业承兑汇票列示在备查簿中，未在账务中进行会计处理。经讨论，公司第八届董事会四十二次会议同意其内控委员会的报告并责成财务部在 2013 年三季报中将尚未收回的 2 800 万元商业承兑汇票体现在“应付票据”科目中，并建议对公司 2013 年一季报、2013 年中报进行追溯调整。

点评： 商业汇票是出票人签发的、委托付款人在指定日期无条件支付确定的金额给收款人或者持票人的票据。购货方签发商业承兑汇票，即意味着其承诺在将来特定时日、支付一笔固定款项。这是一项预期会导致经济利益流出企业的现时义务。也就是说，＊

ST国恒在签发商业承兑汇票后，即已经产生支付该笔款项的义务，2 800万元的商业承兑汇票没有追回，则其支付义务没有终止。这一不确定的事项可能导致2 800万元的利益流出，对投资者来说，是重大且应该披露的信息。

本案例中，会计差错由其内控委员会自查查出，显示了上市公司内部控制建设的有效性，对当前仍有许多上市公司内部控制“走过场”的现实来说，应该是个不错的借鉴。

【案例二】力生制药：滥用未正式出台的会计规定

11月18日，天津力生制药股份有限公司（简称力生制药）发布《关于对前期会计差错更正的公告》称，2012年其收购天津市中央药业有限公司（以下简称“中央药业”）100%股权，合并日为2012年6月30日。在编制2012年半年报及三季度报表时，力生制药与会计师事务所进行了充分沟通，决定按照财政部下发的当时正在征求意见的《企业会计准则解释第5号（征求意见稿）》中规定的方法编制合并报表。采用以上方法编制的2012年半年报和三季报中，合并资产负债表的期初余额未做相应调整；合并利润表和合并现金流量表中未合并中央药业在被合并前（即2012年1月—2012年6月）的相关数据。2012年11月，《企业会计准则解释第5号》正式发布，力生制药发现正式文件与征求意见稿规定不同，于是在2012年年度报告以及之后的各期报告中公司均进行了调整，但因理解有误，力生制药未认为上述调整属于会计差错，因此，未将其作为会计差错进行更正处理。

《企业会计准则解释第5号（征求意见稿）》就“在同一控制下的企业合并中，合并方应当如何编制合并财务报表”这一问题征求意见称：合并资产负债表中被合并方的各项资产、负债，应当按账面价值计量，被合并方在企业合并前实现的留存收益中归属于合并方的部分，不再由合并方的资本公积转入盈余公积和未分配利润；合并利润表应合并被合并方从合并日开始实现的净利润；合并现金流量表应当合并被合并方从合并日开始形成的现金流量。

然而，在《企业会计准则解释第5号》正式文本中，上述问题及相关规定并不包含在内。经核实，力生制药2012年财务报表审计委托会计师事务所为中瑞岳华。

点评：《企业会计准则解释第5号（征求意见稿）》第十四条如是表述：“本解释中除特别注明应予追溯调整的以外，其他问题自2012年1月1日起施行。”这很可能是导致力生制药及其会计师事务所选择按照未正式出台的“会计规定”进行会计处理的原因。然而，这种处理“过头”了。打个比方说，目前中央已经明确只要夫妻一方是独生子就可以生育二孩，但相关方面仍在提醒，政策未落地之前，“抢生”依然要被罚款。回过头来说，我们的上市公司为何要如此急着去适用尚未正式出台生效的会计准则解释？哪怕上述政策包含在正式出台的规定里，也可能存在时间适用的问题。《企业会计准则解释第5号》正式印发后，适用时间更改为自2013年1月1日施行。

另外，需要提及的是，作为顶着“谨慎性原则”行事的会计师事务所，怎能如此不谨慎呢？

【案例三】世纪游轮：会计差错致利润增300多万

10月19日，重庆新世纪股份有限公司（简称世纪游轮）发布《关于对2012年度报告进行会计差错更正的公告》称，其2013年7月22日接受中国证券监督管理委员会重庆监管局现场检查。经检查，由于世纪游轮财务基础薄弱，会计核算不规范，对在建工程、预付账款、营业收入、管理费用、营业外支出等的确认、计量不准确，未按《企业会计准则》进行正确会计处理，导致多确认在建工程343.74万元，多确认营业收入1 052.03万元，多确认营业成本524.11万元，多确认管理费用276.19万元及少确认营业外支出92万元。

对上述事项，世纪游轮按照《企业会计准则——会计政策、会计估计变更和会计差错》及中国证监会《公开发行证券的公司财务信息的更正及相关披露》相关规定，对2012年度财务报表进行更正，调减归属于母公司的净利润343.74万元，调减未分配利润320.13万元，调减盈余公积23.81万元。

点评：“2012年随着长江新建游轮的集中投放，行业新增了8艘游轮，使得市场短期内竞争加剧。”世纪游轮在其2012年年报中如是表述。在此背景下，世纪游轮出现诸多会计差错，难免会让人想到其是否是有意为之。

世纪游轮2013年三季报显示，其归属于上市公司股东的净利润为323.61万元，同比下降83.44%。

【案例四】海联讯：会计差错？财务造假？

4月27日，深圳海联讯科技股份有限公司（简称海联讯）发布了《关于对以前年度重大会计差错更正及追溯调整的公告》对其存在的外包成本、年终奖金、应收账款、营业收入等四方面存在的问题进行了说明。据经调整的合并利润表显示，海联讯2011年分别虚增净利润、营业收入及销售费用2 278.88万元、1 592万元和14.55万元；虚减营业成本和管理成本117.97万元和182.58万元。当年净利润相应从6 273.23万元调减为实际的3 994.35万元，虚增2 278.88万元，虚增部分为实际数的57.05%。另外未分配利润虚增4 443.8万元。而在2010年的未分配利润中，虚增2 392.85万元。

除了虚增利润的问题，海联讯还虚假冲减应收账款。根据天健会计师事务所出具的《重要前期差错更正的说明》，海联讯调整2010年虚假冲减应收账款，调增应收账款及其他应付款1.13亿元，2011年该指标为1.33亿元，两者合计高达2.46亿元。此外，天健会计师事务所指出，2010年至2011年，海联讯向数家客户提供服务，合计确认应收款3 180万元，截至2012年末，这笔应收款未曾有收款记录。虽然海联讯在公告中称，“以前年度财务数据出现了重大会计差错”，并公告称相关责任人已经得到内部处罚。但随后诸多媒体在报道该事件时，均指出海联讯涉嫌“财务造假”和“涉嫌欺诈”。

点评：会计差错不可避免，但只要及时更正了犹可谅解。但一些心术不正的上市公司往往以“会计差错”为幌子来进行财务造假，不可宽恕。从精心筹划虚增利润，到顺利上市或再融资，达到“圈钱”目标后，“财务造假”再通过“会计差错”加以追溯调整——好一条简单易行的违规之路！然而，面对这些迅速“变脸”的公司，投资者的损失又该由谁来买单？

（资料来源：财会信报，米太平，2013－12－05）

知识准备

一、财务会计的基本概念

财务会计是以货币为主要量度，对企业已发生的交易或事项，运用专门的方法进行确认、计量，并以财务会计报告为主要形式，定期向各经济利益相关者提供会计信息的企业外部会计。这是通过对企业已经完成的资金运动全面系统的核算与监督，以为外部与企业有经济利害关系的投资人、债权人和政府有关部门提供企业的财务状况与盈利能力等经济信息为主要目标而进行的经济管理活动。财务会计是现代企业的一项重要的基础性工作，通过一系列会计程序，提供决策有用的信息，并积极参与经营管理决策，提高企业经济效益，促进市场经济的健康有序发展。

财务会计是企业会计的一个分支，与管理会计同为企业会计的两大分支。因其沿用传统的会计模式，故称“传统会计”，也因其侧重于满足企业外部有关方面的决策需要，对外提供财务报告，故也称“对外报告会计”。

二、财务会计的特点

财务会计与管理会计比较有以下几个特点：

1. 以计量和传送信息为主要目标

财务会计的主要目标是向企业的投资者、债权人、政府部门，以及社会公众提供会计信息。这种信息反映企业的整体情况并着重历史信息。

2. 以会计报告为工作核心

财务会计作为一个会计信息系统，是以会计报告为主最终成果。现代财务会计所编制的报表是以公认的会计原则为指导而编制的通用报表，它将报表的编制放在突出位置，所以，财务会计的工作核心是会计报告。

3. 以传统会计模式作为数据处理和信息加工的基本方法

为了提供会计报表，财务会计要熟练运用信息加工处理的方法。传统的会计模式依据复式记账系统，以权责发生制为基础，遵循历史成本原则，为财务会计提供了很好的处理方法。

4. 以公认会计原则为基本原理和准则

公认会计原则是指导财务会计工作的基本原理和准则，是组织会计活动、处理会计业务的规范。管理会计则不必遵守这些规范。

三、会计信息质量要求

1. 可靠性

可靠性是指企业应当以实际发生的交易或事项为依据进行会计确认、计量和报告，如实反映符合确认和计量要求的各项会计要素及其他相关信息，保证会计信息真实可靠、内容完整。

（1）当以实际发生的交易或事项为依据。

（2）如实反映符合确认和计量要求的各项会计要素及其他相关信息。

（3）保证会计信息真实可靠、内容完整。

2. 相关性

相关性是指会计信息要同信息使用者的经济决策相关联，即人们可以利用会计信息做出有关的经济决策。这有助于财务报告使用者对企业过去、现在或者未来的情况做出评价或者预测。

会计应尽可能满足各个方面对会计信息的要求。如投资者要了解企业盈利能力的信息，以决定是否投资或继续投资；银行等金融机构要了解企业的偿债能力，以决定是否对企业贷款；税务部门要了解企业的盈利及生产经营情况，以决定对企业的纳税情况是否合理等。会计对外提供信息，是为了满足有关方面的需要。会计核算需要各方面提供有用的信息，会计信息是面向社会的，只满足某方面的要求还不行，要满足所有方面的要求。

3. 可理解性

可理解性是指企业提供的会计信息应当清晰明了，便于财务报告使用者理解和使用。

企业编制财务报告、提供会计信息的目的在于使用。使用者要有效使用会计信息，需了解会计信息的内涵，弄懂会计信息的内容。这就要求财务报告所提供的会计信息应当清晰明了，易于理解。只有这样，才能提高会计信息的有用性，实现财务报告的目标，满足向投资者等财务报告使用者提供决策有用信息的要求。

4. 可比性

可比性是指企业的会计核算应当按照规定的会计处理方法进行，会计指标应当口径一致，相互可比。

（1）同一企业对不同时期发生的相同交易或者相似的交易和事项，采用一致的会计政策，不得随意变更，即纵向要求。

（2）不同企业发生的相同或相似的交易或者事项，应当采用规定的会计政策，即横向可比。

5. 实质重于形式

实质重于形式指企业应当按照交易或事项的经济实质进行会计核算，而不应当仅按照它们的法律形式来作为会计核算的依据。在实际工作中，交易或事项的外在形式或人为形式并不能完全真实地反映其实质内容。所以，会计信息拟反映的交易或事项，必须根据交易或事项的实质和经济现实，而非根据它们的法律形式进行核算。

例如，以融资租赁的形式租入的固定资产，虽然从法律形式来讲企业并不拥有其所有权，但是由于租赁合同中规定的租赁期相当长，接近于该资产的使用寿命，且租赁期结束时承租企业有优先购买的选择权，并在租赁期内有权支配资产并从中受益。所以，从实质上看，企业控制了该项资产的使用权及受益权。在会计核算上，将融资租赁的固定资产视为企业的资产。

工作实例

×上市公司拥有江苏×公司45%的股份，另一投资者A拥有江苏×公司7%的股份。A和×上市公司经磋商达成委托协议，×上市公司通过协议控制江苏×公司7%的股份。加上原有的45%，×上市公司实质上已拥有江苏×公司50%以上的股份。这种情况下，×上市公司对江苏×公司的经营管理拥有了控制权，使江苏×公司成为了事实上的子公司。因此，会计处理上，×上市公司股权计量应采用成本法，编制合并报表时应将江苏×公司纳入合并的范围。

以上工作实例表明，判断一家企业是否应该纳入合并范围，持股比例不是绝对的唯一标准。在持股比例不足50%的情况下，投资企业往往通过与其他投资者达成协议，受托管理和控制被投资企业，从而最终拥有被投资企业50%以上的权益性资本。

6. **重要性**

重要性是指某些对会计主体的经济活动或会计信息使用者相对重要的事项应分别核算，分项反映，力求准确，并在会计报告中做重点说明。而对那些次要的会计事项，在不影响会计信息真实性的情况下，则可适当简化会计核算手续，采用简化的会计处理方法，合并反映。可从性质和金额两方面判断重要性。

7. **谨慎性**

谨慎性是指某些经济业务有几种不同会计处理方法和程序可供选择时，在不影响合理选择的前提下，应当尽可能选用对所有者权益产生影响最小的方法和程序进行会计处理，合理核算可能发生的损失和费用，即所谓“宁可预计可能的损失，不可预计可能的收益”。企业对会计事项进行确认、计量和报告时应当保持应有的谨慎，不高估资产或收益、低估负债或费用。

8. **及时性**

及时性是指企业对已经发生的交易或事项，应当及时进行会计确认、计量和报告，不得提前或延后，即收集、处理、传递会计信息要及时。及时性原则有两方面含义：

（1）处理及时：企业发生的经济活动应及时在本会计期间内进行会计处理，而不延至下期。

（2）报送及时：会计资料如会计报表等，应在会计期间结束后按规定日期及时报送出去。

四、会计计量

会计计量是会计人员运用一定的计量模式，对会计对象的内在数量关系所做的货币定量，并产生以货币定量信息为主的会计信息的处理过程。

1. **会计计量属性及其构成**

计量属性是指所予计量的某一要素的特性方面，如桌子的长度、铁矿的重量、楼房的高度等。从会计角度来看，其计量属性反映的是会计要素金额的确定基础，主要包括历史成本、重置成本、可变现净值、现值和公允价值等。

（1）历史成本。资产按照购置时支付的现金或者现金等价物的金额，或者按照购置资产时所付出的对价的公允价值计算。负债按照因承担现时义务而收到的款项或者资产的金额，或者承担现时义务的合同金额，或者按照日常活动中为偿还负债预期需要支付的现金或者现金等价物的金额计算。

（2）重置成本。资产按照现在购买相同或者相似资产所需支付的现金或现金等价物的金额确定。负债按照现在偿付该项负债与其需要支付的现金或现金等价物的金额确定。

（3）可变现净值。资产按照正常对外销售所能收到的现金或现金等价物的金额扣减该资产至完工时估计将要发生的成本、估计的销售费用和税金后的金额计量。

（4）现值。资产按照预计从其持续使用和最终处置中所产生的未来净现金流入量的折现金额计算。负债按照预计期限内需要偿还的未来净现金流出量的折现金额计算。

（5）公允价值。公平交易中，熟悉情况的交易双方自愿进行资产交换或债务清偿的金额计量。

2．会计计量属性的应用原则

（1）一般情况下，企业采用历史成本计量属性。

（2）如果历史成本难以达到会计信息的质量要求，为了提高会计信息的有用性，提供更相关信息，可以采用其他计量属性。

比如，资产或者负债的历史成本有时就是根据交易时有关资产或者负债的公允价值确定的。在非货币性资产交换中，如果交换具有商业实质，且换入、换出资产的公允价值能够可靠计量的，换入资产入账成本的确定应当以换出资产的公允价值为基础，除非有确凿证据表明换入资产的公允价值更加可靠。在非同一控制下的企业合并交易中，合并成本也是以购买方在购买日为取得对被购买方的控制权而付出的资产、发生或承担的负债等的公允价值来确定的。

五、企业会计岗位设置

会计工作岗位，是指一个单位会计机构内部根据业务分工而设置的职能岗位。会计工作岗位可以一人一岗、一人多岗或者一岗多人。但出纳人员不得兼管稽核、会计档案保管和收入、费用、债权债务账目的登记工作。在会计机构内部设置会计工作岗位，有利于明确分工和确定岗位职责，建立岗位责任制；有利于会计人员钻研业务，提高工作效率和质量；有利于会计工作的程序化和规范化，加强会计基础工作；有利于强化会计管理职能。

企业应根据自身规模大小、业务量多少等具体情况来合理设置会计岗位。一般来说，大中型企业财务分工比较细，往往单独设置理财经理与会计经理来分别负责财务管理工作与会计核算工作。财务主管下设财务预算、财务分析、投融资、资金管理等岗位。会计主管下设材料核算、资产核算、薪酬核算、税务核算、销售核算、成本核算、出纳、总账报表等会计岗位（见图1所示）。有些企业没有单独设置财务管理部门，其财务管理工作往往由某些会计岗位来兼任，如财务分析工作一般由总账报表会计兼任，投融资工作则由资产核算会计和资金核算会计来兼任。小型企业因业务量较少，应适当合并减少岗位设置。例如，可设置出纳、总账报表和明细分类核算等会计岗位。

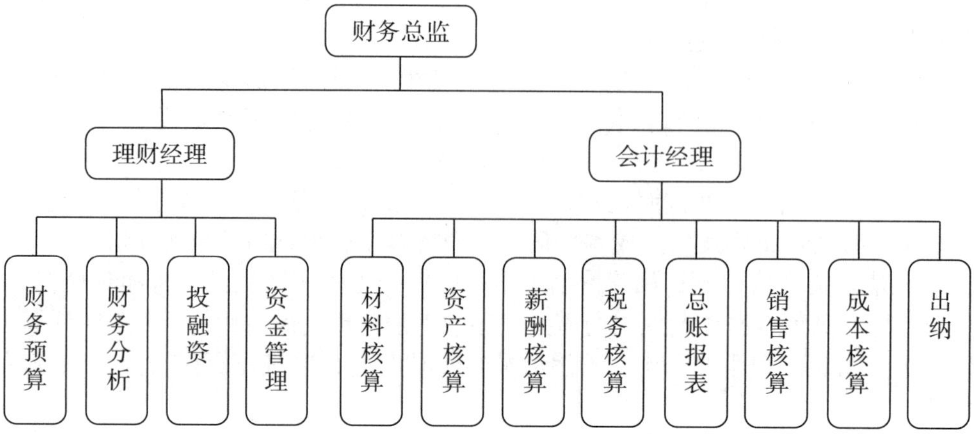

图1　企业财务岗位设置图

思考：

你认为800元（人民币）或不足800元能够成功地创办一个企业吗？

请看看小C的创业之路。

小C是杭州一所著名美术学院的学生。她有800元，决定于2013年12月开始创办一个美术培训部。她先支出120元在一家餐厅请朋友坐一坐，帮她出主意，又支出200元印制了500份广告传单，后用100元购置了信封、邮票等。根据她曾经在一家美术培训班服务兼讲课的经验，她还向她的一个师姐借款4 000元，以备租房等使用。她购置了一些讲课所必备的书籍、用具，并支出一部分钱用于装修画室。她为她的美术培训部取名为“东方美术培训部”。经过上述努力，小C经过8天约筹备已经有17名学员，规定每人每月学费1 800元，并且找到了一位较具能力的同学作合伙人。她与合伙人分别为培训部的发展担当着不同的角色（合伙人兼培训部的会计和讲课教师）并获取一定的报酬。至2014年1月末，她们已经招收了50个学员，除了归还师姐的借款本金和利息计5 000元、抵销各项必需的费用外，各获得讲课、服务等净收入30 000元和22 000元。她们用这笔钱又继续租房，扩大了画室面积，为了扩大招收学员的数量，她们甚至聘请了非常有经验的教授、留学归国学者免费做了两次讲座，为培训部的下一步发展奠定了非常好的基础。

四个月后，她们的“东方美术培训部”平均每月共招收学员39位，获取收入计24 000元。她们还以每小时200元的讲课报酬雇用了4位同学作兼职教师。至此，她们核算了一下，除去房租等各项费用共获利67 800元。这笔钱足够她们各自购买一台喜欢的计算机并且还有一笔不小的盈余。但更重要的是，通过四个月的锻炼，她们学到了不少有关财务上的知识，掌握了许多营销的技巧，也懂得了如何与人合作和打交道，获得了比财富更为宝贵的工作经验。

要求：

1. 小C是如何创办并发展她的企业的？会计在其经营活动中扮演什么角色？
2. 你从小C的案例中获得了哪些有关会计方面的术语？

项目一
核算货币资金

学习目标

知识学习目标：

1. 了解货币资金的概念
2. 掌握库存现金的使用范围和限额
3. 掌握银行存款的结算方式特点和流程
4. 掌握银行结算制度
5. 掌握其他货币资金的内容和特点

技能训练目标：

1. 能够对现金进行日常管理
2. 能熟练填写支票，办理支票收付款业务
3. 能熟练填写汇票和本票申请书，办理汇票和本票收付款业务
4. 能准确完成银行存款结算的会计核算
5. 能准确填写银行存款余额调节表
6. 能识别和防范现金财务风险

情感目标：

1. 具有认真、细致的工作作风
2. 具有良好的责任意识
3. 具有独立分析问题、解决问题的能力

知识结构图：

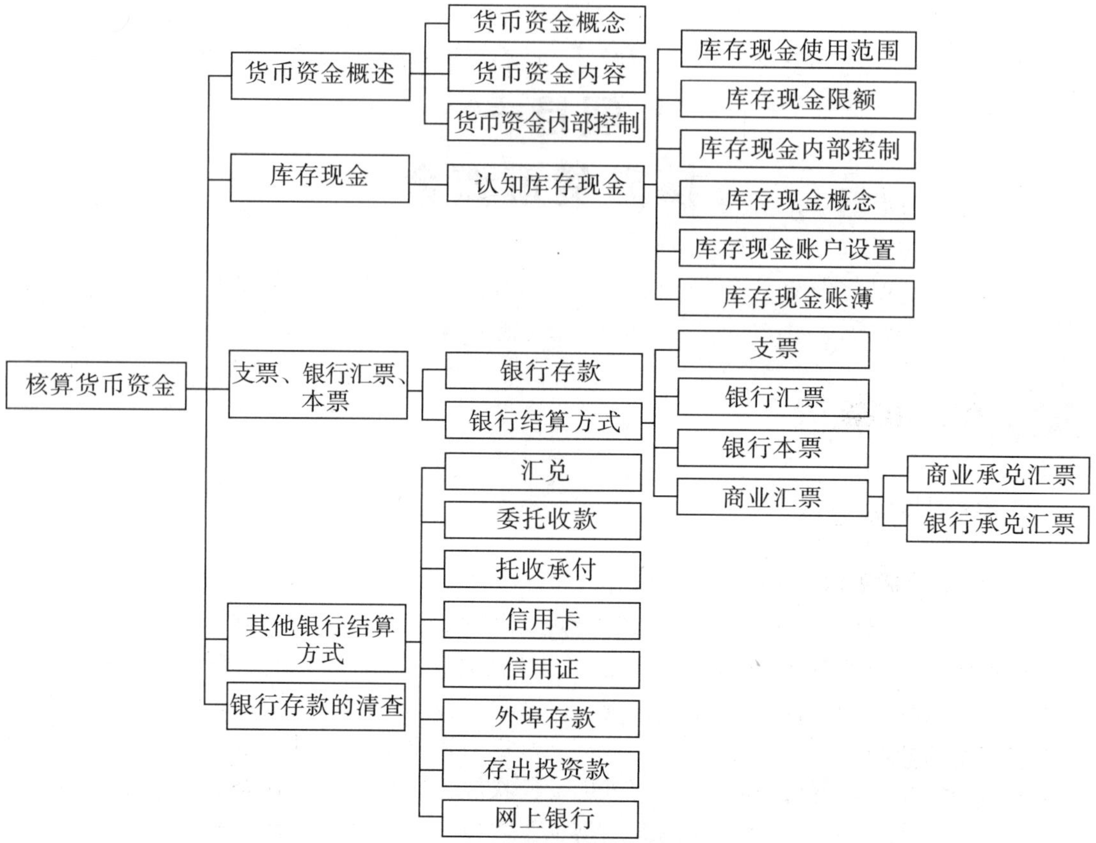

图 1－1　核算货币资金知识结构图

导学案例

某市农林局出纳吴某利用职务之便，在开具支票时，利用支票存根擅自改动支票金额，只让部分资金入账。吴某开具支票提取 30 000. 00 元现金，但是在支票存根上改动金额小数点，使入账金额变成 3 000. 00 元，把提取出的现金截留在自己手中。为了不使账务被会计发现问题，在月末制造虚假的银行对账单。吴某在两年时间内通过这种手段挪用公款 263 万元，供其丈夫经营和购买彩票用，至案发时已有 110 万元无法归还。

从上述案例可以看出，支票、银行对账单等单据就是货币资金的单据表现形式。货币资金是流动性最强、控制风险最高的资产。企业的货币资金的内部控制制度是否健全，内部控制是否有效，决定货币现金是否安全。因此，企业必须加强货币资金的管理和控制，确保货币资金的安全，保障经营活动的运行。

任务一　处理库存现金业务★

工作任务

提取现金、收付现金、报销费用、定额备用金、现金清查。完成工作任务应提交的标志性成果，即收据、现金日记账、库存现金盘点表。

知识准备

一、货币资金概述

1. 货币资金概念

货币资金是指企业在生产经营过程中直接以货币形态存在的经营资金。商业企业在经营过程中，大量的经济活动都是通过货币资金的收支来进行的。例如，商品的购进、销售，工资的发放，税金的交纳，股利、利息的支付以及进行投资活动等事项，都需要通过货币资金进行收付结算。同时，一个企业货币资金拥有量的多少，标志着偿债能力和支付能力的大小，是投资者分析、判断财务状况的重要指标，在企业资金循环周转过程中起着连接和纽带的作用。因此，商业企业需要经常保持一定数量的货币资金，既要防止不合理地占压资金，又要保证业务经营的正常需要，并按照货币资金管理的有关规定，对各种收付款项进行结算。

2. 货币资金的内容

根据货币资金的存放地点和用途不同，货币资金分为库存现金、银行存款及其他货币资金。

3. 货币资金的内部控制

货币资金内部控制的关键控制点主要包括以下几方面。

（1）审批控制点。

审批权限的合理划分是资金营运活动业务顺利开展的前提条件。审批活动关键点包括：

① 制定资金的限制接近措施。经办人员进行业务活动时应该得到授权审批，任何未经授权的人员不得办理资金收支业务。

② 使用资金的部门应提出用款申请，记载用途、金额、时间等事项；经办人员在原始凭证上签章；经办部门负责人、主管总经理和财务部门负责人审批并签章。

（2）复核控制点。

复核控制点是减少错误和舞弊的重要措施。复核关键点包括：资金营运活动会计主管审查原始凭证反映的收支业务是否真实合法，经审核通过并签字盖章后才能填制原始凭证；凭证上的主管、审核、出纳和制单等印章是否齐全。

根据企业内部层级的隶属关系可以划分为纵向复核和横向复核这两种类型。前者是指上级主管对下级活动的复核；后者是指平级或无上下级关系人员的相互核对，如财务系统内部的核对。

（3）收付控制点。

资金的收付导致资金流入流出，反映资金的来龙去脉。该控制点包括：出纳人员按照审核后的原始凭证收付款，对已完成收付的凭证加盖戳记，并登记日记账；主管会计人员及时准确地记录在相关账簿中，定期与出纳人员的日记账核对。

（4）记账控制点。

记账控制点包括：出纳人员根据资金收付凭证登记日记账，会计人员根据相关凭证登记有关明细分类账；主管会计登记总分类账。

（5）对账控制点。

对账是账簿记录系统的最后一个环节，也是报表生成前一个环节，对保证会计信息的真实性起到重要作用。对账控制点包括：账证核对、账账核对、账表核对、账实核对等。

（6）银行账户管理控制点。

企业应当严格按照《支付结算办法》等有关规定，加强银行账户的管理，严格按规定开立账户，办理存款、取款和结算。银行账户管理的关键控制点包括银行账户的开立、使用和撤销是否有授权，下属企业或单位是否有账外账。

（7）票据与印章管理控制点。

印章是明确责任、表明业务执行及完成情况的标记。印章的保管要贯彻不相容职务分离的原则，严禁将办理资金支付业务的相关印章和票据集中一人保管，印章要与空白票据分管，财务专用章要与企业法人章分管。

二、认知库存现金

1. 库存现金的概念

现金的概念有狭义和广义之分。狭义的现金是指存放在企业财务部门由出纳人员经管的库存现金，包括人民币现金和外币现金。广义的现金是指除了库存现金外，还包括银行存款和其他符合现金定义的票证。

2. 库存现金的使用范围

根据国务院发布的《现金管理暂行条例》，可以使用现金支付的范围包括：

（1）支付给职工的薪酬、津贴、奖金和各种劳保、福利费等。

（2）支付给个人的劳动报酬。

（3）颁发给个人的科学技术、文化艺术、体育等各种奖金。

（4）各种劳保、福利费用以及国家规定的对个人的其他支出。

（5）向个人收购农副产品和其他物资的价款。

（6）出差人员必须随身携带的差旅费。

（7）结算起点（1 000 元人民币）以下的零星支出。

（8）中国人民银行确定需要支付现金的其他支出。

企业除上述情况可以用现金支付外，其他款项的支付应通过银行转账结算。

3. 库存现金的限额

库存现金的限额是指为保证各单位日常零星支付，按规定允许留存现金的最高数额。库存现金的限额由开户银行根据开户单位的实际需要和距离银行远近等情况核定。其限额一般按照企业3~5天日常零星开支所需现金确定。远离银行机构或交通不便的单位可依据实际情况适当放宽，但最高不得超过15天。超过限额的现金必须按规定及时送存银行。库存现金不足限额时，可向开户银行提取现金。

4. 库存现金的内部控制

企业的内部控制制度是指为了提高会计信息质量，保护资产的安全、完整，确保有关法律法规和规章制度的贯彻执行等而制定和实施的一系列控制方法、措施和程序。现金内部控制制度是企业内部控制制度的重要组成部分。它的基本内容如下：

（1）指定专人（出纳人员）负责现金收支。出纳人员不得兼管稽核、会计档案保管和收入、费用、债权债务账目的登记工作。即所谓的“出纳管钱不管账，会计管账不管钱”。

（2）实行收支两条线管理，不得坐支。企业收入现金，应于当日送存开户银行，当日送存确有困难的，由开户银行确定送存时间；企业支付现金，可以从本单位的库存现金中支付或从开户银行提取，不得从本单位的现金收入中直接支付，即不得“坐支”现金。因特殊情况需要坐支现金的，应事先报经开户银行审查批准，并在核定的范围和限额内进行。企业因采购地点不确定、交通不便、抢险救灾及其他特殊情况必须使用现金的，应向开户银行提出申请，由本单位财会负责人签字盖章，并经开户银行审查批准后予以支付。

（3）不准谎报用途套取现金。企业从开户银行提取现金时，应如实写明提取现金的用途，由本单位财会负责人签字盖章，并经开户银行审查批准后予以支付。

（4）不得“白条抵库”。企业不准用不符合制度规定的凭证顶替库存现金。

（5）不得“公款私存”。企业不准将单位收入的现金以个人名义存储，不准保留账外公款，即不得“公款私存”，不得设置“小金库”。不准用银行账户代其他单位和个人存入或支取现金。银行对违反上述规定的单位，将按照违规金额的一定比例予以处罚。

（6）现金收支应做到日清月结。每日终了，出纳人员应结出库存现金日记账的余额，并与库存现金实存数核对，确保账实相符；月末，应将库存现金日记账的余额与库存现金总账的余额核对，保证账账相符。

5. 库存现金的账户设置

企业应当设置“库存现金”账户，这是资产类账户，借方登记库存现金的增加数，贷方登记库存现金的减少数，期末余额在借方，反映企业实际持有的库存现金的金额。

库存现金

库存现金的增加数	库存现金的减少数
期末余额在借方，反映企业实际持有的库存现金的金额	

6．**库存现金的账簿**

为了加强库存现金的核算与管理，企业应当设置现金日记账（见表1－1），由出纳人员对每一笔库存现金的收付按照经济业务发生的时间顺序，进行逐笔登记。登记时，应填明业务日期、凭证字号、摘要、对方账户、收入或支出金额。每日终了，应及时计算出当日的收入数、支出数和结余数，并将结余数与库存现金实存数核对，保证账款相符。

表1－1　现金日记账

年		凭证字号	摘要	借方								贷方								借或贷	余额									
月	日			十	万	千	百	十	元	角	分	十	万	千	百	十	元	角	分		十	万	千	百	十	元	角	分		
12	1		期初余额																	借		¥	2	0	0	0	0	0		√
	3	记字第4号	支付电话费												8	5	0	0	0	借			1	1	5	0	0	0		√
	5	记字第6号	提现			2	0	0	0	0	0									借			3	1	5	0	0	0		√
	5	记字第7号	支付预借差旅费											2	0	0	0	0	0	借			1	1	5	0	0	0		√
	17	记字第18号	提现		4	8	0	0	0	0	0									借		4	9	1	5	0	0	0		√
	17	记字第18号	发放工资										4	8	0	0	0	0	0	借			1	1	5	0	0	0		√
	18	记字第21号	补给差旅费													5	0	0	0	借			1	1	0	0	0	0		√
	22	记字第28号	收到购货款			1	1	7	0	0	0									借			2	2	7	0	0	0		√
	23	记字第29号	现金存入银行											1	0	0	0	0	0	借			1	2	7	0	0	0		√
	31	记字第38号	交加预借现金				1	0	0	0	0									借			1	3	7	0	0	0		√
	31		本月合计	¥	5	1	2	7	0	0	0	¥	5	1	9	0	0	0	0	借		¥	1	3	7	0	0	0		

有外币现金的企业，应当分别按人民币和各种外币设置现金日记账进行明细核算。

同时企业应设立现金总账（见表1－2）。现金总账由负责总账的会计人员进行登记。每月终了，库存现金日记账的余额应与库存现金总账的余额核对，保证账账相符。

表1－2　库存现金总账

年		凭证字号	摘　要	借方	贷方	借或贷	余额
月	日						
12	1		期初余额			借	¥3 740.00
	15	科目汇总表1	1－15号汇总	128 500.00	84 670.00	借	47 570.00
	31	科目汇总表2	16－31日汇总	83 760.00	95 378.00	借	35 952.00
	31		本月合计	¥212 260.00	¥180 048.00	借	¥35 952.00

活动一 收支现金

工作实例

大学毕业生林晓薇毕业后进入金华股份有限公司财务部工作。为了能够尽快上手，公司财务部经理安排小林在各个岗位轮岗，由每个岗位的财务人员手把手指导她工作。第一天，小林在出纳岗位工作遇到了以下几件事情：

（1）销售人员郑云出差，到财务部来借支现金 10 000 元。

（2）客户 A 公司送来现金 3 000 元，为货款余款。

（3）办公室孟飞来报销办公费 3 780 元。

（4）开具现金支票到银行取现金 450 000 元，准备发放工资，当日将工资发放完毕。

（5）支付会计李梅报销会计培训费用 800 元。

（6）收到员工违反公司纪律交纳的罚款 200 元。

（7）支付研发部陈立报销研发项目（编号：S7268）的差旅费 7 800 元，陈立之前借支 6 000 元。

（8）将当天收到的现金 3 000 元货款存入银行。

小林不仅要完成这些款项的收付，还要登记现金日记账，结出余额，并对库存现金进行盘点。

工作步骤

小林按照时间顺序逐笔处理这些事情。

（1）销售人员郑云出差，到财务部来借支现金 10 000 元。

借　　支　　单

2015 年 3 月 10 日

借款人姓名			郑云	部门		销售部		职位	销售经理
借款事由			出差华东五市，时间 7 天						
人民币（大写）			壹万元整				¥10 000.00		
财务部门审核	文锦松	会计审核	李梅	出纳	林晓薇	部门领导审批	陈豪	领款人	郑云

图 1－2　借支单

郑云向财务部出纳小林递交了借支单（见图 1－2）。会计审核了借支单上的审批权限，确定销售部门领导有权签批10 000元的差旅费借支，经财务部经理签字审批后，进行账务处理，账务分析处理如下：郑云借款，欠公司的款项，“其他应收款”增加记借方，同时，公司支付现金，“库存现金”减少记贷方。

会计完成账务处理后，把单据交给出纳小林，并指导小林按照财务部的规定进行复核控制和付款控制。复核无误后，小林在原始凭证上盖上“现金付讫”章后，在记账凭证处（见图1－3）签上出纳的名字，要求郑云在借支单上领款人处签字，付给郑云一万元整。

记　账　凭　证

2015年3月10日　　　　记第　01　号

摘要	会计账户		借方金额	贷方金额	记账
	总账账户	明细账户			
支付销售部郑云借现金	其他应收款	郑云	10 000. 00		
支付销售部郑云借现金	库存现金			10 000. 00	
附件　1　张	合　计		¥10 000. 00	¥10 000. 00	

会计主管文锦松　　记账李梅　　出纳林晓薇　　审核文锦松　　制证李梅

图1－3　记账凭证

（2）客户A公司送来现金3 000元，为货款余款。

小林收到客户送来的现金，用验钞机验了真伪，确认是真钞后，才将现金放在保险柜中。然后给客户开具了收据（见图1－4），并在收据上盖上了“现金收讫”章。

收　据

2015年3月10日

今收到　A客户送来货款余款

金额（大写）零佰零拾零万叁仟零佰零拾零元零角零分

收款单位（盖章）　金华股份有限公司财务专用章

核准：文锦松　　会计：李梅　　出纳：林晓薇

图1－4　收据

会计依据收据进行账务处理，登记记账凭证，以会计分录简化分析如下：收到现金，“库存现金”增加记借方，客户不再欠公司货款余款，“应收账款”减少记贷方。

借：库存现金　　　　　　　　　　　　　　3 000

　贷：应收账款——A 客户　　　　　　　　　3 000

（3）办公室孟飞来报销办公费 3 780 元。

会计依照财务内控制度审核了原始单据的真实性，核算了办公费用的金额，取得了会计主管的签批后，进行账务处理，以会计分录简化分析如下：办公费用增加，“管理费用”增加记借方，“库存现金”减少记贷方。

借：管理费用——办公费　　　　　　　　　3 780

　贷：库存现金　　　　　　　　　　　　　3 780

出纳小林对会计的记账凭证和原始凭证复核之后，在原始凭证上加盖“现金付讫”章后，要求孟飞在取款人处签字后，把现金支付给了孟飞。

（4）开具现金支票（如图 1－5 所示）到银行取现金 450 000 元，准备发放工资，当日将工资发放完毕。

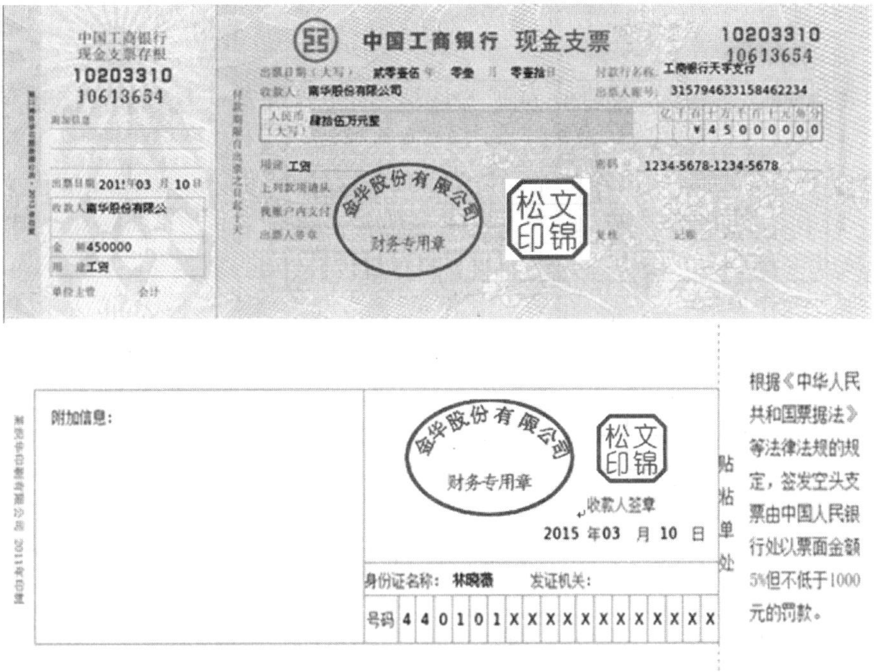
中国工商银行
现金支票存根
10203310
10613654
出票日期 2015年03 月 10 日
收款人 南华股份有限公
金额 450000
用途 工资
单位主管　会计

中国工商银行　现金支票　10203310 10613654
出票日期（大写）贰零壹伍 年 零叁 月 零壹拾 日　付款行名称：工商银行天宇支行
收款人：南华股份有限公司　出票人账号：315794633158462234
人民币（大写）肆拾伍万元整　¥ 4 5 0 0 0 0 0 0
用途 工资　密码 1234-5678-1234-5678
上列款项请从我账户内支付
出票人签章　复核　记账
南华股份有限公司 财务专用章　松文印锦

附加信息：
南华股份有限公司 财务专用章　松文印锦
收款人签章
2015 年03 月 10 日
身份证名称：林晓薇　发证机关：
号码 4 4 0 1 0 1 X X X X X X X X X X X X
贴粘单处
根据《中华人民共和国票据法》等法律法规的规定，签发空头支票由中国人民银行处以票面金额5%但不低于1000元的罚款。

图 1－5　现金支票

出纳小林开具现金支票，带上身份证到银行提取现金，并发放工资。会计依据现金支票存根做会计处理。会计分录分析：开出现金支票，提取现金，“库存现金”增加记借方，“银行存款”减少记贷方。发放工资，即“应付职工薪酬”负债减少记借方，“库存现金”减少记贷方。

借：库存现金　　　　　　　　　　　　　　450 000

　贷：银行存款　　　　　　　　　　　　　450 000

借：应付职工薪酬　　　　　　　　　　　　450 000

　贷：库存现金　　　　　　　　　　　　　450 000

温馨提示

到银行提取现金，取现人一般要带上身份证，银行要核对身份。如果是出纳本人去取现金，银行会在银行留下身份证复印件备案，则不需要每次取现都带上身份证。

（5）支付会计李梅报销会计培训费用800元。

会计分录分析：公司支付培训费用，这属于职工薪酬中的职工教育经费。因为每个月都已计提，所以，在支付时，"应付职工薪酬"减少记借方，"库存现金"减少记贷方。

借：应付职工薪酬——职工教育经费　　800

　贷：库存现金　　800

（6）收到员工违反公司纪律交纳的罚款200元。

会计分录分析：收到罚款现金，"库存现金"增加记借方，罚款收入属于"营业外收入"，增加记贷方。

借：库存现金　　200

　贷：营业外收入　　200

（7）支付研发部陈立报销研发项目S7268的差旅费7 800元，之前陈立借支6 000元。

会计分录分析：研发费用增加，"研发支出"增加记借方。陈立之前借支了6 000元，所以，这次支付现金1 800元即可。"库存现金"减少记贷方1 800元，同时"其他应收款"减少6 000元。

借：研发支出　　7 800

　贷：库存现金　　1 800

　　其他应收款——陈立　　6 000

（8）将当天收到的现金3 000元货款存入银行。

出纳小林将3 000元货款拿到银行柜台，填妥"现金缴款单"（如图1-6所示）后，将现金存入银行账户中。

现金缴款单

缴款日期　2015年3月10日

<table>
<tr><td rowspan="2">缴款单位</td><td>全称</td><td colspan="3">金华股份有限公司</td><td rowspan="6">本缴款单金额，业已全数收讫。</td></tr>
<tr><td>开户银行</td><td>××银行</td><td>账号</td><td>234567153</td></tr>
<tr><td colspan="2">款项来源</td><td></td><td>现金出纳计划项目</td><td></td></tr>
<tr><td colspan="2">人民币（大写）</td><td colspan="2">叁仟元整</td><td>¥3 000.00</td></tr>
<tr><td colspan="3">会计分录：</td><td>收款员</td><td></td></tr>
<tr><td></td><td>收</td><td></td><td>复核员</td><td>记账员</td></tr>
</table>

单位主管　　会计　　复核　　记账

图1-6　现金缴款单

会计分录分析："银行存款"增加记借方，"库存现金"减少记贷方。

借：银行存款 3 000

　贷：库存现金 3 000

活动二 核算定额备用金

工作实例

金华股份有限公司2015年12月12日发生如下经济业务：

（1）财务部门核定总经办的备用金定额为3 000元，支付现金。

（2）采购部申请定额备用金20 000元，出纳开出一张现金支票支付。

（3）总经办王辰持有关报销单据来财会部门报销，共计支出2 750元，出纳以现金补足其备用金定额。

（4）采购部宋遥拿报销单来财务部门报账，采购发生的交通费等共计支出8 460元，出纳以现金支付。

（5）因公司内部单位调整，公司决定取消总经办的定额备用金，总经办王辰拿尚未报销的发票4 600元到财务部门办理注销手续。

相关知识

定额备用金的核算

企业在日常经营活动过程中会频繁地发生小额零星支出，这些小额零星支出不便或不必经过逐项逐级审批手续。根据重要性原则，可以建立定额备用金制度，以满足企业内部经常使用现金的部门和个人日常零星开支的需要。

采用定额备用金制度的企业，对零用现金采用先领后用，用后报销的管理办法，即财会部门根据企业内部各单位日常零星开支的需要，预先拨付一笔固定金额的零用现金，交由专人保管以备日常开支之用，等实际支出后凭单据向财会部门报销，补足备用金。

定额备用金的会计处理，一般可通过"其他应收款"账户进行。财会部门拨付定额备用金时，借记"其他应收款——备用金"账户，贷记"库存现金（或银行存款）"账户。报销时，财会部门根据报销单据，借记相关成本费用账户，贷记"库存现金（或银行存款）"账户。除了增加、减少或取消定额备用金外，使用和报销备用金时不再通过"其他应收款——备用金"账户核算。

工作步骤

（1）财务部门核定总经办的备用金定额为3 000元，支付现金。

借：其他应收款——备用金（总经办） 3 000

贷：库存现金　　　　　　　　　　　　　　　　　　3 000

（2）采购部申请定额备用金 20 000 元，出纳开出一张现金支票支付。

借：其他应收款——备用金（采购部）　　　　　　20 000

贷：银行存款　　　　　　　　　　　　　　　　　20 000

（3）总经办王辰持有关报销单据来财会部门报销，共计支出 2 750 元，出纳以现金补足其备用金定额。

借：管理费用　　　　　　　　　　　　　　　　　2 750

贷：库存现金　　　　　　　　　　　　　　　　　2 750

（4）采购部宋遥拿报销单来财务部门报账，采购发生的交通费等共计支出 8 460 元，出纳以现金支付。

借：管理费用——交通费　　　　　　　　　　　　8 460

贷：库存现金　　　　　　　　　　　　　　　　　8 460

（5）因公司内部单位调整，公司决定取消总经办的定额备用金，总经办王辰拿尚未报销的发票 4 600 元到财务部门办理注销手续。

借：管理费用　　　　　　　　　　　　　　　　　4 600

贷：其他应收款——备用金（总经办）　　　　　　3 000

库存现金　　　　　　　　　　　　　　　　　　1 600

活动三　清查库存现金

工作实例

出纳在两次清查库存现金时，发现现金有溢缺，具体情况如下：

（1）2015 年 12 月 20 日对库存现金进行清查，发现短少了 380 元。

（2）2015 年 12 月 31 日对库存现金进行清查，发现溢余了 100 元。

请完成账务处理。

相关知识

一、库存现金清查的核算

为了保护现金的安全完整，做到账实相符，必须做好现金的清查盘点工作。现金清查一般采用实地盘点法，定期或不定期地进行现金盘点与核对。现金清查时，出纳人员必须在场。清查结果应填制“库存现金盘点表”，注明实存数和账面余额。如果有挪用现金、白条抵库的情况，应及时予以纠正；对超限额留存的现金应及时送存银行。如果账实不符，应及时查明原因，报主管负责人或上级部门审批处理。

库存现金清查中发现的有待查明原因的现金长款或短款，应通过“待处理财产损溢”账户核算。若为现金长款，按实际溢余的金额，借记“库存现金”账户，贷记“待处理财产损溢——待处理流动资产损溢”账户；若为现金短款，按实际短缺的金额，借记“待处理财产损溢——待处理流动资产损溢”账户，贷记“库存现金”账户。无论是现金长款还是现金短款，待查明原因，按管理权限报经批准后，分别以下列情况进行处理：

（1）如为现金短款，属于应由责任人赔偿或保险公司赔偿的部分，计入其他应收款；属于无法查明原因的，计入管理费用。

（2）如为现金长款，属于应付给有关单位或人员的，计入其他应付款；属于无法查明原因的，计入营业外收入。

二、“待处理财产损溢”的账户设置

“待处理财产损溢”属于资产类，借方反映企业尚未处理的各种财产的净损失；贷方反映企业尚未处理的各种财产的净溢余。期末，处理后该账户应无余额。该账户按盘盈、盘亏的资产种类和项目进行明细核算。

待处理财产损溢

盘亏的固定资产和流动资产 结转盘盈的固定资产和流动资产	盘盈的固定资产和流动资产 结转盘亏的固定资产和流动资产

工作步骤

（1）2015 年 12 月 20 日对库存现金进行清查，发现短少了 380 元。

① 发现现金短缺时，应编制的会计分录：

借：待处理财产损溢——待处理流动资产损溢　　380

　贷：库存现金　　380

② 查明原因，应由出纳赔偿 200 元，其余无法确定原因。

经批准后应编制的会计分录：

借：其他应收款——出纳　　200

　　管理费用　　180

　贷：待处理财产损溢——待处理流动资产损溢　　380

（2）2015 年 12 月 31 日对库存现金进行清查，发现溢余了 100 元。

① 发现现金溢余时，应编制的会计分录：

借：库存现金　　100

　贷：待处理财产损溢——待处理流动资产损溢　　100

② 经查库存现金溢余原因不明，经批准计入营业外收入。

经批准后应编制的会计分录：

借：待处理财产损溢——待处理流动资产损溢　　100

　贷：营业外收入　　100

任务二　处理支票、汇票、本票业务★

工作任务

开出支票、银行汇票和银行本票并进行会计核算；收到支票、银行汇票和银行本票并进行会计核算。标志性成果：银行存款日记账、其他货币资金明细账和银行余额调节表。

知识准备

一、银行存款

1. 银行存款账户的分类

银行存款是指存放在银行或其他金融机构的货币资金。企业应当在当地银行或其他金融机构开立银行结算账户，用以办理存款、取款和转账等结算业务。开户时，企业要凭有关证明文件到银行办理开户手续，并在银行预留有效印章样本。单位结算账户按用途分为基本存款账户、一般存款账户、专用存款账户、临时存款账户（见表1－3）。

表1－3　银行存款账户分类表

账户类别	概念	用途
基本存款账户	企业办理日常转账结算和现金收付的账户，是企业的主办账户，只有独立核算的单位才能开立基本存款账户	办理企业的资金收付、工资和奖金等现金的支取。一个企业只能选择一家银行的一个营业机构开立一个基本存款账户，不得在多家银行开立基本存款账户
一般存款账户	企业因借款或其他结算需要，在基本存款账户开户银行以外的银行营业机构开立的银行结算账户	办理借款转存、借款归还、现金缴存等资金支付，但不能办理现金支取。一个企业不得在同一银行的几个分支机构开立一般存款账户
专用存款账户	企业按照法律、行政法规和规章，对其特定用途资金进行专项管理和使用而开立的银行结算账户	如基本建设资金、更新改造资金等
临时存款账户	企业因设立临时机构、从事异地临时经营活动，或因注册验资等需要，在规定期限内开立的结算账户	办理转账结算、现金存取业务，但有效期限最长不得超过2年。注册验资的临时存款账户在验资期间只收不付

2. **银行存款账户的管理规定**

企业通过银行存款账户办理资金收付时，必须做到以下几点：

（1）企业银行存款账户，只供本单位业务经营范围内的资金收付，不准出租或出借给其他单位或个人使用。

（2）各种收付款凭证，必须如实填写款项来源或用途，不得巧立名目、弄虚作假；不得套取现金、套购物资；严禁利用账户搞非法活动。

（3）在办理结算时，不准签发空头支票和远期支票以套取银行信用；不准签发、取得和转让没有真实交易和债权债务的票据，以套取银行和他人的资金；不准无理拒付款项、任意占用他人资金；不准违规开立和使用账户。

（4）及时、正确地记录银行往来账务，并及时地与银行对账单进行核对，若发现不符，尽快查对清楚。

3. **银行存款、其他货币资金账户的核算**

（1）银行存款账户的核算。

银行存款收支的核算包括总分类核算和明细分类核算。为了总括反映银行存款的收入、支出和结存情况，企业应设置“银行存款”账户进行总分类的核算。该账户属于资产类账户，借方登记银行存款的增加数，贷方登记银行存款的减少数，期末余额在借方，反映银行存款期末结存金额。

“银行存款”总账（见表1－4）与“库存现金”总账一样，应由不从事出纳工作的会计人员负责登记。登记时，既可以根据银行存款收付款凭证逐笔登记，也可以定期编制汇总收付款凭证或账户汇总表汇总登记，还可以根据多栏式银行存款日记账汇总登记。

表1－4　银行存款总账

单元：元

年		凭证字号	摘　要	借方	贷方	借或贷	余额
月	日						
12	1		期初余额			借	￥12 600.00
	15	科目汇总表1	1－15号汇总	850 000.00	324 500.00	借	538 100.00
	31	科目汇总表2	16－31日汇总	702 000.00	108 400.00	借	1 131 700.00
	31		本月合计	￥1 552 000.00	￥432 900.00	借	￥1 131 700.00

银行存款的明细分类核算是通过设置银行存款日记账（见表1－5）进行的。银行存款日记账是由出纳人员根据收付款凭证，按照业务发生的先后顺序逐日逐笔登记。登记时，应填明业务日期、凭证字号、摘要、对方账户、收入或支出金额，每日终了，应及时计算出当日的账面余额，银行存款日记账应按银行和其他金融机构的名称和存款种类进行明细核算，有外币存款的企业，还应分别按人民币和外币进行明细核算。

表 1－5　银行存款日记账

年		凭证字号	摘要	对应科目	借方												贷方											借或贷	余额											
月	日				亿	千	百	十	万	千	百	十	元	角	分		亿	千	百	十	万	千	百	十	元	角	分		亿	千	百	十	万	千	百	十	元	角	分	
12	1		期初余额																									借				¥	1	2	6	0	0	0	0	√
	1	记字第 1 号	收到投入资金	实收资本				8	0	0	0	0	0	0	0													借				8	1	2	6	0	0	0	0	√
	2	记字第 2 号	购买材料	在途物资																2	9	2	5	0	0	0	0	借				5	2	0	1	0	0	0	0	√
	2	记字第 3 号	购买材料	在途物资																	3	0	0	0	0	0	0	借				4	9	0	1	0	0	0	0	√
	5	记字第 6 号	提现	库存现金																		2	0	0	0	0	0	借				4	8	8	1	0	0	0	0	√
	10	记字第 8 号	取得短期借款	短期借款					5	0	0	0	0	0	0													借				5	3	8	1	0	0	0	0	√
	19	记字第 11 号	归还欠款	应付账款																	5	0	0	0	0	0	0	借				4	8	8	1	0	0	0	0	√
	20	记字第 12 号	支付水电费	制造费用 管理费用																	2	0	0	0	0	0	0	借				4	6	8	1	0	0	0	0	√
	22	记字第 13 号	预付下年报刊费	预付账款																		2	4	0	0	0	0	借				4	6	5	7	0	0	0	0	√
	25	记字第 14 号	预付下年保险费	预付账款																	3	6	0	0	0	0	0	借				4	2	9	7	0	0	0	0	√
	30	记字第 15 号	收到购货款	应收账款				7	0	2	0	0	0	0	0													借			1	1	3	1	7	0	0	0	0	√
	31		本月合计			¥	1	5	5	2	0	0	0	0	0				¥	4	3	2	9	0	0	0	0	借		¥	1	1	3	1	7	0	0	0	0	√

1

（2）其他货币资金账户的核算。

企业在银行的其他存款，如外埠存款、银行汇票存款、银行本票存款、信用卡存款、信用证保证金存款和存出投资款等，在“其他货币资金”账户核算，不通过“银行存款”账户核算。企业需要单独设置“其他货币资金”账户核算和监督其他货币资金增减变化和结存情况。该账户属于资产类账户，借方登记企业其他货币资金的增加额，贷方登记企业其他货币资金的减少额，期末余额在借方，反映企业期末持有的其他货币资金数额。

为了分别反映和监督各项其他货币资金的收支、结存情况，本账户可按银行汇票或本票、信用证的收款单位，外埠存款的开户银行，分别以“银行汇票”“银行本票”“信用卡”“信用证保证金”“存出投资款”“外埠存款”等进行明细核算。

二、银行结算方式

银行存款的收付应严格执行银行结算制度的规定。根据中国人民银行有关支付结算办法的规定，企业发生的货币资金收付业务可以采用以下几种结算方式。

1．支票

（1）支票的概念。

支票是出票人签发的，委托办理支票存款业务的银行在见票时无条件支付确定的金额给收款人或持票人的票据（如图1－7所示）。

支票由银行统一印制，分为现金支票、转账支票和普通支票。印有“现金”字样的支票为现金支票，现金支票只能用于支取现金；印有“转账”字样的支票为转账支票，转账支票只能用于转账；未印有“现金”或“转账”字样的支票为普通支票，普通支票既可以用于支取现金，又可以用于转账。在普通支票的左上角划两条平行线为划线支票，划线支票只能用于转账，不能支取现金。目前，我国各地一般使用普通支票。

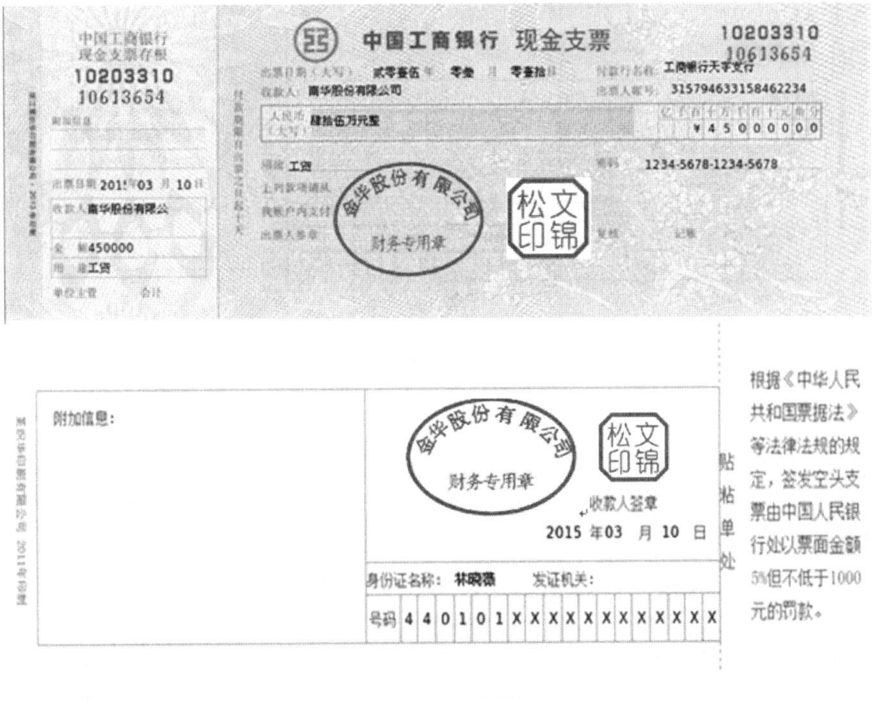

图1－7　支票

（2）支票的管理规定。

① 支票适用于全国范围内的交易结算，单位和个人均可使用支票。

② 支票的提示付款期限为自出票日起10天，到期日如遇法定节假日则顺延。超过提示付款期的，银行不予受理。

③ 支票一律记名，转账支票可以背书转让。

④ 支票的出票人签发支票的金额不得超过付款时在付款人处实有的存款金额，禁止签发空头支票。企业财务部门在签发支票前，应认真查明银行存款的账面结余金额，防止签发超过存款余额的空头支票。

⑤ 出票人不得签发与其预留银行印章不符的支票；使用支票密码的出票人不得签发支票密码错误的支票。

出票人签发空头支票、签章与预留银行印章不符或使用支付密码错误的支票时，银行除退票外，还按票面金额处以5%但不低于1 000元的罚款。持票人有权要求出票人赔偿支票金额2%的赔偿金。对屡次签发不符合上述要求支票的，银行应停止其签发支票。

⑥ 已签发的现金支票遗失，可以向银行申请挂失，但挂失前已经支付的，银行不予受理。已签发的转账支票遗失，银行不受理挂失（如图1-8所示）。

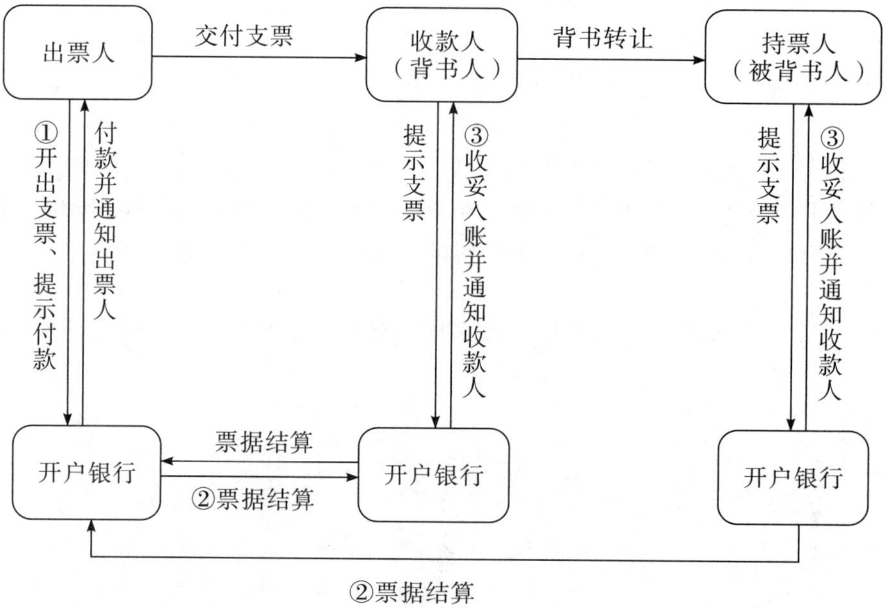

图1-8　支票结算流程图

（3）签发和收到支票。

付款单位签发支票时，应完整填写出票日期、收款人名称、开票金额大小写、用途、付款行名称和出票人账号等信息，填写准确的支付密码，并加盖完整预留银行印鉴后，提交支票到银行进行支付，或是直接提交支票给收款人。支票不得涂改，涂改支票即为作废。签发支票的付款单位根据支票存根，借记有关账户，贷记“银行存款”账户。

收款单位在收到支票时，应填写“进账单”（一式两联，复写），到银行办理收款手续后，根据到账记录，借记“银行存款”账户，贷记有关账户（如图1-9所示）。

<table>
<tr><td colspan="20" align="center">中国工商银行进账单（收账通知） 3
年 月 日</td></tr>
<tr><td rowspan="3">出票人</td><td>全 称</td><td colspan="3"></td><td rowspan="3">收款人</td><td>全 称</td><td colspan="13"></td></tr>
<tr><td>账 号</td><td colspan="3"></td><td>账 号</td><td colspan="13"></td></tr>
<tr><td>开户银行</td><td colspan="3"></td><td>开户银行</td><td colspan="13"></td></tr>
<tr><td rowspan="2">金额</td><td colspan="9" rowspan="2">人民币
（大写）</td><td>千</td><td>百</td><td>十</td><td>万</td><td>千</td><td>百</td><td>十</td><td>元</td><td>角</td><td>分</td></tr>
<tr><td></td><td></td><td></td><td></td><td></td><td></td><td></td><td></td><td></td><td></td></tr>
<tr><td colspan="2">票据种类</td><td></td><td>票据账款</td><td colspan="4"></td><td colspan="12" rowspan="3">收款人开户银行盖章</td></tr>
<tr><td colspan="2">票据号码</td><td colspan="6"></td></tr>
<tr><td colspan="8">复核 记账</td></tr>
</table>

此联是收款人开户银行交给收款人的收账通知

图 1－9 银行进账单（收账通知）

2. 银行汇票

（1）银行汇票的概念。

银行汇票，是由出票银行签发，由其在见票时按照实际结算金额无条件支付给付款人或持票人的票据，多用于办理异地转账结算和支取现金。银行汇票具有使用灵活、票随人到、兑现性强的特点，适用于先收款后发货或钱货两清的异地商品交易。单位和个人向异地支付的各种款项均可使用银行汇票（如图 1－10 所示）。

银行汇票一式四联，第一联为卡片，为兑付行支付票款时作付出传票；第二联为银行汇票，与第三联解讫通知一并由汇款人自带，在兑付行兑付汇票后此联做银行往来账付出传票；第三联解讫通知，在兑付行兑付后随报单寄签发行，由签发行做余款收入传票；第四联是多余款通知，并在签发行结清后交汇款人。

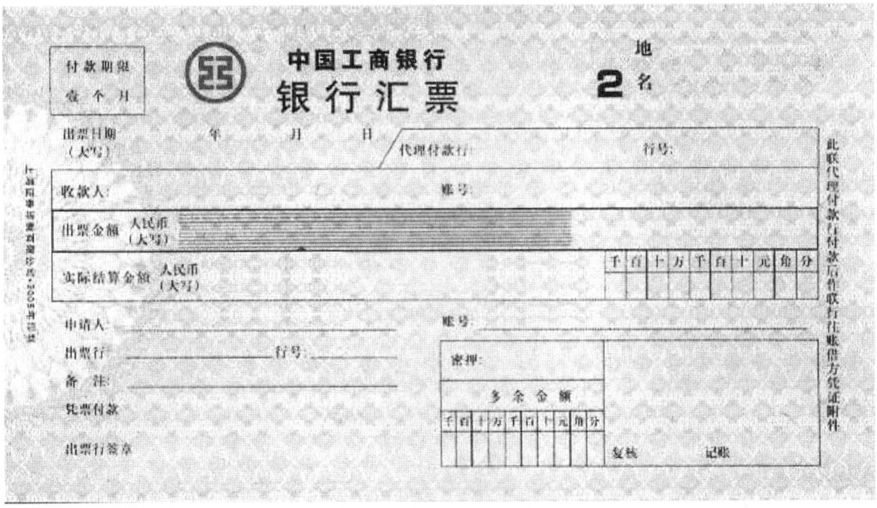
付款期限 壹个月
中国工商银行
银行汇票 2
地名
出票日期（大写） 年 月 日
代理付款行： 行号：
收款人： 账号：
出票金额 人民币（大写）
实际结算金额 人民币（大写）

千	百	十	万	千	百	十	元	角	分

申请人： 账号：
出票行： 行号：
备 注：
凭票付款
出票行签章
密押：
多余金额

千	百	十	万	千	百	十	元	角	分

复核 记账
此联代理付款行付款后作联行往账借方凭证附件

图 1－10 银行汇票

（2）银行汇票的管理规定。

① 银行汇票可以用于转账，填明“现金”字样的银行汇票也可以用于支取现金。

② 银行汇票的起点金额为500元。

③ 银行汇票一律记名，可以背书转让，但填明“现金”字样的银行汇票不能背书转让。

④ 提示付款期为自出票日起1个月，无论“月大”或“月小”，统一到下月对应日期。逾期的银行汇票，兑付银行不予办理，汇票申请人可持汇票到签发银行办理退款手续。

⑤ 遗失了可以提取现金的银行汇票，应立即办理挂失，而遗失了用于转账的银行汇票，银行将不予挂失（见图1－11）。

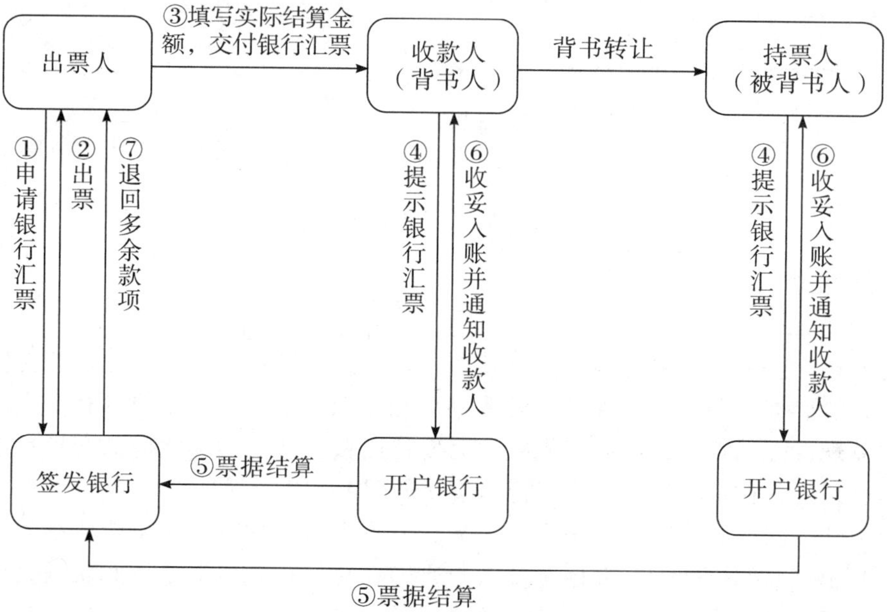

图1－11 银行汇票结算流程图

（3）签发和收到银行汇票。

付款人使用银行汇票结算，应填写“银行汇票申请书”，交给出票银行，并将款项交存银行。出票银行受理申请人“银行汇票申请书”，收妥款项后签发银行汇票，并将“银行汇票申请书”存根联、银行汇票第二联和第三联（解讫通知联）交申请人。

付款人根据“银行汇票申请书（存根）”联编制付款凭证。借记“其他货币资金——银行汇票存款”，贷记“银行存款”。

收款人在收到付款人送来的银行汇票后，应在付款期限内填写“进账单”，到银行办理结算。银行在见票时按照实际结算金额无条件支付给收款人或持票人。

收款人根据银行退回的进账单和有关原始凭证编制收款凭证。借记“银行存款”，贷记相关账户。

3．银行本票

（1）银行本票的概念。

银行本票是申请人将款项交存银行，由银行签发给申请人以办理转账结算或支取现金的票据。银行本票适用于同城结算，单位或个人在同一票据交换区域内支付各种款项，均可使用银行本票（见表1－6）。

表1－6　银行本票类别

本票类别	金额	用途
定额本票	1 000 元、5 000 元、10 000 元和 50 000 元	银行本票上注明转账或现金字样。划去“转账”字样，即可用于支取现金。申请人或收款人为单位时，银行不予签发现金银行本票
不定额本票	根据申请人的需要，用压数机压印出票面金额	

（2）银行本票的管理规定。

① 银行本票的提示付款期限为自出票日起最长不得超过2个月。在有效付款期内，银行本票，见票即付。持票人超过付款期限提示付款的，银行不予受理。

② 银行本票一律记名，允许在其票据交换区域内背书转让，但注明“现金”字样的银行本票不得背书转让。

③ 银行本票不予挂失，如果丢失，失票人可以凭人民法院出具的说明其享有票据权利的证明，向出票银行请求付款或退款。

④ 申请人或收款人为单位的，银行不得为其签发现金银行本票。申请人应将银行本票交付给本票上记明的收款人（如图1－12所示）。

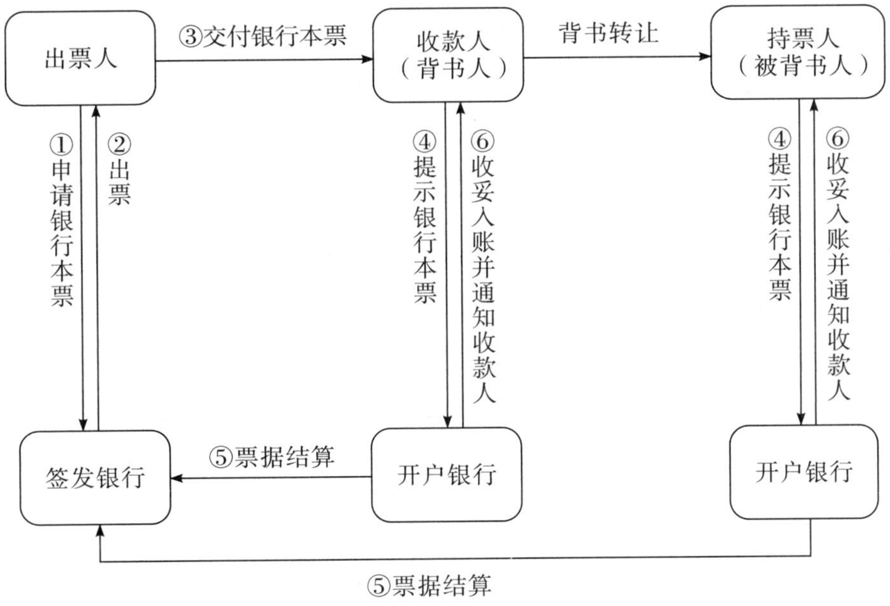

图1－12　银行本票结算流程图

（3）签发和收到银行本票。

付款人使用银行本票，应向银行填写“银行本票申请书”，填明收款人名称、申请人名称、支付金额、申请日期等事项并签章。出票银行受理银行本票申请书，收妥款项签发银行本票。付款人凭“银行本票申请书”做账务处理，借记“其他货币资金——银行本票存款”，贷记“银行存款”。

收款人收到银行本票，填写“进账单”送交开户行办理入账手续。根据入账单据，借记“银行存款”，贷记相关账户。

4. **商业汇票**

（1）商业汇票的概念。

商业汇票是出票人签发，并委托付款人在指定日期无条件支付确定的金额给收款人或者持票人的票据。

商业汇票适用于在银行开立账户的法人之间以及其他组织之间，具有真实的交易关系或债权债务关系的款项结算。商业汇票必须经过承兑。承兑是指汇票付款人承诺在汇票到期日无条件支付汇票金额的票据行为。承兑不得附有条件，否则视为拒绝承兑。承兑人有到期无条件支付票款的责任。付款人应当自收到提示承兑的汇票之日起3日内承兑或拒绝承兑，付款人拒绝承兑必须出具拒绝承兑的理由和证明。

商业汇票按是否计息分为不带息商业汇票和带息商业汇票；按承兑人不同可分为商业承兑汇票和银行承兑汇票。

① 商业承兑汇票。商业承兑汇票是由收款人签发经付款人承兑或付款人签发并承兑的票据（如图1－13所示）。商业承兑汇票按双方约定签发。由收款人签发的商业承兑汇票应交付款人承兑，由付款人签发的商业承兑汇票应由付款人本人承兑。承兑时，付款人应在商业承兑汇票正面签署“承兑”字样、承兑日期并签章。承兑不得附有条件，否则视为拒绝承兑。销货企业应在提示付款期限内委托开户银行收款或直接收款。汇票到期时，购货企业的开户银行凭票将票款划给销货企业或其开户银行。汇票到期时，如果购货企业的存款不足支付票款，开户银行将汇票退还销货企业，银行不负责付款，由购销双方自行处理。

商业承兑汇票　　2 $\frac{A\ B}{D\ 1}$ DD354729

出票日期（大写）　年　月　日

<table>
<tr><td rowspan="3">出票人</td><td>全　称</td><td></td><td rowspan="3">收款人</td><td>全　称</td><td colspan="11"></td><td rowspan="6">此联收款人开户行随托收凭证寄付款行作借方凭证附件</td></tr>
<tr><td>账　号</td><td></td><td>账　号</td><td colspan="11"></td></tr>
<tr><td>开户银行</td><td></td><td>开户银行</td><td colspan="11"></td></tr>
<tr><td rowspan="2">金额</td><td colspan="4" rowspan="2">人民币（大写）</td><td>亿</td><td>千</td><td>百</td><td>十</td><td>万</td><td>千</td><td>百</td><td>十</td><td>元</td><td>角</td><td>分</td></tr>
<tr><td></td><td></td><td></td><td></td><td></td><td></td><td></td><td></td><td></td><td></td><td></td></tr>
<tr><td colspan="2">汇票到期日（大写）</td><td></td><td rowspan="2">付款行</td><td>行号</td><td colspan="11"></td></tr>
<tr><td colspan="2">交易合同号码</td><td></td><td>地址</td><td colspan="11"></td></tr>
<tr><td colspan="3">本汇票已经承兑，到期无条件支付票款
承兑人签章：
承兑日期：　年　月　日</td><td colspan="13">本汇票请予以承兑于到期日汇款
出票人签章：</td></tr>
</table>

图1－13　商业承兑汇票

② 银行承兑汇票。银行承兑汇票是由收款人或承兑申请人签发，由承兑申请人向开户银行申请，经银行审查同意承兑的票据（如图 1－14 所示）。银行承兑汇票由银行承兑，承兑银行按票面金额向承兑申请人收取 0.5‰的手续费。

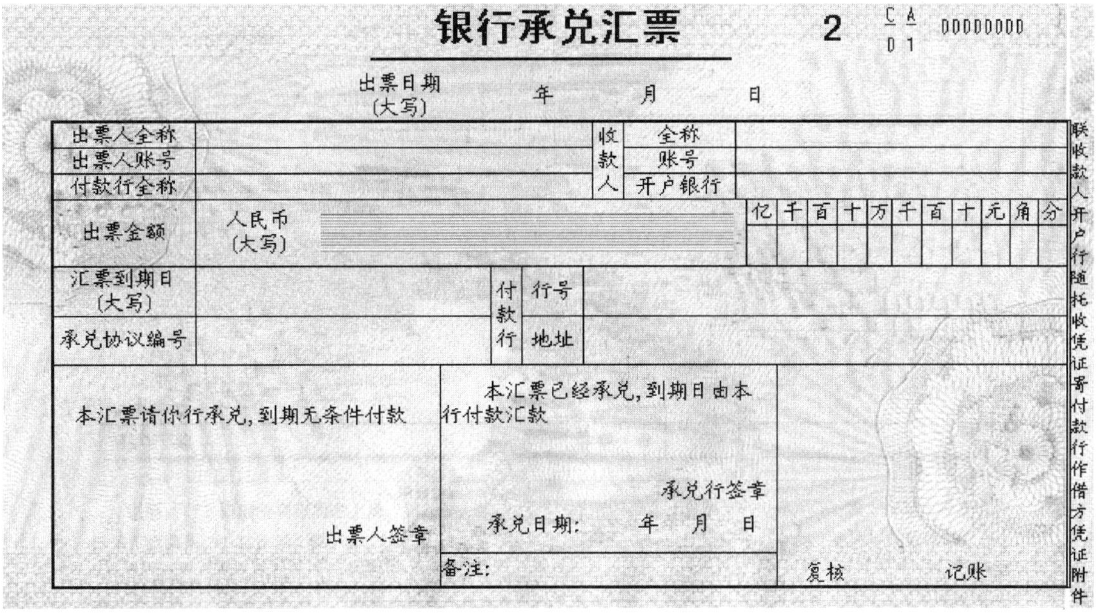

银行承兑汇票　　2　　$\frac{CA}{D1}$　00000000

出票日期（大写）　　年　　月　　日

出票人全称		收款人	全称	
出票人账号			账号	
付款行全称			开户银行	
出票金额	人民币（大写）			亿 千 百 十 万 千 百 十 元 角 分
汇票到期日（大写）		付款行	行号	
承兑协议编号			地址	
本汇票请你行承兑，到期无条件付款 出票人签章		本汇票已经承兑，到期日由本行付款汇款 承兑行签章 承兑日期：　年　月　日 备注：		复核　　记账

联收款人开户行随托收凭证寄付款行作借方凭证附件

图 1－14　银行承兑汇票

销货企业应在到期时将汇票连同进账单送交开户银行办理转账收款。承兑银行凭汇票将承兑款项无条件转给销货企业。购货企业应于汇票到期前将票款足额交存开户银行，如果购货企业于汇票到期日未能足额交存票款，承兑银行除了凭汇票向持票人无条件付款外，还应对承兑申请人尚未支付的汇票金额按照每天 0.5‰计收罚息。

（2）商业汇票的管理规定。

① 同城和异地结算均可使用商业汇票。但必须是在银行开立存款账户的法人与其他组织之间，签订有购销合同的商品交易的款项结算，才能使用商业汇票。

② 商业汇票一律记名，允许背书转让。

③ 商业汇票的付款期限由双方商定，但最长不得超过 6 个月。其提示付款期为汇票到期日起 10 日内。

④ 符合条件的商业汇票的持有人可持未到期的商业汇票连同贴现凭证一并交送银行，向银行申请贴现。

（3）商业承兑汇票流程图（如图 1－15 所示）。

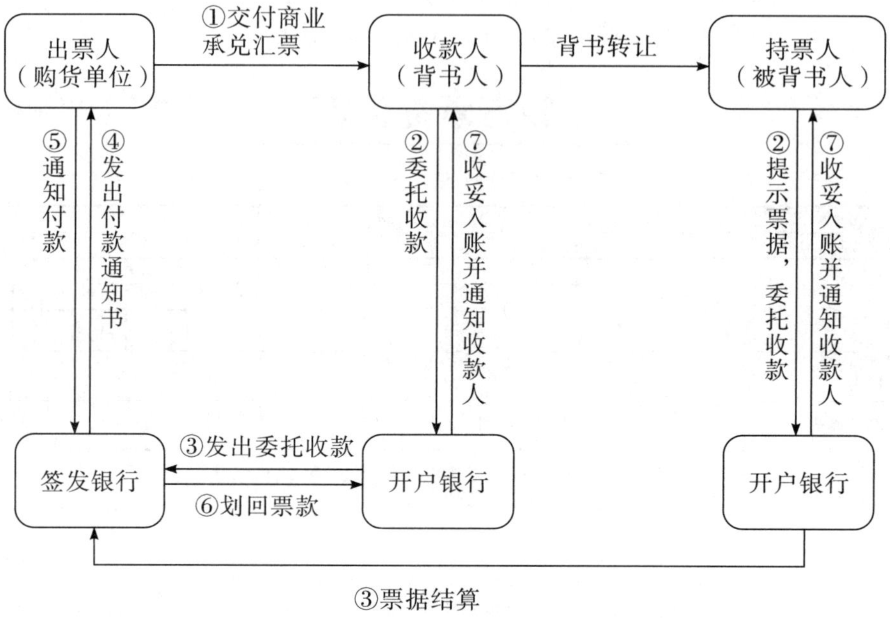

图 1－15　商业承兑汇票结算流程图

（4）银行承兑汇票流程图（如图 1－16 所示）。

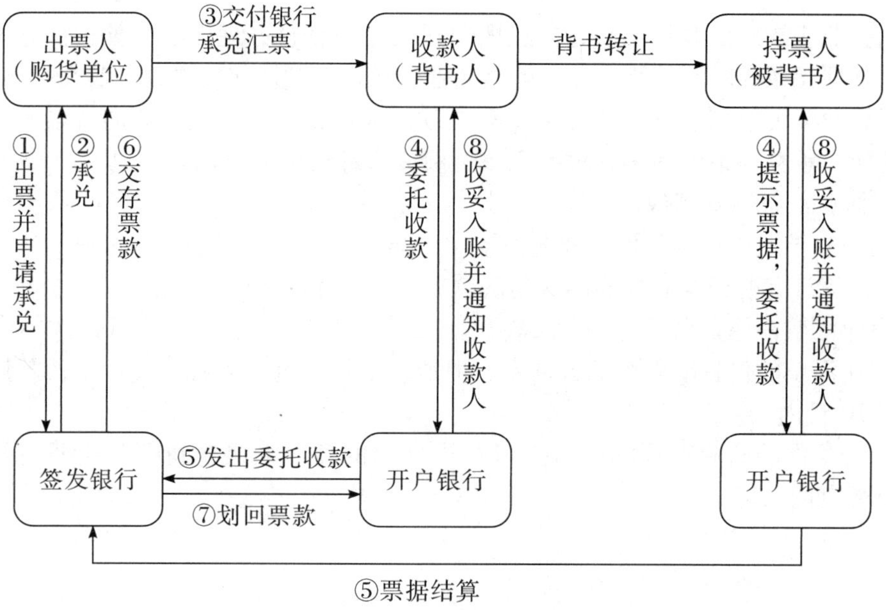

图 1－16　银行承兑汇票结算流程图

采用商业汇票结算时，付款人应设置“应付票据”账户；收款人应设置“应收票据”账户核算。具体的核算方法，在项目四核算往来款项中做具体介绍。

活动一 核算支票业务

工作实例

金华股份有限公司当天发生了以下与支票有关的经济业务，列示如下：

（1）签发现金支票从银行提取现金 3 万元备用。

（2）收到客户交来工商银行转账支票一张，金额 20 万元，用来支付所欠货款。

（3）收到供应商开来的增值税专用发票，开出转账支票支付货款 117 000元。

（4）要支付职工薪酬，签发现金支票 40 万元提取现金，用于支付工资。

（5）收到客户交来中信银行转账支票一张，金额 15 万元，为当月销售产品货款。

工作步骤

（1）签发现金支票从银行提取现金 3 万元备用。

会计分录分析：从银行提取现金，“银行存款”减少记贷方，“库存现金”增加记借方。

借：库存现金	30 000	
贷：银行存款		30 000

（2）收到客户交来工商银行转账支票一张，金额 20 万元，用来支付所欠货款。

收到工商银行转账支票，可以入账到本公司工商银行的账户中。出纳收到支票后，填写进账单后提交到工商银行，收到货款。

会计分录分析：收到转账支票，“银行存款”增加记借方，贷记“应收账款”。

借：银行存款	200 000	
贷：应收账款		200 000

（3）收到供应商开来的增值税专用发票，开出转账支票支付货款 117 000 元。

会计分录分析：依据增值税专用发票，开出支票，“银行存款”减少记贷方，“材料采购”增加记借方，“应交税费——应交增值税（进项税额）”减少记借方。

借：材料采购	100 000	
应交税费——应交增值税（进项税额）	17 000	
贷：银行存款		117 000

（4）要支付职工薪酬，签发现金支票 40 万元提取现金，用于支付工资。

会计分录分析：签发现金支票，“库存现金”增加记借方，“银行存款”减少记贷方。

借：库存现金	400 000	

贷：银行存款 400 000

（5）收到客户交来中信银行转账支票一张，金额 15 万元，为当月销售产品货款。

收到中信银行转账支票，因本公司没有在中信银行开立账户，所以，在进账单中填列工商银行账户作为收款人账户。

会计分录分析：收到转账支票，“银行存款”增加记借方，“应收账款”减少记贷方。

借：银行存款 150 000

贷：应收账款 150 000

温馨提示

同城票据交换是指同城有关商业银行和金融机构之间相互代收代付款项的凭证按规定的时间和场次统一在某一场所进行交换，并轧记往来行之间应收应付差额，由主办清算行（人民银行）以转账方式进行资金清算。

公司收到工行支票和中信银行支票，收到款项的时间点不一致。同行之间票据交换，收款时间较短，跨行之间提交支票，收款时间较长。

活动二　核算银行汇票业务

工作实例

金华股份有限公司当天发生了以下与银行汇票有关的经济业务，列示如下：

（1）业务员谢伦要去上海采购原材料，到财务部申请开立银行汇票 16 万元。

（2）谢伦在上海采购，取得供应商的增值税专用发票，货款 130 000 元，增值税22 100 元，价款合计 152 100 元，使用银行汇票进行结算。

（3）收到余款退回。

（4）收到一张银行汇票，票面金额是 220 000 元，实际结算款项为 210 600 元，为销售的货款，同时开出增值税专用发票，价款为 180 000，增值税为 30 600 元。

工作步骤

（1）业务员谢伦要去上海采购原材料，到财务部申请开立银行汇票 16 万元。

出纳填写“银行汇票委托书”，委托银行从银行存款账户中扣款，取得银行汇票。取得银行汇票时，做如下会计分录：

借：其他货币资金——银行汇票存款 160 000

贷：银行存款 160 000

（2）谢伦在上海采购，取得供应商的增值税专用发票，货款 130 000 元，增值税

22 100 元，价款合计 152 100 元，使用银行汇票进行结算。

用银行汇票采购时，做如下会计分录：

借：原材料　　130 000

　　应交税费——应交增值税（进项税额）　　22 100

　贷：其他货币资金——银行汇票存款　　152 100

（3）余款退回。

余款退回时，做如下会计分录：

借：银行存款　　7 900

　贷：其他货币资金——银行汇票存款　　7 900

（4）收到一张银行汇票，票面金额是 220 000 元，实际结算款项为 210 600 元，为销售的货款，同时开出增值税专用发票，价款为 180 000 元，增值税为 30 600 元。

收到银行汇票时，应在银行汇票背面盖预留银行印鉴，并填制"进账单"，提交银行收款。会计分录分析如下：收到银行汇票，到银行收款，"银行存款"增加记借方，同时开出增值税专用发票，"主营业务收入"增加记贷方，"应交税费——应交增值税（销项税额）"增加记贷方。

借：银行存款　　210 600

　贷：主营业务收入　　180 000

　　　应交税费——应交增值税（销项税额）　　30 600

活动三　核算银行本票业务

工作实例

金华股份有限公司当天发生了以下与银行本票有关的经济业务，列示如下：

（1）采购员赵文胜到财务部，要求办理一张银行本票，金额为 128 700 元。

（2）赵文胜在本市采购原材料，取得增值税专用发票，价款 110 000 元，增值税为 18 700 元，用银行本票支付。

（3）销售人员武广交来一张银行本票，是销售货物的货款，同时要求开具增值税专用发票，价款为 50 000 元，增值税为 8 500 元，合计为 58 500 元。

工作步骤

（1）采购员赵文胜到财务部，要求办理一张银行本票，金额为 128 700 元。

出纳填好"银行本票申请书"，在上面加盖预留银行印鉴，委托银行从银行存款账户中扣款，申请办理银行本票。取得银行本票时，做如下会计分录：

借：其他货币资金——银行本票存款　　128 700

　贷：银行存款　　128 700

（2）赵文胜在本市采购原材料，取得增值税专用发票，价款 110 000 元，增值税为 18 700 元，用银行本票支付。

借：材料采购　　110 000
　　应交税费——应交增值税（进项税额）　　18 700
　贷：其他货币资金——银行本票存款　　128 700

（3）销售人员武广交来一张银行本票，是销售货物的货款，同时要求开具增值税专用发票，价款为 50 000 元，增值税为 8 500 元，合计为 58 500 元。

出纳收到银行本票，在背面加盖银行印鉴，并填制“进账单”，提交银行收款。

借：银行存款　　58 500
　贷：主营业务收入　　50 000
　　　应交税费——应交增值税（销项税额）　　8 500

任务三　处理其他银行结算业务★

工作任务

完成汇兑、委托收款、托收承付、信用卡、信用证、外埠存款和存出投资款等结算业务并进行会计核算。完成任务的标志性成果：银行存款日记账、其他货币资金明细账。

知识准备

一、汇兑

汇兑是汇款人委托银行将款项汇给外地收款人的结算方式，适用于单位和个人异地之间各种款项的结算。

汇兑分为信汇和电汇两种，由汇款人选择使用。信汇是指汇款人委托银行通过邮寄方式将款项划给收款人。电汇是指汇款人委托银行通过电报方式将款项划转给收款人。

采用汇兑结算方式，汇款单位汇出款项时，应填写银行印制的汇款凭证，交开户银行即汇出银行办理汇款，汇入银行收款后直接将款项转入收款单位账户，并向收款单位发出收款通知（如图 1－17 所示）。

汇款单位根据汇款凭证回单联，借记有关账户，贷记“银行存款”账户；收款单位根据银行转来的汇兑凭证收款通知，借记“银行存款”账户，贷记有关账户。

二、委托收款

委托收款是收款人委托银行向付款人收取款项的结算方式。

委托收款在同城、异地均可以办理，不受金额起点限制。它分为邮寄和电报划回

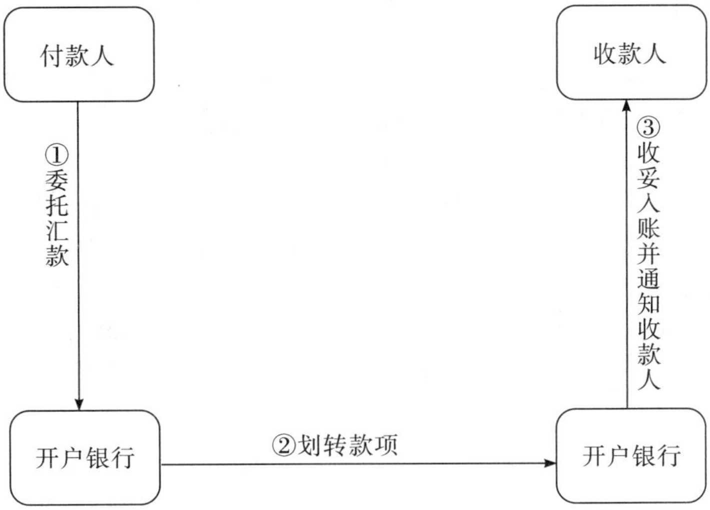

图 1－17 汇兑结算流程图

（即邮划和电划）两种，由收款人选择。单位和个人凭已承兑的商业汇票、债券、存单等付款人债务证明办理款项结算时，均可使用委托收款结算方式。委托收款一般适用于煤气费、电话费、水电费等付款人众多、分散的公用事业费等有关款项的收取。

企业委托银行收款时，应填写银行印制的委托收款凭证和提供有关债务证明。银行受理后，将有关委托收款凭证寄交付款单位开户银行，并由付款单位开户银行通知付款单位，付款单位应在 3 日内审核，然后通知银行付款或出具拒付理由书通知开户银行拒付。若付款单位不通知银行，银行视同企业同意付款，并在第 4 日从该单位账户中将款项划给收款人开户银行（如图 1－18 所示）。

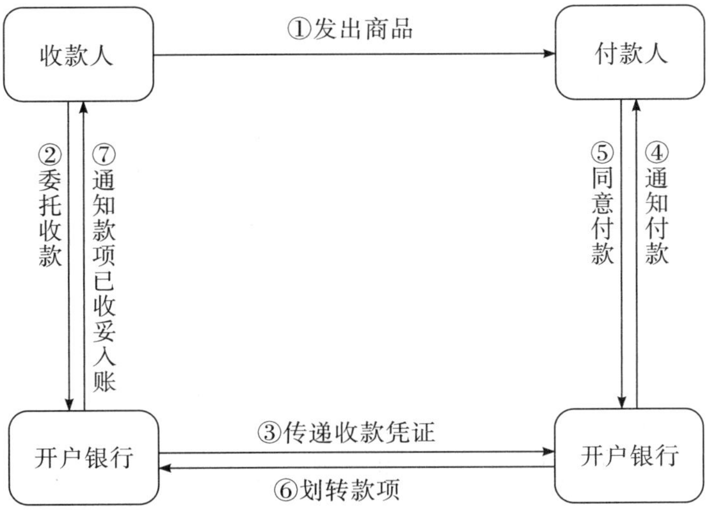

图 1－18 委托收款流程图

收款单位的账务处理是根据托收凭证回单，借记“银行存款”账户，贷记相关账户；付款单位根据委收凭证，借记相关账户，贷记“银行存款”账户。

三、托收承付

托收承付是根据购销合同由收款人发货后委托银行向异地付款人收取款项，由付款人向银行承认付款的结算方式。托收承付的款项划回有邮寄和电报两种，收款单位可按实际需要选择使用。

办理托收承付结算的款项，必须是商品交易以及因商品交易而产生的劳务供应的款项。代销、寄销、赊销商品的款项，不得办理托收承付结算（如图 1－19 所示）。

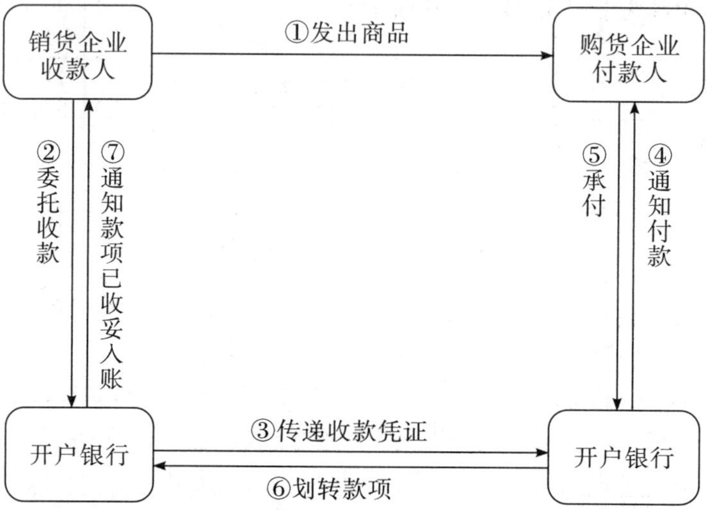

图 1－19　托收承付流程图

托收承付结算每笔的金额起点为 10 000 元。新华书店系统每笔结算的金额起点为 1 000 元。

销货企业按照签订的购销合同发货后，收款人应将托收承付凭证及发运凭证或其他符合托收承付结算的有关证明和交易单证送交银行，委托银行办理托收。

购货企业开户银行收到托收凭证及其附件后，应当及时通知付款人付款。承付货款分为验单付款和验货付款两种，由收付双方商量选用，并在合同中明确规定。

验单付款的承付期为 3 天，从付款人开户银行发出承付通知的次日算起（承付期内遇法定休假日顺延）。验货付款的承付期为 10 天，从运输部门向付款人发出提货通知的次日算起。对收付双方在合同中明确规定，并在托收凭证上注明验货付款期限的，银行将按此期限办理。付款人在承付期内，未向银行表示拒绝付款，银行即视为承付，并在承付期满的次日，将款项从付款人的账户划给销货企业。

在承付期内，如果购货企业因所购货物质量有问题或其他原因，向银行提出部分或全部拒绝付款，必须填写“拒绝付款理由书”并签章，购货企业开户银行必须认真审查拒付理由，查验合同。银行同意部分或全部拒绝付款的，应在“拒绝付款理由书”上签注意见，并将拒绝付款理由书、拒付证明、拒付商品清单和有关单据寄销货企业开户银行转交销货企业。

收款单位办妥托收承付银行手续，根据回单联，借记“应收账款”账户，贷记“主营业务收入”“应交税费——应交增值税（销项税额）”等账户；款项收到时，借记“银行存款”账户，贷记“应收账款”等账户。

付款单位根据托收承付结算凭证，借记“材料采购”“应交税费——应交增值税（进项税额）”等账户，贷记“银行存款”账户。

四、信用卡

信用卡是指商业银行向个人和单位发行的，凭其向特约单位购物、消费、向银行存取现金，具有消费信用的特制载体卡片。信用卡按使用对象分为单位卡和个人卡，按信用等级分为金卡和普通卡（如图 1－20 所示）。

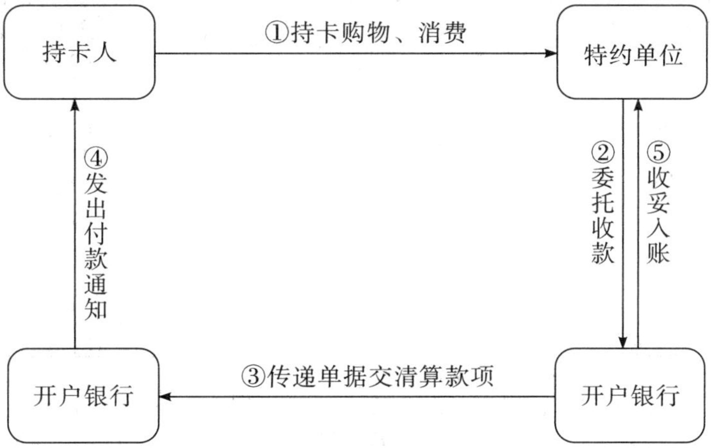

图 1－20　信用卡结算流程

（1）凡在中国境内金融机构开立基本存款账户的单位可申领单位卡；凡具有完全民事行为能力的公民可申领个人卡。

（2）单位卡可申请若干张，持卡人资格由申领单位法定代表人或其委托的代理人书面指定和注销。

（3）在使用过程中，单位卡账户的资金一律从基本存款账户转账存入。不得交存现金，不得直接将销货收入存入卡内。

（4）单位卡不得用于 10 万元以上的商品交易、劳务供应款项的结算，不得支取现金。不得出租或转借信用卡。

（5）信用卡允许善意透支，透支期限最长为 60 天。

（6）持卡人不需继续使用信用卡的，应办理销户手续。销户时，单位卡账户的余额应转入单位的基本存款账户，不得提取现金；个人卡账户可以转账结清，也可以提取现金。

企业申办单位卡，应填写“信用卡申请表”，送交发卡银行。转账偿还信用卡款项，根据回单联，借记“其他货币资金——信用卡存款”账户，贷记“银行存款”账户；用单位卡购物或消费后，收到银行转来的信用卡付款凭证及发票等单据，借记相关账户，贷记“其他货币资金——信用卡存款”账户。

五、信用证

信用证是指开证行依照申请人的申请开出的、凭符合信用证条款的单据支付的付款承诺。信用证为不可撤销、不可转让的跟单信用证。信用证只能用于转账结算，不得提取现金。

企业使用信用证办理国际结算，应当填写开证申请书、信用证申请人承诺书，连同有关购销合同一并提交开证行，开证行受理后，企业需向开证行交存一定金额的保证金。开证行开立信用证并以邮寄或电传方式将其发送通知行，通知行将信用证转交收款人。收款人收到信用证并审核无误后，即备货装运，持跟单汇票连同信用证一同送交当地支付行。支付行审核后垫付货款，之后将跟单汇票寄交开证行赎回垫款。开证行收到跟单汇票后，通知申请人验单付款，赎单提货（见图1－21）。

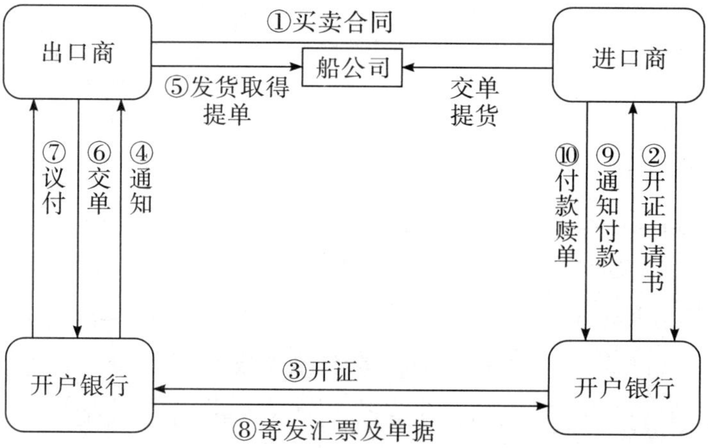

图1－21　信用证结算流程

信用证结算方式是国际结算的一种主要方式。但经中国人民银行批准经营结算业务的商业银行总行，以及经商业银行总行批准开办信用证结算业务的分支机构，也可以办理国内企业之间商品交易的信用证结算业务。

六、外埠存款

外埠存款是指企业到外地进行临时或零星采购时，汇往采购地银行开立采购专户的款项。企业汇出款项时，须填写汇款委托书，汇入银行对汇入的采购款项，以汇款单位名义开立临时采购专户。采购专户除采购人员差旅费可以支取少量现金外，一律转账结算，该账户的存款不计利息，只付不收，付完清户。

企业将款项委托当地银行汇往采购地开立专户时，借记“其他货币资金——外埠存款”账户，贷记“银行存款”账户。采购人员报销用外埠存款支付材料采购货款等款项时，借记“材料采购”或“原材料”“应交税费——应交增值税（进项税额）”账户，贷记“其他货币资金——外埠存款”账户。用外埠存款采购结束，将剩余的外埠存款转回当地银行时，借记“银行存款”账户，贷记“其他货币资金——外埠存款”账户。

七、存出投资款

存出投资款是指企业已存入证券公司但尚未进行投资的资金。

企业向证券公司划出资金时，借记“其他货币资金——存出投资款”账户，贷记“银行存款”账户；购买股票、债券时，按实际发生的金额，借记“交易性金融资产”等相关账户，贷记“其他货币资金——存出投资款”账户。

八、网上银行

网上银行又称网络银行、在线银行，是指银行利用互联网技术，通过互联网向客户提供开户、查询、对账、行内转账、跨行转账、信贷、网上证券、投资理财等传统服务项目，使客户可以足不出户就能够安全便捷地管理活期和定期存款、支票、信用卡及个人投资等。可以说，网上银行是在互联网上的虚拟银行柜台。

网上银行又被称为“3A 银行”，因为它不受时间、空间限制，能够在任何时间（Anytime）、任何地点（Anywhere）、以任何方式（Anyway）为客户提供金融服务。

九、银行存款的清查

为了保证银行存款核算的真实准确，防止银行存款账面记录发生差错，准确掌握银行存款实际金额，企业应按期对账。

银行存款日记账的核对主要包括三个环节：一是银行存款日记账与银行存款收款、付款凭证要互相核对，做到账证相符；二是银行存款日记账与银行存款总账要互相核对，做到账账相符；三是银行存款日记账与银行开出的银行存款对账单要相互核对，以便准确地掌握企业可动用的银行存款实有数，保证账实相符。

为了避免银行存款账目发生差错，企业应经常与银行核对存款账目，即将银行存款日记账的记录同银行对账单进行逐笔核对。双方余额如果相等，一般说明双方记账没有错误。如发现双方余额不一致，除记账错误外，还可能是由于未达账项引起的。

未达账项是指企业与银行之间，由于凭证传递上的时间差，一方已登记入账，而另一方尚未入账的账项。由于企业、银行间存款收支凭证的传递需要一定时间，因而对同一笔业务企业和银行各自入账的时间不一定相同。在同一日期，企业账上银行存款的余额与银行账上企业存款的余额往往不一致。

未达账项主要有以下四种情况：

（1）银行已收款入账，而企业尚未接到收款通知而未记账的款项。

（2）银行已付款入账，而企业尚未收到付款通知而未记账的款项。

（3）企业已收款入账，而银行尚未收款入账的款项。

（4）企业已付款入账，而银行尚未付款入账的款项。

在核对账目中，发现未达账项，应编制“银行存款余额调节表”进行调节。调节后，双方余额如果不等，表明记账有差错，需要进一步查对，找出原因，并更正错误的记录。

活动一　核算汇兑、托收、托收承付业务

工作实例

1．采用汇兑结算方式，委托银行将 8 000 元汇给甲公司，以偿付前欠的购货款。

2．收到银行转来的委托收款结算的收款通知，收到乙公司支付的货款 23 400 元。

3．银行转来电力公司特约委托收款凭证付款通知联，金额为 3 780 元，是用以支付本月份电费。

4．银行转来供应商 A 托收承付结算凭证，金额为 82 950 元，并附来增值税专用发票一张，计货款 81 900 元，运杂费凭证一张，金额 1 050 元，经审核无误，当即承付。

5．收到银行汇款入账通知，是丙公司汇来预付货款 50 000 元。

工作步骤

（1）采用汇兑结算方式，委托银行将 8 000 元汇给甲公司，以偿付前欠的购货款。

借：应付账款——甲公司　　8 000

　贷：银行存款　　8 000

（2）收到银行转来的委托收款结算的收款通知，收到乙公司支付的货款 23 400 元。

借：银行存款　　23 400

　贷：应收账款——乙公司　　23 400

（3）银行转来电力公司特约委托收款凭证付款通知联，金额为 3 780 元，是支付本月份电费。

借：管理费用——电费　　3 780

　贷：银行存款　　3 780

（4）银行转来供应商 A 托收承付结算凭证，金额为 82 950 元，并附来增值税专用发票一张，计货款 81 900 元，运杂费凭证一张，金额 1 050 元，经审核无误，当即承付。

借：材料采购　　71 050

　　应交税费——应交增值税（进项税额）　　11 900

　贷：银行存款　　82 950

（5）收到银行汇款入账通知，是丙公司汇来预付货款 50 000 元。

借：银行存款　　50 000

　贷：预收账款——丙公司　　50 000

活动二 核算信用卡、信用证等其他货币资金业务

工作实例

1. 企业从其基本存款账户开出转账支票 100 000 元转入信用卡账户。

2. 总经理将消费后的业务招待费发票交与财务部，金额为 3 800 元，会计依据信用卡部寄来的付款单据和发票入账。

3. 企业因业务需要向银行申请给境外供货单位开出信用证，预交保证金 150 000 元。

4. 收到境外供货单位信用证结算凭证及发票，价款 90 000 元，关税 2 000 元，增值税 15 640 元。

5. 企业收到未用完信用证保证金余额 42 360 元。

6. 业务部到安徽出差，委托当地开户银行汇款 50 000 元给采购地银行开立专户。

7. 收到业务员交回购货发票时，价款 40 000 元，增值税 6 800 元。

8. 收到银行多余外埠存款通知。

9. 向证券公司存入资金 100 万元。

10. 购入 A 公司股票 10 万股，每股价格 8 元。该公司将其划分为交易性金融资产。

工作步骤

（1）企业从其基本存款账户开出转账支票 100 000 元转入信用卡账户。

借：其他货币资金——信用卡存款　　100 000

　贷：银行存款　　100 000

（2）总经理将消费后的业务招待费发票交与财务部，金额为 3 800 元，会计依据信用卡部寄来的付款单据和发票入账。

借：管理费用——业务招待费　　3 800

　贷：其他货币资金——信用卡存款　　3 800

（3）企业因业务需要向银行申请给境外供货单位开出信用证，预交保证金 150 000 元。

借：其他货币资金——信用证存款　　150 000

　贷：银行存款　　150 000

（4）收到境外供货单位信用证结算凭证及发票，价款 90 000 元，关税 2 000 元，增值税 15 640 元。

借：材料采购　　92 000

　　应交税费——应交增值税（进项税额）　　15 640

　贷：其他货币资金——信用证保证金存款　　107 640

（5）企业收到未用完信用证保证金余额 42 360 元。

借：银行存款　　　　42 360
　贷：其他货币资金——信用证保证金存款　　　　42 360

（6）业务部到安徽出差，委托当地开户银行汇款 50 000 元给采购地银行开立专户。

借：其他货币资金——外埠存款　　　　50 000
　贷：银行存款　　　　50 000

（7）收到业务员交回购货发票时，价款 40 000 元，增值税 6 800 元。

借：材料采购　　　　40 000
　　应交税费——应交增值税（进项税额）　　　　6 800
　贷：其他货币资金——外埠存款　　　　46 800

（8）收到银行多余外埠存款通知。

借：银行存款　　　　3 200
　贷：其他货币资金——外埠存款　　　　3 200

（9）向证券公司存入资金 100 万元。

借：其他货币资金——存出投资款　　　　1 000 000
　贷：银行存款　　　　1 000 000

（10）购入 A 公司股票 10 万股，每股价格 8 元。该公司将其划分为交易性金融资产。

借：交易性金融资产　　　　800 000
　贷：其他货币资金——存出投资款　　　　800 000

活动三　清查银行存款

工作实例

银行存款日记账的账面余额为 15 640 元，银行转来对账单的余额为 16 200 元，经逐笔核对，发现以下未达账项：

（1）企业委托银行代收的一笔款项 5 200 元，银行已入账，尚未通知企业。

（2）银行代划企业本月电话费 640 元，银行已入账，企业未接通知。

（3）企业出售产品收取转账支票一张，金额 4 800 元，企业已入账，银行尚未入账。

（4）企业开出转账支票一张购买办公用品，金额 800 元，企业已入账，银行尚未入账。

根据上述资料，编制“银行存款余额调节表”。

工作步骤

根据上述资料，编制“银行存款余额调节表”（见表 1 – 7）。

表 1－7　银行存款余额调节表

单位：元

项目	金额	项目	金额
公司银行存款日记账余额	15 640	银行对账单余额	16 200
加：银行已收企业未收	5 200	加：企业已收银行未收	4 800
减：银行已付企业未付	640	减：企业已付银行未付	800
调节后的存款余额	20 200	调节后的存款余额	20 200

需要注意的是，编制“银行存款余额调节表”后，对于未达账项不需进行账簿记录的调整，要必须等到结算凭证到达后方可进行相应的账务处理。对于长期搁置的未达账项，应及时查阅凭证和有关资料，及时与银行联系，查明原因及时解决。

项目小结

核算货币资金包括处理库存现金业务，处理支票、银行汇票、本票业务和处理其他银行结算业务。银行结算方式的特点见表 1－8。

表 1－8　银行结算方式及其特点

结算方式	使用者	使用范围	付款单位（出票人）	收款单位（持票人）
支票	单位或个人	全国	银行存款	银行存款
银行本票	单位或个人	同城	其他货币资金	银行存款
银行汇票	单位或个人	异地	其他货币资金	银行存款
商业汇票	单位	同城或异地	应付票据	应收票据
托收承付	国有企业、供销社、集体企业	异地	银行存款	应收账款
委托收款	单位或个人	同城或异地	银行存款	银行存款
汇兑	单位或个人	异地	银行存款	银行存款
信用卡	单位或个人	同城或异地	其他货币资金	银行存款
信用证	单位	国际结算	其他货币资金	应收账款
网上银行	单位或个人	同城或异地	银行存款	银行存款

问题讨论：

1．哪些银行结算方式是同城结算？哪些银行结算方式是异地结算？哪些是既可以同城结算，又可以异地结算？

2．从银行提取现金时，现金支票上的用途有哪些？

3．月末，企业银行存款明细账与银行对账单不符。编制银行存款余额调节表后，是否能依据余额调节表编制凭证，将银行存款明细账余额调整与银行对账单相符？

4．付款采用支票作为结算方式，如果收款人名称尚未确定，能否开出一张空白抬头的支票？

项目二
核算财产物资

学习目标

知识学习目标：

1. 掌握存货的分类
2. 掌握存货的确认和初始价值的确定
3. 掌握存货发出、结存存货数量和成本的确定
4. 掌握按实际成本和计划成本存货的核算
5. 掌握期末存货的计价
6. 掌握固定资产计提折旧核算方法
7. 掌握在建工程、固定资产的核算方法
8. 掌握无形资产摊销的核算方法
9. 掌握投资性房地产成本模式和公允价值模式的核算方法

技能训练目标：

1. 能够准确核算外购、委托加工、领用、出售存货的业务并进行期末计价业务的核算
2. 能够准确核算存货收发业务，并据以登记明细账和总账
3. 能够准确核算自营工程、出包工程、在建工程等业务，并据以登记明细账和总账
4. 能够准确核算固定资产的初始确认、计提折旧、处置、固定资产期末核算业务
5. 能够准确核算无形资产的初始确认、摊销、出租和处置业务
6. 能够准确核算成本模式和公允价值模式下的投资性房地产的核算

情感目标：

1. 具有认真、细致的工作作风
2. 具有良好的责任意识
3. 具有独立分析问题、解决问题的能力

知识结构图：

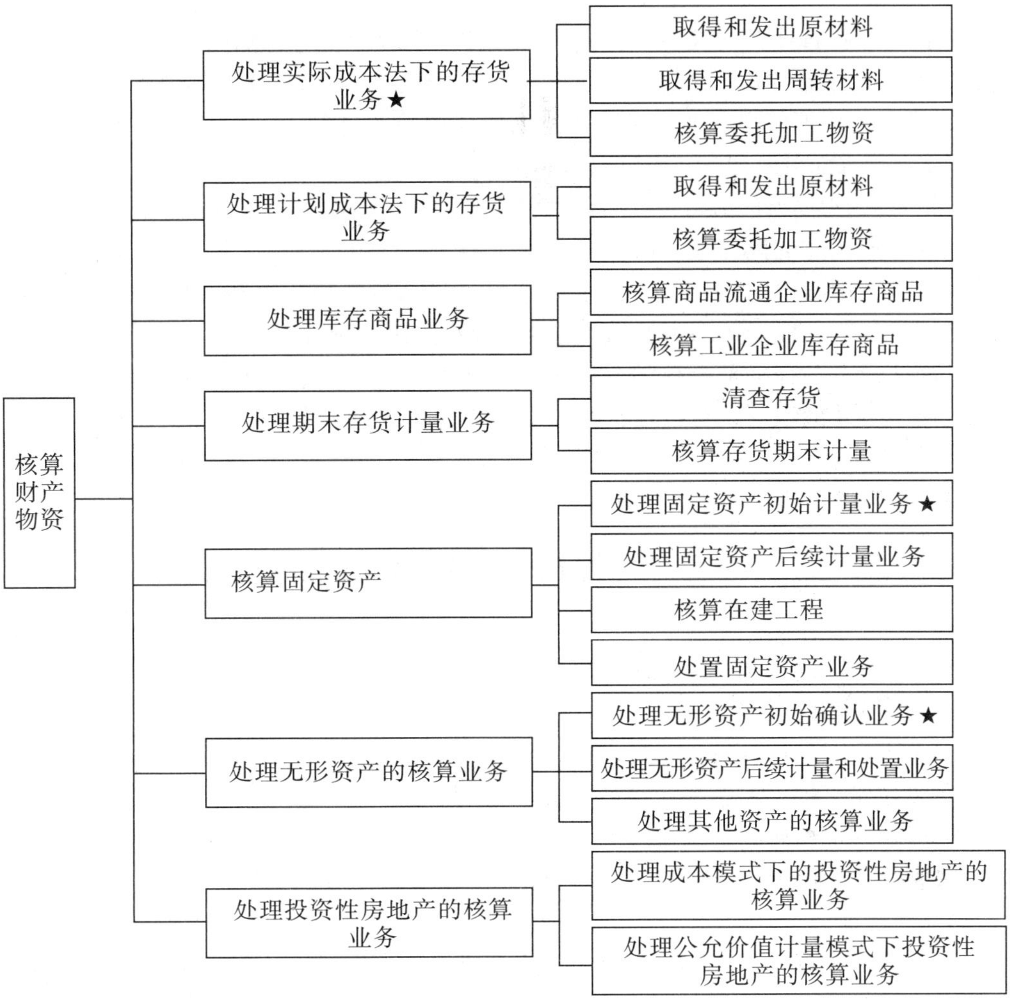

图 2－1　核算财产物资知识结构图

导学案例

蓝田股份有限公司，简称蓝田，成立于 1992 年。在成立初期，公司的主营业务并不突出。直到 1993 年，蓝田股份有限公司下属的洪湖蓝田水产品开发有限公司成立，产业结构转变为经营农副水产品种养、加工和销售。1994 年 8 月，蓝田的 1 828 万国家股划归农业部持有，农业部成为蓝田股份的第二大股东。凭借农业部背景这个行政杠杆，蓝田最终撬开资本市场的大门。农业部将 3 000 万股上市额度给了蓝田，1996 年 6 月 18 日，蓝田股票在上交所挂牌交易，号称“中国农业第一股”。

蓝田股份自上市以来，在财务数字上一直保持着快速的增长：1997 年至 2001 年年中，总资产增长近 2.6 倍，净利润增长近 6 倍，创造了“蓝田神话”，被称为中国农业第一股。

2002 年元月 21—22 日，生态农业（原蓝田股份）突然被停牌。随着蓝田高层受到公安机关调查，公司资金链断裂以及受到证监会深入稽查等一系列事件的发生，“蓝田神话”走向终结。

蓝田股份到底有什么问题呢？让我们来关注一下存货中存在的问题。

蓝田的存货占流动资产的比率由1997年的9.06%上升至2001年的43.82%（五年平均为38.42%），但年报中并未说明存货的构成项目与计价。蓝田负责人霍兆玉声称洪湖共有100万亩水面可以开发，而蓝田当时仅开发了30万亩（粗放经营养殖的鱼塘每亩产值约3千元），其中高产值的特种养殖鱼塘面积共1万亩（精养鱼塘每亩产值高达3万元）。

而同样位于湖北的武昌鱼公司在招股说明书中称其鱼塘每亩产值不足1 000元。同样在湖北养鱼，蓝田股份的粗放经营养殖业绩是武昌鱼的3倍，而精养鱼塘更高达30倍，这不禁使人怀疑蓝田股份鱼塘中的鱼种是否真的能创造如此高的收入。

农林渔牧产业的存货是会计师难以盘点的项目。因此，阅读财务报表时，应特别注意其存货增减变动的情形是否合理，并与同行业比较进行参考。

任务一　处理实际成本法下的存货业务*

工作任务

完成实际成本法下原材料、周转材料、委托加工物资的初始确认、发出存货的核算；完成工作任务应提交的标志性成果：完成的记账凭证、在途物资、原材料、周转材料、委托加工物资等明细账和总账。

知识准备

一、存货概述

1. 存货的概念

存货是指企业在日常活动中持有以备出售的产成品或商品、处在生产过程中的在产品、在生产过程或提供劳务过程中耗用的材料和物料等。它包括各类材料、燃料、周转材料、在产品、半成品、产成品和商品等。存货通常在1年或超过1年的一个营业周期内被消耗或经出售转换为现金、银行存款或应收账款等，具有明显的流动性，属于流动资产。在大多数企业中，存货在流动资产中占有很大比重，是流动资产的重要组成部分。

存货作为企业的一类资产，它除了具有资产所有的特征之外，还有着自己的特征。

（1）企业持有存货的最终目的是为了出售（不论是供直接出售，还是需经过进一步加工后才能出售），而不是自用。这是存货最基本的特征，这一特征使存货明显区别于固定资产等长期资产。

（2）存货是一项具有实物形态的资产。作为存货，它以一定的物质实体而存在，是一项有形资产。这一特征，使存货与无物质实体的无形资产、应收账款等相区别。

（3）存货具有较强的流动性。存货不断地处于销售、耗用之中，因此，其价值随着实物的耗用而转移，随着销售的实现而及时得到补偿。

一项资产是否属于存货，关键看其目的和用途。比如一汽集团拥有的一台汽车，如果是企业自己使用，则属于固定资产；如果是为了销售而储存，则应属于存货。

2. 存货的确认

某项资产确认为存货，除符合存货的概念外，还应在同时满足以下两个条件时，才能加以确认。

（1）与该存货有关的经济利益很可能流入企业。

资产最重要的特征是预期会给企业带来经济利益，如果某一项目预期不能给企业带来经济利益，就不能确认为企业的资产。

存货是企业的一项重要的流动资产，因此，对存货的确认，关键是判断是否可能给企业带来经济利益或所包含的经济利益是否可能流入企业。通常，存货的所有权是存货包含的经济利益可能流入企业的一个重要标志。一般情况下，根据销售合同已经售出（取得现金或收取现金的权利）、所有权已经转移的存货，因为所含经济利益已不能流入本企业，所以不能再作为企业的存货进行核算，即使该存货尚未运离企业。再比如委托代销商品，由于其所有权并未转移至受托方，因而委托代销的商品是委托企业存货的一部分。总之，企业在判断存货所含经济利益能否流入企业时，通常应结合考虑该项存货所有权的归属，而不应当仅看其存放的地点。

（2）该存货的成本能够可靠地计量。

成本能够进行可靠的计量是资产确认的一项基本条件。存货作为企业资产的组成部分，要予以确认也必须能够对其成本进行可靠的计量。存货的成本能够被可靠地计量必须以取得的确凿、可靠的证据为依据，并且具有可验证性。如果存货成本不能被可靠地计量，则不能确认为一项存货。如企业承诺的订货合同，由于并未实际发生，不能被可靠确定其成本，因此，就不能确认为购买企业的存货。

3. 存货的分类

存货的种类繁多，不同存货的具体特点和管理要求各不相同。为了有效地组织各项存货的核算，加强存货的管理，应对存货进行科学分类。一般来说，存货可以按照以下三种标准分类。

（1）按照经济用途分类。

① 原材料，是指企业在生产过程中经加工改变其形态或性质并构成产品主要实体的各种原料及主要材料、辅助材料、外购半成品（外购件）、修理用备件（备品备件）、包装材料、燃料等。

② 周转材料，指企业在生产经营过程中能够多次使用，逐渐转移其价值但仍保持原有形态，不确定为固定资产的材料，主要包括包装物、低值易耗品、施工企业的钢模板、木模板、脚手架和其他周转材料等。

包装物，指为包装企业产品并随同产品出售或出租、出借给购货单位使用的各种包装容器和用品，如桶、箱、瓶、坛、袋等。

低值易耗品，指单位价值在规定的限额标准以下，或使用期限不满 1 年，不能作为固定资产管理的各种用具、物品，如一般工具、管理用具、劳动保护用品等。

③ 自制半成品，指在本企业完成了一定的生产过程，并已检验合格交付半成品仓库，但仍需继续加工的中间产品。

④ 在产品，指在本企业尚未加工完成，需要进一步加工或正在加工的产品，或虽已完成加工过程，但尚未验收入库，不能对外销售的产品。

⑤ 产成品，指已经完成全部生产过程并已验收合格可供销售的产品，包括企业自己投料加工完成的产品、接受客户来料加工制造完成的代制品以及为客户修理完工的代修品。

⑥ 商品，指从外单位购入，不需要进行任何加工或装配，就可以单独作价出售的商品。

⑦ 委托加工物资，指企业因技术或经济原因而委托外单位代为加工成特定要求的各种物资。

⑧ 委托代销商品，指企业委托其他单位代销的商品。

（2）按存放地点分类。

① 库存存货，是指企业存放在自有仓库或寄存在外以及委托其他单位代管代销的所有权属于本企业的全部商品货物。

② 在途存货，指货款已经支付，但尚未验收入库，仍由供应部门负责的外购的各种材料和商品。

③ 加工中的存货，是指企业正在加工或委托外单位加工中的存货，如加工中的在产品、半成品，委托外单位加工的材料、半成品等。

（3）按其来源分类。

存货按其来源分类分为外购存货、自制存货、委托外单位加工完成的存货、投资者投入的存货、接受捐赠的存货、非货币性交易取得的存货、债务重组取得的存货和盘盈存货等。

二、原材料

原材料是指企业在生产过程中经过加工改变其形态或性质并构成产品主要实体的各种原料、主要材料和外购半成品，以及不构成产品实体但有助于产品形成的辅助性材料。具体包括原料及主要材料、辅助材料、外购半成品、修理用备件、包装材料及燃料六大类。原材料在企业的流动资产中占有很大的比重，是企业生产经营中不可缺少的物资。

原材料日常收、发及结存，可以采用实际成本计价核算，也可采用计划成本计价核算。

三、周转材料

周转材料是指企业在生产经营过程中能够多次使用，逐渐转移其价值但仍保持原有形态，不确定为固定资产的材料。主要包括低值易耗品、包装物、施工企业的钢模板、木模板、脚手架和其他周转材料等。

1. 低值易耗品的概念、分类及特点

（1）低值易耗品的含义。

低值易耗品是指单位价值较低、使用年限较短、不能作为固定资产的各种用具物品，如工具、管理用具、玻璃器皿，以及在经营过程中周转使用的包装容器等。低值易耗品从其性质上看属于企业的劳动资料，可以多次参与生产经营活动而不改变其实物形态。由于其价值低，使用期限短，且易于损坏，因此在实际工作中，低值易耗品被作为存货进行管理和核算。

（2）低值易耗品的分类。低值易耗品一般包括以下几大类：

① 一般工具，如生产上用的刀具、量具、夹具、模具等。

② 专用工具，如专门用于制造某一特定产品或仅在某道工序中使用的刀具、夹具、专用模具等。

③ 管理用具，指企业管理中的各种家具、办公用具等。

④ 替换设备，指容易损坏或磨损或为制造不同产品需要替换的各种设备，如浇铸钢锭用的钢锭模具等。

⑤ 劳动保护用品，指为了安全生产而发给劳动者作为劳动保护用的工作服、工作鞋和各种防护用品等。

⑥ 其他低值易耗品，指不属于以上分类的低值易耗品。

（3）低值易耗品的核算特点。

会计中虽然将低值易耗品划归于存货一类，但由于低值易耗品领用后可以较长时期地使用，报废时又有残值，因而低值易耗品不同于原材料等其他存货。低值易耗品在生产经营过程中可以多次周转使用，而不改变其原有实物形态，其价值是逐渐减少的，这点与固定资产相似，但由于低值易耗品具有低值、易耗、品种繁多、使用情况复杂等特点，因而在核算上又有别于固定资产。对低值易耗品的价值损耗，核算上是采用摊销的方法。主要的摊销方法有一次转销法和五五摊销法。

2. 包装物的概念及范围

包装物是指企业为包装本企业产品而储备的各种包装容器，如桶、箱、瓶、坛、袋等。包装物的范围包括：

（1）在生产过程中用于包装产品，作为产品组成部分的包装物。

（2）在销售过程中随同产品出售不单独计价的包装物。

（3）在销售过程中随同产品出售并单独计价的包装物。

（4）出租或出借给购买单位使用的包装物。

下列各项不属于包装物核算的范围：

（1）各种包装材料，如纸、绳、铁丝、铁皮等，应在“原材料”账户核算。

（2）企业用于储存和保管产品、商品、材料等而不对外出售、出租、出借的包装物，应按其价值的大小和使用年限长短，分别在“固定资产”账户或“周转材料——低值易耗品”账户核算。

（3）单独列作企业商品、产品的自制包装物品，应在“库存商品”账户核算。

四、委托加工物资

委托加工物资是指企业由于本身生产条件的限制或其他原因，委托其他单位加工的各种材料、商品等物资。

企业发往外单位加工的材料物资，与材料物资的销售不同。企业发往外单位加工的材料物资，只是改变了材料物资的存放地点，而对它的所有权并未改变，所有权仍属于企业，即属于企业存货的范畴。

委托加工物资一般要经过物资发出→加工改制→完工入库这一过程。委托加工物资在加工后，其实物形态、性能都会发生变化，使用价值也会发生相应的变化，在加工中要消耗原材料，还要发生各种费用支出，从而使其价值相应增加。企业进行委托加工物资的核算就是要正确反映和监督委托加工物资的发出、加工费用的发生、加工完工后的验收入库等，以便准确确定委托加工物资的成本。

五、实际成本法

原材料、周转材料和委托加工物资等存货按实际成本计价是指每种材料的收、发及结存核算均按实际成本计价。其特点是从原材料的收发凭证到明细分类账和总账的登记，全部按实际成本反映。

六、实际成本法下存货的账户设置

（1）为了总括地反映企业材料资金的增减变化和占用情况，企业应设置“原材料”账户和“在途物资”账户。

①“原材料”账户。为了反映和监督原材料的收入、发出和结存情况，企业应设置“原材料”账户，用来核算企业库存的各种原材料的实际成本。该账户属于资产类账户，应按原材料类别设置明细科目进行核算，登记在数量金额式明细账。

原材料

因外购、自制、委托加工完成、其他单位投入、盘盈等原因而增加的库存原材料的实际成本	因企业领用、发出加工、对外销售，以及盘亏、毁损等原因而减少的库存原材料的实际成本
库存原材料的实际成本	

②“在途物资”账户。该账户用于核算企业已经付款或已开出、承兑的商业汇票，但尚未到达或尚未验收入库的材料物资。该账户属于资产类账户，应按原材料类别设置明细科目进行核算，登记在数量金额式明细账。

在途物资

已支付或已开出、承兑商业汇票的材料物资的实际成本	已验收入库材料物资的实际成本
已经付款或已开出、承兑的商业汇票，但尚未验收入库的在途物资的实际成本	

（2）为了反映和监督各种低值易耗品的收发和结存情况，企业应设置“周转材料”账户进行总分类核算，下设“低值易耗品”二级账户，按低值易耗品的类别、品种规格进行数量和金额的明细核算。“周转材料——低值易耗品”账户的核算特点是：价值低、易耗、报废时有残值，采用一次转销法和五五摊销法来进行摊销。

“周转材料——低值易耗品”账户，属于资产类账户。采用五五摊销法的企业，应在“周转材料——低值易耗品”账户下分设“在库”“在用”“摊销”等明细账户，分别核算库存低值易耗品的成本、已出库投入使用低值易耗品的成本及在用低值易耗品已摊销的成本。

周转材料——低值易耗品

购入和其他原因增加的低值易耗品	领用、废弃或其他原因减少的低值易耗品
库存未用低值易耗品的成本	

（3）为了反映和监督各种包装物的收发和结存情况，企业应设置“周转材料”账户进行总分类核算，下设“包装物”二级账户，按包装物的类别、品种规格进行数量和金额的明细核算。

周转材料——包装物

购入、自制、委托加工完工验收入库以及其他原因而增加的包装物的成本	企业领用、摊销、对外销售以及其他原因而减少的包装物的成本
库存未用包装物的成本	

（4）为了核算企业委托外单位加工物资的实际成本，应设置“委托加工物资”账户。该账户属于资产类账户，应按加工合同和受托单位设置明细账户，进行明细分类核算。

委托加工物资

委托加工物资耗用物资的实际成本、支付的加工费和往返的运杂费及相关的税金	加工完毕收回物资的实际成本和退回物资的实际成本
尚未加工完成物资的实际成本	

（5）为了核算企业存货生产的各项生产成本，应设置“生产成本”账户，核算企业进行工业性生产发生的各项生产成本，包括生产各种产品（产成品、自制半成品等）、自制材料、自制工具、自制设备等。该账户属于成本类，借方记在生产过程中发生的各项成本的实际金额；贷方记生产完工产品结转的总成本；期末如有余额在借方，反映月末尚未加工完成的各项在产品的成本。本账户可按基本生产成本和辅助生产成本进行明细账设置。

生产成本

在生产过程中发生的各项成本的实际金额	生产完工产品结转的总成本
月末尚未加工完成的各项在产品的成本	

（6）为了核算企业生产车间发生的各种间接费用，应设置“制造费用”账户，核算企业为生产车间（部门）生产产品和提供劳务而发生的各项间接费用，包括职工薪酬、折旧费、修理费、办公费、水电费、劳动保护费等。该账户属于成本类，借方登记生产过程中实际发生的各项间接费用；贷方登记期末转入生产成本的费用；分配结转后一般无余额。本账户可按车间、部门及费用项目设置相应明细账户。

制造费用

生产过程中实际发生的各项间接费用	期末转入生产成本的费用
期末一般无余额	

活动一　取得和发出原材料

工作实例

1. 金华股份有限公司为增值税一般纳税人，2015 年 12 月 1 日购进材料一批，取得增值税专用发票上列明材料价款 200 000 元，增值税额为 34 000 元，另取得运费发票，运费 3 000 元，增值税 330 元，货款已经通过银行转账支付，材料同日验收入库。

2. 公司 2015 年 12 月 2 日向甲公司购入一批材料，取得的增值税专用发票上注明的材料价款为 10 000 元，增值税额为 1 700 元，以现金支付装卸搬运费 500 元，发票等结算凭证已收到，货款已经支付，但材料尚未到达。

3. 2015 年 12 月 5 日，公司购入一批材料，材料已经运到并验收入库，但发票账单等结算凭证到月末仍未到达，货款尚未支付。月末按合同暂估价入账，暂估价为 38 000 元。

4. 公司 12 月 8 日从外地购进 A 材料 300 吨，每吨单价 1 000 元，价款为 300 000 元，增值税为 51 000 元。运费单价 40 元/吨，运费 12 000 元，增值税为 1 320 元。货款及运费已支付，同时取得原材料和运费的增值税专用发票。11 日原材料到达，发现短缺 11 吨，其中 1 吨为合理损耗，10 吨短缺，原因待查。25 日查明原因，短缺的 10 吨系运输部门的责任造成，由运输部门赔偿。

5. 2015 年 12 月，公司加工完成一批原材料 B。月末，车间加工 B 材料发生的生产成本金额为 235 000 元，完工材料占 80%。

6. 2015 年 12 月 28 日，公司接受天天公司以原材料作价入股。公司收到天天公司开来的增值税专用发票一张，发票上注明价款为 2 000 000 元，增值税为 170 000 元，价税合计 2 170 000 元。

7. 2015 年 12 月 31 日，会计部门编制全月“发出材料汇总表”见表 2 - 1。

表 2-1　发料凭证汇总表

2015 年 12 月　　　　单位：元

领用部门、材料		原材料	辅助材料	燃料	修理备件	包装材料	合计
生产用	甲产品	120 000	26 000	3 000		800	149 800
	乙产品	65 000	21 000	2 800		700	89 500
	小计	185 000	47 000	5 800	0	1 500	239 300
车间管理用				3 500	180		3 680
行政管理用			380	3 000	450		3 830
委托加工		50 000					50 000
对外销售			11 000				11 000
本月发出合计		235 000	58 380	12 300	530	1 500	307 810

相关知识

一、取得材料的核算

1. 外购的材料

企业的材料，主要是从外部购入。由于结算方式和采购地点不同，材料入库与货款支付在时间上不一定同步。特别是从异地购进的材料，往往由于材料运输时间和结算凭证的传递以及承付时间的不一致，因此，会使结算凭证到达和材料验收入库在时间上产生三种情况：① 结算凭证与外购材料同时到达企业（即货单同时到）；② 已经支付货款或开出、承兑的商业汇票，但材料尚未运达企业（即单到货未到）；③ 所购材料已达企业，而结算凭证尚未到达（即货到单未到）。

《企业会计准则第 1 号——存货》规定："存货应当按照成本进行初始计量。存货成本包括采购成本、加工成本和其他成本。"

原材料、商品、低值易耗品等通过购买而取得的存货的初始成本由采购成本构成。存货的采购成本，包括购买价格、相关税费、运输费、装卸费、保险费以及其他可归属于存货采购成本的费用。具体包括：

（1）购买价格，是指企业购入材料或商品的发票账单上列明的价款，但不包括按规定可以抵扣的增值税税额。

（2）相关税费，是指企业购买、自制或委托加工存货所发生的进口关税、消费税、资源税和不能从增值税销项税额中抵扣的进项税额等。

（3）企业在采购存货过程中发生的运输费、装卸费、保险费等，应当计入存货的采购成本。这些费用能分清负担对象的，应直接计入存货的采购成本；不能分清负担对象的，应选择合理的分配方法，分配计入有关存货的采购成本。分配方法通常包括按所购买存货的重量或采购价格比例进行分配。

（4）运输途中的合理损耗。

（5）入库前的挑选整理费用，主要是指挑选整理过程中发生的人工、费用支出和必要的损耗，并扣除回收的下脚废料价值。

（6）其他可归属于存货采购成本的费用，比如说进口货物时因报关问题而产生货物的仓储费用等，应直接计入存货的成本。

温馨提示

商品流通企业在采购商品过程中发生的运输费、装卸费、保险费以及其他可归属于存货采购成本的费用等，应当计入存货的采购成本，也可以先进行归集，期末再根据所购商品的存销情况进行分摊。对已售商品的进货费用，计入当期损益；对未售商品的进货费用，计入期末存货成本。企业采购商品的进货费用较小的，也可以在发生时直接计入当期损益。

2．继续加工而取得的存货

通过继续加工而取得的存货的成本由采购成本、加工成本以及为使存货到达目前场所和状态所发生的其他成本构成。

（1）委托外单位加工完成的存货。以实际耗用的原材料或者半成品、加工费、运输费、装卸费以及按规定应计入成本的税金等费用作为实际成本。

（2）自行生产的存货。初始成本包括投入的原材料或半成品、直接人工和按照一定方法分配的制造费用。

3．其他方式取得的存货

（1）投资者投入存货的成本，应按投资合同或协议约定的价值确定，但合同或协议约定价值不公允时，应以公允价值确定。

（2）通过非货币性资产交换取得的存货，应以换出资产的公允价值加上支付的相关税费再加上支付的补价或减去收到的补价作为换入存货的成本；当公允价值不能可靠取得时，应以换出资产的账面价值加上支付的相关税费再加上支付的补价或减去收到的补价作为换入存货的成本。

（3）通过债务重组方式取得的存货成本，应以取得存货的公允价值确定。

（4）盘盈的存货成本，按照同类或类似存货的公允价值确定。

二、发出材料的计价方法

1．先进先出法

先进先出法是假定先收到的存货先发出或先耗用，并根据这种假定的成本流转次序对发出存货和期末存货进行计价的一种方法。具体做法是：收到有关存货时，逐笔登记每一批存货的数量、单价和金额；发出存货时，按照先进先出的原则计价，并逐笔登记存货的发出和结存金额。

公司 2015 年 12 月份存货明细账见表 2－2。企业采用先进先出法计算发出存货的成本和期末存货的成本。

表 2－2　原材料明细账

科目：原材料　　　　明细科目：原料及主要材料　　　　品名：C　　　　数量：公斤

2015 年		摘要	收入			发出			结存		
月	日		数量	单价	金额	数量	单价	金额	数量	单价	金额
12	1	结存							200	18	3 600
	10	购入	400	20	8 000				200 400	18 20	3 600 8 000
	14	发出				200 200	18 20	3 600 4 000	0 200	0 20	0 4 000
	19	购入	300	21	6 300				200 300	20 21	4 000 6 300
	23	发出				200 150	20 21	4 000 3 150	0 150	0 21	0 3 150
	28	购入	100	22	2 200				150 100	21 22	3 150 2 200
	31	本月发生额及月末余额	800		16 500	750		14 750	150 100	21 22	3 150 2 200

本月发出存货成本 $=200\times18+200\times20+200\times20+150\times21=14\ 750$（元）

月末库存存货成本 $=150\times21+100\times22=5\ 350$（元）

在采用先进先出法时，能随时计算出发出存货和库存存货的成本。本期发出存货成本反映较早购进存货的成本，而期末库存存货的账面价值则接近存货近期的成本水平。

温馨提示

表 2－3　先进先出法的特点

优点	不能随意选择存货批次以调整当期利润
缺点	工作量较大；涨价高估当期利润与期末存货，跌价低估
适用范围	受物价影响较小、存货收发不太频繁的存货

2. 加权平均法

加权平均法也叫一次加权平均法。这种方法是指以期初存货数量和本期收入存货数量作为权数，于期末一次计算该存货的加权平均单位成本，据以确定发出存货成本和期末存货成本的一种计价方法。计算公式如下：

加权平均单价 =（期初结存存货实际成本 + 本期收入存货实际成本）÷（期初结存存货数量 + 本期收入存货数量）

期末结存存货成本 = 期末结存存货数量 × 加权平均单价

本期发出存货成本 = 期初存货金额 + 本期购入存货金额 − 期末结存存货金额

2015 年 12 月份，按照加权平均法来核算，存货明细账如表 2 −4 所示。

表 2 −4　原材料明细账

科目：原材料　　明细科目：原料及主要材料　　品名：C　　数量：公斤

2015 年		摘要	收入			发出			结存		
月	日		数量	单价	金额	数量	单价	金额	数量	单价	金额
12	1	结存							200	18	3 600
	10	购入	400	20	8 000				600		
	14	发出				400			200		
	19	购入	300	21	6 300				500		
	23	发出				350			150		
	28	购入	100	22	2 200				250		
	31	本月发生额及月末余额	800		16 500	750	20. 1	15 075	250	20. 1	5 025

C 材料加权平均单价 =（3 600 + 16 500）/（200 + 800）= 20. 1（元）

月末库存存货成本 = 250 × 20. 1 = 5 025（元）

本月发出存货成本 =（3 600 + 16 500）− 5 025 = 15 075（元）

温馨提示

表 2 −5　一次加权平均法的特点

优点	月末一次平均，较简便，且平均化的分摊方法可排除物价涨跌影响而折中
缺点	不能随时反映发出与结存存货的单价与金额，不便管理
适用范围	存货收发比较频繁、单位价值不高的存货

3. **移动加权平均法**

移动加权平均法是指本次收货的成本加原有库存的成本，除以本次收货数量和原有收货数量之和，从而计算出加权平均单价，并对发出存货进行计价的一种方法。采用移动加权平均法能够使企业管理当局及时了解存货的结存情况，计算的平均单位成本以及发生和结存的存货成本比较客观。

移动加权平均单价 =（以前结存存货实际成本 + 本次收入存货实际成本）÷（以前结存存货数量 + 本次收入存货数量）

本期结存存货成本＝期末结存存货数量×移动加权平均单价

本期发出存货成本＝期初存货金额＋本期购入存货金额－期末结存存货金额

4．个别计价法

个别计价法也叫个别认定法、具体辨认法、分批实际法，是逐一辨认各批发出存货和期末存货所属的购进批别或生产批别，分别按照其购入时或生产时所确定的单位成本作为计算各批发出存货成本和期末存货成本的一种计价方法。计算公式如下：

每次（批）存货发出成本＝该次（批）存货发出数量×该次（批）存货实际收入的单位成本

2015年12月份，按照个别计价法来核算，存货明细账见表2－6。

表2－6　原材料明细账

科目：原材料　　　　明细科目：原料及主要材料　　　　品名：C　　　　数量：公斤

2015年		摘要	收入			发出			结存		
月	日		数量	单价	金额	数量	单价	金额	数量	单价	金额
12	1	结存							①200	18	3 600
	10	购入	400	20	8 000				①200 ②400	18 20	3 600 8 000
	14	发出				①200 ②200	18 20	3 600 4 000	②200	20	4 000
	19	购入	300	21	6 300				②200 ③200	20 21	4 000 6 300
	23	发出				②150 ③200	20 21	3 000 6 300	②50	20	1 000
	28	购入	100	22	2 200				②50 ④100	20 22	1 000 2 200
	31	本月发生额及月末余额	800		16 500	750		14 800	②50 ④100	20 22	1 000 2 200

注：①②③④代表每批进货的批号。

本月发出存货成本＝200×18＋200×20＋150×20＋200×21＝14 800（元）

月末库存存货成本＝50×20＋100×22＝3 200（元）

这种方法反映发出存货的实际成本最为准确，而且可以随时结转成本。但是，采用此方法要求具备两个条件：一是各批存货是可以辨别认定的；二是各批存货必须要有详细的批号、数量及单位成本等记录。因此，个别认定法适用于容易识别品种、存货数量不多、单位成本较高的存货计价，如房产、船舶、飞机、重型设备、珠宝、名画等贵重物品。

温馨提示

表 2－7　个别计价法的特点

优点	分摊发货与结货的成本较准确合理
缺点	需对发货与结货逐批辩认所属收入批次，工作量大
适用范围	不能替代使用的存货、为特定项目专门购入或制造的存货

工作步骤

（1）金华股份有限公司为增值税一般纳税人，2015 年 12 月 1 日购进材料一批，取得增值税专用发票上列明材料价款 200 000 元，增值税额为 34 000 元，另取得运费发票，运费 3 000 元，增值税 330 元，货款已经通过银行转账支付，材料同日验收入库。

结算凭证与外购材料同时到达企业（即货单同时到）的核算：对结算凭证等单据与材料同时到达的采购业务，企业在材料验收入库后，应根据结算凭证、发票账单等单据确定材料实际成本，借记“原材料”账户，根据取得的增值税专用发票上和运费发票上注明的增值税额，借记“应交税费——应交增值税（进项税额）”账户，按照实际支付或应支付的款项，贷记“银行存款”“应付账款”“应付票据”等账户。

借：原材料　　203 000
　　应交税费——应交增值税（进项税额）　　34 330
　贷：银行存款　　237 330

（2）公司 2015 年 12 月 2 日向甲公司购入一批材料，取得的增值税专用发票上注明的材料价款为 10 000 元，增值税额为 1 700 元，以现金支付装卸搬运费 500 元，发票等结算凭证已收到，货款已经支付，但材料尚未到达。

支付货款或开出、承兑的商业汇票，材料尚未运达企业（即单到货未到）的核算：对已支付货款或已开出、承兑的商业汇票，但材料尚未运达的采购业务，应根据结算凭证、发票账单等单据确定的材料实际成本，借记“在途物资”账户，根据取得的增值税专用发票上和运费发票上注明的增值税额，借记“应交税费——应交增值税（进项税额）”账户，按照实际支付或应支付的款项，贷记“银行存款”“应付账款”“应付票据”等账户。待材料到达并验收入库后，再根据收料单，借记“原材料”账户，贷记“在途物资”账户。

借：在途物资　　10 500
　　应交税费——应交增值税（进项税额）　　1 700
　贷：银行存款　　11 700
　　　库存现金　　500

上述材料到达验收入库后，根据收料单，做会计分录如下：

借：原材料　　10 500
　贷：在途物资　　10 500

(3) 2015 年 12 月 5 日，公司购入一批材料，材料已经运到并验收入库，但发票账单等结算凭证到月末仍未到达，货款尚未支付。月末按合同暂估价入账，暂估价为 38 000 元。

材料已达企业，而结算凭证尚未到达（即货到单未到）的核算：对材料已到并验收入库，但发票账单等结算凭证未到，货款尚未支付的采购业务，一般在短时间内，发票账单等凭证即可到达。为了简化核算手续，在月份内发生的该项业务，可以暂不进行账务处理，而只将收到的材料在明细分类账中登记；待月末时，如发票账单等凭证仍未收到时，为真实反映企业库存材料的实际情况，对已验收入库而发票账单等凭证尚未到达的材料，应按合同价格或计划价格，暂估入账，借记“原材料”账户，贷记“应付账款——暂估应付账款”账户；下月初再冲回。企业于下月实际付款或开出、承兑的商业汇票时，按正常程序，借记“原材料”“应交税费——应交增值税（进项税额）”账户，贷记“银行存款”或“应付票据”。

借：原材料　　38 000

　贷：应付账款——暂估应付账款　　38 000

2016 年 1 月初，将上述会计分录原账冲回：

借：应付账款——暂估应付账款　　38 000

　贷：原材料　　38 000

(4) 公司 12 月 8 日从外地购进 A 材料 300 吨，每吨单价 1 000 元，价款为 300 000 元，增值税为 51 000 元。运费单价 40 元/吨，运费 12 000 元，增值税为 1 320 元。货款及运费已支付，同时取得原材料和运费的增值税专用发票。11 日原材料到达，发现短缺 11 吨，其中 1 吨为合理损耗，10 吨短缺，原因待查。25 日查明原因，短缺的 10 吨系运输部门的责任造成，由运输部门赔偿。

企业购入的原材料发生短缺，应根据造成短缺或毁损的原因分别处理，不能全部计入外购材料的采购成本。

① 属定额内合理损耗，按其实际成本计入入库原材料成本，相应提高入库原材料的实际单位成本，不再另做账务处理。

② 能确定由供应单位、运输单位、保险公司或其他过失人赔偿的，应向有关责任人索赔，由“在途物资”账户转入“其他应收款”账户。

③ 凡尚未查明原因和需要报经批准才能转销处理的损失，应将其损失从“在途物资”账户转入“待处理财产损溢”账户的借方；待查明原因后，区别不同情况进行处理：属于应由供货单位、运输单位、保险公司或其他过失人赔偿的，应向有关责任人索赔，由“待处理财产损溢”账户转入“其他应收款”账户；属于自然灾害造成的损失，应按扣除残料价值和保险公司赔偿后的净损失，从“待处理财产损溢”账户转入“营业外支出——非常损失”账户；属于无法收回的其他损失，报经批准后，将其从“待处理财产损溢”账户转入“管理费用”账户。

12 月 8 日付款时，会计分录如下：

借：在途物资　　312 000

　　应交税费——应交增值税（进项税额）　　52 320

　贷：银行存款　　364 320

12 月 11 日原材料验收入库时，会计分录如下：

借：原材料　　301 600［（300 - 10）×1040］

　　待处理财产损溢　　12 144（10 ×1000 ×1. 17 +10 ×40 ×1. 11）

　贷：在途物资　　312 000

　　　应交税费——应交增值税（进项税额转出）

　　　　1 744（10 ×1000 ×0. 17 +10 ×40 ×0. 11）

12 月 25 日，查明原因，短缺的部分由运输部门赔偿，公司的账务处理如下：

借：其他应收款　　12 144

　贷：待处理财产损溢　　12 144

（5）2015 年 12 月，公司加工完成一批原材料 B。月末，车间加工 B 材料发生的生产成本金额为 235 000 元，完工材料占 80%。

借：原材料　　188 000

　贷：生产成本　　188 000

（6）2015 年 12 月 28 日，公司接受天天公司以原材料作价入股。公司收到天天公司开来的增值税专用发票一张，发票上注明价款为 2 000 000 元，增值税为 170 000 元，价税合计 2 170 000 元。

借：原材料　　2 000 000

　　应交税费——应交增值税（进项税额）　　170 000

　贷：股本——天天公司　　2 170 000

（7）2015 年 12 月 31 日，会计部门编制全月“发出材料汇总表”见表 2 - 1。

企业各部门领用的原材料，借记“生产成本”“制造费用”“销售费用”“管理费用”等账户，贷记“原材料”账户。福利部门领用原材料，按原材料的公允价值和相关的税费借记“应付职工薪酬”账户，贷记“其他业务收入”“应交税费——应交增值税（销项税额）”等账户；按其原材料的实际成本借记“其他业务成本”，贷记“原材料”账户。出售原材料，按售价和应收的增值税，借记“银行存款”“应收账款”等账户，按实现的营业收入，贷记“其他业务收入”账户，按专用发票上注明的增值税额，贷记“应交税费——应交增值税（销项税额）”账户；按出售原材料的实际成本，借记“其他业务成本”账户，贷记“原材料”账户。

借：生产成本　　239 300

　　制造费用　　3 680

　　管理费用　　3 830

　　委托加工物资　　50 000

　　其他业务成本　　11 000

　贷：原材料　　307 810

活动二　取得和发出周转材料

工作实例

1. 2015 年 12 月 5 日，公司购进办公桌 10 张，取得增值税专用发票，货款注明价款 6 000 元，增值税额 1 020 元。货款及增值税以转账支票付讫。办公桌已由仓库验收入库。

2. 2015 年 12 月 11 日，公司生产车间领用专用工具一批，成本为 800 元，采用一次转销法核算，当月报废，残值 100 元，已做废料入库。

3. 2015 年 12 月 12 日，企业生产车间领用木制书架 20 个（属低值易耗品），采用五五摊销法核算，书架单价为 18 元/个。2016 年 12 月 31 日，报废，残料变现金额 120 元。

4. 2015 年 12 月 14 日，公司购入一批包装箱，用于包装本公司产品，取得增值税专用发票一张，价款为 20 000 元，增值税为 3 400 元，价税合计 23 400 元，已用银行存款支付。包装箱已入库。

5. 2015 年 12 月 16 日，公司第一车间领用包装物木箱一批，用于包装本企业产品，实际成本为 12 000 元。

6. 2015 年 12 月 16 日，公司销售一批 B 产品，包装箱随同产品出售。该批包装箱成本 3 000 元，售价为 4 000 元，价税合计为 4 680 元。

7. 2015 年 12 月 16 日，公司销售产品，领用不单独计价的包装物，实际成本 5 000 元。

8. 2015 年 12 月 16 日，公司将 100 个木箱出租给幸源公司，实际成本为 10 000 元，租期 3 个月，每月收取租金 800 元，同时收取押金 12 000 元，款项存入银行。

9. 3 个月后，幸源公司退回木箱 80 个，退回押金 9 600 元，没收押金 2 400 元，开具增值税专用发票。

10. 2015 年 12 月 16 日，公司发出包装物 50 件，出租给乙公司，实际成本 5 000 元，采用五五摊销法。收取租金 1 000 元，押金 6 000 元（每件押金 120 元）。

11. 2016 年 4 月，乙公司退回包装物 30 件，其余 20 件已无法退回。

工作步骤

（1）2015 年 12 月 5 日，公司购进办公桌 10 张，取得增值税专用发票，货款注明价款 6 000 元，增值税额 1 020 元。货款及增值税以转账支票付讫。办公桌已由仓库验收入库。

借：周转材料——低值易耗品　　　　6 000

应交税费——应交增值税（进项税额）　　1 020

贷：银行存款　　7 020

（2）2015 年 12 月 11 日，公司生产车间领用专用工具一批，成本为 800 元，采用一次转销法核算，当月报废，残值 100 元，已做废料入库。

相关知识

发出低值易耗品的核算，因其价值摊销方法不同而有所不同，具体核算方法有一次转销法和五五摊销法。

一次转销法是指在低值易耗品领用时，将其价值一次摊入有关成本、费用的方法。这种方法核算手续简便，但将领用低值易耗品的成本从账上一次转出，不利于财产的保管，并且各期负担的费用不够均衡，因此该方法适用于价值较低、使用期短、一次领用数量较少的低值易耗品。

在一次转销法下，领用低值易耗品时，按全部价值，借记“制造费用”“管理费用”“销售费用”“其他业务成本”等账户，贷记“周转材料——低值易耗品”账户。报废时，应将其残值作为当月低值易耗品转销额的减少，冲减上述有关成本费用。

领用时，一次转销专用工具的价值，账务处理如下：

借：制造费用　　800

贷：周转材料——低值易耗品　　800

报废时，账务处理如下：

借：原材料　　100

贷：制造费用　　100

（3）2015 年 12 月 12 日，企业生产车间领用木制书架 20 个（属低值易耗品），采用五五摊销法核算，书架单价为 18 元/个。2016 年 12 月 31 日，报废，残料变现金额 120 元。

相关知识

五五摊销法，是指在领用低值易耗品时，先将其全部价值的 50% 摊入领用当期有关的成本、费用，待报废时再将余下的 50% 摊入报废当期有关的成本、费用的方法。这种摊销方法，由于在账上能反映在用低值易耗品的成本，因此，有利于加强财物的保管。这种方法只是在领用和报废时各摊销一次，各期费用成本负担是不均衡的。此方法一般适用于单位价值较低、使用期限较短、经常领用且领用与报废在数量上大体相当的低值易耗品。

采用这种方法，低值易耗品报废时，若有残值，其残值应当从报废当月尚未摊销的价值中扣除。借记“库存现金”或“原材料”，贷记“管理费用”或“制造费用”等账户。

采用五五摊销法，在第一次领用新低值易耗品时，按所领用低值易耗品的实际成本或计划成本，借记“周转材料——低值易耗品——在用”账户，贷记“周转材料——低值易耗品——在库”账户，同时，按领用低值易耗品实际成本或计划成本的50%，借记“管理费用”“制造费用”“销售费用”等账户，贷记“周转材料——低值易耗品——摊销”账户；报废时，摊销报废低值易耗品价值另一半，借记“管理费用”“制造费用”“销售费用”等账户，贷记“周转材料——低值易耗品——摊销”账户，按报废低值易耗品的残值，借记“原材料”或“库存现金”账户，贷记“管理费用”“制造费用”“销售费用”等账户，同时注销报废低值易耗品已摊销价值，借记“周转材料——低值易耗品——摊销”账户，贷记“周转材料——低值易耗品——在用”账户；若低值易耗品按计划成本核算，还应结转报废低值易耗品负担的成本差异。

领用时，账务处理如下：

借：周转材料——低值易耗品——在用　　360

　贷：周转材料——低值易耗品——在库　　360

借：制造费用　　180

　贷：周转材料——低值易耗品——摊销　　180

报废时，账务处理如下：

借：制造费用　　180

　贷：周转材料——低值易耗品——摊销　　180

借：周转材料——低值易耗品——摊销　　360

　贷：周转材料——低值易耗品——在用　　360

借：库存现金　　120

　贷：制造费用　　120

（4）2015年12月14日，公司购入一批包装箱，用于包装本公司产品，取得增值税专用发票一张，价款为20 000元，增值税为3 400元，价税合计23 400元，已用银行存款支付。包装箱已入库。

借：周转材料——包装物　　20 000

　　应交税费——应交增值税（进项税额）　　3 400

　贷：银行存款　　23 400

（5）2015年12月16日，公司第一车间领用包装物木箱一批，用于包装本企业产品，实际成本为12 000元。

企业生产部门领用的用于包装本企业产品并构成产品组成部分的包装物，应根据领用包装物的实际成本或计划成本，借记“生产成本”等账户，贷记“周转材料——包装物”账户。

借：生产成本　　12 000

　贷：周转材料——包装物　　12 000

（6）2015年12月16日，公司销售一批B产品，包装箱随同产品出售。该批包装箱成本3 000元，售价为4 000元，价税合计为4 680元。

随同产品出售单独计价的包装物，就是在出售产品的同时，也出售包装物，同销售材料一样，其收入计入“其他业务收入”账户，其成本转入“其他业务成本”账户。

借：银行存款　　4 680

　贷：其他业务收入　　4 000

应交税费——应交增值税（销项税额）　　680

借：其他业务成本　　3 000

贷：周转材料——包装物　　3 000

（7）2015 年 12 月 16 日，公司销售产品，领用不单独计价的包装物，实际成本为 5 000 元。

有些包装物价值较低，随同产品出售后不需要收回，通常就随产品出售不单独计价，这类包装物不计价的实质是为了推销和扩大其产品的销售，因此，包装物的成本应作为包装费计入销售费用。在包装物发出时，应按包装物的成本，借记“销售费用”账户，贷记“周转材料——包装物”账户，按计划成本计价时，还应同时结转出售包装物应负担的成本差异。

借：销售费用　　5 000

贷：周转材料——包装物　　5 000

（8）2015 年 12 月 16 日，公司将 100 个木箱出租给幸源公司，实际成本 10 000 元，租期 3 个月，每月收取租金 800 元，同时收取押金 12 000 元，款项存入银行。

企业出租包装物收到的租金，借记“库存现金”“银行存款”等账户，贷记“其他业务收入”等账户。

企业出租、出借包装物收到的押金，借记“库存现金”“银行存款”等账户，贷记“其他应付款”账户，退回押金时做相反会计分录。

领用新包装物时，账务处理如下：

借：其他业务成本　　10 000

贷：周转材料——包装物　　10 000

收到租金时，账务处理如下：

借：银行存款　　800

贷：其他业务收入　　683.76

应交税费——应交增值税（销项税额）　　116.24

收到押金时，账务处理如下：

借：银行存款　　12 000

贷：其他应付款　　12 000

（9）3 个月后，幸源公司退回木箱 80 个，退回押金 9 600 元，没收押金 2 400 元，开具增值税专用发票。

对逾期未退回的包装物，按没收的押金，借记“其他应付款”账户，按应交的增值税，贷记“应交税费——应交增值税（销项税额）”账户，按其差额，贷记“其他业务收入”账户。若没收的押金收入应交消费税的，借记“其他业务成本”账户，或“营业税金及附加”账户，贷记“应交税费——应交消费税”等账户。

借：其他应付款　　12 000

贷：银行存款　　9 600

其他业务收入　　2 051.28

应交税费——应交增值税（销项税额）　　348.72

（10）2015 年 12 月 16 日，公司发出包装物 50 件，出租给乙公司，实际成本 5 000

元，采用五五摊销法。收取租金 1 000 元、押金 6 000 元（每件押金 120 元）。

发出包装物时，账务处理如下：

借：周转材料——包装物——在用　　5 000

　贷：周转材料——包装物——在库　　5 000

同时，摊销其价值的 50%：

借：其他业务成本　　2 500

　贷：周转材料——包装物——摊销　　2 500

收到租金时，账务处理如下：

借：银行存款　　1 000

　贷：其他业务收入　　854.70

　　　应交税费——应交增值税（销项税额）　　145.30

收到押金时，账务处理如下：

借：银行存款　　6 000

　贷：其他应付款　　6 000

（11）2016 年 4 月，乙公司退回包装物 30 件，其余 20 件已无法退回。

没收逾期未退还的包装物押金时，账务处理如下：

借：其他应付款　　2 400（20 × 120）

　贷：其他业务收入　　2 051.28

　　　应交税费——应交增值税（销项税额）　　348.72

其余押金退回时，账务处理如下：

借：其他应付款　　3 600（30 × 120）

　贷：银行存款　　3 600

无法收回的 20 件包装物，作报废处理，摊销报废的 20 件包装物成本余下的 50% 时，账务处理如下：

借：其他业务成本　　1 000（20 × 100 × 50%）

　贷：周转材料——包装物——摊销　　1 000

同时，注销报废的 20 件包装物的成本（即出租的 20 件包装物的账面数）：

借：周转材料——包装物——摊销　　2 000（20 × 100）

　贷：周转材料——包装物——在用　　2 000

活动三　核算委托加工物资

企业委托其他单位加工物资的实际成本包括加工中耗用物资的实际成本、支付的加工费用、支付委托加工物资的往返运杂费、支付的税金（即委托加工物资应负担的增值税和消费税）等。

工作实例

1. 2015 年 12 月 11 日，金华股份有限公司发出委托加工的特制烟丝一批，其材料成本为 50 000 元。

2. 委托方加工完毕后，收取加工费 35 000 元，增值税专用发票上注明的增值税税额为 5 950 元。公司已用银行存款支付。

3. 委托方收取消费税 30%，公司已用银行存款支付。收回后，用于生产 A 牌甲类卷烟（甲类卷烟消费税税率为 45%，烟丝消费税率为 30%）领用 50%，另 50% 直接对外销售。

4. 公司收到委托加工物资，验收入库。

工作步骤

（1）2015 年 12 月 11 日，金华股份有限公司发出委托加工的特制烟丝一批，其材料成本为 50 000 元。

企业发出委托外单位加工的物资时，应按发出材料物资的实际成本，借记“委托加工物资”账户，贷记“原材料”账户。采用计划成本计价的企业，应按计划成本，借记“委托加工物资”账户，贷记“原材料”账户，同时结转发出材料应负担的成本差异，借或贷记“委托加工物资”账户，贷或借记“材料成本差异”账户。

借：委托加工物资　　50 000
　贷：原材料　　50 000

（2）委托方加工完毕后，收取加工费 35 000 元，增值税专用发票上注明的增值税税额为 5 950 元。公司已用银行存款支付。

凡属于加工物资用于应交增值税项目并取得增值税专用发票的一般纳税人，可将这部分增值税作为进项税额予以抵扣，不计入委托加工物资的成本；凡属于加工物资用于非应税项目的或用于免税项目的，以及未取得增值税专用发票的一般纳税人或小规模纳税人，则应将这部分增值税计入委托加工物资成本。

企业支付的加工费、应负担的运杂费等，应计入委托加工物资的成本，借记“委托加工物资”账户，贷记“银行存款”等账户。企业支付的增值税，准予抵扣的，作为进项税额处理，借记“应交税费——应交增值税（进项税额）”账户，贷记“银行存款”等账户；凡不准予抵扣的，借记“委托加工物资”账户，贷记“银行存款”等账户。

借：委托加工物资　　35 000
　　应交税费——应交增值税（进项税额）　　5 950
　贷：银行存款　　40 950

（3）委托方收取消费税 30%，公司已用银行存款支付。收回后，用于生产 A 牌甲类卷烟（甲类卷烟消费税税率为 45%，烟丝消费税率为 30%）领用 50%，另 50% 直接对外销售。

按照消费税的有关规定，如果企业委托加工物资属于应纳消费税的应税消费品，应由受托方向委托方交货时代扣代缴消费税。委托加工物资（金银首饰除外）收回后直接出售的，应按委托方支付给受托方的消费税，借记“委托加工物资”账户，贷记“银行存款”“应付账款”等账户。

如果委托加工物资收回后用于连续生产应税消费品的，应按委托方支付给受托方的消费税，借记“应交税费——应交消费税”账户，贷记“银行存款”“应付账款”等账户。

消费税计算公式如下：

组成计税价格 =（材料成本 + 加工费）/（1 − 消费税税率）

应交消费税 = 组成计税价格 × 消费税税率

即受托方代扣代缴的消费税 =（50 000 + 35 000）/（1 − 30%）× 30%

= 36 428. 57（元）

借：委托加工物资　　18 214. 28

　　应交税费——应交消费税　　18 214. 29

　贷：银行存款　　36 428. 57

（4）公司收到委托加工物资，验收入库。

委托加工物资加工完毕收回后，应按加工收回物资的实际成本和剩余物资的实际成本，借记“原材料”“库存商品”等账户，贷记“委托加工物资”账户。

借：原材料　　103 214. 29

　贷：委托加工物资　　103 214. 29

任务二　处理计划成本法下的存货业务

工作任务

完成计划成本法下原材料、委托加工物资的初始确认、发出存货的核算；完成工作任务应提交的标志性成果：完成的记账凭证、材料采购、原材料、材料成本差异、委托加工物资等明细账和总账。

知识准备

一、原材料按计划成本计价

原材料按计划成本进行日常核算的特点是：材料收发凭证、材料总分类账及明细分类账均采用计划成本计价并进行核算，实际成本与计划成本的差异，通过“材料成本差异”账户进行核算。

1. **账户设置**

采用按计划成本计价方法进行材料收发核算的企业，除应设置“原材料”账户外，还应设置“材料采购”和“材料成本差异”账户。

（1）“材料采购”账户。“材料采购”账户，是用来核算采用计划成本并进行材料日常核算的企业所购入的各种材料的采购成本。借方登记购入材料的实际成本和结转的实际成本小于计划成本的差异数（节约额），贷方登记已经付款或已开出、承兑商业汇票并已验收入库的材料的计划成本，以及结转实际成本大于计划成本的差异额（超支额），期末余额在借方，反映已付款或已开出、承兑的商业汇票，但尚未到达或尚未验收入库的在途物资的实际成本。

材料采购

购入材料的实际成本	验收入库的材料的实际成本
已付款或已开出、承兑的商业汇票，但尚未到达或尚未验收入库的在途物资的实际成本	

（2）“原材料”账户。“原材料”账户，是用来核算企业原材料收、发、结存的计划成本。该账户借方登记已验收入库材料的计划成本，贷方登记发出材料的计划成本，期末余额在借方，反映库存材料的计划成本。

原材料

已验收入库材料的计划成本	发出材料的计划成本
库存材料的计划成本	

（3）“材料成本差异”账户。这是采用计划成本进行材料日常核算的企业设置和使用的账户。该账户核算企业各种材料的实际成本与计划成本的差异，借方登记验收入库材料实际成本大于计划成本的超支差异和已发出材料应分摊的节约差异；贷方登记验收入库材料实际成本小于计划成本的节约差异和已发出材料应分摊的超支差异。期末余额若在借方，反映库存各种材料的实际成本大于计划成本的超支差异，期末余额若在贷方，反映库存各种材料的实际成本小于计划成本的节约差异。“材料成本差异”账户，可按“原材料”“周转材料”等类别或品种设置明细账，进行明细分类核算。

材料成本差异

1. 入库材料的超支差 2. 发出材料负担的节约差	1. 入库材料的节约差 2. 发出材料负担的超支差
反映库存各种材料的实际成本大于计划成本的超支差异	反映库存各种材料的实际成本小于计划成本的节约差异

二、委托加工物资按计划成本法核算

委托加工物资按计划成本进行日常核算的特点：材料收发凭证、委托加工物资总分类账及明细分类账均采用计划成本计价，核算实际成本与计划成本的差异，再通过“材料成本差异”账户进行核算。

活动一 取得和发出原材料

工作实例

金华股份有限公司对原材料采用计划成本核算。A 材料单位计划成本为 50 元/千克，12 月期初原材料 A 材料数量 4 500 千克；单未到一律按计划成本暂估；材料采购账户无余额，材料成本差异为贷方余额 4 500 元。付款账期为一个月；计算材料成本差异率时应保留小数点后 3 位。

1. 12 月 1 日冲销上月暂估入账的未收到发票的 A 材料 1 500 千克。
2. 12 月 5 日购入 A 材料 3 000 千克，增值税发票上注明价款 147 000 元，增值税 24 990 元，单到货已入库。
3. 12 月 8 日购入 A 材料 500 千克，货已到单未到。
4. 12 月 20 日购入 A 材料 2 000 千克，单到货未到，增值税专用发票注明价款 102 000元，增值税 17 340 元。
5. 12 月 22 日，生产车间领用 3 500 千克 A 材料。
6. 12 月 28 日，销售 500 千克 A 材料。
7. 12 月 30 日，在建工程领用 1 000 千克 A 材料。
8. 月末仍未收到 1 500 千克的增值税专用发票。
9. 计算材料成本差异率，结转发出材料成本差异。

相关知识

一、取得原材料的核算

在按计划成本计价的情况下，企业收入原材料时，一般采用“材料采购”账户核算采购的实际成本，因此，企业不论材料是否入库，都必须先通过这个账户进行核算。待材料验收入库后，再转入“原材料”账户，同时结转成本差异，这是材料按计划成本进行核算的一般程序。

（一）外购原材料

1. 结算凭证与外购材料同时到达企业（即货单同时到）

对结算凭证等单据与材料同时到达的采购业务，企业在材料验收入库后，应根据结算凭证、发票账单等单据确定的材料实际成本，借记“材料采购”账户；根据取得的增值税专用发票上注明的增值税额，借记“应交税费——应交增值税（进项税额）”账户，按照实际支付或应支付的款项，贷记“银行存款”“应付账款”“应付票据”等账户。

材料验收入库后，应根据收料单并按计划成本，借记“原材料”账户，贷记“材料采购”账户，同时结转外购材料实际成本与计划成本的差异额。当实际成本大于计划成本时，借记“材料成本差异”账户，贷记“材料采购”账户；当实际成本小于计划成本时，借记“材料采购”账户，贷记“材料成本差异”账户。为减少日常核算工作量，成本差异的结转可在月末一次进行。

做中学

公司对原材料按计划成本核算，A 材料计划单位成本为 100 元/千克。2015 年 12 月 16 日，公司从本市购入 A 材料 500 千克，增值税专用发票上注明的材料价款为 50 000 元，增值税额为 8 500 元。公司已用银行存款支付材料价款及增值税。材料已验收入库。

付款时，账务处理如下：

借：材料采购——A 材料	50 000	
应交税费——应交增值税（进项税额）	8 500	
贷：银行存款		58 500

材料验收入库，按计划成本结转：

借：原材料——A 材料	672 000	
材料成本差异	8 000	
贷：材料采购——A 材料	680 000	

2. **支付货款或开出、承兑的商业汇票，材料尚未运达企业（即单到货未到）**

对已支付货款或已开出、承兑的商业汇票，但材料尚未运达的采购业务，应根据结算凭证、发票账单等单据确定的材料实际成本，借记“材料采购”账户，根据取得的增值税专用发票上注明的增值税额，借记“应交税费——应交增值税（进项税额）”账户，按照实际支付或应支付的款项，贷记“银行存款”“应付账款”“应付票据”等账户。

待材料到达验收入库后，再根据收料单，借记“原材料”账户，贷记“材料采购”账户，同时结转入库材料的成本差异。

做中学

公司于 2015 年 12 月 4 日购入 B 材料一批，专用发票上列明材料价款 200 000 元，增值税额 34 000 元。价税款已用银行存款支付。12 月 20 日收到该批材料并验收入库，其计划成本为 210 000 元。

12 月 4 日付款时，账务处理如下：

借：材料采购——B 材料	200 000	
应交税费——应交增值税（进项税额）	34 000	
贷：银行存款		234 000

12 月 20 日材料验收入库，按计划成本结转，账务处理如下：

借：原材料——B 材料　　210 000

　贷：材料采购——B 材料　　200 000

　　材料成本差异　　10 000

3. 材料已达企业，而结算凭证尚未到达（即货到单未到）

对材料已到并验收入库，但发票账单等结算凭证未到，货款尚未支付的采购业务，月末时，应按计划价格，暂估入账，借记“原材料”账户，贷记“应付账款——暂估应付账款”账户；下月初再冲回。企业于下月实际付款或开出、承兑的商业汇票时，按正常程序进行账务处理，即借记“材料采购”“应交税费——应交增值税（进项税额）”账户，贷记“银行存款”等账户。对已入库的材料，按计划成本结转，借记“原材料”账户，贷记“材料采购”账户，同时结转入库材料的成本差异。

（二）企业自制材料入库

企业自制材料入库时，应按计划成本，借记“原材料”账户，贷记“生产成本”账户，并结转入库材料的差异，当实际成本大于计划成本时，借记“材料成本差异”账户，贷记“生产成本”账户；当实际成本小于计划成本时，借记“生产成本”账户，贷记“材料成本差异”账户。

为简化日常核算工作，材料收入的总分类核算，可根据按计划成本计价的收料凭证，于月末编制“收料凭证汇总表”，据以登记总分类账，进行材料收入的总分类核算。

二、发出原材料的核算

1. 月末，公司根据按计划成本计价的发料凭证，按领用部门和用途，汇总编制“发料凭证汇总表”，据以编制记账凭证，进行材料发出的核算。

（1）领用和退回的材料。生产和管理部门领用的材料，应按其计划成本，借记“生产成本”“制造费用”“管理费用”等账户，贷记“原材料”账户。生产车间退回剩余材料，应按计划成本，借记“原材料”账户，贷记“生产成本”账户。

（2）企业在建工程领用的材料，应按计划成本，借记“在建工程”账户，贷记“原材料”账户。

（3）销售部门领用的材料，应按其计划成本，借记“销售费用”账户，贷记“原材料”账户。

（4）对外销售的材料，应按其计划成本，借记“其他业务成本”账户，贷记“原材料”账户。

2. 采用计划成本或者定额成本方法进行日常核算的，应当按期结转其成本差异，将计划成本或者定额成本调整为实际成本。在实际工作中，材料发出的总分类核算一般在月末进行。

月末结转本月耗用或销售材料应分摊的成本差异，借记或贷记“生产成本”“制造费用”“管理费用”“销售费用”“在建工程”“其他业务成本”等账户，贷记或借记“材料成本差异”账户。

做中学

企业对原材料采用计划成本核算。2015 年 12 月，企业财务部门对消耗的 C 材料进行汇总，编制“发料凭证汇总表”（见表 2－8）。其中，在建工程领用原材料的进项税额为 6 868 元。

表 2－8 发料凭证汇总表

2015 年 12 月　　单位：元

领用部门、产品		原料及主要材料	材料成本差异/1%
车间生产用	甲产品	26 000	260
	乙产品	52 000	520
车间管理用		20 000	200
行政管理用		10 000	100
委托加工		20 000	200
对外销售		30 000	300
销售部门领用		8 000	80
本月发出合计		166 000	1 660

月末，根据“发料凭证汇总表”结转发出材料的计划成本，账务处理如下：

借：生产成本——甲产品　26 000
　　　　　　——乙产品　52 000
　　制造费用　20 000
　　管理费用　10 000
　　委托加工物资　20 000
　　其他业务成本　30 000
　　销售费用　8 000
　贷：原材料　166 000

结转发出材料应负担的成本差异（超支差异），账务处理如下：

借：生产成本——甲产品　260
　　　　　　——乙产品　520
　　制造费用　200
　　管理费用　100
　　委托加工物资　200
　　其他业务成本　300
　　销售费用　80
　贷：材料成本差异　1 660

工作步骤

(1) 12 月 1 日冲销上月暂估入账的未收到发票的 A 材料 1 500 公斤。

借：原材料——A 材料　　75 000

　贷：应付账款——暂估应付账款　　75 000

(2) 12 月 5 日购入 A 材料 3 000 公斤，增值税发票上注明价款 147 000 元，增值税 24 990 元，单到货已入库。

借：材料采购——A 材料　　147 000

　　应交税费——应交增值税（进项税额）　　24 990

　贷：应付账款　　171 990

入库时，账务处理如下：

借：原材料——A 材料　　150 000

　贷：材料采购——A 材料　　147 000

　　材料成本差异——A 材料　　3 000

(3) 12 月 8 日购入 A 材料 500 公斤，货已到单未到。

借：原材料——A 材料　　25 000

　贷：应付账款——暂估应付账款　　25 000

(4) 12 月 20 日购入 A 材料 2 000 公斤，单到货未到，增值税专用发票注明价款 102 000元，增值税 17 340 元。

借：材料采购——A 材料　　102 000

　　应交税费——应交增值税（进项税额）　　17 340

　贷：应付账款　　119 340

(5) 12 月 22 日，生产车间领用 3 500 公斤 A 材料。

借：生产成本　　175 000

　贷：原材料——A 材料　　175 000

(6) 12 月 28 日，销售 500 公斤 A 材料。

借：其他业务成本——A 材料　　25 000

　贷：原材料——A 材料　　25 000

(7) 12 月 30 日，在建工程领用 1 000 公斤 A 材料。

借：在建工程　　50 000

　贷：原材料——A 材料　　50 000

(8) 月末仍未收到 1 500 公斤的增值税专用发票。

借：原材料——A 材料　　75 000

　贷：应付账款——暂估应付账款　　75 000

(9) 计算材料成本差异率，结转发出材料成本差异。

材料成本差异率 = (−4 500 − 3 000) / (225 000 − 75 000 + 150 000)

　　　　　　　 = (−7 500) /300 000 = −0.025

借：生产成本　　−4 375 [175 000 × (−0.025)]

其他业务成本　　　　　　　　　　　－625

在建工程　　　　　　　　　　　　－1 250

贷：材料成本差异　　　　　　　　　　－6 250

活动二　核算委托加工物资

工作实例

1. 金华股份有限公司委托 M 公司加工一批 A 材料（属于应税消费品）。发出的 A 原材料计划成本为 100 000 元，实际成本为 99 500 元，增值税税率为 17%。

2. 加工费 5 000 元（不含增值税），尚未支付加工费和增值税。

3. 消费税税率为 10%，计算应支付的消费税。

4. 材料加工完成验收入库，之后直接出售，A 材料计划成本为 110 000 元。

5. 若企业 A 材料加工完成收回后，继续用于生产应税消费品，请核算 A 材料入库的分录。

工作步骤

（1）金华股份有限公司委托 M 公司加工一批 A 材料（属于应税消费品）。发出的 A 原材料计划成本为 100 000 元，实际成本为 99 500 元，增值税税率为 17%。

委托加工发出原材料时，账务处理如下：

借：委托加工物资——A 材料　　　　　　　　100 000

贷：原材料——A 材料　　　　　　　　　　100 000

同时，结转发出材料应负担的成本差异（节约差异），账务处理如下：

借：材料成本差异　　　　　　　　　　　　500

贷：委托加工物资——A 材料（100 000 − 99 500）　　500

（2）加工费 5 000 元（不含增值税），尚未支付加工费和增值税。

借：委托加工物资——A 材料　　　　　　　　5 000

应交税费——应交增值税（进项税额）　　850

贷：应付账款——M 公司　　　　　　　　5 850

（3）消费税税率为 10%，计算应支付的消费税。

消费税的组成计税价格 =（99 500 + 5 000）÷（1 − 10%）= 116 111.11（元）

受托方代扣代缴的消费税 = 116 111.11 × 10% = 11 611.11（元）

（4）材料加工完成验收入库，之后直接出售，A 材料计划成本为 110 000 元。

借：委托加工物资——A 材料　　　　　　11 611.11

贷：应付账款——M 公司　　　　　　　　11 611.11

借：原材料——A 材料　　　　　　　　110 000

　贷：委托加工物资——A 材料　　　　　　　110 000

同时，结转入库乙材料的成本差异如下：

入库 A 材料的成本差异为超支差异 6 111.11 元［委托加工 A 材料的实际成本（100 000 − 500 + 5 000 + 11 611.11）− 委托加工 A 材料的计划成本 110 000］

借：材料成本差异　　　　　　　　6 111.11

　贷：委托加工物资——A 材料　　　　　　6 111.11

（5）若企业 A 材料加工完成收回后，继续用于生产应税消费品，请核算 A 材料入库的分录。

借：应交税费——应交消费税　　　　　11 611.11

　贷：应付账款——M 公司　　　　　　　11 611.11

若企业 A 材料加工完成收回后，继续用于生产应税消费品，则入库 A 材料的成本差异为节约差异 5 500 元［委托加工 A 材料的实际成本（100 000 − 500 + 5 000）− 委托加工 A 材料的计划成本 110 000］

借：原材料——A 材料　　　　　　　　110 000

　贷：委托加工物资——A 材料　　　　　　　110 000

借：委托加工物资——A 材料　　　　　　5 500

　贷：材料成本差异　　　　　　　　　　　5 500

任务三　处理库存商品业务

工作任务

完成商业批发、零售企业和工业企业的库存商品的初始确认和后续计量的会计核算。完成任务的标志性成果是编制的记账凭证，“库存商品”“商品进销差价”等明细账和总账。

知识准备

一、库存商品的概念

库存商品是指企业为转卖或加工后转卖而储存的存货。库存商品存货是企业存货的主要内容之一，包括以下几种：

（1）企业全部自有的库存商品，包括存放在仓库、门市部和寄销在外库的商品，委托其他单位代销、代管的商品，陈列展览的商品以及存放在外库或存放在仓库的商品。

（2）加工中的商品，包括企业自行加工的商品和委托其他单位加工的商品。

（3）出租的商品。

（4）接受外来原材料加工制造的代制品和为外单位加工修理的代修品等。

企业自有商品可以外购取得，可以加工形成，也可以其他方式（投资转入等方式）取得或形成。

二、库存商品的账户设置

（1）为了核算企业自有的库存商品，一般设置“库存商品”账户进行核算。该账户是资产类账户，期末余额在借方，反映企业库存商品的实际成本。该账户按照库存商品的类别进行明细核算。

商品流通企业的库存商品主要是指外购或委托加工完成验收入库用于销售的各种商品。工业企业生产的商品也可以单独设置“产成品”账户进行核算。

库存商品

购入、生产的库存商品的实际金额	发出库存商品的实际金额
反映库存商品的实际金额	

（2）商品流通企业购入的商品可以采用进价或售价核算。对商品采用售价金额核算，“库存商品”账户的借方、贷方和余额均反映商品的售价，这里的售价是指商品的含税零售价（下同）。同时，还要设置“商品进销差价”账户。该账户用来核算库存商品售价与进价之间的差额，贷方登记入库商品售价大于进价的差额；借方登记分摊已销商品的进销差价和因商品发出、加工、出租、发生等减少的进销差价；期末贷方余额反映尚未销售也未摊销的商品的进销差价。

“商品进销差价”账户是“库存商品”账户的备抵调整账户。“库存商品”账户期末借方余额减去“商品进销差价”账户期末贷方余额就是期末库存商品的实际采购成本（进价）。

商品进销差价

分摊已销商品的进销差价和因商品发出、加工、出租、发生等减少的进销差价	入库商品售价大于进价的差额
	期末贷方余额反映尚未销售也未摊销的商品的进销差价

活动一　核算商品流通企业库存商品

工作实例

1. 某零售企业向甲公司购入 A 商品一批，总买价 100 000 元，增值税额 17 000元。总售价为 234 000 元。已付款，货物已验收入库。
2. 销售 A 商品，含税售价 234 000 元。

3．已知期初商品进销差价为80 000元，期初库存商品的售价为210 000元。月末计算销项税额并结转商品进销差价。

4．N商场采用毛利率法对库存商品进行核算。月初纺织品存货成本为146 000元，本期购货成本为850 000元，销货收入为1 200 000元，销售退回与折让合计为10 000元，上季度该类商品毛利率为25%。请计算本月已销存货和月末存货的成本。

相关知识

一、商品流通企业库存商品的核算方法

在商品流通企业中，对商品的核算可以采用毛利率法和售价金额核算法进行日常核算。

1．毛利率法

毛利率法是根据本期销售净额乘以前期实际（或本月计划）毛利率计算本期销售毛利，并计算发出存货成本的一种方法。

相关计算公式如下：

毛利率＝销售毛利÷销售净额×100%

销售净额＝商品销售收入－销售退回与折让

销售毛利＝销售净额×毛利率

销售成本＝销售净额－销售毛利＝销售净额×（1－毛利率）

期末存货成本＝期初存货成本＋本期购货成本－本期销售成本

用毛利率法计算本期销售成本和期末存货成本，在商品流通企业特别是商品批发企业较为常见。商品批发企业由于经营商品的品种繁多，如果分品种计算商品成本，工作量将大大增加，而且商品批发企业的同类商品毛利率大致相同。采用毛利率法既能减轻工作量，也能满足对存货管理的需要。

2．售价金额核算法

售价金额核算法，又称“售价记账，实物负责制”，是指以售价金额反映商品增减变动及结存情况的核算方法。

采用售价金额核算法处理库存商品的日常业务，其核心在于以商品的零售价格登记“库存商品”账户，对购入商品的实际采购成本（进价）与零售价格之间的差额另外设置“商品进销差价”账户进行处理；销售发出的库存商品也以其售价记入“主营业务成本”账户，同时按一定的方法分摊已销商品实现的进销差价。以售价登记“库存商品”账户的目的在于能使库存商品账户的计价方式与企业各营业柜组、仓库等的商品标价一致，从而便于商品的实务管理。

对从事商业零售业务的企业（如百货公司、超市等），由于经营商品种类、品种、规格等繁多，如果采用其他方法结转成本，工作量巨大。因此，商品零售企业普遍采用

售价金额核算法。

二、商品零售企业库存商品的核算

1. 商品零售企业采购库存商品的核算

商品流通企业购进库存商品入库时，按商品的售价借记“库存商品”账户，按商品的进价贷记“在途物资”账户，售价与进价之差贷记“商品进销差价”账户。

2. 商品零售企业销售库存商品的核算

（1）销售库存商品时，一方面要反映销售收入的实现和销售款项送存银行，另一方面要按售价结转商品销售成本。

（2）企业应于月末，从全月含税销售收入中分解出销项税额转入“应交税费”账户，其计算公式如下：

不含税销售收入 = 含税销售收入 ÷（1 + 增值税税率）

销项税额 = 不含税销售收入 × 增值税税率

（3）月末，应结转已销商品分摊的进销差价。

商品进销差价率 =（期初库存商品进销差价 + 本期购入商品进销差价）/（期初库存商品售价 + 本期购入商品售价）×100%

本期销售商品应分摊的商品进销差价 = 本期商品销售收入 × 商品进销差价率

本期销售商品的成本 = 本期商品销售收入 − 本期已销售商品应分摊的商品进销差价

期末结存商品的成本 = 期初库存商品的进价成本 + 本期购进商品的进价成本 − 本期销售商品的成本

工作步骤

（1）某零售企业向甲公司购入 A 商品一批，总买价 100 000 元，增值税额 17 000 元。总售价为 234 000 元。已付款，货物已验收入库。

付款时：

借：在途物资　　100 000

　　应交税费——应交增值税（进项税额）　　17 000

　贷：银行存款　　117 000

验收入库时：

借：库存商品　　234 000

　贷：在途物资　　100 000

　　　商品进销差价　　134 000

（2）销售 A 商品，含税售价 234 000 元。

确认销售收入和成本：

借：银行存款　　234 000

　贷：主营业务收入　　234 000

借：主营业务成本　　234 000

　贷：库存商品　　234 000

（3）已知期初商品进销差价为 80 000 元，期初库存商品的售价为 210 000 元。月末计算销项税额并结转商品进销差价。

计算商品进销差价率 =（80 000 + 134 000）/（210 000 + 234 000）×100% = 48%

本期销售商品应分摊的商品进销差价为：234 000 ×48% = 112 320 元

借：商品进销差价　　　　112 320

　贷：主营业务成本　　　　112 320

分解销项税额：

销项税额 = 234 000/1.17 ×0.17 = 34 000（元）

借：主营业务收入　　　　34 000

　贷：应交税费——应交增值税（销项税额）　　34 000

（4）N 商场采用毛利率法对库存商品进行核算。月初纺织品存货成本 146 000 元，本期购货成本 850 000 元，销货收入 1 200 000 元，销售退回与折让合计 10 000 元，上季度该类商品毛利率为 25%。请计算本月已销存货和月末存货的成本。

本月销售净额 = 1 200 000 − 10 000 = 1 190 000（元）

销售毛利 = 1 190 000 ×25% = 297 500（元）

销售成本 = 1 190 000 − 297 500 = 892 500（元）

或 = 1 190 000 ×（1 − 毛利率）= 1 190 000 ×（1 − 25%）= 892 500（元）

月末存货成本 = 146 000 + 850 000 − 892 500 = 103 500（元）

活动二　核算工业企业库存商品

工作实例

1. 企业本月生产完工验收入库 A 产品 200 件，其单位成本 500 元，合计总成本为 100 000 元。

2. 企业本月发出库存 A 商品 300 件，每件成本 510 元，其中：采用一般结算方式销售发出库存商品 200 件，采用委托代销方式销售发出库存商品 100 件。

相关知识

工业企业库存商品的核算

为了总括反映和监督企业库存商品的收入、发出和结存情况，企业应设置“库存商品”账户，该账户属于资产类账户，借方登记验收入库库存商品的实际成本，贷记登记发出库存商品的实际成本，期末余额在借方，反映企业库存商品的实际成本。

企业生产完成验收入库的库存商品，应借记“库存商品”账户，贷记“生产成本”账户。

采用一般结算方式销售的库存商品，应在库存商品销售后，按已销售的库存商品的实际成本，借记“主营业务成本”账户，贷记“库存商品”账户。

采用分期收款方式销售的库存商品应在发出库存商品后，按发出库存商品的实际成本，借记“发出商品”，贷记“库存商品”账户。

采用委托代销方式销售的库存商品，应在库存商品交付委托代销单位时，按发出库存商品的实际成本，借记“发出商品”，贷记“库存商品”账户。

工作步骤

（1）企业本月生产完工验收入库 A 产品 200 件，其单位成本 500 元，合计总成本为 100 000 元。企业的账务处理如下：

借：库存商品——A 产品　　100 000

　贷：生产成本——A 产品　　100 000

（2）企业本月发出库存 A 商品 300 件，每件成本 510 元，其中：采用一般结算方式销售发出库存商品 200 件，采用委托代销方式销售发出库存商品 100 件。企业的账务处理如下：

结转发出库存商品的实际成本时

借：主营业务成本　　102 000

　　发出商品　　51 000

　贷：库存商品——A 商品　　153 000

任务四　处理期末存货计量业务

工作任务

完成存货期末清查、盘点等工作，并进行盘盈、盘亏、计提存货跌价准备等业务的会计核算。完成任务的标志性成果：存货盘点报告表、记账凭证、“存货跌价准备”等明细账和总账。

知识准备

一、清查存货

1. 清查存货的概念

企业的各种存货在日常收发及保管过程中，因各种原因如计量差错、管理不当、自然损耗、发生偷盗和贪污、非常事项等，造成存货的溢余、短缺和毁损，导致存货实际结存数量与账面结存数量不符。因此，企业必须对存货进行清查。

存货的清查是通过对存货的实物进行盘点，确定存货的实存数量，并与存货账存数量核对是否相符的一种专门方法。通过存货清查，一是如实反映存货的数量和实际成本，确保存货的安全完整，做到账实相符。二是可以弄清企业有无属于呆滞积压物资的存货，以便及时处理，挖掘潜力，加速资金的周转。

2. 存货盘存制度

（1）实地盘存制。

实地盘存制是期末通过对实物盘点来确定库存存货数量，并据以计算库存存货成本和发出（销售或耗用）存货成本的一种方法。

本期存货减少数 = 期初存货结存数 + 本期存货增加数 − 期末存货结存数

优点：简化存货的日常核算工作。

缺点：① 不能随时反映收、发、存信息。② 以存计耗，掩盖了各种损失。③ 不能随时结转成本，只能月末一次结转。

适用范围：自然消耗大，数量不稳定的鲜活商品等。

（2）永续盘存制。

永续盘存制，是指按库存存货的品种规格逐一设置明细账、逐笔登记收入和发出数量、随时记列其结存数量，计算出剩余的期末结存数量的方法。

期末存货结存数 = 期初存货结存数 + 本期存货增加数 − 本期存货减少数

优点：① 及时提供每种存货的收入、发出和结存数量。② 有利于发现余缺，简化存货的日常核算工作。③ 有利于及时采取购销行动，降低库存。

缺点：明细分类核算的工作量大，耗费较多的人力和物力。

3. 存货清查的形式

存货清查的形式可分为定期的全面清查和经常性的轮流清查两种。定期全面清查一般于年度终了时进行，经常性轮流清查是在年度内计划安排进行。对于收发量较大，容易缺损的存货，清查的次数可适当增加，对于贵重存货则应每月清查。

存货清查中发现的盘盈、盘亏和毁损情况，应编制存货盘点报告表（其格式如表 2 − 9 所示），并及时查明原因，分清责任。在按规定程序报请有关部门批准之前，应根据存货盘点报告表所列盈亏数，对存货的账存数进行调整；批准之后，应根据盘盈、盘亏和毁损的原因及批准意见，做相应的账务处理。

表 2 − 9　存货盘点报告表

存货编号	名称规格	计量单位	数量		单价	盘盈		盘亏		原因
			账存	实存		数量	金额	数量	金额	

二、存货的期末计量

企业期末存货的价值通常是以历史成本来确定。但是，由于存货市价的下跌，存货陈旧、过时、毁损等原因，导致存货的价值减少，采用历史成本不能真实地反映存货的价值，因此，我国《企业会计准则第 1 号——存货》规定，“会计期末，存货应当按照成本与可变现净值孰低法计量”。

1. 成本与可变现净值孰低法的含义

成本与可变现净值孰低法，是指对期末存货按照成本与可变现净值两者之中较低者进行计价的方法。即当成本低于可变现净值时，期末存货按成本计价；当可变现净值低于成本时，期末存货按可变现净值计价。

成本与可变现净值孰低法中的“成本”是指存货的历史成本，即以历史成本为基础的存货计价方法（如先进先出法等）计算的期末存货价值，或者是采用存货的简化核算方法（如计划成本法）下调整为实际成本的期末存货价值；“可变现净值”是指企业在正常生产经营过程中，以存货的估计售价减去至完工估计将要发生的成本、销售费用以及相关税金后的金额。

成本与可变现净值孰低法的理论基础主要是使存货符合资产的定义。当存货的可变现净值下跌至成本以下时，表明该存货给企业带来的未来经济利益低于其账面价值，因而应将这部分损失从资产价值中扣除，计入当期损益。否则，当存货的可变现净值低于其成本时，如果仍然以其历史成本计量，就会出现虚增资产的现象。

2. 存货减值迹象的判断

企业应当定期或者至少于每年年度终了时对存货进行全面清查，确定存货是否减值。

（1）当存在下列情况之一时，表明存货的可变现净值低于成本。

① 该存货的市场价格持续下跌，并且在可预见的未来无回升的希望。

② 企业使用该项原材料生产的产品的成本大于产品的销售价格。

③ 企业因产品更新换代，原有库存原材料已不适应新产品的需要，而该原材料的市场价格又低于其账面成本。

④ 因企业所提供的商品或劳务过时或消费者偏好改变而使市场需求发生变化，导致市场价格逐渐下跌。

⑤ 其他足以证明该项存货实质上已经发生减值的情形。

（2）当存在以下一项或若干项情况时，表明存货的可变现净值为零。

① 已霉烂变质的存货。

② 已过期且无转让价值的存货。

③ 生产中已不再需用，并且已无使用价值和转让价值的存货。

④ 其他足以证明已无使用价值和转让价值的存货。

3. 存货可变现净值的确定

存货可变现净值的确定必须有可靠的证据，而且应当以取得的确凿证据为基础，并且考虑持有存货的目的、资产负债表日后事项的影响等因素。

确定可变现净值的确凿证据，是指对确定存货的可变现净值有直接影响的可靠依据，包括产品或商品的市场销售价格、与企业产品或商品相同或类似商品的市场销售价格、供货方提供的有关资料、销货方提供的有关资料、生产成本资料等证据。持有存货的目的，是指持有存货是为了销售还是加工后销售等。资产负债表日后事项的影响因素，是指存货预计未来产品更新换代、消费者消费偏好等市场情况。企业应对直接销售的存货和用于生产的存货分别确定存货可变现净值。

（1）产成品、商品和用于出售的材料等直接用于出售的商品存货，在正常生产经营过程中，应当以该存货的估计售价减去估计的销售费用和相关税费后的金额确定其可变现净值，相关计算公式如下：

产品的可变现净值 = 估计售价 − 估计的销售费用及税金

（2）用于生产的材料、在产品或自制半成品等需要经过加工的材料存货，在正常生产经营过程中，应当以所生产的产成品的估计售价减去至完工时估计将要发生的成本、估计的销售费用和相关税费后的金额确定其可变现净值，相关计算公式如下：

材料的可变现净值 = 估计售价 − 至完工时估计的成本 − 估计的销售费用及税金

（3）为执行销售合同或者劳务合同而持有的存货，通常应当以合同价格作为其可变现净值的计量基础，以合同售价减去估计的销售费用和相关税费，或减去至完工时估计将要发生的成本、估计的销售费用后的金额确定其可变现净值。

如果企业持有的存货数量多于销售合同的订货数量，超出订货合同部分的存货可变现净值应当以一般销售价格（公允价格）为计量基础，以一般销售价格减去估计的销售费用和相关税费，或减去至完工时估计将要发生的成本、估计的销售费用后的金额确定其可变现净值。

4. 账户设置

企业应设置“存货跌价准备”账户，用来核算企业提取的存货跌价准备。该账户是所有存货账户的备抵账户，期末余额在贷方，反映已提取的存货跌价准备。该账户应按存货项目设置明细分类账，进行明细分类核算。在资产负债表中，“存货跌价准备”被列为存货项目的减项。

存货跌价准备

冲销已提取的跌价准备	提取的存货跌价准备
	期末贷方余额反映已提取的存货跌价准备

活动一　清查存货

工作实例

1. 金华股份有限公司在存货清查中，发现 A 材料盘盈 100 千克，实际单位成本为 100 元。经查明是计量错误造成的。

2. 公司期末对存货进行清查，发现 B 材料盘亏 50 千克，账面实际成本 3 000 元，经查明，属于定额内的损耗 1 000 元；由于管理责任造成短缺 2 000 元，应由管理员赔偿 1 000 元。

3. 经批准，定额内损耗和管理责任造成短缺的净损失转作管理费用。其中非正常损耗应负担的进项税额为 340 元。

相关知识

存货清查的核算

为了反映和监督存货盘盈、盘亏和毁损的发生及处理情况，企业应设置“待处理财产损溢”账户。该账户借方登记发生的各种财产物资的盘亏金额和批准转销的盘盈金额，贷方登记发生各种财产物资的盘盈金额和按照规定转销的盘亏金额。企业清查的各种存货损溢，应在期末结账前处理完毕，处理完毕后本账户应无余额。该账户应当设置“待处理流动资产损溢”和“待处理固定资产损溢”两个明细分类账户。

1. **存货盘盈的核算**

存货盘盈是指盘点后存货的账面结存数小于实际结存数的情况，一般是由于收发计量或核算上的错误等原因造成的，企业应根据“存货盘点报告表”及时办理存货入账手续，调整存货的账面结存数，借记“原材料”“周转材料——包装物”“周转材料——低值易耗品”“库存商品”等账户，贷记“待处理财产损溢——待处理流动资产损溢”账户；经有关部门批准后，再冲减管理费用。

2. **存货盘亏的核算**

存货盘亏是指盘点后存货的账面结存数大于实际结存数的情况。发生盘亏或毁损的存货，在报经批准前，应根据“存货盘点报告表”，按盘亏存货的成本调整存货账面的结存数，借记“待处理财产损溢——待处理流动资产损溢”账户，贷记“原材料”“周转材料——包装物”“周转材料——低值易耗品”“库存商品”等账户。需要指出的是，根据我国《增值税暂行条例》的规定，企业发生的非正常损失的在产品、产成品所耗用的购进货物或应税劳务的进项税额不得从销项税额中抵扣。因此，非正常损失的存货价值应包括其实际成本和应负担的进项税额两部分，发生非正常毁损（如自然灾害、被盗窃及管理不善造成大量霉变等）时，应按非正常损失的价值借记“待处理财产损 溢——待处理流动资产损溢”账户，按非正常损失的存货的实际成本贷记有关存货账户，按非正常损失存货应负担的进项税额贷记“应交税费——应交增值税（进项税额转出）”账户。在报经批准后，根据形成盘亏和毁损的不同原因，分别进行处理。

① 属于自然损耗产生的定额内损耗，经批准后转作管理费用。

② 属于计量收发差错和管理不善等原因造成的存货短缺或毁损，应先扣除残料价值、可收回的保险赔偿和过失人的赔偿，然后将其净损失计入管理费用。

③ 属于自然灾害等不可抗拒的原因而造成的存货毁损，应先扣除残料价值和可收回的保险赔偿，然后将净损失计入营业外支出。

工作步骤

（1）金华股份有限公司在存货清查中，发现 A 材料盘盈 100 千克，实际单位成本为 100 元。经查明是计量错误造成的。

批准前，调整账面的结存数：

借：原材料——A 材料　　10 000

　贷：待处理财产损溢——待处理流动资产损溢　　10 000

批准后，冲减管理费用：

借：待处理财产损溢——待处理流动资产损溢　　10 000

　贷：管理费用　　10 000

（2）公司期末对存货进行清查，发现 B 材料盘亏 50 千克，账面实际成本 3 000 元，经查明，属于定额内的损耗 1 000 元；由于管理责任造成短缺 2 000 元，应由管理员赔偿 1 000 元。

批准前，调整账面的结存数：

借：待处理财产损溢——待处理流动资产损溢　　3 340

　贷：原材料——B 材料　　3 000

　　　应交税费——应交增值税（进项税额转出）　　340

（3）经批准，定额内损耗和管理责任造成短缺的净损失转作管理费用。其中非正常损耗应负担的进项税额为 340 元。

报经批准后，转销：

借：管理费用　　2 340

　　其他应收款　　1 000

　贷：待处理财产损溢——待处理流动资产损溢　　3 340

活动二　核算存货期末计量

工作实例

1. 金华股份有限公司采用“成本与可变现净值孰低法”进行期末存货的计价。2015 年年末甲产品的账面成本为 500 000 元，预计可变现净值为 490 000 元，“存货跌价准备”账户的贷方余额为 5 000 元。

2. 2016 年末，由于市场前景明显好转，市场价格持续上升，甲产品的可变现净值为 120 万元，账面成本为 120.7 万元，存货跌价准备账面余额为贷方 1 万元。

3. 2017 年末，甲产品的可变现净值为 680 000 元，账面成本为 650 000 元，存货跌价准备账面余额为贷方 7 000 元。

4. 2017 年 10 月，公司销售一批乙产品，账面成本 650 000 元，已计提存货跌价准备 10 000 元，请结转乙产品的销售成本。

相关知识

一、存货跌价准备的计提方法

企业按成本与可变现净值孰低法对存货计价时，通常有以下两种方法可供选择。

1. 单项比较法

单项比较法也称逐项比较法或个别比较法，是指对库存中每一种存货的成本和可变现净值逐项进行比较，每项存货均取较低数确定存货的期末成本。

2. 分类比较法

分类比较法也称类比法，是指按存货类别的成本与可变现净值进行比较，每类存货取其较低者确定存货的期末成本。

对比以上两种方法可见，单项比较法确定的结果最为准确，但工作量最大。我国《企业会计准则第 1 号——存货》规定，“存货跌价准备应当按照单个存货项目计提”。即在一般情况下，企业应当按每个存货项目的成本与可变现净值逐一进行比较，取其低者计量存货，并且将成本高于可变现净值的差额作为计提的存货跌价准备。但对于数量繁多、单价较低的存货也可以按照存货类别计提存货跌价准备。无论采用何种方法，都要遵循一致性原则。

二、存货跌价准备的核算

1. 存货跌价准备的计提

在资产负债表日，企业应比较存货成本与可变现净值。

（1）成本低于可变现净值时，则不做账务处理，资产负债表中的存货仍按期末账面价值列示。

（2）成本高于可变现净值时，则计算出应计提的存货跌价准备，再与已计提进行比较。若应计提数大于已提数，应予以补提。企业计提的存货跌价准备，应借记“资产减值损失——计提的存货跌价准备”，贷记“存货跌价准备”账户。

2. 存货跌价准备的转回

当已计提跌价准备的存货的价值以后又得以恢复时，应按恢复后增加的数额，借记“存货跌价准备”账户，贷记“资产减值损失”账户。但是，当已计提跌价准备的存货的价值以后又得以恢复，其冲减的跌价准备金额，应以“存货跌价准备”账户的贷方余额冲减至零为限。

3. 存货跌价准备的结转

企业计提了存货跌价准备，其中部分存货已经销售，则企业应在结转销售成本时，同时结转已计提的存货跌价准备。按已计提的存货跌价准备，借记“存货跌价准备”账户，借记“主营业务成本”“其他业务成本”等账户，贷记“库存商品”账户。

工作步骤

（1）金华股份有限公司采用“成本与可变现净值孰低法”进行期末存货的计价。2015 年年末甲产品的账面成本为 500 000 元，预计可变现净值为 490 000 元，“存货跌价准备”账户的贷方余额为 5 000 元。

2015 年年末应计提存货跌价准备 10 000（490 000 − 500 000）元大于“存货跌价准备”账户已提数 5 000 元，所以应补提 5 000（10 000 − 5 000）元。

借：资产减值损失　　　　　　5 000

　贷：存货跌价准备　　　　　　5 000

计提后，存货跌价准备账户余额为贷方 1 万元。

（2）2016 年末，由于市场前景明显好转，市场价格持续上升，甲产品的可变现净值为 120 万元，账面成本为 120.7 万元，存货跌价准备账面余额为贷方 1 万元。

可变现净值为 120 万元小于账面成本 120.70 万元，应计提存货跌价准备 0.7 万元，但考虑到已计提的存货跌价准备 1 万元，因此，本年应转回已计提的存货跌价准备 0.3 万元。

借：存货跌价准备　　　　　　3 000

　贷：资产减值损失　　　　　　3 000

计提后，存货跌价准备账户余额为贷方 7 000 元。

（3）2017 年末，甲产品的可变现净值为 680 000 元，账面成本为 650 000 元，存货跌价准备账面余额为贷方 7 000 元。

成本低于可变现净值，则不用计提存货跌价准备，应将原来计提的存货跌价准备转回，并以“存货跌价准备”账户的余额冲减至零为限。

借：存货跌价准备　　　　　　7 000

　贷：资产减值损失　　　　　　7 000

转回后，“存货跌价准备”账户余额为 0 元。

（4）2017 年 10 月，公司销售一批乙产品，账面成本 650 000 元，已计提存货跌价准备 10 000 元。

借：主营业务成本　　　640 000
　　存货跌价准备　　　10 000
　贷：库存商品　　　　650 000

任务五　核算固定资产

工作任务

完成固定资产的初始计量；固定资产的折旧、固定资产的改造后续支出；固定资产的出售、固定资产的减值准备。完成工作任务应提交的标志性成果：完成的记账凭证，“固定资产”“累计折旧”“在建工程”“固定资产减值准备”等明细账和总账。

知识准备

一、固定资产的确认

1. 固定资产的定义

固定资产是指企业为生产产品、提供劳务、出租或经营管理而持有的、使用寿命超过一个会计年度的、并在使用过程中保持原有实物形态的资产。

首先，企业持有固定资产的目的是用于生产商品、提供劳务、出租或经营管理，而不是直接用于出售。其中，出租是指以经营租赁方式出租的机器设备等，以经营租赁方式出租的建筑物属于企业的投资性房地产。

其次，固定资产的使用寿命超过一个会计年度。该特征使固定资产明显区别于流动资产。使用寿命超过一个会计年度，意味着固定资产属于长期资产。固定资产的使用寿命，是指企业使用固定资产的预计期间，或者该固定资产所能生产产品或提供劳务的数量。通常情况下，固定资产的使用寿命是指使用固定资产的预计使用期间，某些机器设备或运输设备等固定资产的使用寿命，也可以以该固定资产所能生产产品或提供劳务的数量来表示。例如，某公司的发电设备预计发电量为 23 000 瓦，应按其预计发电量估计使用寿命。

最后，固定资产必须是有形资产。该特征将固定资产与无形资产区别开来。有些无形资产可能同时符合固定资产的其他特征，如无形资产是为生产商品、提供劳务而持有，使用寿命超过一个会计年度，但是，由于其没有实物形态，所以也不属于固定资产。

有生命的动物和植物属于生物资产，应当按照生物资产准则的有关规定进行会计处理。本教材不涉及生物资产相关内容。

2. **固定资产的确认条件**

一项资产如要作为固定资产加以确认，首先要符合固定资产的定义；其次还要符合固定资产的确认条件，即与该固定资产有关的经济利益很可能流入企业；同时，该固定资产的成本能够可靠的计量。

（1）与该固定资产有关的经济利益很可能流入企业。

企业在确认固定资产时，需要判断与该固定资产有关的经济利益是否很可能流入企业。实务中，主要是判断与确定该固定资产所有权相关的风险和报酬是否已转移到了企业。

通常情况下，取得固定资产所有权是判断与固定资产所有权有关的风险和报酬是否转移到企业的一个重要标志。凡是所有权已属于企业，无论企业是否收到或拥有该固定资产，均可作为企业的固定资产。但是，所有权是否转移不是判断的唯一标准。在有些情况下，某项固定资产的所有权虽然不属于企业，但是，企业能控制与该项固定资产有关的经济利益流入企业，在这种情况下，企业应将该固定资产予以确认。

例如，金华公司采用融资租赁方式获得固定资产，协议关键条款如下。

融资租赁协议（关键条款摘要）

承租人：（以下简称乙方）

法定地址：金华股份有限公司

邮政编码：510000

法定代表人：李贺

第一条　租赁物件

甲方根据乙方的要求及乙方的自主选定，以租给乙方为目的，为乙方融资购买附表第（1）项所记载的物件（以下简称租赁物件）租予乙方，乙方则向甲方承租并使用该物件。

第二条　租赁期间

租赁期间如附表第（5）项所记载，并以本合同第五条第1款所规定的乙方签收提单日为起租日或以本合同第五条第2款所规定的甲方寄出提单日为起租日。

第三条　租金

1. 甲方为乙方融资购买租赁物件，乙方承租租赁物件须向甲方支付租金，租金及其给付时间、地点、币种和次数，均按附表第（9）项的规定。

2. 前款租金是根据附表第（7）项所记载的概算成本（以下简称概算成本）计算的。但租赁物件起租之日，当实际成本与概算成本有出入时，以实际成本为准，租金按实际成本相应计算。

3. 前款的实际成本，是指甲方为购买租赁物件和向乙方交货以外汇和人民币分别所支付的全部金额、费用及其利息的合计额（其利息均从甲方支付或实际负担之日至租赁物件起租日，以外币（年利率8%）和人民币（年利率8%）计算。

4. 根据本条第2、3款，当实际成本与概算成本有出入时，甲方向乙方提供《租赁物件实际成本计算书》及《实际租金表》，向乙方通知实际成本的金额和以实际成本为准，对附表第（8）、（9）、（10）、（11）、（12）项的调整，乙方承认上述的调整。该调整不属于合同的变更或修改，且不论租赁物件使用与否，乙方都以《实际租金表》中载明的日期、金额、币种等向甲方支付租金。

根据上述融资租赁协议租入的固定资产，金华股份有限公司（承租人）虽然不拥有该项固定资产的所有权，但能够控制与该固定资产有关的经济利益流入企业，与该固定资产所有权相关的风险和报酬实质上已转移到了企业，因此，符合固定资产确认的第一个条件。

（2）该固定资产的成本能够可靠的计量。

成本能够可靠地计量是资产确认的一项基本条件。要确认固定资产，企业取得该固定资产所发生的支出必须能够可靠的计量。企业在确定固定资产成本时，有时需要根据所获得的最新资料，对固定资产的成本进行合理的估计。如果企业能够合理的估计出固定资产的成本，则视同固定资产的成本能够被可靠地计量。

3. 固定资产确认条件的具体运用

企业有安全或环保的要求购入设备等，虽然不能直接给企业带来经济利益，但有助于企业从其他相关资产的使用中获得未来经济利益或者获得更多的未来经济利益，也应确认为固定资产。例如，为净化环境或者满足国家有关排污标准的需要购置的环保设备，这些设备的使用虽然不会为企业带来直接的经济利益，但却有助于企业提高对废水、废气、废渣的处理能力，有利于净化环境，企业为此将减少未来由于污染环境而需支付的环境治理费或者罚款，因此，企业应将这些设备确认为固定资产。

固定资产的各组成部分，如果具有不同使用寿命或者以不同方式为企业提供经济利益，由此适用不同折旧率或折旧方法的，表明这些组成部分实际上是以独立的方式为企业提供经济利益，因此，企业应当将各组成部分确认为单项固定资产。例如设备的引擎、机身、机翼和轮胎都具有不同的使用寿命，则企业应当分别将其单独确认为一项固定资产。

工业企业所持有的工具、用具、备品备件、维修设备等资产，施工企业所持有的模板、挡板、架料等周转材料，以及地质勘探企业所持有的管材等资产，尽管该类资产具有固定资产的某些特征，如使用期限超过一年，也能够带来经济利益，但由于数量多、单价低，考虑到成本效益原则，在实务中通常确认为存货。但符合固定资产定义和确认条件的，比如企业（民用航空运输）的高价周转件等，应当确认为固定资产。

4. 固定资产的分类

（1）按经济用途分。

① 生产经营用固定资产。是指直接服务于企业生产经营过程的固定资产。如生产经营用的房屋、建筑物、机器、设备等。

② 非生产经营用固定资产。是指不直接服务于企业生产经营过程的固定资产。如职工宿舍、食堂等使用的房屋、建筑物和其他固定资产等。

（2）按使用情况分。

① 使用中固定资产。是指正在使用中的经营性和非经营性固定资产。由于季节性经营或大修理等原因暂时停止使用的固定资产，仍属于企业使用中的固定资产；企业以经营租赁方式租给其他单位使用的固定资产也属于使用中的固定资产。

② 未使用固定资产。是指已完工或已购建的尚未交付使用的固定资产以及因进行改建、扩建等原因暂停使用的固定资产。

③ 不需用固定资产。是指企业多余或因技术进步而不适用的固定资产。

（3）按所有权分。

① 自有固定资产。是指企业拥有的可供自由支配使用的固定资产。

② 租入固定资产。是指采用租赁方式租入的固定资产。租入固定资产可分为经营租入固定资产和融资租入固定资产。融资租入固定资产是指融资租赁方式租入的固定资产，这类固定资产在租赁期内视同企业自有的固定资产。

（4）按经济用途和使用情况进行综合分类。

① 生产经营用固定资产。

② 非生产经营用固定资产。

③ 租出固定资产（指以经营租赁方式租出的固定资产）。

④ 不需用固定资产。

⑤ 未使用固定资产。

⑥ 土地。土地是指过去已经估价单独入账的土地。因征地而单独支付的补偿费，应计入与土地有关的房屋、建筑物的价值内，不单独作为土地价值入账。企业取得的土地使用权，应作为无形资产管理，不作为固定资产管理。

⑦ 融资租入固定资产。

二、固定资产的初始计量

固定资产初始计量的成本是指固定资产达到可使用状态前所发生的一切合理的、必要的支出，固定资产的取得方式不同，初始计量方法也不同。

1. 外购的固定资产

企业外购固定资产的成本，包括购买价款、相关税费、使固定资产达到预定可使用状态前所发生的可归属于该项资产的运输费、装卸费、安装费和专业人员服务费等（见图2－2）。

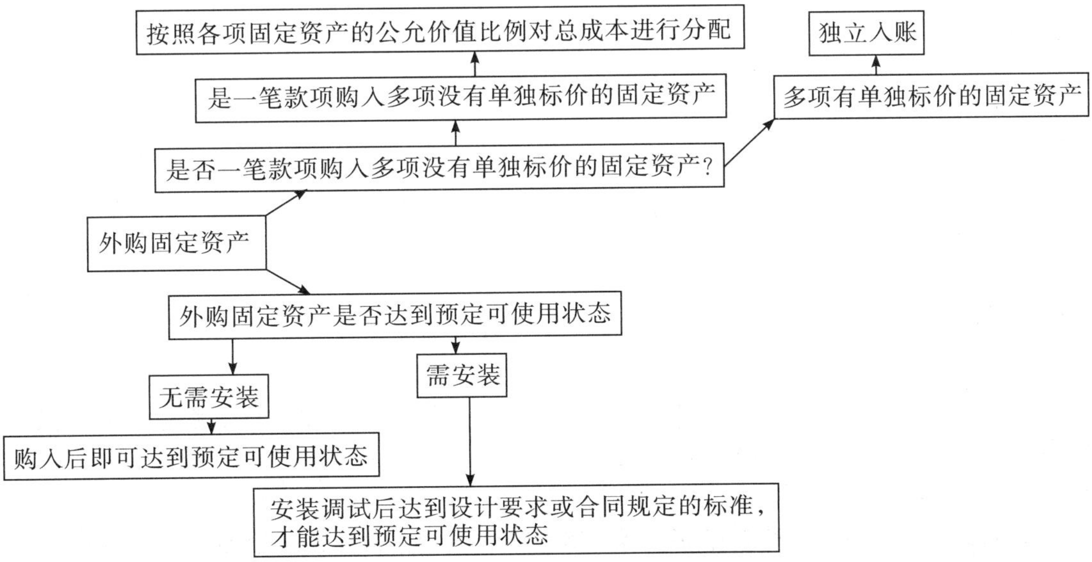

图2－2　外购固定资产知识结构图

外购固定资产分为购入不需要安装的固定资产和购入需要安装的固定资产两类。

（1）购入不需要安装的固定资产，按固定资产的买价和相关费用借记“固定资产”和“应交税费——应交增值税（进项税额）”等账户，贷记“银行存款”“应付账款”等账户。

（2）购入需要安装的固定资产，在安装完工前尚未达到可使用状态，不能作为固定资产入账，其发生的买价、运杂费、包装费等应通过“在建工程”账户核算，待固定资产安装完工后，再做固定资产入账。购入及发生安装费用时，借记“在建工程”和“应交税费——应交增值税（进项税额）”等账户，贷记“银行存款”“应付账款”等账户；安装完毕交付使用时，借记“固定资产”账户，贷记“在建工程”账户。

（3）在实际工作中，企业可能以一笔款项购入多项没有单独标价的固定资产。此时，应当按照各项固定资产的公允价值比例对总成本进行分配，分别确定各项固定资产的成本。

2. 自行建造固定资产

企业自行建造固定资产包括自营建造和出包建造两种方式。自行建造工程的成本由建造该项资产达到预定可使用状态前所发生的必要支出构成，包括工程物资成本、人工成本、交纳的相关税费、应予资本化的借款费用以及应分摊的间接费用等。无论采用何种方式，所建工程都应当按照实际发生的支出确定其工程成本并单独核算。

（1）自营工程的核算。自营建造固定资产是指企业自行组织工程物资采购、自行组织施工人员从事工程施工完成固定资产的建造，包括购入工程物资、投入建设和工程完工转入固定资产三个步骤。其成本由建造该项资产达到预定可使用状态前所发生的必要支出构成。

自营建造在建工程 = 物资成本 + 人工成本 + 相关税金 + 可资本化的借款费用 + 应分摊的间接费用

① 自营的在建工程领用工程物资、原材料或库存商品的，借记“在建工程”账户，贷记“工程物资”“原材料”“库存商品”等账户。采用计划成本核算的，应同时结转应分摊的成本差异。涉及增值税的，还应进行相应的处理。

② 在建工程应负担的职工薪酬，借记“在建工程”账户，贷记“应付职工薪酬”账户。

③ 辅助生产部门为工程提供的水、电、设备安装、修理、运输等劳务，借记“在建工程”账户，贷记“生产成本——辅助生产成本”等账户。

④ 在建工程发生的借款费用满足资本化条件的，借记“在建工程”账户，贷记“应付利息”账户。

⑤ 建设期间发生的工程物资盘亏、报废及毁损净损失，借记“在建工程”账户，贷记“工程物资”账户；盘盈的工程物资或处置净收益做相反的会计分录。

⑥ 由于自然灾害等原因造成的在建工程报废或损毁，减去残料价值和过失人或保险公司等赔款后的净损失，借记“营业外支出——非常损失”账户，贷记“在建工程”账户。

⑦ 达到预期可使用状态，结转在建工程成本，借记“固定资产”等账户，贷记“在建工程”账户。

⑧ 达到预期可使用状态之前，试生产所取得的产品销售收入的处理：达到预期可使用状态之前，试运行所生产的产品，其成本计入工程成本，所取得的产品销售收入，冲减工程成本。

做中学

金华股份有限公司 2016 年 8 月 1 日自行建造办公楼，购入为工程准备的各种物资 5 000 000 元，支付增值税额 850 000 元，实际领用工程物资 6 000 000 元，领用了公司生产用原材料一批，实际成本为 20 000 元，增值税 3 400 元，计提工程人员工资 80 000 元，企业辅助生产车间为工程提供劳务支出 30 000 元。工程完工交付使用。

（1）购入工程物资时。

借：工程物资	5 000 000	
应交税费——应交增值税（进项税额）	850 000	
贷：银行存款		5 850 000

（2）领用工程物资时。

借：在建工程——办公楼	6 000 000	
贷：工程物资		6 000 000

（3）领用原材料时。

借：在建工程——办公楼	20 000	
贷：原材料		20 000

（4）计提工程人员工资时。

借：在建工程——办公楼	80 000	
贷：应付职工薪酬		80 000

（5）辅助生产车间为工程提供劳务支出。

借：在建工程——办公楼	30 000	
贷：生产成本——辅助生产成本		30 000

（6）工程完工交付使用。

借：固定资产——办公楼	6 130 000	
贷：在建工程——办公楼		6 130 000

（2）出包方式建造固定资产。采用出包方式建造固定资产，是指企业通过招标方式将工程项目发包给建造承包商，由建造承包商组织工程项目施工完成固定资产的建造。企业要与建造承包商签订建造合同。企业的新建、改建、扩建等建设项目，通常均采用出包方式。

企业以出包方式建造固定资产，其成本由建造该项固定资产达到预定可使用状态前所发生的必要支出构成。建筑成本由建造承包商核算。发包企业按照合同规定的结算方式和工程进度定期与建造承包商办理工程价款结算，结算的工程价款计入在建工程成本。

企业支付给建造承包商的工程价款，作为工程成本通过“在建工程”账户核算。企业应按合理估计的工程进度和合同规定结算的进度款，借记“在建工程——建筑工程（××工程）”“在建工程——安装工程（××工程）”账户，贷记“银行存款”“预付账款”等账户。工程完成时，按合同规定补付的工程款，借记“在建工程”账户，贷记

“银行存款”等账户。工程竣工结转成本时，借记“固定资产”账户，贷记“在建工程”账户。

3. **租入固定资产**

租赁有两种形式，一种是经营租赁，另一种是融资租赁。融资租赁是指实质上转移了与资产所有权有关的全部风险和报酬的租赁。其所有权最终可能转移，也可能不转移。一项租赁业务是否属于融资租赁，必须符合《企业会计准则——租赁》的相关规定。

企业采用融资租赁方式租入的固定资产，应按租入资产的入账价值，借记“固定资产”等账户，按最低租赁付款额，贷记“长期应付款”账户，按发生的初始直接费用，贷记“银行存款”等账户，按其差额，借记“未确认融资费用”账户。按期支付的租金，借记“长期应付款”账户，贷记“银行存款”账户。

如果一项租赁在实质上没有转移与租赁资产所有权有关的全部风险和报酬，那么该项租赁应认定为经营租赁。其会计处理较为简单，企业不需要将租赁资产资本化，只需将支付后应付的租金按一定方法计入相关资产成本或当期损益。通常情况下，企业应当将经营租赁的租金在租赁期内各个期间，按照直线法计入相关资产成本或者当期损益。

4. **其他方式取得的固定资产**

（1）接受固定资产投资的企业，在办理了固定资产移交手续之后，应按投资合同或协议约定的价值加上应支付的相关税费作为固定资产的入账价值，但合同或协议约定价值不公允的除外。

（2）非货币性资产交换、债务重组等方式取得的固定资产的成本，分别参见《企业会计准则第 7 号——非货币性资产交换》《企业会计准则第 12 号——债务重组》的相关内容。

5. **存在弃置费用的固定资产**

特殊行业的特定固定资产，对其进行初始计量时，还应当考虑弃置费用。弃置费用通常是指根据国家法律和行政法规、国际公约等规定，企业承担的环境保护和生态恢复等义务所确定的支出，如油气资产、核电站核设施等的弃置和恢复环境义务。对此，企业应当将弃置费用的现值计入固定资产的成本，同时确认相应的预计负债。在固定资产的使用寿命内，按照预计负债的摊余成本和实际利率计算确定的利息费用，应当在发生时计入财务费用。由于技术进步、法律要求或市场环境变化等因素，特定固定资产的履行弃置义务可能会发生支出金额、预计弃置时点、折现率等的变动，从而引起原确认的预计负债的变动。此时，应按照以下原则调整该固定资产的成本：① 对于预计负债的减少，以该固定资产账面价值为限扣减固定资产成本。如果预计负债的减少额超过该固定资产账面价值，超出部分确认为当期损益。② 对于预计负债的增加，增加该固定资产的成本。

按照上述原则调整的固定资产，在资产剩余使用年限内计提折旧。一旦该固定资产的使用寿命结束，预计负债的所有后续变动应在发生时确认为损益。

一般工商企业的固定资产发生的报废和清理费用不属于弃置费用，应当在发生时作为固定资产处置费用处理。

三、固定资产折旧

固定资产折旧，是指在固定资产使用寿命内，按照确定的方法对应计折旧额进行系统分摊。其中，应计折旧额是指应当计提折旧的固定资产的原价扣除其预计净残值后的金额；如果已对固定资产计提减值准备，还应当扣除已计提的固定资产减值准备累计金额。预计净残值是指假定固定资产预计使用寿命已满并处于使用寿命终了时的预期状态，企业目前从该资产处置中获得的扣除预计处置费用后的金额。预计净残值预期能够在固定资产使用寿命终了后收回，因此，计算折旧时应将其扣除。企业应当根据固定资产的性质和使用情况，合理确定固定资产的使用寿命和预计净残值。固定资产的使用寿命、预计净残值一经确定，不得随意变更。

1. 固定资产折旧范围

《企业会计准则第 4 号——固定资产》规定，企业应对所有的固定资产计提折旧；但是，已提足折旧仍继续使用的固定资产和单独计价入账的土地除外。

提足折旧，是指已经提足该项固定资产的应计折旧额。固定资产提足折旧后，不论能否继续使用，均不再计提折旧。提前报废的固定资产也不再补提折旧。

已达到预定可使用状态但尚未办理竣工决算的固定资产，应当按照估计价值确定其成本，并计提折旧；待办理竣工决算后再按实际成本调整原来的暂估价值，但不需要调整原已计提的折旧额。

处于更新改造过程停止使用的固定资产，应将其账面价值转入在建工程，不再计提折旧。更新改造项目达到预定可使用状态转为固定资产后，再按照重新确定的使用寿命、预计净残值和折旧方法计提折旧。

融资租入固定资产，应当采用与自有应计提折旧资产相一致的折旧政策。确定租赁资产的折旧期间应依租赁合同而定。能够合理确定租赁期届满时将会取得租赁资产所有权的，应以租赁期开始日租赁资产的使用寿命作为折旧期间；无法合理确定租赁期届满后承租人是否能够取得租赁资产所有权的，应当以租赁期与租赁资产使用寿命两者中较短者作为折旧期间。

2. 固定资产折旧方法

企业应当根据与固定资产有关的经济利益的预期实现方式，合理选择折旧方法。固定资产折旧方法包括年限平均法、工作量法、双倍余额递减法和年数总和法等。企业选用不同的固定资产折旧方法，将影响固定资产使用寿命期间内不同时期的折旧费用，因此，固定资产的折旧方法一经确定，不得随意变更。

（1）年限平均法。年限平均法，又称直线法，是指将固定资产的应计折旧额均衡地分摊到固定资产预计使用寿命内的一种方法。采用这种方法计算的每期折旧额相等。计算公式如下：

年折旧率 =（1 - 预计净残值率）/预计使用寿命（年）×100%

月折旧率 = 年折旧率/12

月折旧额 = 固定资产原价 × 月折旧率

（2）工作量法。工作量法是根据实际工作量计算每期应计提折旧额的一种方法。计算公式如下：

单位工作量折旧额 = 固定资产原价 × （1 - 预计净残值率）/预计总工作量

某项固定资产月折旧额 = 该项固定资产当月工作量 × 单位工作量折旧额

（3）双倍余额递减法。双倍余额递减法，是指在不考虑固定资产预计净残值的情况下，根据每期期初固定资产原价减去累计折旧后的金额和双倍的直线法折旧率计算固定资产折旧的一种方法。应用这种方法计算折旧额时，由于每年年初固定资产净值没有扣除预计净残值，所以在计算固定资产折旧额时，应在其折旧年限到期两年内，将固定资产净值扣除预计净残值后的余额平均摊销。计算公式如下：

年折旧率 = 2/预计使用寿命（年）×100%

月折旧率 = 年折旧率/12

月折旧额 = （固定资产原价 - 累计折旧）×月折旧率

最后两年的年折旧额 = （原值 - 已提折旧 - 预计净残值）÷2

（4）年数总和法。年数总和法，又称年限合计法，是指将固定资产的原价减去预计净残值的余额，乘以一个以固定资产尚可使用寿命为分子、以预计使用寿命逐年数字之和为分母的逐年递减的分数计算每年的折旧额。计算公式如下：

年折旧率 = 尚可使用寿命/预计使用寿命的年数总和 × 100%

月折旧率 = 年折旧率/12

月折旧额 = （固定资产原价 - 预计净残值）×月折旧率

企业应当按月计提固定资产折旧，当月增加的固定资产，当月不计提折旧，从下个月计提折旧；当月减少的固定资产，当月仍计提折旧，从下个月起不计提折旧。

温馨提示

两种加速折旧法的适用范围：

双倍余额递减法主要用在固定资产服务潜力在前期消耗较大，在后期消耗较少固定资产折旧，为此，在使用前期多提折旧，后期少提折旧，从而相对加速折旧。

年数总和法主要用于以下两个方面的固定资产折旧。

（1）由于技术进步，产品更新换代较快的。

（2）常年处于强震动、高腐蚀状态的。

企业计提的固定资产折旧，应当根据用途计入相关资产的成本或者当期损益。例如，基本生产车间使用的固定资产，其计提的折旧应计入制造费用；管理部门使用的固定资产，计提的折旧应计入管理费用；销售部门使用的固定资产，计提的折旧应计入销售费用；未使用的固定资产，其计提的折旧应计入管理费用等。

《企业会计准则第4号——固定资产》规定，企业至少应当于每年年度终了，对固定资产的使用寿命、预计净残值和折旧方法进行复核。

在固定资产使用过程中，其所处的经济环境、技术环境以及其他环境有可能对固定资产使用寿命和预计净残值产生较大影响。例如，固定资产使用强度比正常情况大大加强，致使固定资产使用寿命大大缩短；替代该固定资产的新产品的出现致使其实际使用寿命缩短，预计净残值减少等。此时，如果不对固定资产使用寿命和预计净残值进行调整，必然不能准确反映其实际情况，也不能真实反映其为企业提供经济利益的期间及每期实际的资产消耗。因此，企业至少应当于每年年度终了，对固定资产使用寿命和预计净残值进行复核。如有确凿证据表明，固定资产使用寿命预计数与原先估计数有差异的，应当调整固定资产使用寿命；固定资产预计净残值预计数与原先估计数有差异的，应当调整预计净残值。

在固定资产使用过程中，与其有关的经济利益预期实现方式可能会发生重大变化，在这种情况下，企业也应相应改变固定资产折旧方法。例如，某采掘企业各期产量相对稳定，原来采用年限平均法计提固定资产折旧，年度复核中发现，由于该企业使用了先进技术，产量大幅增加，可采储量逐年减少，该项固定资产给企业带来经济利益的预期实现方式已发生重大改变，需要将年限平均法改为产量法。

固定资产使用寿命、预计净残值和折旧方法的改变按照会计估计变更的有关规定进行处理。需要特别注意的是，企业应当根据与固定资产有关的经济利益的预期实现方式等实际情况合理确定固定资产折旧方法、预计净残值和使用寿命，除非有确凿证据表明经济利益的预期实现方式发生了重大变化，或者取得了新的信息、积累了更多的经验，能够更准确地反映企业的财务状况和经营成果发生变化，否则不得随意变更。

四、固定资产的后续支出

1. 概述

企业的固定资产在投入使用后，为了适应新技术发展的需要，或者为维护或提高固定资产的使用效能，往往需要对现有固定资产进行维护、改建、扩建或者改良。

固定资产的后续支出，是指固定资产使用过程中发生的更新改造支出、修理费用等。后续支出包括资本化的后续支出和费用化的后续支出。

后续支出的处理原则为：符合固定资产确认条件的，应当计入固定资产成本，同时被替换部分的账面价值扣除；不符合固定资产确认条件的，应当计入当期损益。

（1）资本化的后续支出。固定资产发生资本化的后续支出时，企业一般应将该固定资产的原价、已计提的累计折旧和减值准备转销，将其账面价值转入在建工程，并停止计提折旧。发生的可资本化的后续支出，通过“在建工程”账户核算。在固定资产发生的后续支出完工并达到预定可使用状态时，再从在建工程转为固定资产，并按重新确定的使用寿命、预计净残值和折旧方法计提折旧。

（2）费用化的后续支出。与固定资产有关的修理费用等后续支出，不符合固定资产确认条件的，应当根据不同情况分别在发生时计入当期管理费用或销售费用。

一般情况下，固定资产的大修理和日常修理费用在发生时就直接计入当期损益；企业生产车间和行政管理部门等发生的固定资产修理费用等后续支出计入“管理费用”账户；企业专设销售机构的，其发生的与专设销售机构相关的固定资产修理费用等后续支出，计入“销售费用”账户。固定资产更新改造支出不满足固定资产的确认条件，在发生时直接计入当期损益。

2. 资产清查

资产清查是通过对实物、现金的实地盘点和对银行存款债务债权的核对，确定各项财产物资、货币资金、债券债务的实存数，以查明账存数与实存数是否相符的一种专门办法。

（1）固定资产盘盈通过“以前年度损益调整”核算。按新准则规定，固定资产盘盈应作为前期差错记入“以前年度损益调整”账户。固定资产盘盈不再计入当期损益，而是作为以前期间的会计差错，并根据相关规定进行更正。

根据《企业会计准则（2006）》的规定，前期差错，是指由于没有运用或错误运用下列两种信息，而对前期财务报表造成漏报或错报：编报前期财务报表时预期能够取得并加以考虑的可靠信息；前期财务报告批准报出时能够取得的可靠信息。前期差错通常包括计算错误、应用会计政策错误、疏忽或曲解事实、舞弊产生的影响以及存货、固定资产盘盈等。

企业在盘盈固定资产时，首先应确定盘盈固定资产的入账价值：如果存在同类或类似固定资产活跃市场的，按同类或类似固定资产市场价值，减去按该项固定资产的新旧程度估计的价值损耗后的余额，作为入账价值；如果同类或类似固定资产不存在活跃市场的，按该项固定资产的预计未来现金流量的现值，作为入账价值。根据确定的固定资产入账价值借记“固定资产”，贷记“以前年度损益调整”；其次再计算应纳的所得税费用，借记“以前年度损益调整”，贷记“应交税费——应交所得税”；接着补提盈余公积，借记“以前年度损益调整”，贷记“盈余公积”；最后调整利润分配，借记“以前年度损益调整”，贷记“利润分配——未分配利润”。

（2）盘亏的固定资产通过“待处理财产损溢”账户核算。盘亏固定资产时，借记“待处理财产损溢”“累计折旧”科目，贷记“固定资产”科目，报经批准后处理时，按可收回的保险公司赔偿或过失人赔偿借记“其他应收款”科目，在减去过失人或者保险公司等赔款和残料价值之后差额借记“营业外支出”科目，贷记“待处理财产损溢”科目。

3. **资产减值**

固定资产减值是指固定资产的可收回金额低于其账面价值。

企业应定期或至少在每年年度终了时，对固定资产进行逐项检查，当发现某项固定资产由于市价持续下跌或技术陈旧、损坏、长期闲置等原因导致其可收回金额低于账面价值时，应按可收回金额低于账面价值的差额计提固定资产减值准备，并确认损失。

可收回金额是指固定资产的销售净价与预期该资产的持续使用和使用寿命结束时在处置中形成的现金流量的现值两者之中的较高者。

（1）资产减值的条件。存在下列迹象的，表明固定资产可能发生了减值。

① 资产的市价当期大幅度下跌，其跌幅明显高于因时间的推移或者正常使用而预计的下跌。

② 企业经营所处的经济、技术或者法律等环境以及资产所处的市场在当期或者将在近期发生重大变化，从而对企业产生不利影响。

③ 有证据表明资产已经陈旧过时或者其实体已经损坏。

④ 资产已经或者将被闲置、终止使用或者计划提前处置。

⑤ 其他表明资产可能已经发生减值的迹象。

发生以上 5 项情况之一，需要计提资产减值准备。

（2）资产减值损失的确定。资产可回收金额确定后，如果可回收的金额低于其账面价值，企业应当将资产的账面价值减记至可回收金额，减记的金额确认为资产减值损失，同时确认固定资产减值准备。

温馨提示

资产的账面价值是指资产原值扣减累计折旧和减值准备后的净额。例如，某设备原值100万，累计折旧40万，已经计提的减值准备20万，则其账面价值为100－40－20＝40万元。

（3）资产减值损失的账务处理。

① 计提固定资产减值准备后，会影响折旧。减值资产的折旧费，应当在未来期间作相应调整，以使资产在剩余使用寿命内，系统地分摊调整后的资产账面价值。

② 资产减值损失一旦确认后，不能在任何会计期间内转回。如果遇到资产处置，固定资产减值准备可以转销。

企业发生资产减值时，借记“资产减值损失”，贷记“固定资产减值准备”。

温馨提示

在资产负债表中，固定资产减值准备是固定资产的备抵账户，作为固定资产账面价值的减项反映。

五、固定资产的处置

企业出售、转让、报废固定资产或发生固定资产损毁，应当将处置收入扣除账面价值和相关税费后的金额计入当期损益。

1. 满足以下条件之一的固定资产，应予以终止确认

（1）该固定资产处于处置状态。

（2）该固定资产预期通过使用或处置不能产生经济利益。

2. 固定资产处置的账务处理

对因处置而减少的固定资产，一般通过“固定资产清理”账户核算。“固定资产清理”账户借方登记转入处置固定资产的账面价值、处置过程中发生的费用和相关税费；贷方登记收回处置固定资产的价款、残料、变价收入和应由保险公司赔偿的损失。本账户期末借方余额，反映尚未清理完毕的固定资产清理净损失。发生清理时一般有以下几个步骤：

第一步，固定资产转入固定资产清理，借记“固定资产清理”“累计折旧”“固定资产减值准备”科目，贷记“固定资产”科目。

第二步，发生的清理费用（包括相关的应交税金等）处理，借记“固定资产清理”科目，贷记“银行存款”等科目。

第三步，出售残料收入和保险赔偿处理，出售残料取得收入时，借记“银行存款”或“原材料”科目，贷记“固定资产清理”科目。保险赔偿或过失人赔偿时，借记“其他应收款”科目，贷记“固定资产清理”科目。

第四步，清理净损益的处理，清理固定资产取得净收益时，借记“固定资产清理”科目，贷记“营业外收入”科目，清理固定资产取得净损失时，借记“营业外支出”科目，贷记“固定资产清理”科目。

六、账户设置

为了对固定资产进行会计核算，企业一般需要设置“固定资产”“累计折旧”“工程物资”“在建工程”“固定资产清理”等账户，核算固定资产取得、计提折旧、处置等情况。

1. “固定资产”账户

企业固定资产的原价。该账户借方登记企业增加的固定资产原价，贷方登记企业减少的固定资产原价，期末借方余额，反映企业期末固定资产的账面原价。“固定资产”账户一般分为三级，企业除了应设置“固定资产”总账账户，还应设置“固定资产登记簿”和“固定资产卡片”，按固定资产类别、使用部门和每项固定资产进行明细核算。

固定资产

记录固定资产原值的增加	记录固定资产原值的减少
期末余额在借方，反映企业固定资产原值的金额	

2. “累计折旧”账户

“累计折旧”账户属于“固定资产”账户的备抵账户，登记企业固定资产的累计折旧。该账户贷方登记计提的固定资产折旧，借方登记减少的固定资产转出的累计已提折旧，期末贷方余额反映企业提取的固定资产折旧累计数。

累计折旧

记录减少的固定资产转出累计已提折旧	记录计提的固定资产折旧
	期末余额在贷方，反映企业固定资产折旧的金额

3. “工程物资”账户核算

企业为基建工程等而准备的各种物资的实际成本。该账户的借方登记企业购入工程物资的实际成本，贷方登记领用工程物资的实际成本，期末借方余额反映企业为工程购入但尚未领用的专用物资的实际成本。

工程物资

记录企业购入工程物资的实际成本	记录领用工程物资的实际成本
期末余额在借方，反映企业工程物资的金额	

4. “在建工程”账户核算

企业进行建造工程、安装工程等发生的实际支出，包括需要安装的设备的价值。该账户的借方登记企业各项在建工程的实际支出，贷方登记完工工程转出的实际工程成本，期末借方余额反映企业尚未达到预定可使用状态的在建工程发生的实际支出。

在建工程

记录企业各项在建工程的实际支出	工程完工交付使用而结转的实际工程成本
尚未达到预定可使用状态的在建工程的实际支出	

5．“固定资产清理”账户核算

企业因出售、报废和毁损等原因转入清理的固定资产价值及其在清理过程中所发生的清理费用和清理收入的情况，该账户借方登记转入清理的固定资产净值、清理过程中发生的清理费用以及应交的税金，贷方登记清理固定资产的变价收入、保险公司或过失人的赔偿款等。该账户应按被清理的固定资产设置明细账，并进行明细核算。

固定资产清理

记录因固定资产清理而发生的支出	记录因固定资产清理而发生的收入
期末还没进行固定资产清理的支出余额	期末还没进行固定资产清理的收入余额

6．“资产减值损失”账户核算

当发生减值损失时，借记“资产减值损失”账户，贷记“固定资产减值准备”账户。

资产减值损失

记录经过确认的资产减值损失	转入本年利润
期末无余额	

活动一　处理固定资产初始计量业务★

工作实例

金华股份有限公司的会计准备核算在2016年12月的固定资产增加业务。

（1）2016年12月10日购入一台不需要安装的设备，发票价格100 000元，增值税17 000元，款项已用银行存款付清。

（2）2016年12月12日，为降低采购成本，在甲商场一次购进了三套不同型号且有不同生产能力的设备X、Y和Z，以银行存款支付货款1 000万元、增值税税额170万元。X、Y和Z的公允价值分别为800万元、500万元、300万元。假设不考虑其他相关税费。

（3）接受M公司以一台机器设备进行投资。该台机器设备的原价为560万元，已计提折旧200万元，双方经协商确认的价值为300万元（假设约定的价值公允），假定不考虑其他相关税费。入股后，M公司占金华股份有限公司的20%，实收资本增加额为200万元。

工作步骤

（1）2016 年 12 月 10 日购入一台不需要安装的设备，发票价格 100 000 元，增值税 17 000 元，款项已用银行存款付清。

借：固定资产　　100 000

　　应交税费——应交增值税（进项税额）　　17 000

　贷：银行存款　　117 000

（2）2016 年 12 月 12 日，为降低采购成本，在甲商场一次购进了三套不同型号且有不同生产能力的设备 X、Y 和 Z，以银行存款支付货款 1 000 万元、增值税税额 170 万元。X、Y 和 Z 的公允价值分别为 800 万元、500 万元、300 万元。假设不考虑其他相关税费。

三套设备公允价值之和 = 800 + 500 + 300 = 1 600 万元

X 设备分配比例 = 800 ÷ 1 600 × 100% = 50%

Y 设备分配比例 = 500 ÷ 1 600 × 100% = 31. 25%

Z 设备分配比例 = 300 ÷ 1 600 × 100% = 18. 75%

X 设备应分配的成本 = 1 000 × 50% = 500 万元

Y 设备应分配的成本 = 1 000 × 31. 25% = 312. 5 万元

Z 设备应分配的成本 = 1 000 × 18. 75% = 187. 5 万元

借：固定资产——X 设备　　5 000 000

　　　　　　——Y 设备　　3 125 000

　　　　　　——Z 设备　　1 875 000

　　应交税费——应交增值税（进项税额）　　1 700 000

　贷：银行存款　　11 700 000

（3）接受 M 公司以一台机器设备进行投资。该台机器设备的原价为 560 万元，已计提折旧 200 万元，双方经协商确认的价值为 300 万元（假设约定的价值公允），假定不考虑其他相关税费。入股后，M 公司占金华股份有限公司的 20%，实收资本增加额为 200 万元。

借：固定资产　　3 000 000

　贷：股本——M 公司　　2 000 000

　　　资本公积——股本溢价　　1 000 000

活动二　核算在建工程

工作实例

1．金华股份有限公司2016年自行建造办公楼，用银行存款购入为工程准备的各种物资1 000 000元，支付的增值税额为170 000元。

2．工程建造期间，实际领用工程物资（不含增值税）980 000元；领用生产用的原材料一批，实际成本为50 000元。

3．工程建造期间，分配工程人员工资200 000元，其中180 000元已用银行存款支付，其余部分尚未支付。

4．企业辅助生产车间为工程提供水、电和安装等支出160 000元。

5．工程验收完工，交付使用。

6．金华股份有限公司购入一台需要安装的生产设备，价款为300 000元，增值税为51 000元，价税合计351 000元，开出一张银行承兑汇票支付。

7．安装设备领用原材料6 000元；安装时发生人工费3 500元。

8．设备安装成功，投入车间生产使用。

9．2016年1月1日，金华股份有限公司欲建一座体育馆，采取出包方式建造，承包商为天宇公司。工程总预算3 000万元，工期三年，工程开工前，预付天宇公司20%款项，每年末按工程进度支付款项。

10．2016年末，工程完工进度50%，按完工进度支付款项。

11．2017年末，工程完工进度80%，按完工进度支付款项。

12．2018年10月，工程提前竣工，达到预定可使用状态，验收合格，支付剩余款项。

工作步骤

（1）金华股份有限公司2016年自行建造办公楼，用银行存款购入为工程准备的各种物资1 000 000元，支付的增值税额为170 000元。

借：工程物资	1 000 000	
应交税费——应交增值税（进项税额）	170 000	
贷：银行存款		1 170 000

（2）工程建造期间，实际领用工程物资（不含增值税）980 000元，领用生产用的原材料一批，实际成本为50 000元。

借：在建工程	1 030 000	
贷：工程物资		980 000
原材料		50 000

（3）工程建造期间，分配工程人员工资200 000元，其中180 000元已用银行存款支

付，其余部分尚未支付。

借：在建工程　200 000
　贷：应付职工薪酬　200 000
借：应付职工薪酬　180 000
　贷：银行存款　180 000

（4）企业辅助生产车间为工程提供水、电和安装等支出 160 000 元。

借：在建工程　160 000
　贷：生产成本——辅助生产成本　160 000

（5）工程验收完工，交付使用。

借：固定资产　1 390 000
　贷：在建工程　1 390 000

（6）金华股份有限公司购入一台需要安装的生产设备，价款为 300 000 元，增值税为 51 000 元，价税合计 351 000 元，开出一张银行承兑汇票支付。

借：在建工程　300 000
　　应交税费——应交增值税（进项税额）　51 000
　贷：应付票据　351 000

（7）安装设备领用原材料 6 000 元，安装时发生人工费 3 500 元。

借：在建工程　9 500
　贷：原材料　6 000
　　　应付职工薪酬　3 500

（8）设备安装成功，投入车间生产使用。

借：固定资产　309 500
　贷：在建工程　309 500

（9）2016 年 1 月 1 日，金华股份有限公司欲建一座体育馆，采取出包方式建造，承包商为天宇公司。工程总预算 3 000 万元，工期 3 年，工程开工前，预付天宇公司 20% 款项，每年末按工程进度支付款项。

借：预付账款　6 000 000
　贷：银行存款　6 000 000

（10）2016 年末，工程完工进度 50%，按完工进度支付款项。

借：在建工程　15 000 000
　贷：预付账款　6 000 000
　　　银行存款　9 000 000

（11）2017 年末，工程完工进度 80%，按完工进度支付款项。

借：在建工程　9 000 000
　贷：银行存款　9 000 000

（12）2018 年 10 月，工程提前竣工，达到预定可使用状态，验收合格，支付剩余款项。

借：在建工程　6 000 000
　贷：银行存款　6 000 000

借：固定资产 30 000 000
  贷：在建工程 30 000 000

活动三 处理固定资产后续计量业务

工作实例

2016 年 12 月金华股份有限公司有关固定资产业务如下：

（1）2016 年 12 月 15 日投入一台机器设备用于生产，该设备原始价值为 50 000元，预计使用年限 5 年，预计净残值率为 1%，按直线法计提折旧，计算该设备的月折旧额。

（2）公司有货运卡车一辆，原值为 200 000 元，预计净残值率为 2%，预计总行驶里程为 800 000 公里，当月行驶里程为 5 000 公里。计算该项固定资产的月折旧额。

（3）2016 年 3 月 18 日购入生产所用机器设备一台。固定资产原值为 500 000 元，预计使用年限 5 年，预计净残值 20 000 元。按双倍余额法计算各年的折旧额。

（4）2016 年 6 月购入一项固定资产，原值为 100 000 元，预计使用年限为 5 年，预计净残值为 10 000 元，按年数总和法来计算每年折旧。

（5）2015 年 12 月 31 日，公司决定对一条生产线进行改扩建，以提高生产能力，原值 400 000 元，已提折旧 160 000 元，预计使用年限 5 年，无残值；2016 年 1 月 1 日至 3 月 31 日，经过 3 个月的改扩建，完成了对这条生产线的改扩建工程，共发生支出 180 000 元，全部以银行存款支付；2016 年 3 月 31 日，该生产线改扩建达到预定可使用状态并交付使用。

（6）管理部门现有一车辆进行日常修理，委托汽车修理公司进行经营性修理，支付修理费 5 000 元，用银行存款支付。

（7）12 月 8 日发现，有一台设备 J 由于其生产的产品适销不对路而被闲置。该设备原值 500 000 元，净残值率 3%，使用年限 5 年，用直线法计提折旧，已经计提折旧 18 个月。拟将其净额 100% 计提减值准备。

（8）12 月 29 日进行资产清查，发现有一台设备 K 盘亏。该设备原值 100 000 元，净残值率 1%，使用年限 5 年，用直线法计提折旧，已经计提折旧 20 个月。经查发现，该设备被离职员工偷走，应追回。

（9）12 月 29 日进行资产清查，盘盈一台设备 L，5 成新，该设备同类产品市场价格为 120 000 元，企业所得税税率为 25%，按 10% 计提法定盈余公积。

工作步骤

（1）2016 年 12 月 15 日投入一台机器设备用于生产，该设备原始价值为 50 000 元，预计使用年限 5 年，预计净残值率为 1%，按直线法计提折旧，计算该设备的月折旧额。

年折旧率 =（1 - 预计净残值率）÷ 预计使用年限（寿命）×100%

=（1 - 1%）÷5×100% =19.8%

年折旧额 =50 000×19.8% =9 900（元）

月折旧额 =9 900÷12 =825（元）

（2）公司有货运卡车一辆，原值为 200 000 元，预计净残值率为 2%，预计总行驶里程为 800 000 千米，当月行驶里程为 5 000 千米，求该项固定资产的月折旧额。

单位工作量折旧额 =200 000×（1 - 2%）÷800 000 =0.245（元/千米）

月折旧额 =5 000×0.245 =1 225（元）

（3）2016 年 3 月 18 日购入生产所用机器设备一台。固定资产原值为 500 000 元，预计使用年限 5 年，预计净残值 20 000 元。按双倍余额法计算各年的折旧额。

年折旧率 =2÷5×100% =40%

年份	起始年月	年折旧额	账面净值
1	2016.4—2017.3	500 000×0.4 =200 000	300 000
2	2017.4—2018.3	300 000×0.4 =120 000	180 000
3	2018.4—2019.3	180 000×0.4 =72 000	108 000
4	2019.4—2020.3	（108 000 - 20 000）÷2 =44 000	6 4000
5	2020.4—2021.3	（108 000 - 20 000）÷2 =44 000	20 000

（4）2016 年 6 月购入一项固定资产，原值为 100 000 元，预计使用年限为 5 年，预计净残值为 10 000 元，按年数总和法来计算每年折旧。

年份	起始年月	年折旧率	年折旧额	账面净值
1	2016.7—2017.6	5/15	（100 000 - 10 000）×5/15 =30 000	70 000
2	2017.7—2018.6	4/15	（100 000 - 10 000）×4/15 =24 000	46 000
3	2018.7—2019.6	3/15	（100 000 - 10 000）×3/15 =18 000	28 000
4	2019.7—2020.6	2/15	（100 000 - 10 000）×2/15 =12 000	16 000
5	2020.7—2021.6	1/15	（100 000 - 10 000）×1/15 =6 000	10 000

（5）①2015 年 12 月 31 日，公司决定对一条生产线进行改扩建，以提高生产能力。原值 400 000 元，已提折旧 160 000 元，预计使用年限 5 年，无残值。

借：在建工程——生产线改扩建　　240 000

　　累计折旧　　160 000

　贷：固定资产　　400 000

②2016 年 1 月 1 日至 3 月 31 日，经过 3 个月的改扩建，完成了对这条生产线的改扩建工程，共发生支出 180 000 元，全部以银行存款支付。

支付扩建工程款时：

借：在建工程——生产线改扩建　　180 000

　贷：银行存款　　180 000

③ 2016 年 3 月 31 日该生产线改扩建达到预定可使用状态并交付使用。

扩建完工结转时：

借：固定资产　　420 000

　贷：在建工程——生产线改扩建　　420 000

（6）管理部门现有一车辆进行日常修理，委托汽车修理公司进行经营性修理，支付修理费 5 000 元，用银行存款支付。

借：管理费用　　5 000

　贷：银行存款　　5 000

（7）12 月 8 日发现，有一台设备 J 由于其生产的产品适销不对路而被闲置。该设备原值为 500 000 元，净残值率 3%，使用年限 5 年，用直线法计提折旧，已经计提折旧 18 个月。拟将其净额 100% 计提减值准备。

① 计算 12 月设备 J 的账面价值：

到 12 月，生产线已经计提累计折旧 = 500 000 ×（1 − 3%）/5/12 × 18 = 145 500（元）

生产线的账面价值 = 500 000 − 145 500 = 354 500（元）

资产减值准备 = 3 545 000 × 100% = 354 500（元）

② 计提减值准备：

借：资产减值损失　　354 500

　贷：固定资产减值准备　　354 500

（8）12 月 29 日进行资产清查，发现有一台设备 K 盘亏。该设备原值为 100 000 元，净残值率 1%，使用年限 5 年，用直线法计提折旧，已经计提折旧 20 个月。经查发现，该设备被离职员工偷走，应追回。

① 计算 12 月设备 K 的账面价值：

到 12 月，该设备已经计提累计折旧 = 100 000 ×（1 − 1%）/5/12 × 20 = 33 000（元）

该设备的账面价值 = 100 000 − 33 000 = 67 000（元）

② 核算设备 K 待处理财产损溢：

借：待处理财产损溢　　67 000

　　累计折旧　　33 000

　贷：固定资产　　100 000

借：其他应收款　　67 000

　贷：待处理财产损溢　　67 000

（9）12 月 29 日进行资产清查，盘盈一台设备 L，5 成新，该设备同类产品市场价格为 120 000 元，企业所得税税率为 25%，按 10% 计提法定盈余公积。

① 确认固定资产入账：

借：固定资产　　60 000

　贷：以前年度损益调整　　60 000

② 调整所得税：

借：以前年度损益调整　　15 000

　贷：应交税费——应交所得税　　15 000

③ 计入法定盈余公积：

借：以前年度损益调整　　4 500

　贷：盈余公积——法定盈余公积　　4 500

④ 调整利润分配：

借：以前年度损益调整　　40 500

　贷：利润分配——未分配利润　　40 500

活动四　处置固定资产业务

工作实例

1. 金华股份有限公司 2016 年 12 月 7 为适应商业环境变化，公司管理层决定执行董事会决议，全面进行业务转型，出售生产线 I。生产线 I 原值 700 000 元，净残值率 3%，使用年限 5 年，用直线法计提折旧，已经计提折旧 28 个月。当月出售固定资产，收到银行存款 600 000 元。

2. 金华股份有限公司 2016 年 12 月 31 日出售机器设备一台，该设备账面原值为 300 000 元，已提折旧 180 000 元，取得销售款 200 000 元（不考虑相关税费），发生清理费用 1 000 元，有关款项已通过银行收付。

工作步骤

（1）出售生产线 I。

① 计算 2016 年 12 月生产线 I 的账面价值。

到 2016 年 12 月，生产线 I 已经计提累计折旧 = 700 000 ×（1 − 3%）/5/12 × 28

= 316 866. 67

生产线的账面价值 = 700 000 − 316 866. 67 = 383 133. 33

② 写出出售生产线 I 的分录。

借：固定资产清理　　383 133. 33

　　累计折旧　　316 866. 67

　贷：固定资产　　700 000

借：银行存款　　600 000

　贷：固定资产清理　　600 000

借：固定资产清理　　216 866. 67

　贷：营业外收入　　216 866. 67

（2）出售机器设备一台。

① 固定资产转入清理。

借：固定资产清理　　120 000
　　累计折旧　　180 000
　贷：固定资产　　300 000

② 支付清理费：

借：固定资产清理　　1 000
　贷：银行存款　　1 000

③ 收到出售固定资产的价款：

借：银行存款　　200 000
　贷：固定资产清理　　200 000

④ 结转清理净损益：

借：固定资产清理　　79 000
　贷：营业外收入——处置非流动资产收益　　79 000

任务六　处理无形资产的核算业务

工作任务

完成无形资产的初始确认、摊销、减值和处置等会计核算。完成任务的标志性成果：无形资产、累计摊销、无形资产减值准备等明细账和总账。

知识准备

一、无形资产认知

【案例一】

袁隆平农业高科技股份有限公司（隆平高科）是由湖南农业科学院为主要发起人，联合湖南杂交水稻研究中心、湖南东方农业产业公司等，征得袁隆平先生同意后发起设立，主要从事以杂交水稻、杂交辣椒、西甜瓜为主的高科技农作物种子、种苗的培育繁殖和推广销售。

该公司的特别之处在于其有一项无形资产，这就是我国著名科学家袁隆平先生的名字。根据公司和袁隆平先生签订的协议，袁隆平先生同意在股份公司存续期间将其姓名用于股份公司的名称和公司股票上市时的股票简称，公司则向袁隆平先生支付姓名权使用费580万元。

袁隆平是中国工程院院士，“世界杂交水稻之父”，据有关资产评估事务所评估，“袁隆平”三个字的品牌价值高达1 008.9亿元（评估当时的价值）。

由此案例可见，无形资产没有实物形态，但它具有一种综合能力，通过与其他资产结合可给企业带来经济效益。因为拥有了这一项姓名使用权，隆平高科在生产经营过程中可以比同行业企业拥有更多的机遇和选择，可以在市场中占有更高的份额，获取更高的经济利益。但是，该经济效益却存在较大的不确定性，因此，无形资产的核算与其他资产也有所不同。

二、无形资产的概述

1. 无形资产的概念

无形资产是指企业拥有或者控制的没有实物形态的可辨认非货币性资产。比如，专利权、商标权、著作权、土地使用权、非专利技术、特许权等。

无形资产同时满足以下条件，才能确认为资产：

① 与该资源有关的预计未来经济利益很可能流入企业。企业应当在无形资产预计使用年限内对可能存在的各种经济利益做出合理估计，并且应有明确证据支持相关经济利益的可能性，方能确认为资产。这需要考虑到相关经济因素，例如，人力资源储备是否充足、管理团队绩效是否高效有力、拥有的软硬件设备是否能够带来合同订单以及外部企业是否拥有相关的新技术、新产品等。

② 该资源的成本或者价值能够可靠地被计量。无形资产取得的成本是否能够可靠地被计量，这一条对无形资产而言非常重要。如果无形资产的成本无法可靠计量，则不能确认为无形资产。例如，企业的研发部门的科研人员，掌握行业内的核心技术，在为企业服务的期限内，能够给企业带来经济利益的流入。但科研人员的知识和经验无法确认成本或合理辨认，成本无法有效计量，因此，不能作为企业的无形资产加以确认。

2. 无形资产的特征

与其他资产相比，无形资产一般具有以下特征：

（1）没有实物形态。

无形资产通常表现为某种权利或技术，是不具有实物形态的非货币性资产，比如，土地使用权、非专利技术等。无形资产没有人们感官可感触的实物形态，只能从观念上感觉它。它表现为人们心目中的一种形象，它在使用过程中没有有形损耗，只能通过自身具有的权利或技术优势为企业带来经济利益的流入。当无法为企业带来经济利益的流入时，只能予以报废，且报废时无残值。

温馨提示

无形资产给企业带来经济利益的方式与固定资产不同。固定资产是通过实物价值的磨损和转移为企业带来经济利益流入，因此，在使用期间，需对固定资产计提折旧。而无形资产是因为自身具有的权利或技术优势为企业带来经济利益的流入，在使用期限内应对其进行摊销。

（2）具有可辨认性。

① 无形资产能够从企业中分离或者划分出来，并能够单独或者与相关合同、资产或负债一起，用于出售、转移、授予许可、租赁或者交换。

② 无形资产源自合同性权利或其他法定权利，无论这些权利是否可以从企业或其他权利和义务中转移或者分离。比如商誉无法与企业自身分离，不具有可辨认性，不属于无形资产。

（3）不确定性。

所提供的未来经济效益具有很大的不确定性。无形资产的有效期受技术进步和市场变化的影响以难确定且由于有效期不稳定。

（4）共享性。

共享性是指无形资产有偿转让后，可以由几个主体同时共有，而固定资产和流动资产不可能同时在两个或两个以上的企业中使用，比如，商标权受让企业可以使用，同时出让企业也可以使用。

3. 无形资产的分类

（1）按其是否有期限，可分为有期限无形资产和无期限无形资产。有期限的无形资产是指在有关法律中规定有最长有效使用期限的无形资产，如专利权、商标权、著作权、土地使用权和特许权等；无期限的无形资产指没有相应法律规定其有效期限，其经济寿命难以预先准确估计的无形资产，如非专利技术等。

（2）按其形成来源，可分为外来无形资产、自创无形资产、接受投资者投入的无形资产和接受捐赠的无形资产。外来无形资产是指企业用货币资金或可以变现的资产从国内外科研单位及其他企业购进的无形资产以及接受投资或接受捐赠形成的无形资产；自创无形资产是指企业自行开发、研制的无形资产（商誉除外）。

4. 无形资产的内容

无形资产一般包括专利权、非专利技术、商标权、土地使用权、著作权、特许权等。

（1）专利权。

专利权是指持有者对某项发明创造依法享有的特殊权利。是指由国家的专利管理部门依据专利法，对申请专利的发明创造，经过审查批准授予专利权。根据《中华人民共和国专利法修改案》的规定，授予申请者在一定期限内享有独占权或专利权。任何人如果要利用该项专利进行生产或出售使用该项专利制造的产品，需事先获得专利权所有人的许可，并付给其报酬。

（2）非专利技术。

非专利技术也称专有技术，是指发明人所垄断的、不公开的、具有实用价值的先进技术、资料、知识、经验、技巧等专有技术。包括各种设计资料、图纸数据、技术规范、工艺流程和配方等。专有技术常常通过合同法、侵权法及不正当竞争法以及刑法中的有关规定，实施间接保护。

（3）商标权。

商标是工商企业在其经营的商品上所使用的一种标志。法律上为保护生产者的正当权益，严禁出现假冒、仿用商标等侵犯他人权利的违法行为，受商标法保护的权利，称为商标权。

商标是指商品名称或商品符号等。如果是自创，一般申请注册登记支付的费用不多，可不作无形资产入账，发生的支出计入当期费用；如果是购入的商标权，应按买价和发生的费用作无形资产入账。

商标权是以申请注册的时间先后为审批依据，而不以使用时间为审批依据，按照我国商标法的规定，商标权的有效期限为10年，期满可申请延期。

（4）土地使用权。

土地使用权是指经国家批准，企业在一定时期内对国有土地享有开发、利用和经营的权利。在我国，土地所有权归国家，任何企业或个人对土地仅有使用权而无所有权。

（5）著作权。

著作权是指作者对其著作依法享有的出版、发行等方面的专有权利。著作权可以转让、出售或者赠与。包括发表权、署名权、修改权、保护作品完整权、使用权和获得报酬权等。

（6）特许权。

特许权也称经营特许权、专营权。

特许权有两种：一种是指政府特许企业使用国有财产，或在一定区域享有经营某种业务的独占权，比如公共交通、电力、电信、煤气、自来水等；另一种特许权是指一个企业依照合同，永久或有限期地使用另一个企业的商标、专利、专有技术等的权利。

三、无形资产的账户设置

为了核算无形资产的取得、处置等情况，应设置“无形资产”“研发支出”“累计摊销”“无形资产减值准备”等账户。

（1）“无形资产”账户属资产类，期末余额在借方，表示企业拥有的无形资产价值。本账户应按无形资产的类别设置明细账进行明细分类核算。

无形资产

企业购入、自行创造并按法律程序取得的、投资者投入的以及捐赠的无形资产	无形资产的投资转出、出售和分期摊销数
企业拥有的无形资产价值	

（2）“研发支出”账户，属成本类，核算企业进行研究与开发无形资产过程中发生的各项支出。期末余额在借方，反映企业正在进行无形资产研究开发项目满足资本化条件的支出金额。其明细账户可按研究开发项目，分别“费用化支出”“资本化支出”进行明细核算。资产负债表日，“研发支出”账户余额计入资产负债表开发支出项目。

研发支出

企业研究与开发无形资产过程中发生的各项支出	转入无形资产或费用的金额
正在进行无形资产研究开发项目满足资本化条件的支出金额	

（3）“累计摊销”账户，属于资产类，是“无形资产”账户的备抵账户，核算企业对使用寿命有限的无形资产计提的累计摊销，期末余额在贷方，反映企业无形资产的累

计摊销额。该账户按无形资产项目进行明细核算。

累计摊销

处置无形资产转出的累计摊销额	企业按月计提的摊销额
	累计推销余额

（4）“无形资产减值准备”账户属于资产类，是“无形资产”账户的备抵账户，余额在贷方，反映企业已计提的无形资产减值准备。

无形资产减值准备

企业无形资产减值准备的转销	企业无形资产减值准备的计提
	企业已计提的无形资产减值准备

活动一　处理无形资产初始确认业务★

工作实例

1. 公司自行研究开发一项技术，在研究阶段领用材料 50 000 元，应付研究开发人员工资 10 000 元，所用设备应计提折旧 5 000 元，以上支出未符合资本化条件。

2. 在开发阶段又发生材料费 10 000 元，开发人员工资 5 000 元，符合资本化条件，该技术已开发完成并申请获得专利权。

3. 公司在申请该项专利权的过程中，以银行存款支付律师费 20 000 元、注册费 25 000 元。

4. 专利权达到预定可使用状态，结转无形资产成本和相关费用。

5. 公司收到 M 公司投入特许经营权入股，双方约定价值 2 000 000 元。M 公司享有公司 1 500 000 股份额。

6. 公司收到 H 公司捐赠的一项专利技术，按市场情况估值为 200 000 元。

7. 公司引入一套软件，取得的增值税专用发票注明价款为 3 000 000 元，增值税180 000 元，价税合计 3 180 000 元。款项已用银行存款支付。

相关知识

企业无形资产的初始计量，应按取得时的实际成本计量。企业取得无形资产的渠道，有外购、投资者投入、自行研发、捐赠等方式。

一、外购无形资产

企业外购无形资产的成本，包括购买价款、相关税费以及直接归属于使该项资产达到预定用途所发生的其他支出，包括专业服务费用、测试无形资产是否能够正常发挥作用的费用等，但不包括为引入新产品进行宣传发生的广告费、管理费用及其他间接费用，也不包括在无形资产已经达到预定用途以后发生的费用。

企业从外部购入无形资产所取得的增值税专用发票，符合抵扣条件，应进行抵扣。

做中学

公司从乙公司购入一项专利权。按照双方的协议约定实际支付的价款为200 000元，增值税12 000元和有关专业服务费用8 000元，款项已通过银行转账支付。

无形资产初始计量的成本＝200 000＋8 000＝208 000（元）

借：无形资产——专利权　　208 000

　　应交税费——应交增值税（进项税额）　　12 000

　贷：银行存款　　220 000

温馨提示

无形资产包括技术（原为现代服务业）、商标、著作权、商誉、自然资源使用权和其他权益性无形资产。除土地使用权税率为11%外，其他为6%，征收率均为3%（见表2－10）。

表2－10　征税范围

6%	技术、商标、著作权、商誉	
除土地使用权外6%	自然资源使用权	土地使用权11%、海域使用权、探矿权、采矿权、取水权和其他自然资源使用权
6%	其他权益性无形资产	基础设施资产经营权、公共事业特许权、配额、经营权（包括特许经营权及连锁经营权）、其他经营权、经销权、分销权、代理权、会员权、席位权、网络游戏虚拟道具、域名、名称权、肖像权、冠名权、转会费

二、投资者投入的无形资产

投资者投入的无形资产成本，应当按照投资合同或协议约定的价值确定，在投资合同或协议约定价值不公允的情况下，应按无形资产的公允价值入账。

做中学

①公司收到A公司投入一项专利权，双方约定的价格为800 000元；公司以银行存款支付印花税等相关税费5 000元。假设双方约定的价格与公允价值相等。

借：无形资产——专利权　　805 000
　贷：实收资本　　800 000
　　银行存款　　5 000

② 公司因发展需要接受B公司一项土地使用权作为投资，根据双方投资协议确定该无形资产的价值为800 000元，B公司享有公司股份为640 000股，每股面值为1元。

借：无形资产——土地使用权　　800 000
　贷：股本　　640 000
　　资本公积——股本溢价　　160 000

三、自行开发的无形资产

企业内部研究开发无形资产的支出，应当区分研究阶段支出与开发阶段支出。研究是指为获取并理解新的科学或技术知识而进行的独创性的计划调查。开发是指在进行商业性生产或使用前，将研究成果或其他知识应用于某项计划或设计上，以生产出新的或具有实质性改进的材料、装置、产品等。

自行研发无形资产费用处理原则如图2－3所示：

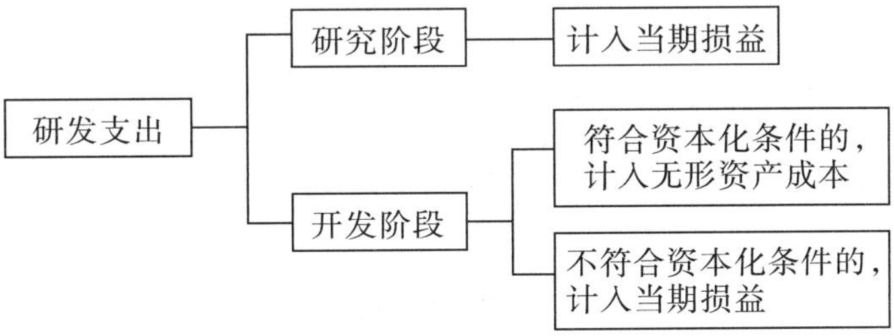

图2－3　自行研发无形资产费用处理原则

企业内部研究开发项目开发阶段的支出，同时满足下列条件的，应资本化，确认为无形资产成本。

（1）完成该无形资产以使其能够使用或出售在技术上具有可行性。

（2）具有完成该无形资产并使用或出售的意图。

（3）无形资产产生经济利益的方式，包括能够证明运用该无形资产生产的产品存在市场或无形资产自身存在市场，无形资产将在内部使用的，应当证明其有用性。

（4）有足够的技术、财务资源和其他资源支持，以完成该无形资产的开发，并有能力使用或出售该无形资产。

（5）归属该无形资产开发阶段的支出能够可靠地计量。

企业研发支出不满足资本化条件的，借记“研发支出——费用化支出”账户，贷记“原材料”“银行存款”“应付职工薪酬”等账户；满足资本化条件的，借记“研发支出——资本化支出”账户，贷记“原材料”“银行存款”“应付职工薪酬”等账户。

期末将“研发支出——费用化支出”转入“管理费用”账户，研究开发项目达到预定用途形成无形资产的，将“研发支出——资本化支出”转入“无形资产”账户。

如果确实无法区分研究阶段的支出和开发阶段的支出，应将其所发生的研发支出全部费用化，并计入当期损益。

四、接受捐赠的无形资产

接受捐赠的无形资产，捐赠方提供了有关凭据的，按凭据上标明的金额加上应支付的相关税费，作为实际成本入账；捐赠方没有提供有关凭据的，按如下顺序确定其实际成本。

同类或类似无形资产存在活跃市场的，按同类或类似无形资产的市场价格估计的金额，加上应支付的相关税费作为实际成本入账；同类或类似无形资产不存在活跃市场的，按接受捐赠的无形资产的预计未来现金流量现值，作为实际成本入账。

接受捐赠取得的无形资产借记“无形资产”账户，贷记“营业处收入”账户。

企业取得无形资产的账务处理总结见表 2－11：

表 2－11　企业取得无形资产的账务处理

取得渠道	账务处理
外购	借：无形资产 　　应交税费——应交增值税（进项税额） 　贷：银行存款等
投资者投入	借：无形资产 　贷：股本、实收资本等
自行研发	借：研发支出——资本化支出 　　研发支出——费用化支出 　贷：银行存款等
	借：无形资产 　　管理费用 　贷：研发支出——资本化支出 　　　研发支出——费用化支出
捐赠	借：无形资产 　贷：营业外收入

工作步骤

（1）公司自行研究开发一项技术，在研究阶段领用材料 50 000 元，应付研究开发人员工资 10 000 元，所用设备应计提折旧 5 000 元，以上支出未符合资本化条件。

借：研发支出——费用化支出　　65 000
　贷：原材料　　50 000
　　　应付职工薪酬　　10 000
　　　累计折旧　　5 000

（2）在开发阶段又发生材料费 10 000 元，开发人员工资 5 000 元，符合资本化条件，该技术已开发完成并申请获得专利权。

借：研发支出——资本化支出 15 000

贷：原材料 10 000

应付职工薪酬 5 000

（3）公司在申请该项专利权的过程中，以银行存款支付律师费 20 000 元，注册费 25 000 元。

借：研发支出——资本化支出 45 000

贷：银行存款 45 000

（4）专利权达到预定可使用状态，结转无形资产成本和相关费用。

借：无形资产 60 000

贷：研发支出——资本化支出 60 000

借：管理费用 65 000

贷：研发支出——费用化支出 65 000

（5）公司收到 M 公司投入特许经营权入股，双方约定价值为 2 000 000 元。M 公司享有公司 1 500 000 股份额。

借：无形资产——特许经营权 2 000 000

贷：股本 1 500 000

资本公积——股本溢价 500 000

（6）公司收到 H 公司捐赠的一项专利技术，按市场情况估值为 200 000 元。

借：无形资产——专利技术 200 000

贷：营业外收入 200 000

（7）公司引入一套软件，取得的增值税专用发票注明价款为 3 000 000 元，增值税 180 000 元，价税合计 3 180 000 元。款项已用银行存款支付。

借：无形资产——软件著作权 3 000 000

应交税费——应交增值税（进项税额） 180 000

贷：银行存款 3 180 000

活动二　处理无形资产后续计量和处置业务

工作实例

1. 公司 2016 年 12 月购进一项专利权，其成本为 600 000 元，估计使用寿命为 5 年。计算 12 月应摊销金额并作会计分录。

2. 公司向 H 公司出租一项专利权，每年收取租金收入为 20 000 元，增值税为 1 200 元。该专利权成本为 900 000 元，双方约定的租赁期限为 5 年，残值为零。

3. 公司外购专利技术账面价值为 800 000 元，由于技术进步，年末在进行资产减值测试时，该专利技术可收回金额为 680 000 元。

4. 公司将一项专利技术出售，取得收入 220 000 元，增值税为 13 200 元。该专利权账面余额为 300 000 元，已累计摊销 60 000 元，已计提的减值准备为 40 000 元。

5. 公司有一项专利技术账面余额为 800 000 元，摊销期限为 5 年，采用直线摊销法，已摊销了 1 年，假定该项专利权残值为零，已计提减值准备 200 000 元，由于技术进步不再适用。做报废处理。

6. 公司用银行存款支付广告费 500 000 元，宣传自有的一项专利技术。

相关知识

一、无形资产摊销

无形资产的后续计量应当区分为有限期无形资产和无限期无形资产。在使用寿命有限期的无形资产，应在其预计使用寿命内采用合理的方法进行摊销，摊销的金额计入相关的成本费用；使用寿命不确定的无形资产，在持有期间内不需要摊销，但期末要进行减值测试，如果发生减值的，要计提减值准备。

使用寿命有限的无形资产的价值应在其有效期内进行摊销，并记入各期损益。

1. 摊销年限的确定

摊销期限为自无形资产可供使用时起，至不再作为无形资产确认时止。即当月增加的无形资产，当月开始摊销；当月减少的无形资产，当月不再摊销（见表 2－12）。

温馨提示

与固定资产计提折旧的期限不一样，当月增加的固定资产，下月开始计提折旧；当月减少的固定资产，当月仍计提折旧，下月起不再计提折旧。

表 2－12　折旧、摊销时间期限

资产类别	开始时间	报废时间	折旧、摊销开始月份	折旧、摊销结束月份
无形资产	2010 年 5 月	2015 年 4 月	2010 年 5 月	2015 年 3 月
固定资产	2010 年 5 月	2015 年 4 月	2010 年 6 月	2015 年 4 月

2. 无形资产摊销的核算

对于企业所拥有的使用寿命有限的无形资产，其应摊销金额使用寿命内系统合理地摊销，一般采用平均摊销法或工作量法。使用寿命有限的无形资产，其残值为零。

企业自用的无形资产，其摊销额计入“管理费用”；出租的无形资产，其摊销额计入“其他业务成本”；生产用的无形资产，其摊销额计入相关资产成本。

二、无形资产的减值

1. 无形资产减值的确认

根据《企业会计准则——资产减值》的规定，企业应在资产负债表日对无形资产的账面价值进行减值测试。当无形资产的可收回金额低于其账面价值时，即表明无形资产发生了减值，应将无形资产的账面价值减记至可收回金额，减记的金额确认为资产减值损失，并计入当期损益，同时计提相应的资产减值准备。

可收回金额是指以下两种金额中孰高者。一是无形资产的销售净价，即该无形资产的销售价格减去因出售无形资产所发生的相关费用后的余额；二是预期从无形资产的持续使用和使用年限结束时处置产生预计未来现金流量的现值。

2. 无形资产计提减值准备的账务处理

期末当企业所持有的无形资产的账面价值高于其可收回金额时，应按其差额，借记“资产减值损失——计提无形资产减值准备”账户，贷记“无形资产减值准备”账户。

无形资产减值准备一经确认，在以后会计期间不得转回。

三、无形资产的后续支出

无形资产的后续支出，是指无形资产入账后，为确保该无形资产能够给企业带来预定的经济利益而发生的支出，如企业相关的宣传活动支出、广告费支出等。又如企业取得专利权后，每年支付的年费和维护专利权发生的诉讼费等，这些应该直接计入管理费用。

四、无形资产处置

无形资产处置是指企业对无形资产的转让、对外捐赠或者对无法为企业带来经济利益无形资产予以终止并转销的一种行为。

转让的方式有两种：一是转让所有权，实质是出售无形资产；二是转让使用权，即出租无形资产。

1. 无形资产的出租

企业让渡无形资产使用权取得租金收入和发生相关费用，分别确认计入“其他业务收入”，“应交税费——应交增值税（销项税额）”和“其他业务成本”。

2. 无形资产出售

企业出售无形资产时，按实际取得的转让收入，借记“银行存款”等账户，按已提的减值准备，借记“无形资产减值准备”账户，按已摊销的累计金额，借记“累计摊销”账户，按无形资产的账面余额，贷记“无形资产”账户，按应支付的相关税费，贷记“应交税费”等账户，按其差额贷记“营业外收入——处置非流动资产收益”账户或借记“营业外支出——处置非流动资产损失”账户。

3. 无形资产报废

当无形资产预期不能为企业带来经济利益时，就不再符合无形资产的定义，应当予以报废，将该无形资产的账面价值予以注销。转销无形资产账面价值时，按该无形资产已计提的减值准备，借记“无形资产减值准备”账户，按已摊销金额，借记“累计摊销”账户，按该无形资产的账面余额，贷记“无形资产”账户，按其差额计入营业外支出。

工作步骤

（1）公司 2016 年 12 月购进一项专利权，其成本为 600 000 元，估计使用寿命为 5 年。计算 12 月应摊销金额并做会计分录。

12 月应摊销金额 = 600 000 ÷ 5 ÷ 12 = 10 000（元）

借：管理费用　　10 000

　贷：累计摊销　　10 000

（2）公司向 H 公司出租一项专利权，每年收取租金收入 20 000 元，增值税 1 200 元。

借：银行存款　　21 200

　贷：其他业务收入　　20 000

　　　应交税费——应交增值税（销项税额）　　1 200

该专利权成本 900 000 元，双方约定的租赁期限为 5 年，残值为零。

借：其他业务成本　　15 000

　贷：累计摊销　　15 000

（3）公司外购专利技术账面价值为 800 000 元，由于技术进步，年末在进行资产减值测试时，该专利技术可收回金额为 680 000 元。

借：资产减值损失——计提无形资产减值准备　　120 000

　贷：无形资产减值准备　　120 000

（4）公司将一项专利技术出售，取得收入 220 000 元，增值税 13 200 元。该专利权账面余额 300 000 元，已累计摊销 60 000 元，已计提的减值准备为 40 000 元。

借：银行存款　　233 200

　　累计摊销　　60 000

　　无形资产减值准备　　40 000

　贷：无形资产——专利权　　300 000

　　　应交税费——应交增值税（销项税额）　　13 200

　　　营业外收入——处置无形资产的利得　　20 000

5. 公司有一项专利技术账面余额为 800 000 元，摊销期限为 5 年，采用直线摊销法，已摊销了 1 年，假定该项专利权残值为零，已计提减值准备 200 000 元，由于技术进步不再适用，做报废处理。

借：累计摊销　　160 000

　　无形资产减值准备　　200 000

　　营业外支出　　440 000

　贷：无形资产——专利权　　800 000

（6）公司用银行存款支付广告费 500 000 元，宣传自有的一项专利技术。

借：销售费用　　500 000

　贷：银行存款　　500 000

活动三 处理其他资产的核算业务

相关知识

一、其他资产的概念

其他资产是指除流动资产、长期投资、固定资产、无形资产等以外的资产，主要包括长期待摊费用和其他长期资产。

二、其他资产的类别

1. 长期待摊费用

长期待摊费用是指企业发生的摊销期限在1年以上（不含1年）的其他各种费用。比如，以经营租赁方式租入的固定资产发生改良支出。企业发生长期待摊费用时，借记“长期待摊费用”账户，贷记“银行存款”“原材料”等账户，摊销长期待摊费用时，借记“管理费用”“销售费用”等账户，贷记“长期待摊费用”账户。

值得注意的是，如果长期待摊费用不能使以后会计期间受益的，应当将尚未摊销的金额全部转入当期损益。

做中学

公司2015年10月21日，对其以经营租赁方式新租入的厂房进行装修，发生以下支出：领用生产用原材料200 000元，购进时支付的增值税进项税额为34 000元；有关人员工资等职工薪酬150 000元。2015年12月31日，该厂房已装修完工，达到预定可使用状态并交付使用，并按租赁期10年进行摊销。假定不考虑其他因素。

(1) 装修领用原材料时：

借：长期待摊费用　　200 000

　贷：原材料　　200 000

(2) 确认人员职工薪酬时：

借：长期待摊费用　　100 000

　贷：应付职工薪酬　　100 000

(3) 2016年起每月摊销装修支出时：

每月摊销售额 =（200 000 + 100 000）÷10÷12 =2 500（元）

借：管理费用　　2 500

　贷：长期待摊费用　　2 500

2. 其他长期资产

其他长期资产一般包括国家批准储备的特准储备物资、银行冻结存款、冻结物资和国外冻结财产等。这类资产一般不参加企业的正常生产经营活动，也不需要进行摊销，而且并不是所有企业者都拥有这类资产。

任务七　处理投资性房地产的核算业务

工作任务

完成成本模式和公允价值模式下投资性房地产业务的会计核算。完成任务的标志性成果：记账凭证，“投资性房地产”“投资性房地产累计折旧”等明细账和总账。

知识准备

一、投资性房地产概述

1．投资性房地产的概念

房地产是土地和房屋建筑物及其权属的总称。在我国，土地归国家或集体所有，企业只能拥有土地使用权。房地产中的土地，指土地使用权。

投资性房地产是指为赚取租金或资本增值，或两者兼有而持有的房地产。投资性房地产应当能够单独计量和出售。

2．投资性房地产的范围

（1）属于投资性房地产的项目。

① 已出租的土地使用权。已出租的土地使用权是指企业通过出让或转让方式取得的，并以经营租赁方式出租的土地使用权。企业计划用于出租但尚未出租的土地使用权，以经营租赁方式租入土地使用权后转租给其他单位的不能确认为投资性房地产。

② 持有并准备增值后转让的土地使用权。持有并准备增值后转让的土地使用权，是指企业通过出让或转让方式取得的、准备增值后转让的土地使用权。按照国家有关规定认定的闲置土地，不属于持有并准备增值后转让的土地使用权。闲置土地是指土地使用者依法取得土地后，未经原批准用地的人民政府同意，超过规定的期限未动工开发建设的建设用地。

③ 已出租的建筑物。已出租的建筑物是指企业拥有产权并以经营租赁方式出租的房屋建筑物。企业计划用于出租但尚未出租的建筑物不属于此类。

某项房地产，部分用于赚取租金或资本增值，部分自用即用于生产商品、提供劳务或经营管理，能够单独计量和出售的、用于赚取租金或资本增值的部分，应当确认为投资性房地产；不能够单独计量和出售的、用于赚取租金或资本增值的部分，不确认为投资性房地产。

（2）不属于投资性房地产的项目。

① 自用房地产。自用房地产，即为生产商品、提供劳务或者经营管理而持有的房地产，包括自用建筑物（固定资产）和自用土地使用权（无形资产）。如企业拥有并自行

经营的旅馆饭店，其持有目的主要是通过提供客房服务赚取服务收入，该旅馆饭店不能确认为投资性房地产。但如果将其拥有的旅馆饭店部分或全部出租，且出租的部分能够单独计量和出售的，出租的部分可确认为投资性房地产。

② 作为存货的房地产。作为存货的房地产，通常指房地产开发企业在正常经营过程中销售的或为销售而正在开发的商品房和土地。

3. 投资性房地产的确认

企业将某个项目确认为投资性房地产，首先应当符合投资性房地产的概念，其次要同时满足投资性房地产的两个确认条件。

（1）与该投资性房地产有关的经济利益很可能流入企业。

（2）该投资性房地产的成本能够可靠地计量。

4. 投资性房地产的转换

投资性房地产的转换，实质上是因房地产的用途发生改变而对房地产进行的重新分类。企业有确凿证据表明房地产用途发生改变，满足下列条件之一的，应当将投资性房地产转换为其他资产或者将其他资产转换为投资性房地产。投资性房地产转换的形式主要包括：

（1）投资性房地产开始自用。即将投资性房地产转为自用房地产。其转换日为房地产达到自用状态，企业开始将房地产用于生产商品、提供劳务或者经营管理的日期。

（2）作为存货的房地产改为出租。通常指房地产开发企业将其持有的开发产品以经营租赁的方式出租，企业应将该存货相应地转换为投资性房地产。其转换日为租赁期开始日。

（3）自用建筑物或土地使用权停止自用改为出租。企业将原本用于生产商品、提供劳务或者经营管理的建筑物或土地使用权改用于出租，企业应将该固定资产或土地使用权相应地转换为投资性房地产。其转换日为租赁期开始日。

（4）自用土地使用权停止自用改用于资本增值。企业将原本用于生产商品、提供劳务或者经营管理的土地使用权改用于资本增值，企业应将该土地使用权相应地转换为投资性房地产。其转换日为自用土地使用权停止自用后，确定用于资本增值的日期。

5. 投资性房地产的披露

企业应当在会计报表附注中披露与投资性房地产有关的下列信息：

（1）投资性房地产的种类、金额和计量模式。

（2）采用成本模式的，投资性房地产的折旧或摊销，以及减值准备的计提情况。

（3）采用公允价值模式的，公允价值的确定依据和方法，以及公允价值变动对损益的影响。

（4）房地产转换情况、理由，以及对损益或所有者权益的影响。

（5）当期处置的投资性房地产及其对损益的影响。

二、投资性房地产的账户设置

投资性房地产应当按照成本进行初始计量，其成本应通过“投资性房地产”账户进行核算。该账户是资产类账户，其余额在借方，反映企业拥有的投资性房地产的金额见表2－13。

表 2－13　投资性房地产

企业外购与自建投资性房地产的金额	企业处置投资性房地产的金额
企业拥有的投资性房地产的金额	

三、投资性房地产的计量模式

企业在对投资性房地产进行核算时，有两种计量模式：成本模式和公允价值模式。企业通常应当采用成本模式，满足特定条件时也可采用公允价值模式。但同一企业只能采用一种模式对所有投资性房地产进行核算，不得同时采用两种计量模式。

1．**成本模式**

在成本模式下，企业应当按照固定资产和无形资产的有关规定，对投资性房地产进行后续计量，计提折旧或摊销。采用成本模式计量的投资性房地产存在减值迹象的，应当按照资产减值的有关规定进行处理，计提减值准备。

2．**公允价值模式**

企业只有存在确凿证据表明投资性房地产的公允价值能够持续可靠取得的，才可以采用公允价值模式进行计量。采用公允价值模式计量的投资性房地产，应当同时满足下列条件。

（1）投资性房地产所在地有活跃的房地产交易市场。

投资性房地产所在地通常指投资性房地产所在的城市。对大中型城市，应当为投资性房地产所在的城区。

（2）企业能够从活跃的房地产交易市场上取得同类或类似房地产的市场价格及其他相关信息，从而对投资性房地产的公允价值做出合理的估计。

同类或类似的房地产，对建筑物而言，是指所处地理位置和地理环境相同、性质相同、结构类型相同或相近、新旧程度相同或相近、可使用状况相同或相近的建筑物；对土地使用权而言，是指同一城区、同一位置区域、所处地理环境相同或相近、可使用状况相同或相近的土地。

在公允价值模式下，企业平时不对投资性房地产计提折旧，也不进行摊销。资产负债表日需要以投资性房地产的公允价值为基础对其账面价值进行调整，所以在公允价值模式下投资性房地产一般不存在计提减值准备的问题。

四、投资性房地产后续计量模式的变更

企业对投资性房地产的计量模式一经确定，不得随意变更。

成本模式转为公允价值模式的，应当作为会计政策变更处理，将计量模式变更时公允价值与账面价值的差额，调整期初留存收益。已采用公允价值模式计量的投资性房地产，不得从公允价值模式转为成本模式。

活动一　处理成本模式下的投资性房地产的核算业务

工作实例

1. 2016 年 6 月 5 日，金华股份有限公司购入一处土地，打算用于建造一幢商业大楼，买价为 1 000 万元，增值税为 110 万元。款项已用银行存款支付。

2. 2016 年 7 月 1 日，金华股份有限公司获得银行长期借款 5 000 万元，建设固定资产。

3. 2016 年 7 月 1 日，金华股份有限公司在该处土地上开始自行建造商业大楼，于同年 12 月 31 日完工并交付使用。共耗用工程物资 3 900 万元，应付职工薪酬 650 万元，资本化的利息 120 万元。建成后，即出租给 L 公司收取租金。

4. 金华股份有限公司对投资性房地产采用成本模式进行核算，拥有 1 幢办公楼对外出租，每月租金 10 万元，增值税 1.1 万元，租金已收到。2013 年 12 月 20 日，购置该幢办公楼时原值为 2 000 万元，预计使用年限为 50 年，预计净残值为零，按直线法计提折旧。请做每月计提租金收入和计提折旧的会计处理。

5. 接上题，2015 年 12 月 31 日，金华股份有限公司对该幢办公楼进行估值，发现出现减值迹象。经减值测试，其可收回金额为 1 500 万元。

6. 金华股份有限公司将一幢原用于出租的厂房出售。该资产原值为 1 000 万元，已提折旧 300 万元。公司取得收入为 900 万元，增值税 99 万元，款项已存入银行。

相关知识

一、外购的投资性房地产

对企业外购的房地产，只有购入房地产的同时开始对外出租或用于资本增值，才能称为外购的投资性房地产。外购投资性房地产的成本，包括购买价款、相关税费和可直接归属于该资产的其他支出。

企业外购取得的投资性房地产，按应计入投资性房地产成本的金额，借记“投资性房地产”账户，贷记“银行存款”等账户。

做中学

公司于 2015 年 12 月 5 日以 500 万元价格购入一间商铺，增值税为 55 万元，以银行存款支付，并于当日对外出租。

借：投资性房地产——商铺　　　　　　　　5 000 000

　　应交税费——应交增值税（进项税额）　　550 000

贷：银行存款　　　　　　　　　　　　　　　　　　5 550 000

二、自行建造的投资性房地产

企业自行建造的房地产，只有在自行建造或开发活动完成（即达到预定可使用状态）的同时开始对外出租或用于资本增值，才能将其确认为投资性房地产。自行建造投资性房地产的成本，由建造该项资产达到预定可使用状态前所发生的必要支出构成。

企业自行建造取得的投资性房地产，按应计入投资性房地产成本的金额，借记“投资性房地产”账户，贷记“在建工程”等账户。

做中学

公司于2015年4月1日在自有的土地上开始兴建两幢写字楼，当月耗用工程物资900万元，应付人工费用300万元。这两幢写字楼于同年12月1日完工并交付使用，平均造价为10 000 000元/幢。公司于当日将其中一幢写字楼出租给D公司使用，一幢自用。

（1）2015年4月：

借：在建工程　　　　　　　　　　　　　　12 000 000

　贷：工程物资　　　　　　　　　　　　　　　9 000 000

　　　应付职工薪酬　　　　　　　　　　　　　3 000 000

（2）2015年12月1日建造完工时：

借：投资性房地产——写字楼　　　　　　　10 000 000

　　固定资产——写字楼　　　　　　　　　10 000 000

　贷：在建工程　　　　　　　　　　　　　　20 000 000

三、投资性房地产折旧或摊销的核算

在成本模式下，企业对投资性房地产的累计折旧或累计摊销可以单独设置“投资性房地产累计折旧（摊销）”账户，比照“累计折旧”和“累计摊销”账户进行处理。企业按月对投资性房地产计提折旧或进行摊销时，应借记“其他业务成本”账户，贷记“投资性房地产累计折旧（摊销）”账户。投资性房地产作为企业主营业务的，应借记“主营业务成本”账户。

四、投资性房地产出租的核算

一般情况下，采用成本模式计量的投资性房地产取得的租金收入，借记“银行存款”等账户，贷记“其他业务收入”账户和“应交税费——应交增值税（销项税额）”账户。投资性房地产作为企业主营业务的，应贷记“主营业务收入”账户和“应交税费——应交增值税（销项税额）”账户。

有的企业将投资性房地产作为主营业务，形成的租金收入或转让增值确认为企业的主营业务收入，有的企业在经营其他业务的同时，兼营房地产投资业务，形成的租金收入或转让增值确认为企业的其他业务收入。企业对投资性房地产的核算，应与自用厂房、办公楼等房地产和作为存货的房地产加以区别。

温馨提示

租赁业务涉及的增值税率见表 2－14：

表 2－14　租赁业务涉及的增值税率

业务			增值税率/%
租赁服务	融资租赁	有形动产融资租赁	17
		不动产融资租赁	11
	经营租赁	有形动产经营租赁	17
		不动产经营租赁	11

五、投资性房地产减值的核算

在成本模式下，投资性房地产发生减值时，可以单独设置“投资性房地产减值准备”账户，比照“固定资产减值准备”等账户进行处理。企业计提投资性房地产减值准备时，借记“资产减值损失”账户，贷记“投资性房地产减值准备”账户。

资产减值损失一经确认，在以后会计期间不得转回。

六、投资性房地产后续支出

与投资性房地产有关的后续支出，满足资本化确认条件的，应当计入投资性房地产成本；不满足资本化确认条件的，应当在发生时计入当期损益。

企业为了提高投资性房地产的效能，需要对投资性房地产进行改扩建，或通过装修改善室内装潢，符合资本化确认条件的，应当资本化。再开发投资性房地产时，应先将投资性房地产的账面价值转入“投资性房地产——在建”账户，在再开发期间发生的支出通过“投资性房地产——在建”核算。再开发期间不计提折旧或摊销，达到预定可使用状态时，转入“投资性房地产”账户。

企业对投资性房地产进行日常维护所发生的支出，不满足资本化确认条件的，应借记“其他业务成本”等账户，贷记“银行存款”账户。

七、投资性房地产转换的核算

1. 投资性房地产转换为自用房地产

投资性房地产转换前采用成本模式计量的，应当将转换前的账面价值作为转换后资产的入账价值。

企业应按投资性房地产在转换日的账面余额、累计折旧、减值准备等，分别转入“固定资产”“累计折旧”“固定资产减值准备”等账户。按其账面余额，借记“固定资产”或“无形资产”账户，贷记“投资性房地产”账户；按已计提的折旧或摊销，借记“投资性房地产累计折旧（摊销）”账户，贷记“累计折旧”或“累计摊销”账户；原已计提减值准备的，借记“投资性房地产减值准备”账户，贷记“固定资产减值准备”

或“无形资产减值准备”账户。

做中学

公司对投资性房地产采用成本模式核算。2016 年 6 月 1 日将一幢出租给 M 公司的办公楼收回，并作为本公司的办公场所。在出租收回前，该办公楼的账面原值为 500 万元，已提折旧 100 万元。

借：固定资产——办公楼　　5 000 000
　　投资性房地产累计折旧　　1 000 000
　贷：投资性房地产——办公楼　　5 000 000
　　　累计折旧　　1 000 000

2. **自用房地产转换为投资性房地产**

企业将自用房地产转换为以成本模式计量的投资性房地产时，应当按该项房地产在转换日的原价、累计折旧（摊销）、减值准备，分别转入“投资性房地产”“投资性房地产累计折旧（摊销）”“投资性房地产减值准备”等账户。按其账面余额，借记“投资性房地产”账户，贷记“固定资产”或“无形资产”账户；按已计提的折旧或摊销，借记“累计折旧”或“累计摊销”账户，贷记“投资性房地产累计折旧（摊销）”账户；原已计提减值准备的，借记“固定资产减值准备”或“无形资产减值准备”账户，贷记“投资性房地产减值准备”账户。

做中学

公司对投资性房地产采用成本模式核算。2015 年 5 月 31 日将自用的一幢厂房作为投资性房地产对外出租。2015 年 5 月 31 日该厂房账面原值为 700 万元，已提折旧 280 万元，已提减值准备 60 万元。

借：投资性房地产——厂房　　7 000 000
　　累计折旧　　2 800 000
　　固定资产减值准备　　600 000
　贷：固定资产　　7 000 000
　　　投资性房地产累计折旧　　2 800 000
　　　投资性房地产减值准备　　600 000

3. **作为存货的房地产转换为投资性房地产**

企业将作为存货的房地产转换为以成本模式计量的投资性房地产时，应按其在转换日的账面余额，借记“投资性房地产”账户，贷记“开发产品”等账户。已计提跌价准备的，还应同时结转跌价准备。

做中学

南天公司是从事房地产开发业务的企业，对投资性房地产采用成本模式计量。2015 年 8 月 1 日，南天公司与明水公司签订了租赁协议，将新开发的一栋办公楼整体出租给明水公司使用，租赁开始日为 2015 年 8 月 1 日。2015 年 8 月 1 日该办公楼的账面余额为 1 000 万元。

借：投资性房地产——办公楼　　　　10 000 000
　贷：开发产品　　　　10 000 000

八、投资性房地产处置的核算

当投资性房地产被处置，或者永久退出使用且预计不能从其处置中取得经济利益时，应当终止确认该项投资性房地产。企业出售、转让、报废投资性房地产或者发生投资性房地产损毁，应当将处置收入扣除其账面价值和相关税费后的金额计入当期损益。

在成本模式下，企业处置投资性房地产时，应按实际收到的金额，借记“银行存款”等账户，贷记“其他业务收入”账户和“应交税费——应交增值税（销项税额）”账户。按该项投资性房地产的累计折旧或累计摊销，借记“投资性房地产累计折旧（摊销）”账户，按该项投资性房地产的账面余额，贷记“投资性房地产”账户，按其差额，借记“其他业务成本”账户。已计提减值准备的，还应同时结转减值准备。

投资性房地产作为企业主营业务的，应通过“主营业务收入”和“主营业务成本”账户核算相关的损益。

做中学

公司出售一幢写字楼（该写字楼之前用于出租获得租金收入），取得收入 8 000 万元，增值税 880 万元，款项已存入银行。在出售过程中以现金支付清理费 8 000 元。该栋写字楼原值 6 500 万元，已提折旧 1 800 万元。按要求编制相关会计分录。

（1）取得出售收入：

借：银行存款　　　　88 800 000
　贷：其他业务收入　　　　80 000 000
　　　应交税费——应交增值税（销项税额）　　　　8 800 000

（2）结转账面价值：

借：其他业务成本　　　　47 000 000
　　投资性房地产累计折旧　　　　18 000 000
　贷：投资性房地产——写字楼　　　　65 000 000

（3）以现金支付清理费：

借：其他业务成本　　　　8 000
　贷：库存现金　　　　8 000

工作步骤

（1）2016 年 6 月 5 日，金华股份有限公司购入一处土地，打算用于建造一幢商业大楼，买价为 1 000 万元，增值税为 110 万元。款项已用银行存款支付。

借：投资性房地产——土地使用权　　　　10 000 000
　　应交税费——应交增值税（进项税额）　　　　1 100 000
　贷：银行存款　　　　11 100 000

（2）2016 年 7 月 1 日，金华股份有限公司获得银行长期借款 5 000 万元，建设固定资产。

借：银行存款　　50 000 000

　贷：长期借款　　50 000 000

（3）2016 年 7 月 1 日，金华股份有限公司在该处土地上开始自行建造商业大楼，于同年 12 月 31 日完工并交付使用。共耗用工程物资 3 900 万元，应付职工薪酬 650 万元，资本化的利息 120 万元。建成后，即出租给 L 公司收取租金。

借：在建工程　　46 700 000

　贷：工程物资　　39 000 000

　　应付职工薪酬　　6 500 000

　　应付利息　　1 200 000

借：投资性房地产——商业大楼　　46 700 000

　贷：在建工程　　46 700 000

（4）金华股份有限公司对投资性房地产采用成本模式进行核算，拥有 1 幢办公楼对外出租，每月租金 10 万元，增值税 1.1 万元，租金已收到。2013 年 12 月 20 日，购置该幢办公楼时原值为 2 000 万元，预计使用年限为 50 年，预计净残值为零，按直线法计提折旧。请做每月计提租金收入和计提折旧的会计处理。

借：银行存款　　111 000

　贷：其他业务收入　　100 000

　　应交税费——应交增值税（销项税额）　　11 000

借：其他业务成本　　33 333.33

　贷：投资性房地产累计折旧　　33 333.33

（5）接上题，2015 年 12 月 31 日，金华股份有限公司对该幢办公楼进行估值，发现出现减值迹象。经减值测试，其可收回金额为 1 500 万元。

2015 年 12 月 31 日该投资性房地产的账面价值为 $2\,000-40\times2=1\,920$ 万元，其可收回金额为 1500 万元，所以，应计提 420 万元的减值准备。

借：资产减值损失　　4 200 000

　贷：投资性房地产减值准备　　4 200 000

（6）金华股份有限公司将一幢原用于出租的厂房出售。该资产原值 1 000 万元，已提折旧 300 万元。公司取得收入 900 万元，增值税 99 万元，款项已存入银行。

借：银行存款　　9 990 000

　贷：其他业务收入　　9 000 000

　　应交税费——应交增值税（销项税额）　　990 000

借：其他业务成本　　7 000 000

　　投资性房地产累计折旧　　3 000 000

　贷：投资性房地产——写字楼　　10 000 000

活动二 处理公允价值计量模式下投资性房地产的核算业务

工作实例

1. 金华股份有限公司购入市区中心地段的办公楼用于出租，支付价款3 000万，增值税330万元，款项以银行存款支付。

2. 公司对投资性房地产采用公允价值计量模式计量。公司将一块土地对外出租，租期10年，年租金80万元，增值税为8.8万元。

3. 2016年12月31日，公司从二级市场得到的数据估计，该土地使用权的公允价值为2 000万元。该土地使用权原账面价值为1 700万元。

4. 2017年12月31日，该土地使用权的公允价值略为下降，为1 950万元。

5. 公司采用公允价值模式计量投资性房地产。公司将一处郊区原用于出租的土地出售，取得收入300万元，增值税33万元，款项已存入银行。出售时，该处土地使用权的成本为180万元，公允价值变动为借方余额38万元。

相关知识

一、公允价值模式下投资性房地产取得的核算

采用公允价值模式计量的投资性房地产，应当在“投资性房地产”账户下分别设置“成本”和“公允价值变动”进行明细核算。

采用公允价值进行后续计量的投资性房地产也应当按照成本进行初始计量，其成本应通过“投资性房地产——成本”账户进行核算。具体核算方法与成本模式下的核算基本相同。当企业外购投资性房地产或自行建造的投资性房地产达到预定可使用状态时，按其实际成本，借记“投资性房地产——成本”账户，贷记“银行存款”“在建工程”等账户。

二、公允价值模式下投资性房地产出租的核算

采用公允价值模式计量的投资性房地产取得的租金收入，借记“银行存款”等账户，贷记“其他业务收入”账户和“应交税费——应交增值税（销项税额）”账户。投资性房地产作为企业主营业务的，应贷记“主营业务收入”账户和“应交税费——应交增值税（销项税额）”账户。

三、资产负债表日，确认公允价值变动损益的核算

采用公允价值模式计量的投资性房地产，不需要每期对投资性房地产计提折旧或摊销，但企业应当以资产负债表日投资性房地产的公允价值为基础调整其账面价值，公允价值与原账面价值之间的差额计入当期损益。投资性房地产的公允价值高于其账面余额

的差额，借记“投资性房地产——公允价值变动”账户，贷记“公允价值变动损益”账户；公允价值低于其账面余额的差额则编制相反的会计分录。其核算方式与同样采用公允模式计量的金融资产的核算相同。

四、公允价值模式下投资性房地产转换的核算

1. 投资性房地产转换为自用房地产

企业采用公允价值模式计量投资性房地产。投资性房地产转换为自用房地产时，应当以其转换当日的公允价值作为自用房地产的账面价值，公允价值与原账面价值的差额计入当期损益。转换日，企业应按投资性房地产的公允价值，借记“固定资产”或“无形资产”账户，按该项投资性房地产的成本，贷记“投资性房地产——成本”账户；按该项投资性房地产的累计公允价值变动，贷记或借记“投资性房地产——公允价值变动”账户；按其差额，借记或贷记“公允价值变动损益”账户。

做中学

企业采用公允价值模式计量投资性房地产。2016 年 3 月 1 日将一幢出租厂房收回自用。该厂房账面价值为 600 万元，其中成本为 550 万元，公允价值变动为 50 万元。转换当日该厂房的公允价值为 880 万元。

借：固定资产	8 800 000	
贷：投资性房地产——成本		5 500 000
投资性房地产——公允价值变动		500 000
公允价值变动损益		2 800 000

2. 自用房地产转换为投资性房地产

采用公允价值模式计量投资性房地产时，自用房地产转换为投资性房地产时，转换后的投资性房地产按照转换当日的公允价值，借记“投资性房地产——成本”账户，按其账面余额，贷记“固定资产”或“无形资产”账户；按已计提的折旧或摊销，借记“累计折旧”或“累计摊销”账户；原已计提减值准备的，借记“固定资产减值准备”或“无形资产减值准备”账户。同时，转换当日的公允价值小于原账面价值的，其差额计入“公允价值变动损益”账户；转换当日的公允价值大于原账面价值的，其差额计入“其他综合收益”账户。

做中学

企业采用公允价值模式计量投资性房地产。2016 年 8 月 31 日将自用的一幢厂房作为投资性房地产对外出租。该厂房的公允价值为 650 万元，账面原值为 700 万元，已提折旧 300 万元。

借：投资性房地产——成本	6 500 000	
累计折旧	3 000 000	
贷：固定资产		7 000 000
其他综合收益		2 500 000

若出租当日该厂房的公允价值为 380 万元，则

借：投资性房地产——成本　　3 800 000

　　累计折旧　　3 000 000

　　公允价值变动损益　　200 000

　贷：固定资产　　7 000 000

企业处置由自用房地产转换而来的投资性房地产时，原计入其他综合权益的部分应当转入处置当期损益。即应按该项投资性房地产在转换日计入其他综合收益的金额，借记“其他综合收益”账户，贷记“其他业务收入”账户。

3. 作为存货的房地产转换为投资性房地产

企业采用公允价值模式计量投资性房地产时，将作为存货的房地产转换为投资性房地产，应按其在转换日的公允价值，借记“投资性房地产——成本”账户，按其账面余额，贷记“开发产品”等账户，按其差额，贷记“其他综合收益”账户或借记“公允价值变动损益”账户。已计提跌价准备的，还应同时结转跌价准备。

做中学

公司是从事房地产开发业务的企业，采用公允价值模式计量投资性房地产。2016 年 8 月 15 日，公司与 B 公司签订了租赁协议，将其开发的一栋办公楼整体出租给 B 公司使用，租赁开始日为 2016 年 10 月 1 日。2016 年 10 月 1 日该办公楼的公允价值为 8 200 万元，账面余额为 8 500 万元，未计提存货跌价准备。

借：投资性房地产——成本　　82 000 000

　　公允价值变动损益　　3 000 000

　贷：开发产品　　85 000 000

企业处置由存货转换而来的投资性房地产时，原计入其他综合权益的部分应当转入处置当期损益。即应按该项投资性房地产在转换日计入的金额，借记“其他综合收益”账户，贷记“其他业务收入”账户。

五、公允价值模式下投资性房地产处置的核算

在公允价值模式下，企业处置投资性房地产时，应按实际收到的金额，借记“银行存款”等账户，贷记“其他业务收入”账户和“应交税费——应交增值税（销项税额）”账户。按该项投资性房地产的账面余额，借记“其他业务成本”账户，贷记“投资性房地产——成本”账户，贷记或借记“投资性房地产——公允价值变动”账户；同时，按该项投资性房地产的累计公允价值变动，借记或贷记“公允价值变动损益”账户，贷记或借记“其他业务成本”账户。

投资性房地产作为企业主营业务的，应通过“主营业务收入”和“主营业务成本”账户核算相关的损益。

六、投资性房地产计量模式的变更

企业变更投资性房地产计量模式时，应当按照计量模式变更日投资性房地产的公允价值，借记“投资性房地产——成本”账户，按照已计提的折旧或摊销，借记“投资性房地产累计折旧（摊销）”账户，原已计提减值准备的，借记“投资性房地产减值准备”

账户，按照原账面余额，贷记“投资性房地产”账户，按照公允价值与账面价值的差额，贷记或借记“利润分配——未分配利润”“盈余公积”等账户。

做中学

公司对投资性房地产采用成本模式进行后续计量。因为所拥有的房地产交易市场比较成熟，具备了采用公允价值模式计量的条件，决定对投资性房地产从成本模式转换为公允价值模式计量。公司拥有商铺的原价为 8 000 万元，已提折旧 2 000 万元，公允价值为 6 300 万元。该公司按净利润的 10% 计提盈余公积。

借：投资性房地产——成本（商铺）　　63 000 000
　　投资性房地产累计折旧　　20 000 000
　贷：投资性房地产——商铺　　80 000 000
　　　利润分配——未分配利润　　2 700 000
　　　盈余公积　　300 000

工作步骤

（1）金华股份有限公司购入市区中心地段的办公楼用于出租，支付价款 3 000 万，增值税 330 万元，款项以银行存款支付。

借：投资性房地产——办公楼　　30 000 000
　　应交税费——应交增值税（进项税额）　　3 300 000
　贷：银行存款　　33 300 000

（2）公司对投资性房地产采用公允价值计量模式计量。公司将一块土地对外出租，租期 10 年，年租金 80 万元，增值税为 8.8 万元。

每年收到租金收入时：

借：银行存款　　888 000
　贷：其他业务收入　　800 000
　　　应交税费——应交增值税（销项税额）　　88 000

（3）2016 年 12 月 31 日，公司从二级市场得到的数据估计，该土地使用权的公允价值为 2 000 万元。该土地使用权原账面价值为 1 700 万元。

借：投资性房地产——公允价值变动　　3 000 000
　贷：公允价值变动损益　　3 000 000

（4）2017 年 12 月 31 日，该土地使用权的公允价值略为下降，为 1 950 万元。

借：公允价值变动损益　　500 000
　贷：投资性房地产——公允价值变动　　500 000

（5）公司采用公允价值模式计量投资性房地产。公司将一处郊区原用于出租的土地出售，取得收入 300 万元，增值税 33 万元，款项已存入银行。出售时，该处土地使用权的成本为 180 万元，公允价值变动为借方余额 38 万元。

借：银行存款　　3 330 000

贷：其他业务收入　　3 000 000
　　应交税费——应交增值税（销项税额）　　330 000
借：其他业务成本　　2 180 000
　贷：投资性房地产——成本　　1 800 000
　　投资性房地产——公允价值变动　　380 000
借：公允价值变动损益　　380 000
　贷：其他业务成本　　380 000

项目小结

核算财产物资包括处理存货业务、固定资产、在建工程、无形资产和投资性房地产业务。

1. 存货业务包括原材料、周转材料、委托加工物资、库存商品的初始计量、后续计量和期末盘点等业务。存货的核算方法有实际成本法和计划成本法，具体会计核算比较见表2－15。

表2－15　存货的会计核算方法比较

核算方法	实际成本法	计划成本法
购入原材料，货到单到	借：原材料 　应交税费——应交增值税（进项税额） 　贷：银行存款	借：材料采购 　应交税费——应交增值税（进项税额） 　贷：银行存款 借：原材料 借或贷：材料成本差异 　贷：材料采购
购入原材料，单到货未到	借：在途物资 　应交税费——应交增值税（进项税额） 　贷：银行存款	借：材料采购 　应交税费——应交增值税（进项税额） 　贷：银行存款
原材料入库	借：原材料 　贷：在途物资	借：原材料 借或贷：材料成本差异 　贷：材料采购
购入原材料，货到单未到	借：原材料 　贷：应付账款——暂估应付账款	借：原材料 　贷：应付账款——暂估应付账款
下月初冲销暂估款	借：应付账款——暂估应付账款 　贷：原材料	借：应付账款——暂估应付账款 　贷：原材料

续上表

核算方法	实际成本法	计划成本法
发出原材料	借：生产成本 制造费用 管理费用 委托加工物资 在建工程 其他业务成本	借：生产成本 制造费用 管理费用 委托加工物资 在建工程 其他业务成本
	贷：原材料	贷：原材料
		借或贷：材料成本差异

2．固定资产包括取得、计提折旧、固定资产清理和处置业务核算，购入需要安装的固定资产和自建的固定资产通过在建工程核算。

3．无形资产包括取得、摊销和处置的核算。

4．投资性房地产的核算分为成本模式和公允价值模式，以及两种模式下固定资产、无形资产与投资性房地产的转换。

问题讨论：

1．计划成本法下，哪些账户用来核算原材料的实际成本？材料成本差异如何计算确定？期末如何计算材料成本差异率？

2．固定资产计提折旧的方法是否影响利润表？

3．固定资产计提折旧和无形资产摊销的开始和截止时段有什么不同？

4．持有并准备增值后转让的建筑物属于投资性房地产吗？

项目三
核算往来款项

学习目标

知识学习目标：

1. 了解应收账款、应收票据的概念
2. 掌握现金折扣、商业折扣的核算
3. 掌握承兑、贴现的概念
4. 掌握应付账款、应付票据的概念
5. 了解坏账和坏账准备的概念

技能训练目标：

1. 能够准确计算贴现息和贴现额
2. 能够掌握应收票据的核算
3. 能够掌握备抵法下坏账准备的核算
4. 能够熟练掌握应付票据、应付账款的核算
5. 能够掌握应付账款和预付账款的核算

情感目标：

1. 具有认真、细致的工作作风
2. 具有良好的责任意识
3. 具有独立分析问题、解决问题的能力

知识结构图：

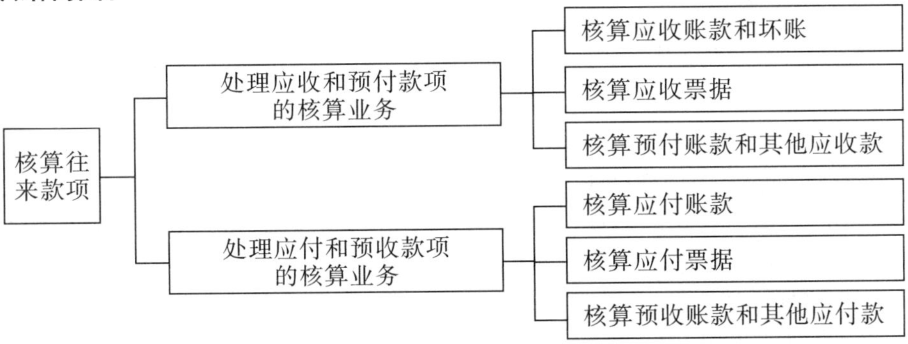

图 3－1　核算往来款项知识结构图

导学案例

大连热电在2012年报中披露：在资产负债表中，应收账款为2.3亿元，其中，关联方应收应付款项中，上市公司应向其大股东大连市热电集团有限公司收取的账款为1.06亿元，这笔款项占到了应收账款总额比例的43.52%，占比过高。在应收账款的1.06亿元中，已计提319.42万元坏账准备。

大连热电大股东的应收账款多年名列众上市公司前列，2011年公司应收大股东账款为9 158万元，占应收账款总额的40.2%，而2012年又有增强的趋势。

大股东及其他关联方占用上市公司资金的现象非常普遍，这些年来，大股东及其他关联方占用上市公司资金的现象基本上没有明显改观，甚至在某些方面还有变本加厉的迹象。大股东及关联方长期占用上市公司资金，影响上市公司的正常经营，严重侵害中小股东的利益。

由此我们可以看到：企业应对应收和应付款项进行合理的管理，确保应收账款周转率提升，才能有效提高资金的使用效率，达到企业经营的目标。

任务一　处理应收和预付款项的核算业务

工作任务

应收账款、应收票据、预付账款和其他应收款的核算；完成工作任务应提交的标志性成果：记账凭证、明细账和总账。

知识准备

一、应收账款

1. 应收账款的概念

应收账款是指企业因销售商品、产品或提供劳务等而形成的债权。主要包括企业因销售商品、产品或提供劳务等应向债务人收取的价款及垫付的款项等。

会计上的应收账款有其特定的范围：

（1）应收账款是指因销售活动而引起的债权，因而，凡不是因销售活动而发生的应收款项，就不应列入应收账款，如应收取的各种赔款和罚款、应向职工收取的各种垫付款、应收债权的利息、应收已宣告分配的股利等。

（2）应收账款是指流动资产性质的债权，不包括长期的债权，如购买的长期债券等。

（3）应收账款是指本企业应收客户的款项，不包括本企业付出的各类存出保证金，如投标保证金、租入包装物保证金等。

由于应收账款是因为赊销业务而引起的，因此，应收账款的入账时间与确认销售收入的时间是一致的，应根据确认销售收入实现的时间来定。对于收入实现的具体条件将在有关收入的内容中详细介绍，这里不再赘述。

2．**应收账款的账户设置**

为了总括反映和监督企业应收账款的发生和收回情况，企业应设置“应收账款”账户进行核算。该账户属于资产类账户，期末余额在借方，表示尚未收回的应收账款金额。该账户应按债务单位名称设置明细账户进行明细核算。

应收账款

发生的应收账款金额	客户归还，或已结转坏账损失，或转作商业汇票结算方式的应收账款金额
期末余额在借方，反映尚未收回的应收账款金额	

二、应收票据

1．**应收票据的概念**

应收票据是指企业因销售商品、提供劳务等而收到的商业汇票。

商业汇票是由出票人签发的，承兑人在指定日期无条件支付确定的金额给收款人或者持票人的票据。根据承兑人的不同分为商业承兑汇票和银行承兑汇票；按是否计息分为不带息商业汇票和带息商业汇票。

票据是一种可流通的债权凭证，包括支票、银行汇票、银行本票和商业汇票。由于支票、银行汇票和银行本票都是见票即付的即期票据，在收到时，即可提交银行入账，可视为银行存款。只有商业汇票是一种远期票据，持票人只有到了到期日才能获得商业汇票上载明的金额，因此，取得商业汇票只是取得了一项债权，因而用“应收票据”来核算。

2．**票据到期日的确定**

企业取得应收票据至票据到期日有一个时间期限，票据到期日的确定一般有三种情况：

（1）按月定期。

按月定期的应收票据应以到期月份中与出票日相同的那一天为到期日，月末签发的票据，不论月份，都以到期月份的月末那一天为到期日。例如 6 月 22 日签发的期限为 3 个月的票据，到期日应为 9 月 22 日；1 月 31 日签发的到期为 1 个月的票据，到期日为 2 月 28 日（闰年为 2 月 29 日）。

（2）按日定期。

按日定期的应收票据应从出票日起按实际经历天数计算。通常出票日和到期日，只能计算其中的一天，即“算头不算尾”或“算尾不算头”。如 4 月 20 日签发的为期 60 天到期的票据，其到期日计算如下：

60 天 - 4 月份剩余天数 - 5 月份实有天数 = 60 - （30 - 20） - 31 = 19

即算尾不算头法下的到期日为 6 月 19 日。

（3）按规定日期定期。

按规定日期定期的应收票据是在票据上具体指定某年某月某日为到期日，例如，在票据上注明“准定于 2016 年 8 月 25 日到期照付”字样的票据。这类票据不需要通过计算，2016 年 8 月 25 日就是到期日。

3. 应收票据的账户设置

为了总括反映和监督企业应收票据的取得和到期收回等情况，企业应设置“应收票据”账户。该账户是资产类账户，期末余额在借方，反映未到期应收票据的票面金额，该账户可按开出、承兑商业汇票的单位分别设置明细账进行明细核算。

应收票据

应收票据的票面金额	背书转让或到期收回的应收票据票面金额
期末余额在借方，反映未到期应收票据的票面金额	

为了便于管理和分析各种票据的具体情况，企业应设置“应收票据登记簿”，逐笔记录每一笔应收票据的种类、号数、出票日期、票面金额、交易合同号、付款人、承兑人、背书人的姓名或单位名称、到期日和利率、贴现日期、贴现率和贴现净额，以及收款日期和收回金额等资料。应收票据到期收清票款或转让、贴现后，应在“应收票据登记簿”登记。

三、预付账款

1. 预付账款的概念

预付账款是指企业按照购货合同或劳务合同，预先支付给供货方或提供劳务方的款项，如预付的材料款、商品采购款等。

2. 预付账款的账户设置

为了反映和监督预付账款的支出和结算情况，企业一般应设置“预付账款”账户。该账户属于资产类账户，期末余额一般在借方，反映企业向供货方已预付尚未结算的款项，有时期末余额也会在贷方，此时反映企业所购货物或劳务大于预付款项的差额，属于负债性质，是企业应补付的款项。该账户应按供货单位设置明细账，进行明细分类核算。

预付账款

企业向供货单位预付或补付的款项	企业收到所购货物时应结转或退回多付的预付款项
期末余额在借方，反映企业向供货方已预付尚未结算的款项	期末余额在贷方，反映企业所购货物或劳务大于预付款项的差额

四、其他应收款

1．其他应收款的概念

其他应收款是指企业除应收票据、应收账款、预付账款等以外的其他各种应收、暂付款项。其他应收款是企业因非购销活动而产生的应收债权，是一种短期债权。其主要内容包括：

（1）预付给企业内部职能部门、车间和职工个人的备用款项。

（2）应收取的各种赔款、罚款。

（3）应收的出租包装物的租金。

（4）存出保证金，如支付的包装物押金。

（5）应向职工个人收取的各种垫付款项。

（6）应收、暂付上级单位或下属单位的款项等。

2．其他应收款的账户设置

为了反映和监督其他应收款的结算情况，应设置“其他应收款”账户进行总分类核算。该账户属于资产类账户，期末余额在借方，反映企业应收而未收到的其他应收款项。该账户按债务人名称设置明细账。

其他应收款

企业发生的各种其他应收款项和按规定转入的预付账款	企业收到的款项和结转款项
期末余额在借方，反映企业应收而未收到的其他应收款项	

活动一　核算应收账款和坏账

工作实例

1．2015 年 12 月 2 日，金华股份有限公司向甲公司销售产品，不含税价款为 60 000 元，按规定计算应收取的增值税为 10 200 元，代购货单位垫付运杂费 1 000 元，以现金支付，已办妥委托银行收款手续。10 天后，收到客户汇来款项。

2．2015 年 12 月 6 日，向乙公司销售一批产品，按价目表标明的价格计算价款总额为 100 000 元，购货方享受 10% 的商业折扣，适用增值税率为 17%，已办妥委托银行收款手续。

3．2015 年 12 月 13 日，向乙公司销售一批产品，不含税价为 500 000 元，规定的现金折扣条件是 2/10，n/30，适用增值税税率为 17%，已办妥委托银行收款手续。2015 年 12 月 22 日，乙公司支付了货款。假定计算现金折扣时不考虑增值税。

4. 2015 年 12 月 13 日，收到甲公司预付货款一笔，金额为 50 000 元，与甲公司的往来不设“预收账款”账户，记入“应收账款”账户。

5. 2015 年 12 月月末，会计与客户甲公司、乙公司对账，与甲公司、乙公司的应收账款明细账见表 3－1、表 3－2。

表 3－1　应收账款——甲公司明细账

单位：元

客户名称	日期	凭证号	摘要	借方金额	贷方金额	余额方向	余额
甲公司	2015－12－1		期初余额			借	28 600
甲公司	2015－12－2	记 23 号	销售产品	71 200		借	99 800
甲公司	2015－12－12	记 59 号	收到货款		71 200	借	28 600
甲公司	2015－12－15	记 68 号	收到货款		50 000	贷	21 400
	2015－12－31		本月合计	71 200	121 200	贷	21 400

表 3－2　应收账款——乙公司明细账

单位：元

客户名称	日期	凭证号	摘要	借方金额	贷方金额	余额方向	余额
乙公司	2015－12－1		期初余额			借	64 325
乙公司	2015－12－6	记 33 号	销售产品	105 300		借	169 625
乙公司	2015－12－13	记 62 号	销售产品	585 000		借	754 625
乙公司	2015－12－22	记 70 号	收到货款		585 000	借	169 625
	2015－12－31		本月合计	690 300	585 000	借	169 625

6. 2015 年公司开始计提坏账准备，按应收账款余额百分比法计提坏账准备，按 5% 计提坏账准备。2015 年底应收账款余额为 350 万元。

7. 2016 年发生一笔坏账，确认为坏账损失，金额为 13 万元。

8. 2016 年收到上一年已确认为坏账的一笔应收账款 22 万元。

9. 2016 年末应收账款余额为 293 万元。

10. 2017 年应收账款余额为 610 万元。

相关知识

一、应收账款的初始计量

应收账款按其实际发生额计价入账，即按买卖双方成交时的实际金额（包括发票金额和代购货单位垫付的款项）确定。因企业为招徕、吸引客户，在实际商业活动中附有各种折扣优惠条件，如商业折扣、现金折扣。所以应收账款的入账价值还需要考虑商业折扣和现金折扣等因素的影响。

1. **商业折扣**

商业折扣是指企业为促进商品销售，在商品标价上给予客户的价格扣除。通常以百分比来表示（实际上是企业为促进商品销售而在商品价格上给予的价格扣除），如5%、10%等。由于商业折扣在销售时已发生不构成发票价格的一部分，因此，对应收账款和营业收入均不产生影响，买卖双方均无须在账上反映，应收账款入账金额应按扣除商业折扣后的实际售价确认。

2. **现金折扣**

现金折扣是指在销售商品收入金额确定的情况下，债权人为鼓励债务人在规定的期限内付款而向债务人提供的债务扣除。通常用符号“折扣比率/付款期限”表示，如2/10、1/20、n/30，即信用期为30天，10天内付款折扣比率为2%，10～20天内付款折扣比率为1%，20～30天内付款则不享有折扣优惠。

由于现金折扣发生于交易成立后，且对于销售方来说其实际能收到的款项视购买方付款期的不同而不同。因此，存在现金折扣的情况下，应收账款入账金额的确认有两种方法，一种是总价法，另一种是净价法。目前，我国企业会计准则要求采用的是总价法。

① 总价法。总价法是将未减去现金折扣前的金额作为实际售价，记作应收账款的入账价值。现金折扣只有客户在折扣期内支付货款时，才予以确认。这一方法把现金折扣作为鼓励客户提早付款而给予的经济利益。销售方把给予客户的现金折扣视为融资的理财费用，会计上应作为“财务费用”处理。

② 净价法。净价法是将扣减现金折扣后的金额作为实际售价，据以确认应收账款的入账价值。这种方法把客户取得折扣视为正常现象，认为客户一般都会提前付款，而将由于客户超过折扣期而多收入的金额，视为提供信贷获得的理财收入，冲减“财务费用”。

当企业销售商品、产品、提供劳务发生应收账款时，按应收金额借记“应收账款”账户，按实现的营业收入，贷记“主营业务收入”账户，按增值税专用发票上注明的增值税额，贷记“应交税费——应交增值税（销项税额）”账户。

收回应收账款时，借记“银行存款”账户，贷记“应收账款”账户，如果应收账款改用商业汇票结算，在收到承兑的商业汇票时，按照票面金额，借记“应收票据”账户，贷记“应收账款”账户。

温馨提示

不单独设置“预收账款”账户的企业，预收账款也在本账户中核算。

二、应收账款减值

坏账是指企业无法收回或收回的可能性极小的应收款项。因发生坏账而产生的损失称为坏账损失。企业应于资产负债表日对应收款项进行检查，有客观证据表明该应收款项发生减值的，应当将应收款项的账面价值减记至预计未来现金流量的现值，减记的金额确认减值损失，计提坏账准备。

1. 坏账的确认

当企业的应收款项被证实很可能无法收回且金额能够合理估计时，应确认为坏账。

一般来讲，企业的应收款项符合下列条件之一的，应确认为坏账：

（1）因债务人破产或死亡，以其破产财产或遗产偿债后，确实无法收回的。

（2）因债务单位撤销、资不抵债或现金流量严重不足，确实无法收回的。

（3）因发生严重的自然灾害等导致债务单位停产而在短时间内无法偿付债务，确实无法收回的。

（4）因债务人逾期未履行偿债义务超过 3 年，经核查确实无法收回的。

2. 计提坏账损失应注意的问题

（1）除有确凿证据表明不能收回或收回可能性很小的应收账款外，下列几种情况不能全额计提坏账准备：

① 当年发生的应收账款。

② 计划对应收账款进行重组。

③ 与关联方发生的应收款项。

④ 其他已逾期但无确凿证据表明不能收回的应收款项。

（2）企业的预付账款，如有确凿证据表明其不符合预付账款性质，或者因供货单位破产、撤销等原因已无法收到所购货物的，应当将原记入预付账款的金额转入其他应收款，再按规定计提坏账准备。

（3）企业持有的未到期应收票据，如有确凿证据表明不能收回或收回可能性不大时，应将其账面余额转入应收账款，并计提相应坏账准备。

（4）对于已确认为坏账的应收款项，并不意味着企业放弃了追索权，一旦重新收回，应及时登记入账。

3. 坏账的核算方法

坏账在会计上有两种处理方法，即直接转销法和备抵法。

（1）直接转销法。

直接转销法是指在实际发生坏账时，确认坏账损失，借记“资产减值损失”，贷记“应收账款”。如果已注销的应收账款后又收回时，借记“应收账款”，贷记“资产减值损失”后，同时借记“银行存款”，贷记“应收账款”。

直接转销法的优点是账务处理简单、真实，但是，这种方法却忽视了坏账损失与应收款项的业务关系。在转销坏账损失的前期，对于坏账的情况不做任何处理，显然不符合权责发生制，而且核销手续繁杂，致使企业发生大量陈账、呆账、长年挂账，得不到处理，虚增了利润，也夸大了前期资产负债表上应收款项的可实现价值。

（2）备抵法。

备抵法是指在坏账损失实际发生前，依据权责发生制原则估计损失，并形成坏账准备，当某一应收款项全部或者部分确认为坏账时，应根据其金额冲减坏账准备，同时转销相应的应收款项金额。

备抵法的优点是：① 预计不能收回的应收款项作为坏账损失及时计入损益，避免企业虚增利润；② 在报表上列示应收账款净额，使报表阅读者更能了解企业真实的财务情况；③ 使应收款项实际占用资金接近实际，消除了虚列的应收款项，有利于加快企业资金周转，提高企业经济效益。

我国《企业会计准则》规定，企业对坏账只能采用备抵法进行核算。

4. 坏账准备的账户设置

为了反映和监督坏账准备的计提和坏账损失的发生等情况，应设置“坏账准备”账户，该账户是各种应计提坏账准备的应收款项的抵减调整账户。期末结账前的余额可能在贷方，也可能在借方。结账后的余额一定在贷方，表示已计提但尚未转销的坏账准备金额，并且等于按年末应收款项的一定比例提取的金额。

坏账准备

坏账准备的转销数和多提的冲回数	坏账准备的提取数、收回以前已确认并转销的坏账
	表示已计提但尚未转销的坏账准备金额，并且等于按年末应收款项的一定比例提取的金额

5. 坏账准备的计提方法

坏账准备的计提方法及账务处理。常用的坏账准备的计提方法有应收款项余额百分比法、账龄分析法、个别认定法。具体采用哪种方法由企业自行确定，一经确定不得随意变更。

（1）应收款项余额百分比法。

应收款项余额百分比法，是根据会计期末应收款项的余额乘以估计的坏账率（即当期应估计的坏账损失），估计坏账损失、计提坏账准备的方法。估计坏账率可以按照以往的数据资料加以确定，也可根据规定的百分率计算。

坏账准备计算公式：

当期应提取的坏账准备金额＝当期按应收款项计算应提坏账准备金额（即期末应收款项×坏账率）－（＋）期末结账前“坏账准备”账户的贷方（或借方）余额

如果当期按应收款项计算应提坏账准备金额大于“坏账准备”账户的贷方余额，应按其差额提取坏账准备；如果当期按应收款项计算应提坏账准备金额小于“坏账准备”账户的贷方余额，应按其差额冲回已计提的坏账准备；当坏账准备的账面余额在借方时，按应收款项计算应提坏账准备金额加上坏账准备的账户借方余额的合计数提取。

（2）账龄分析法。

账龄分析法，是指根据应收款项账龄的长短来估计坏账的方法。账龄指的是顾客所欠账款的时间，虽然应收账款能否收回以及能收回多少，不一定完全取决于时间的长短，但一般来说，账龄越长，发生坏账的可能性就越大。

账龄分析法核算的步骤是：

第一步：将应收账款的余额按拖欠时间的长短分为几个区段，每个区段确定一个估计坏账率。

第二步：计算每个区段的坏账准备数，为应收账款金额乘以估计坏账率。

第三步：计算当期应确认的坏账准备数，为“坏账准备”期末数 +/－调整前“坏账准备”期末数。具体操作见表 3－3。

表 3－3　应收账款账龄分析表

应收账款的账龄	应收账款的金额/元	估计损失/%	估计损失金额/元
1 年以内	1 000 000	5	50 000
1～2 年（含 1 年）	800 000	10	80 000
2～3 年（含 2 年）	50 000	30	15 000
3～4 年（含 3 年）	6 000	100	6 000
合计	1 856 000	—	151 000

由表 3－3 中可以看出，本期“坏账准备”期末数应为 151 000 元，具体应提取或冲销的“坏账准备”数应根据调整前“坏账准备”期末数计算可得。

（3）个别认定法。

个别认定法，是指根据单笔应收款项的可收回性估计坏账损失的方法。企业的某项应收账款金额重大，或者对方有明显还款困难的迹象，应对其进行单独测试，调查其信用状况和偿还能力，据此计提坏账准备。

工作步骤

（1）2015 年 12 月 2 日，金华股份有限公司向甲公司销售产品，不含税价款为 60 000 元，按规定计算应收取的增值税为 10 200 元，代购货单位垫付运杂费 1 000 元，以现金支付，已办妥委托银行收款手续。10 天后，收到客户汇来款项。

办妥托收手续时：

借：应收账款——甲公司　　71 200

　贷：主营业务收入　　60 000

　　　应交税费——应交增值税（销项税额）　　10 200

　　　库存现金　　1 000

收到银行收款通知时：

借：银行存款　　71 200

　贷：应收账款——甲公司　　71 200

（2）2015 年 12 月 6 日，向乙公司销售产品一批，按价目表标明的价格计算价款总额为 100 000 元，购货方享受 10% 的商业折扣，适用增值税率为 17%，已办妥委托银行收款手续。

办妥托收手续时：

借：应收账款——乙公司　　105 300
　贷：主营业务收入　　90 000
　　　应交税费——应交增值税（销项税额）　　15 300

（3）2015 年 12 月 13 日，向乙公司销售产品一批，不含税价为 500 000 元，规定的现金折扣条件是 2/10，n/30，适用增值税税率为 17%，已办妥委托银行收款手续。2015 年 12 月 22 日，乙公司支付了货款。假定计算现金折扣时不考虑增值税。

办妥托收手续时：

借：应收账款——乙公司　　585 000
　贷：主营业务收入　　500 000
　　　应交税费——应交增值税（销项税额）　　85 000

收到银行收款通知时：

借：银行存款　　575 000
　　财务费用　　10 000
　贷：应收账款——乙公司　　585 000

（4）2015 年 12 月 13 日，收到甲公司预付货款一笔，金额 50 000 元，与甲公司的往来不设“预收账款”账户，记入“应收账款”账户。

借：银行存款　　50 000
　贷：应收账款——甲公司　　50 000

（5）月末，会计与客户甲公司、乙公司对账，与甲公司、乙公司的应收账款明细账见表 3－1、表 3－2。

表 3－1　应收账款——甲公司明细账

单位：元

客户名称	日期	凭证号	摘要	借方金额	贷方金额	余额方向	余额
甲公司	2015－12－1		期初余额			借	28 600
甲公司	2015－12－2	记 23 号	销售产品	71 200		借	99 800
甲公司	2015－12－12	记 59 号	收到货款		71 200	借	28 600
甲公司	2015－12－15	记 68 号	收到货款		50 000	贷	21 400
	2015－12－31		本月合计	71 200	121 200	贷	21 400

表 3－2　应收账款——乙公司明细账

单位：元

客户名称	日期	凭证号	摘要	借方金额	贷方金额	余额方向	余额
乙公司	2015－12－1		期初余额			借	64 325
乙公司	2015－12－6	记 33 号	销售产品	105 300		借	169 625
乙公司	2015－12－13	记 62 号	销售产品	585 000		借	754 625
乙公司	2015－12－22	记 70 号	收到货款		585 000	借	169 625
	2015－12－31		本月合计	690 300	585 000	借	169 625

温馨提示

应收账款账户是资产类账户，余额方为借方。明细账余额出现在贷方，则表示预收账款，期末编制资产负债表时应放在“预收账款”项目中。

应收账款——甲公司的明细账余额为贷方 21 400 元，表示公司预收甲公司 21 400 元，期末编制资产负债表时，应把 21 400 元放在“预收账款”项目中。

应收账款——乙公司的明细账余额为借方 169 625 元，表示公司应收乙公司 169 625 元，期末编制资产负债表时，应把 169 625 元放在“应收账款”项目中。

（6）2015 年公司开始计提坏账准备，按应收账款余额百分比法计提坏账准备，按 5% 计提坏账准备。2015 年底应收账款余额为 3 500 000。

2015 年计提坏账准备：

借：资产减值损失　　175 000

　贷：坏账准备　　175 000

（7）2016 年发生一笔坏账，确认为坏账损失，金额为 130 000。

借：坏账准备　　130 000

　贷：应收账款　　130 000

（8）2016 年收到上一年已确认为坏账的一笔应收账款 220 000。

借：应收账款　　220 000

　贷：坏账准备　　220 000

借：银行存款　　220 000

　贷：应收账款　　220 000

（9）2016 年末应收账款余额为 293 万元。

2016 年应收账款余额为 293 万元，按 5% 计算坏账准备的余额为 146 500 元，但调整前坏账准备账户的余额为 265 000 元，因此，应冲减坏账准备 118 500 元。

借：坏账准备　　118 500

　贷：资产减值损失　　118 500

（10）2017 年应收账款余额为 610 万元。

借：资产减值损失　　158 500
　贷：坏账准备　　158 500

活动二 核算应收票据

工作实例

1. 销售产品给甲公司，货已发出，增值税专用发票上注明的商品价款为500 000 元，增值税额为 85 000 元。收到甲公司签发的不带息银行承兑汇票一张，该票据的期限为 1 个月。

2. 销售产品给乙公司，货已发出，增值税专用发票上注明的价款为 300 000 元，增值税额为 51 000 元。11 月 1 日，收到乙公司签发的带息银行承兑汇票一张，期限为 3 个月，票面利率为 6%。

3. 公司收到的一张不带息的商业承兑汇票 36 800 元到期，承兑人和开票人均无力偿还票款。

4. 1 月 30 日，公司向 M 公司购买原材料一批，不含税价款 320 000 元，增值税为 54 400 元，用一张带息银行承兑汇票支付，票面金额为 350 000 元，出票日期为 11 月 30 日，期限为 6 个月，票面年利率为 6%。

5. 5 月 1 日，公司将一张不带息银行承兑汇票到银行贴现，出票日是 4 月 1 日，面值为 10 万元，期限为 60 天，贴现率为 7%。与银行签订的协议中规定，如果债务人未能按期偿还时，企业不负有向银行还款的责任。

6. 4 月 16 日，公司将一张带息商业承兑汇票向银行申请贴现，出票日为 3 月 17 日，面值 80 000 元，票面利率为 5%，期限为 90 天。与银行签订的协议中规定，贴现率为 6%，如果债务人未能按期偿还时，企业负有向银行还款的责任。

7. 该票据到期时，票据到期承兑方付款。

8. 公司将一张不带息商业承兑汇票向银行贴现，面值 30 000 元。与银行签订的协议中规定，如果债务人未能按期偿还时，企业负有向银行还款的责任。贴现息为 320 元。票据到期时，承兑人和出票人均无力付款，公司用银行存款支付票款。

相关知识

一、收到商业汇票的核算

当收到带息商业汇票时，由于商业汇票的付款期限最长不得超过 6 个月，利息金额相对来说不大，用未来现金流量的现值入账不但计算麻烦，而且折价还要逐期摊销，基于重要性原则可以简化核算。应收票据应按照票据的票面价值或票面金额入账。

因销售产品收到的商业汇票，按应收票据的面值，借记“应收票据”账户，贷记“主营业务收入”账户，按增值税专用发票上注明的增值税额，贷记“应交税费——应交增值税（销项税额）”账户。企业收到用以抵偿应收账款的应收票据时，借记“应收票据”账户，贷记“应收账款”账户。

二、带息应收票据的计提利息

对于带息应收票据，应于期末（中期期末6月30日和年末12月31日）按票据面值和票面利率计提利息，并增加应收票据的账面价值。借记“应收票据”账户，贷记“财务费用”账户。

票据利息计算公式如下：

利息＝应收票据票面值×票面利率×期限

公式中的票面利率一般指年利率，期限指签发日至到期日的时间间隔（有效期）。票据的期限一般有按月表示或按日表示两种。在实务中，为方便计算，常把一年定为360天。票据的期限以月表示的，则公式中的期限为按月确定的月数/12个月；期限以日表示的，则公式中的期限为按日确定的天数/360天。

三、应收票据到期

不带息商业汇票到期时，可以收回票据面值，借记“银行存款”账户，按票面金额，贷记“应收票据”账户。

带息应收票据到期收回款项时，应按收到的本息，借记“银行存款”账户，按票面金额，贷记“应收票据”账户，按其差额（未计提利息部分），贷记“财务费用”账户。

带息应收票据到期，如果因付款人无力支付票款，而收到由银行退回的商业承兑汇票、委托收款凭证、未付票款通知书或拒绝付款证明等单证，应将应收票据的账面余额转入“应收账款”账户，期末不再计提利息。对尚未计提利息只要求在有关备查簿中进行登记即可，待实际收到上述款项时，再冲减当期的财务费用。

四、应收票据转让

应收票据转让，是指持票人因偿还前欠货款等原因，将未到期的商业汇票背书转让给其他单位或个人的活动。企业将持有的未到期的应收票据背书转让给销售企业，以取得所需物资时，按计入物资成本的价值，借记“在途物资”“材料采购”“原材料”“库存商品”等账户，按取得的增值税专用发票上注明的增值税额，借记“应交税费——应交增值税（进项税额）”账户，按应收票据的账面余额，贷记“应收票据”账户，如有差额，借记或贷记“银行存款”等账户。

五、应收票据贴现

企业持有的应收票据在到期前，如果出现资金短缺，可以持未到期的商业汇票经过背书后向其开户银行申请贴现，以便获得所需资金。贴现是指企业将持有的未到期的票据转让给银行，银行受理后从票据到期值中扣除贴现日至票据到期日的贴现利息及其他相关的手续费后，将余额付给企业的一种融资行为。可见，票据贴现实质上是企业融通资金的一种形式。

应收票据贴现的特点：

（1）票据贴现可视为企业以商业汇票作为抵押，向银行融资的一种行为，是银行对贴现申请人发放的短期借款。

（2）贴现银行以票据到期值为基础，扣除贴现息（短期借款利息）后，将贴现额付给贴现人。

（3）商业汇票到期时，承兑人作为第一付款人，应承担向票据持有人付款的责任。如果承兑人付款，则贴现人不再有连带付款的责任。

（4）商业汇票到期时，如果承兑人不付款，则贴现人负有向贴现银行偿还短期借款的责任。

（5）商业汇票到期时，如果承兑人不付款，贴现人付款后，应向开票人和承兑人追索票据款项。

票据贴现期、持票期之间的关系如图 3－2 所示。

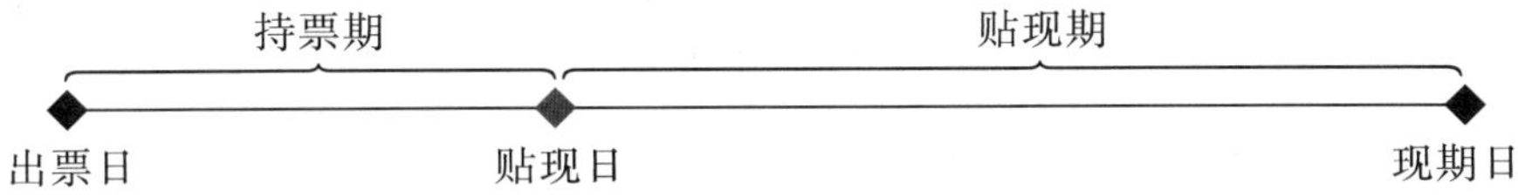

图 3－2　票据贴现期、持票期之间关系图

在应收票据贴现时，企业支付给银行从贴现日至票据到期日的利息，称为贴现息。银行计算贴现息时确定的利率，称为贴现率。

应收票据贴现额的计算可分为以下四个步骤。

票据到期值＝票据面值×（1＋年利率÷360×票据到期天数）

或＝票据面值×（1＋年利率÷12×票据到期月数）

贴现息＝票据到期值×贴现率×贴现期

贴现额＝票据到期值－贴现息－其他相关的手续费

温馨提示

贴现期是指贴现日至到期日前一天的天数。承兑人在异地的，贴现利息的计算应另加 3 天的划款日期。

根据企业与银行等金融机构签订的协议中规定不同，对应收票据贴现的账务处理不相同。

（1）附追索权的商业汇票贴现。

附追索权的商业汇票贴现，是指贴现后的票据，在到期时如果票据承兑人无力向贴现银行支付票款，则银行将向申请贴现企业提示票据，申请贴现企业应负责偿还票据金额的连带责任。

企业持未到期的不带息的应收票据向银行贴现，应按实际收到的金额（即减去贴现息后的净额），借记“银行存款”账户，按贴现息部分，借记“财务费用”等账户，按商业汇票的票面金额，贷记“短期借款”账户。

企业持未到期的带息的应收票据向银行贴现，应按实际收到的金额（即减去贴现息后的净额），借记“银行存款”账户，按贴现息部分，借记“财务费用”等账户，按商业汇票的到期值，贷记“短期借款”账户。

汇票到期日，依据承兑人是否付款，贴现方的责任和会计处理见表3－4。

表3－4　汇票到期日贴现方的责任和会计处理

汇票到期日	贴现方责任	贴现方会计处理
承兑人付款	票据贴现而产生的负债责任解除	借：短期借款
		贷：应收票据
承兑人不付款	成为实际的债务人	借：短期借款
		贷：银行存款
		借：应收账款
		贷：应收票据

（2）不附追索权的商业汇票贴现。

不附追索权的商业汇票贴现，是指应收票据贴现时，该票据上的所有兑现风险和利益在贴现时全部转移给银行。到期时，不论承兑人是否能够偿还票据款项，都与贴现企业无关，视同出售应收票据。因此，企业对票据到期无法收回的票款不承担连带责任，即符合金融资产终止确认的条件。

贴现时，按实际收到的金额（即贴现额），借记“银行存款”账户，按贴现票据的账面余额，贷记“应收票据”账户，实际收到的贴现款与贴现的商业汇票的账面价值差额借记或贷记“财务费用”账户。

工作步骤

（1）销售产品给甲公司，货已发出，增值税专用发票上注明的商品价款为500 000元，增值税额为85 000元。收到甲公司签发的不带息银行承兑汇票一张，该票据的期限为1个月。

收到票据时：

借：应收票据　　585 000

　贷：主营业务收入　　500 000

　　　应交税费——应交增值税（销项税额）　　85 000

1个月后，应收票据到期，收回款项585 000元存入银行：

借：银行存款　　585 000

　贷：应收票据　　585 000

（2）销售产品给乙公司，货已发出，增值税专用发票上注明的价款为300 000元，增值税额为51 000元。11月1日，收到乙公司签发的带息银行承兑汇票一张，期限为3个月，票面利率为6%。

收到票据时：

借：应收票据　　　　351 000

　贷：主营业务收入　　　　300 000

　　　应交税费——应交增值税（销项税额）　　　　51 000

12 月 31 日计提利息时：

票据利息＝351 000×6%÷12×2＝3 510（元）

借：应收票据　　　　3 510

　贷：财务费用　　　　3 510

票据到期收回款项时：

收款金额＝应收票据票面金额＋应收票据利息＝351 000＋351 000×6%÷12×3＝356 265（元）

未计提利息＝351 000×6%÷12×1＝1 755（元）

借：银行存款　　　　356 265

　贷：应收票据　　　　354 510

　　　财务费用　　　　1 755

（3）公司收到的一张不带息的商业承兑汇票 36 800 元到期，承兑人和开票人均无力偿还票款。

借：应收账款　　　　36 800

　贷：应收票据　　　　36 800

（4）1 月 30 日，公司向 M 公司购买一批原材料，不含税价款 320 000 元，增值税为 54 400 元，用一张带息银行承兑汇票支付，票面金额为 350 000 元，出票日期为 11 月 30 日，期限为 6 个月，票面年利率为 6%。

购买原材料，结算方式是用商业汇票背书转让支付。这张带息银行银行汇票在持有期间，跨年末 12 月 31 日，因此，年末时应计提利息：

借：应收票据　　　　1 750

　贷：财务费用　　　　1 750

商业汇票转让时：

借：原材料　　　　320 000

　　应交税费——应交增值税（进项税额）　　　　54 400

　贷：应收票据　　　　351 750

　　　财务费用　　　　1 750

　　　银行存款　　　　20 900

（5）5 月 1 日，公司将一张不带息银行承兑汇票到银行贴现，出票日是 4 月 1 日，面值为 100 000 元，期限为 60 天，贴现率为 7%。与银行签订的协议中规定，如果债务人未能按期偿还时，企业不负有向银行还款的责任。

贴现天数＝30 天

贴现息＝100 000×7%×30/360＝583. 33（元）

贴现额＝100 000－583. 33＝99 416. 67（元）

借：银行存款　　　　99 416. 67

财务费用　　583.33

贷：应收票据　　100 000

（6）4月16日，公司将一张带息商业承兑汇票向银行申请贴现，出票日为3月17日，面值为80 000元，票面利率为5%，期限为90天。与银行签订的协议中规定，贴现率为6%，如果债务人未能按期偿还时，企业负有向银行还款的责任。

票据到期利息＝80 000×5%×90÷360＝1 000（元）

票据到期值＝80 000＋1 000＝81 000（元）

贴现息＝81 000×6%×60÷360＝810（元）

贴现额＝81 000－810＝80 190（元）

贴现时：

借：银行存款　　80 190

财务费用　　810

贷：短期借款　　81 000

（7）到期时，票据到期承兑方付款。

借：短期借款　　81 000

贷：应收票据　　80 000

财务费用　　1 000

（8）公司将一张不带息商业承兑汇票向银行贴现，面值为30 000元。与银行签订的协议中规定，如果债务人未能按期偿还时，企业负有向银行还款的责任。贴现息为320元。票据到期时，承兑人和出票人均无力付款，公司用银行存款支付票款。

贴现时：

借：银行存款　　29 680

财务费用　　320

贷：短期借款　　30 000

到期时，用银行存款支付票款，同时将出票人欠公司的票据款转为“应收账款”：

借：短期借款　　30 000

贷：银行存款　　30 000

同时：

借：应收账款　　30 000

贷：应收票据　　30 000

活动三 核算预付账款和其他应收款

工作实例

1. 金华股份有限公司向D公司采购A材料，总价款为600 000元。合同规定要预付D公司总价款的10%。

2. D公司收到预付款后，发货，同时发来增值税专用发票，发票上所列明的价款为550 000元，增值税额为93 500元，价税合计643 500元。企业向D公司补付货款583 500元。

3. 金华股份有限公司向X公司采购原材料，材料价款为100 000元，增值税为17 000元，合同规定需预付10 000元，余下货款在货到后支付。金华公司对X公司的往来账已设有“应付账款”账户，因此，此笔预付款不再开设“预付账款”，而在“应付账款”账户中核算。

4. 公司向丙企业购买商品时借用包装物一批，以银行存款支付押金10 000元。

5. 公司仓库在盘点中发现部分原材料损坏，价值为15 000元，经查明是空气潮湿导致霉变，保险公司赔偿13 000元，余下的损失由公司承担。

6. 公司销售人员方伟出差预借差旅费5 000元，以现金支付。

7. 公司本月给职工垫付电话费3 200元，以转账支票支付。

8. 公司因往来单位违反合同应收赔款3 000元。

相关知识

一、预付账款的核算

企业向供货方或提供劳务方预付货款时，应按预付金额借记“预付账款”账户，贷记“银行存款”账户。收到预购的材料或商品时，按材料或商品的实际成本及增值税专用发票上注明的增值税额，借记“材料采购”“应交税费——应交增值税（进项税额）”账户，贷记“预付账款”账户。

补付货款时，按补付金额，借记“预付账款”账户，贷记“银行存款”账户；收到供货方退回多付的货款时，按退回金额，借记“银行存款”账户，贷记“预付账款”账户。

预付账款业务不多的企业，也可以不设置“预付账款”账户，而将预付账款业务在“应付账款”账户核算。但在期末编制资产负债表时，仍需将预付账款与应付账款分开反映。“预付账款”账户的明细账余额在借方，应列入资产负债表“预付账款”项目；“预付账款”账户的明细账余额在贷方，应列入资产负债表“应付账款”项目。

预付货款时，借记“应付账款”账户，贷记“银行存款”账户；收到材料或商品时，借记“材料采购”“应交税费——应交增值税（进项税额）”账户，贷记“应付账款”账户；补付货款时，按补付金额，借记“应付账款”账户，贷记“银行存款”账户；收到供货方退回多付的货款时，按退回金额，借记“银行存款”账户，贷记“应付账款”账户。

二、其他应收款的核算

企业发生应收而未收的赔款、罚款、租金和其他款项，以及支付备用金、包装物押金和其他各种暂付款项时，借记“其他应收款”账户，贷记有关账户；收回应收、暂付款项或由单位、个人预支款项报销时，借记有关账户，贷记“其他应收款”账户。

企业应当定期或在年度终了时，对其他应收款进行核算，预计可能发生的坏账损失，并计提坏账准备。对于不能收回的其他应收款应查明原因，追究责任。对确实无法收回的其他应收款，按照企业的管理权限，经股东大会或董事会，或经理（厂长）会议或类似机构批准，作为坏账损失，冲减提取的坏账准备。

经批准作为坏账的其他应收款，借记“坏账准备”账户，贷记“其他应收款”账户；已确认并转销的坏账，如果以后又收回，按实际收回的金额，借记“其他应收款”账户，贷记“坏账准备”账户，同时，借记“银行存款”账户，贷记“其他应收款”账户。

工作步骤

（1）金华股份有限公司向D公司采购A材料，总价款600 000元。合同规定要预付D公司总价款的10%。

预付款项时：

借：预付账款——D公司　　60 000

　贷：银行存款　　60 000

（2）D公司收到预付款后，发货，同时发来增值税专用发票，发票上所列明的价款为550 000元，增值税额为93 500元，价税合计643 500元。企业向D公司补付货款583 500元。

收到材料、发票账单时：

借：材料采购　　550 000

　　应交税费——应交增值税（进项税额）　　93 500

　贷：预付账款——D公司　　643 500

补付货款时：

借：预付账款——D公司　　583 500

　贷：银行存款　　583 500

（3）金华股份有限公司向X公司采购原材料，材料价款100 000元，增值税17 000元，合同规定需预付10 000元，余下货款在货到后支付。金华公司对X公司的往来账已设有“应付账款”账户，因此，此笔预付款不再开设“预付账款”，而在“应付账款”账户中核算。

预付款项时：

借：应付账款——X 公司　10 000

　贷：银行存款　10 000

收到材料、发票账单时：

借：材料采购　100 000

　　应交税费——应交增值税（进项税额）　17 000

　贷：应付账款——X 公司　117 000

补付货款时：

借：应付账款——X 公司　107 000

　贷：银行存款　107 000

（4）公司向丙企业购买商品时借用包装物一批，以银行存款支付押金 10 000 元。

借：其他应收款——存出保证金　10 000

　贷：银行存款　10 000

（5）公司仓库在盘点中发现部分原材料损坏，价值为 15 000 元，经查明是空气潮湿导致霉变，保险公司赔偿 13 000 元，余下的损失由公司承担。

借：其他应收款——保险公司　13 000

　　管理费用　2 000

　贷：待处理财产损溢——待处理流动资产损溢　15 000

（6）公司销售人员方伟出差预借差旅费 5 000 元，以现金支付。

借：其他应收款——方伟　5 000

　贷：库存现金　5 000

（7）公司本月给职工垫付电话费 3 200 元，以转账支票支付。

借：其他应收款——×××　3 200

　贷：银行存款　3 200

（8）公司因往来单位违反合同应收赔款 3 000 元。

借：其他应收款——××单位　3 000

　贷：营业外收入　3 000

任务二　处理应付和预收款项的核算业务

工作任务

应付票据、应付账款、预收账款、应付利息、应付股利和其他应付款的核算；完成工作任务应提交的标志性成果：记账凭证、明细账和总账。

知识准备

应付及预收款项是指企业在日常生产经营过程中发生的各项债务，包括：应付票据、应付账款、预收账款、应付利息、应付股利和其他应付款等。

一、应付账款

1. 应付账款的概念

应付账款是指企业因购买材料、商品、其他物资和接受劳务供应时，应支付给供应商的款项。

应付账款的确认，应以取得所购货物的所有权且有关的风险和报酬已经转移或劳务已经接受为标志。但在实际工作中应区别以下两种情况处理：

（1）在物资和发票账单同时到达的情况下。应付账款一般待物资验收入库后，才按发票账单登记入账。

（2）在物资和发票账单未同时到达的情况下，应付账款的确认以收到发票账单为据登记入账。

如果货物已到，发票账单要间隔较长时间才能到达，由于这笔负债已经成立，应作为一项负债反映。在会计期末，为了反映企业的负债情况，需要将所购物资和相关的应付款暂估入账，待下月初以红字冲销，等实际收到结算账单时，再按实际金额确认应付账款。

应付账款一般按实际应付金额入账，如果购货条件规定，在限定的付款期内付款可享受一定的现金折扣，其入账金额也应采用总价法确认。因在折扣期限内付款而获得的现金折扣，应在偿付应付账款时冲减财务费用。

2. 应付账款的账户设置

“应付账款”属于负债类科目，期末余额在贷方，表示尚未还清的应付货款。应付账款按债权单位和个人设置明细账户进行明细核算。

应付账款

应付账款的实际偿还金额	应付账款的实际发生金额
	期末余额在贷方，反映尚未还清的应付货款

二、应付利息

1. 应付利息的概念

应付利息核算企业按照合同约定应支付的利息，包括短期借款、分期付息到期还本的长期借款、企业债券等应支付的利息。

2. 应付利息的账户设置

企业设置“应付利息”账户反映利息的计提与支付情况，该科目核算企业按照合同约定应支付的利息，包括吸收存款、分期付息到期还本的长期借款、企业债券等应支付的利息，该科目期末贷方余额，反映企业应支付但尚未付的利息。

应付利息

企业支付的利息	企业计提的利息
	期末余额在贷方，反映尚未还清的应付利息

三、应付股利

1. 应付股利的概念

应付股利是指企业根据股东大会或类似机构审议批准的利润分配方案确定分配给投资者的现金股利或利润。

2. 应付股利的账户设置

企业通过“应付股利”账户，核算企业确定或宣告支付但尚未实际支付的现金股利或利润。该科目通过期末贷方余额来反映企业应付未付的现金股利或利润。该科目应按照投资者设置明细科目进行明细核算。

应付股利

企业实际支付的现金股利或利润	企业计提的现金股利或利润
	期末余额在贷方，反映企业确定或宣告支付但尚未实际支付的现金股利或利润

四、应付票据

1. 应付票据的概念

应付票据是指企业购买材料、商品和接受劳务供应等而开出、承兑的商业汇票，包括商业承兑汇票和银行承兑汇票。

一般来说，商业汇票期限不超过 6 个月，因此，企业一般按照开出、承兑的应付票据的面值入账。

2. 应付票据的账户设置

为核算企业开出的商业汇票，企业应设置“应付票据”账户，核算应付票据的发生、偿还等情况。该账户为负债类账户，余额在贷方，表示企业尚未到期应付票据的数额。

应付票据

到期承兑支付或转出的商业汇票的票面金额	开出商业汇票的票面金额
	期末余额在贷方，反映尚未到期应付票据的数额

五、预收账款

1. 预收账款的概念

预收账款是指企业按照合同规定向购货单位预收的款项。与应付账款不同，预收账款所形成的负债不是以货币偿付，而是以货物偿付。

有些购销合同规定，销货方可向购货企业预先收取一部分货款，待向对方发货后再收取其余货款。企业发货前收取的货款，表明企业承担了会在未来导致经济利益流出企业时应履行的义务，应确认为企业的一项负债。

2. 预收账款的核算

为了反映企业预收客户的货款，应设置“预收账款”账户来核算。该账户是负债类账户，期末余额一般在贷方，表示已预收货款但尚未向购货方发货的数额；期末如为借方余额，则反映企业尚未转销的款项。预收账款按购货单位名称或个人设置明细账，进行明细核算。

预收账款

企业向购货方发货后冲销的预收货款数额和退回购货方多付货款的数额	预收货款的数额和购货方单位补付货款的数额
期末余额在借方，反映企业尚未转销的款项	期末余额在贷方，反映已预收货款但尚未向购货方发货的数额

温馨提示

预收货款业务不多的企业，可以不单独设置“预收账款”科目，其所发生的预收货款，可通过“应收账款”科目核算。

六、其他应付款

1. 其他应付款的概念

其他应付款是指企业除了应付票据、应付账款、预收账款、应付职工薪酬、应交税费、应付股利等经营活动以外的其他各种应付和暂收款项，如应付经营租入固定资产租金、应付租入包装物租金、存入保证金等。

2. 其他应付款的账户设置

企业通过“其他应付款”账户，核算其他应付款的增减变动及其结存情况，并按照其他应付款的项目和对方单位或个人设置明细科目进行明细核算。该账户期末余额在贷方，反映企业应付未付的其他应付款项。

其他应付款

偿还或转销的各种应付、暂收款项	发生的各种应付、暂收款项
	期末余额在贷方，反映企业应付未付的其他应付款项

活动一 核算应付款项

工作实例

1. 公司从 A 公司购入一批材料，货款为 100 000 元，增值税为 17 000 元。材料已验收入库，款项尚未支付。

2. 公司从 N 公司购入原材料一批，货款为 300 000 元，增值税为 51 000 元。材料尚未入库，款项尚未支付。按照购货协议规定，付款条件为 2/10、1/20、n/30。（假定计算现金折扣时不考虑增值税）

3. 10 天内，公司用转账支票付清了所欠 N 公司的货款。

4. 公司确定一笔 8 000 元的账款为无法支付的款项，经批准应予以转销。

5. 公司现金流动性不足，借入一年期借款 3 000 000 元，按季付息，到期还本。合同约定年利率为 5%。

6. 公司实现净利润 8 000 000 元，经过股东会批准，决定分配现金股利 5 000 000 元，股利已经用银行存款支付。

相关知识

一、应付账款的核算

（1）企业采购原材料、周转材料、库存商品等存货而产生的负债，应在发生时，按发票上的金额借记存货的账户，按增值税借记“应交税费——应交增值税（进项税额）”，按价税合计金额贷记“应付账款”账户。企业的各种应付赔款、应付租金、应付存入保证金等，不在本账户核算，而应在“其他应付款”账户核算。

（2）偿还应付账款时，如果是以现金和银行存款偿还，按实际支付额借记“应付账款”账户，贷记“银行存款”或“库存现金”等账户。

（3）开出商业承兑汇票抵付应付账款时，应按票面金额借记“应付账款”账户，贷记“应付票据”账户。

（4）企业转销确实无法支付的应付账款，应按其账面余额计入营业外收入，借记“应付账款”账户，贷记“营业外收入”账户。

（5）所购材料已到，但月终发票单据未到，货款尚未支付。在这种情况下，应在月终暂估计所购材料的成本和增值税费，按暂估价借记“材料采购”“在途物资”和“应交税费——应交增值税（进项税额）”账户，贷记“应付账款”账户，下月初用红数字予以冲销，待发票单据到达后再付款。付款时，按实际支付额借记“材料采购”和“应交税费——应交增值税（进项税额）”账户，贷记“银行存款”账户。

二、应付利息的核算

资产负债表日，企业应按计算确定的利息费用，借记“在建工程”“财务费用”和“研发支出”等账户，按计算确定的应付未付利息，贷记“应付利息”账户。企业实际支付利息时，借记“应付利息”账户，贷记“银行存款”等账户。

三、应付股利的核算

企业根据股东大会或类似机构审议批准的利润分配方案，确认应付给投资者的现金股利或利润时，借记“利润分配——应付现金股利”账户，贷记“应付股利”账户；向投资者实际支付现金股利时，借记“应付股利”账户，贷记“银行存款”账户。

工作步骤

（1）公司从A公司购入一批材料，货款100 000元，增值税为17 000元。材料尚未入库，款项尚未支付。

借：材料采购　　100 000
　　应交税费——应交增值税（进项税额）　　17 000
　贷：应付账款——A公司　　117 000

（2）公司从N公司购入一批原材料，货款300 000元，增值税为51 000元。材料尚未入库，款项尚未支付。按照购货协议规定，付款条件为2/10、1/20、n/30。（假定计算现金折扣时不考虑增值税）

借：材料采购　　300 000
　　应交税费——应交增值税（进项税额）　　51 000
　贷：应付账款——N公司　　351 000

（3）10天内，公司用转账支票付清了所欠N公司的货款。

借：应付账款——N公司　　351 000
　贷：银行存款　　345 000
　　财务费用　　（300 000×2%）6 000

（4）公司确定一笔8 000元的账款为无法支付的款项，经批准应予以转销。

借：应付账款　　8 000
　贷：营业外收入　　8 000

（5）公司流动性不足，借入1年期借款3 000 000元，按季付息，到期还本。合同约定年利率为5%。

每个月末计提利息费用：

借：财务费用　　12 500
　贷：应付利息　　12 500

季末实际支付利息：

借：应付利息　　37 500
　贷：银行存款　　37 500

（6）公司实现净利润 8 000 000 元，经过股东会批准，决定分配现金股利 5 000 000 元，股利已经用银行存款支付。

借：利润分配——应付现金股利　　5 000 000
　贷：应付股利　　5 000 000
借：应付股利　　5 000 000
　贷：银行存款　　5 000 000

活动二　核算应付票据

工作实例

1. 公司采购一批材料，开出一张面值为 58 500 元，期限为 2 个月的不带息商业承兑汇票。增值税专用发票上注明的材料价款为 50 000 元，增值税税额为 8 500 元。

2. 11 月 1 日，公司申请签发一张面值为 117 000 元，期限为 4 个月的带息银行承兑汇票，年利率为 5%，支付银行承兑手续费 58.5 元。

3. 12 月 31 日，计提应付利息。

4. 票据到期，支付本息。

5. 公司 3 个月前签发的一张银行承兑汇票到期，金额 585 000 元，公司暂时无力支付。

相关知识

应付票据的核算

企业采购材料，开出商业汇票，应按采购金额，借记“原材料”“在途物资”或“材料采购”账户，按增值税金额，借记“应交税费——应交增值税（进项税额）”，按商业汇票票面金额贷记“应付票据”账户。

若企业开出的承兑汇票是银行承兑汇票，须按票面金额支付一定的手续费，目前银行签发银行承兑汇票的手续费为0.5‰，企业支付的银行承兑汇票手续费应当计入当期财务费用，借记“财务费用”科目，贷记“银行存款”科目。

商业汇票到期，企业支付票据金额，应借记“应付票据”账户，贷记“银行存款”账户。

如果商业承兑汇票到期，企业无力支付，应将“应付票据”转入“应付账款”账户；如果开出的是银行承兑汇票，到期时，银行无条件向收款人支付票款，而企业无力支付到期票款时，银行会将已支付的票款转作对企业的逾期贷款处理，并按照每天0.5%的利率向企业收取利息。企业收到银行转来的有关凭证时，将“应付票据”转入“短期借款”账户。

工作步骤

（1）公司采购一批材料，开出一张面值为58 500元，期限为2个月的不带息商业承兑汇票。增值税专用发票上注明的材料价款为50 000元，增值税税额为8 500元。

借：材料采购　　50 000
　　应交税费——应交增值税（进项税额）　　8 500
　贷：应付票据　　58 500

（2）11月1日，公司申请签发一张面值为117 000元，期限为4个月的带息银行承兑汇票，年利率为5%，支付银行承兑手续费58.5元。

购买商品，签发银行承兑汇票时：

借：库存商品　　100 000
　　应交税费——应交增值税（进项税额）　　17 000
　贷：应付票据——银行承兑汇票　　117 000

支付银行承兑手续费：

借：财务费用　　58.50
　贷：银行存款　　58.50

（3）12月31日，计提应付利息。

计提应付利息 $117\,000 \times 5\% / 12 \times 2 = 975$（元）

借：财务费用　　975
　贷：应付票据　　975

（4）票据到期，支付本息。

借：应付票据　　117 975
　　财务费用　　975
　贷：银行存款　　118 950

（5）公司3个月前签发的一张银行承兑汇票到期，金额585 000元，公司暂时无力支付。

借：应付票据　　585 000
　贷：短期借款　　585 000

活动三　核算预收账款和其他应付款

工作实例

1. 公司与D公司签订供货合同，销售一批商品，价款为600 000元，增值税为102 000元。根据购货合同规定，D公司应预付货款70 000元，剩余货款在交货后付清。公司收到银行入账通知，D公司已预付70 000元货款。

2. 公司发货，同时开出增值税专用发票。

3. D公司收到货物后，补付余款。

4. 公司以经营租赁方式租入管理所用办公设备一台，每月租金3 000元，按季支付。

5. 公司收到出借包装物押金2 000元，一个月后对方归还包装物时并退还押金。

相关知识

一、预收账款的核算

（1）企业向购货单位预收货款时，借记“银行存款”账户，贷记“预收账款”账户。

（2）销售实现时，按实现的收入和应交增值税销项税额，借记“预收账款”账户，贷记“主营业务收入”和“应交税费——应交增值税（销项税额）”等账户。

（3）企业收到购货单位补付的款项时，借记“银行存款”账户，贷记“预收账款”账户。

（4）向购货单位退回其多付的款项时，借记“预收账款”账户，贷记“银行存款”账户。

二、其他应付款的核算

企业发生其他各种应付、暂收款项时，借记“管理费用”等账户，贷记“其他应付款”账户；支付的其他各种应付、暂收款项，借记“其他应付款”账户，贷记“银行存款”等账户。

工作步骤

（1）公司与D公司签订供货合同，销售一批商品，价款为600 000元，增值税为102 000元。根据购货合同规定，D公司应预付货款70 000元，剩余货款在交货后付清。公司收到银行入账通知，D公司已预付70 000元货款。

按合同规定向购货单位预收货款时：

借：银行存款　　　　　　　　　　　　　　　70 000

贷：预收账款——D 公司　　70 000

（2）公司发货，同时开出增值税专用发票。

借：预收账款——D 公司　　702 000

　贷：主营业务收入　　600 000

　　应交税费——应交增值税（销项税额）　　102 000

（3）D 公司收到货物后，补付余款。

借：银行存款　　632 000

　贷：预收账款——D 公司　　632 000

温馨提示

公司可以不设置“预收账款”科目，而是通过“应收账款”科目核算有关业务。

（4）公司以经营租赁方式租入管理所用办公设备一台，每月租金 3 000 元，按季支付。

每月末计提经营租入固定资产租金：

借：管理费用　　3 000

　贷：其他应付款　　3 000

季末支付租金：

借：其他应付款　　6 000

　　管理费用　　3 000

　贷：银行存款　　9 000

（5）公司收到出借包装物押金 2 000 元，一个月后对方归还包装物时退还押金。

借：银行存款　　2 000

　贷：其他应付款　　2 000

一个月后，退还押金

借：其他应付款　　2 000

　贷：银行存款　　2 000

项目小结

核算往来款项包括处理应收和预付款项、处理应付和预收款项。应收和预付款项包括：应收账款、应收票据、预付账款和其他应收款；应付和预收款项包括：应付账款、应付票据、应付股利、应付利息、预收账款和其他应付款。

一、应收账款的核算

表 3－5　应收账款的核算

业务内容	会计核算
发生应收账款	借：应收账款 　贷：主营业务收入 　　应交税费——应交增值税（销项税额）

续上表

业务内容	会计核算
收回应收账款	借：银行存款、应收票据（收到商业汇票） 财务费用（现金折扣） 贷：应收账款
计提坏账准备	借：资产减值损失 贷：坏账准备
冲销坏账准备	借：坏账准备 贷：资产减值损失
确认坏账损失	借：坏账准备 贷：应收账款/应收票据/其他应收款等
收回已确认的坏账	借：应收账款 贷：坏账准备 借：银行存款 贷：应收账款

二、应收票据的核算

表 3－6 应收票据的核算

业务内容	会计核算
收到商业汇票	借：应收票据 贷：主营业务收入 应交税费——应交增值税（销项税额）
商业汇票到期	借：银行存款（收到票款） 应收账款（收不到票款） 贷：应收票据
商业汇票转让	借：材料采购 应交税费——应交增值税（进项税额） 借或贷：银行存款 贷：应收票据

续上表

业务内容	会计核算
商业汇票贴现	借：银行存款（扣除贴现息后的净额） 　　财务费用（贴现息） 　贷：应收票据（不附追索权） 借：银行存款（扣除贴现息后的净额） 　　财务费用（贴现息） 　贷：短期借款（附追索权）
附追索权商业汇票贴现后到期	借：短期借款 　贷：应收票据（承兑人付款） 借：短期借款 　贷：银行存款（承兑人不付款）

三、预付账款的核算

表 3－7　预付账款的核算

业务内容	会计核算
预付货款	借：预付账款 　贷：银行存款
收到货物	借：材料采购/原材料等 　　应交税费——应交增值税（进项税额） 　贷：预付账款
补付货款	借：预付账款 　贷：银行存款

问题讨论：

1. 资产负债表日，应对哪些资产计提坏账准备？
2. 为什么我国规定，企业应收账款的入账价值采用总价法，而不采用净价法核算？
3. 商业汇票按承兑人不同，可分为哪两种票据？
4. 资产负债表日，预收账款的明细账户出现借方余额为 53 850 元，请问编制资产负债表时应如何处理？
5. “应付利息”和“应付股利”两个账户分别核算哪些权益的利息？

项目四
核算职工薪酬

学习目标

知识学习目标：

1. 掌握核算货币性薪酬的定义
2. 掌握核算工资、奖金、津贴和补贴的方法
3. 掌握核算职工福利的方法
4. 掌握国家规定计提标准的职工薪酬的方法
5. 掌握核算短期带薪酬缺勤的方法
6. 熟悉非货币性职工薪酬的定义

技能训练目标：

1. 核算货币性薪酬
2. 核算工资、奖金、津贴和补贴
3. 核算职工福利
4. 核算国家规定计提标准的职工薪酬
5. 核算短期带薪酬缺勤
6. 核算非货币性职工薪酬

情感训练目标：

1. 具有认真、细致的工作作风
2. 具有良好的责任意识
3. 具有独立分析问题、解决问题的能力

知识结构图：

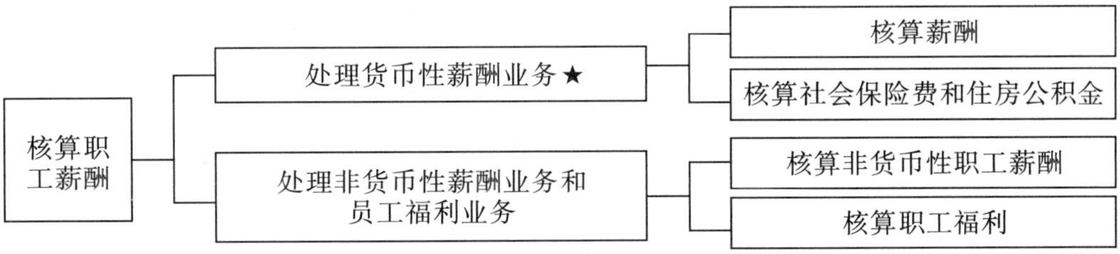

图 4－1　核算职工薪酬知识结构图

导学案例

浦发银行全员降薪 20% 的消息一石激起千层浪。

2015 年 4 月 13 日晚间，浦发银行全员降薪 20% 的消息在业界流转。4 月 14 日，浦发银行相关负责人对 21 世纪经济报道记者回应称，“我们的薪酬政策没有调整，2014 年的利润同比增长了 14.92%，当年列支的薪酬总支出同比增长了 6.4%。”

同时，针对降薪引发离职潮的传言，前述负责人表示，“没有出现大规模的离职潮，而个别的员工流动属于正常现象。而且，2014 年浦发银行总行的员工流失率低于全行业平均水平（4.7%），在行业内属于较低水平。”

他还举例称，截至 2014 年底，浦发银行的员工总数为 4 万多人，从 2012 年到 2014 年的员工流失率分别为 4.6%、3.6% 和 4.7%。

但 21 世纪经济报道记者梳理浦发银行的年报指出，2012 年到 2014 年，浦发银行应付职工薪酬分别为 71.21 亿元、61.21 亿元和 55.17 亿元，连续三年均呈下降趋势。其中 2014 年的应付职工薪酬比 2013 年同比下降 9.9%，2013 年则同比下降 14%。

与应付职工薪酬逐年下降所对应的是机构数量在逐年增加。年报数据显示，在 2014 年，浦发银行新设机构 381 家，其中一级分行 1 家，二级分行 9 家，同城支行 71 家，社区、小微支行 300 家。

浦发银行总行一位人士 4 月 14 日对 21 世纪经济报道记者表示，总行从部门总经理到普通员工，普遍降薪 20% 是平均水平，但是不同部门下降的幅度可能也有所不同。除总行外，全国各地的其他分行也按照该分行的效益情况各有所调整。同时，也出现骨干员工因降薪而辞职。

浦发银行的薪酬包含短期薪酬和养老保险等其他长期职工福利。短期薪酬包括工资、奖金、津贴和补贴、职工福利费、医疗保险费、工伤保险费、住房公积金、工会和教育经费、短期带薪缺勤等。

而此次下调的部分主要是工资和奖金。

根据多方了解，这个“降薪 20%”的说法也并非毫无根据。浦发银行总行员工 2014 年的年终奖和 2015 年的工资都下降了 20% 左右。因为考核指标等因素，各分行员工收入也有不同程度的下降。

资料来源：http://www.21jingji.com/2015/4-15/0MMDAzNzFfMTM3Nzc0MQ.html

问：应该怎样确定浦发银行到底降薪了没有？或者说这个 20% 的比例你觉得是怎样计算出来的？对会计核算有何影响？

请带着案例中这些问题，进入本项目的学习。

任务一 处理货币性薪酬业务★

工作任务

核算工资、奖金、津贴和补贴、核算职工福利、核算国家规定计提标准的职工薪酬、核算短期带薪酬缺勤；完成任务应提交的标志性成果：做出核算工资、奖金、津贴和补贴、核算职工福利、核算国家规定计提标准的职工薪酬、核算短期带薪酬缺勤的分录。

知识准备

一、职工薪酬的内容

职工薪酬，是指企业为获得职工提供的服务或解除劳动关系而给予的各种形式的报酬或补偿。职工薪酬包括短期薪酬、离职后福利、辞退福利和其他长期职工福利。企业提供给职工配偶、子女、受赡养人、已故员工遗属及其他受益人等的福利，也属于职工薪酬。

这里所称的“职工”，主要包括三类人员：一是与企业订立劳动合同的所有人员，含全职、兼职和临时职工；二是未与企业订立劳动合同，但又由企业正式任命的企业治理层和管理层人员，如董事会成员、监事会成员等；三是在企业的计划和控制下，虽未与企业订立劳动合同或未由其正式任命，但向企业所提供服务与职工所提供服务类似的人员，也属于职工的范畴，包括通过企业与劳务中介公司签订用工合同而向企业提供服务的人员。

职工薪酬主要包括以下内容：

1. 短期薪酬

短期薪酬，是指企业在职工提供相关服务的年度报告期间结束后 12 个月内需要全部予以支付的职工薪酬，因解除与职工的劳动关系给予的补偿除外。短期薪酬具体包括：

（1）职工工资、奖金、津贴和补贴，是指按照构成工资总额的计时工资、计件工资、支付给职工的超额劳动报酬和增收节支的劳动报酬、为补偿职工特殊或额外的劳动消耗和因其他特殊原因支付给职工的津贴，以及为保证职工工资水平不受物价影响支付给职工的物价补贴等。其中，企业按照短期奖金计划向职工发放的奖金属于短期薪酬，按照长期奖金计划向职工发放的奖金属于其他长期职工福利。

（2）职工福利费，是指企业向职工提供的生活困难补助、丧葬补助费、抚恤费、职工异地安家费、防暑降温等职工福利支出。

（3）医疗保险费、工伤保险费等社会保险费，是指企业按照国家规定的基准和比例计算，向社会保险经办机构缴纳的医疗保险费、工伤保险费。2016 年 3 月 23 日“十三五”规划纲要提出，将生育保险和基本医疗保险合并实施。这意味着，未来随着生育保险和基本医疗保险的合并，人们熟悉的“五险一金”将变为“四险一金”。

（4）住房公积金，是指企业按照国家规定的基准和比例计算，向住房公积金管理机构缴存的住房公积金。

（5）工会经费和职工教育经费，是指企业为了改善职工文化生活、为职工学习先进技术和提高文化水平和业务素质，用于开展工会活动和职工教育及职业技能培训等相关支出。

（6）短期带薪缺勤，是指职工虽然缺勤但企业仍向其支付报酬的安排，包括年休假、病假、婚假、产假、丧假、探亲假等。长期带薪缺勤属于其他长期职工福利。

（7）短期利润分享计划，是指因职工提供服务而与职工达成的基于利润或其他经营成果提供薪酬的协议。长期利润分享计划属于其他长期职工福利。

（8）其他短期薪酬，是指除上述薪酬以外的其他为获得职工提供的服务而给予的短期薪酬。

2. 离职后福利

离职后福利，是指企业为获得职工提供的服务而在职工退休或与企业解除劳动关系后，提供的各种形式的报酬和福利，短期薪酬和辞退福利除外。企业应当将离职后福利计划分为设定提存计划和设定受益计划。离职后福利计划，是指企业与职工就离职后福利达成的协议，或者企业为向职工提供离职后福利制定的规章或办法等。其中，设定提存计划，是指向独立的基金缴存固定费用后，企业不再承担进一步支付义务的离职后福利计划；设定受益计划，是指除设定提存计划以外的离职后福利计划。

3. 辞退福利

辞退福利，是指企业在职工劳动合同到期之前解除与职工的劳动关系，或者为鼓励职工自愿接受裁减而给予职工的补偿。

4. 其他长期职工福利

其他长期职工福利，是指短期薪酬、离职后福利、辞退福利之外所有的职工薪酬，包括长期带薪缺勤、长期残疾福利、长期利润分享计划等。

二、应付职工薪酬的科目设置

企业应当设置“应付职工薪酬”科目，核算应付职工薪酬的计提、结算、使用等情况。该科目的贷方登记已分配计入有关成本费用项目的职工薪酬的数额，借方登记实际发放职工薪酬的数额，包括扣还的款项等；该科目期末贷方余额，反映企业应付而未付的职工薪酬。

“应付职工薪酬”科目应当按照“工资、奖金、津贴和补贴”“职工福利费”“非货币性福利”“工会经费和职工教育经费”“社会保险费”“住房公积金”等职工薪酬项目设置细账进行明细核算。

具体，可参照表4－1应付职工薪酬核算科目设置进行核算。

表 4－1　应付职工薪酬核算科目设置

应付职工薪酬	
发放的工资、奖金、津贴和补贴	计提的工资、奖金、津贴和补贴
发放的职工福利费	计提的职工福利费
发放的工会经费和职工教育经费	计提的工会经费和职工教育经费
发放的非货币性福利	计提的非货币性福利
借方余额表示多发放的职工薪酬	贷方余额表示未发放的应付职工薪酬
其他应付款——社会保险费和住房公积金	
缴交的社会保险费	计提的社会保险费
缴交的住房公积金	计提的住房公积金
借方余额表示多缴纳的社会保险费和住房公积金	贷方余额表示未缴纳的社会保险费和住房公积金

活动一　核算薪酬

工作实例

金华股份有限公司在 2015 年 12 月处理工资业务，人事部给出的工资表见表 4－2。

表 4－2　工资表

单位：元

员工姓名	部门	员工性质	基本工资	奖金	午餐津贴	交通补贴	工资总额	个人所得税
茹谷菱	总经办	管理人员	40 358. 01	14 125. 30	1 000. 00	750. 00	56 233. 31	5 233. 31
蒋秋白	销售部	销售人员	7 620. 77	2 667. 27	500. 00	375. 00	11 163. 04	163. 04
黎醉波	车间	车间管理人员	10 017. 73	3 506. 20	1 000. 00	750. 00	15 273. 93	523. 34
王若翠	车间	工人	3 750. 49	1 312. 67	300. 00	225. 00	5 588. 17	62. 02
周翠风	车间	工人	3 707. 15	1 297. 50	300. 00	225. 00	5 529. 65	62. 02
合计			65 454. 15	22 908. 94	3 100. 00	2 325. 00	93 788. 10	6 043. 73

请核算金华股份有限公司 2015 年 12 月货币性薪酬的计提和发放。

工作步骤

企业应当在职工为其提供服务的会计期间，将实际发生的短期薪酬确认为负债，并计入当期损益，其他会计准则要求或允许计入资产成本的除外。工资、奖金、津贴和补贴对于职工工资、奖金、津贴和补贴等货币性职工薪酬，企业应当在职工为其提供服务的会计期间，将实际发生的职工工资、奖金、津贴和补贴等，根据职工提供服务的受益对象，将应确认的职工薪酬，借记“生产成本”“制造费用”“劳务成本”等科目，贷记“应付职工薪酬——职工工资科目”。

（1）计算管理人员薪酬总额。

经过工资表的汇总计算，管理人员薪酬总额为56 233.31元。

（2）计算营销人员薪酬总额。

经过工资表的汇总计算，营销人员薪酬总额为11 163.04元。

（3）计算车间管理人员薪酬总额。

经过工资表的汇总计算，车间管理人员薪酬总额为15 273.93元。

（4）计算车间工人薪酬总额。

经过工资表的汇总计算，车间工人薪酬总额为11 117.82元。

（5）加总计算应交个人所得税为6 043.73元。

（6）企业应编制如下会计分录：

借：生产成本——基本生产成本　　11 117.82
　　管理费用　　56 233.31
　　销售费用　　11 163.04
　　制造费用　　15 273.93
　贷：应付职工薪酬——职工工资　　93 788.10

借：应付职工薪酬——职工工资　　6 043.73
　贷：应交税费——应交个人所得税　　6 043.73

（7）发放货币性薪酬和缴纳个人所得税。

借：应付职工薪酬——职工工资　　87 744.37
　　应交税费——应交个人所得税　　6 043.73
　贷：银行存款　　93 788.10

活动二　核算社会保险费和住房公积金

工作实例

金华股份有限公司在2015年12月处理工资业务，员工过去12个月平均工资数据如表4－3所示。

表4－3　工资表

单位：元

员工姓名	部门	员工性质	过去12个月平均工资
茹谷菱	总经办	管理人员	41 358.01
蒋秋白	销售部	销售人员	8 620.77
黎醉波	车间	车间管理人员	10 018.73
王若翠	车间	工人	3 730.49

计提和缴纳社会保险费和住房公积金。

工作步骤

（1）找出本地政府部门要求缴交的社保缴费比例。金华股份有限公司是一家在广州注册的企业，社保服从广州市政府的规定，见表4－4。

表4－4　广州市政府规定的社保缴费比例

险种	企业缴费比例/%	个人缴费比例/%
养老保险	14.00	8.00
工伤保险	0.50	0.00
失业保险	0.90	0.50
医疗保险	8.00	2.00

（2）找出本地政府部门要求缴交的住房公积金比例。广州市住房公积金管理中心规定，企业和个人缴交比例可以有8%、12%和20%三档选择。金华股份有限公司优待员工，选择了20%的缴纳比例。

（3）写出社会保险费和住房公积金计提数。根据上述计提比例，乘以过去12个月的平均工资，可以计算得出社会保险费和住房公积金的公司部分和个人部分。所有的计提数据，见表4－5至表4－9。

表 4－5　金华股份有限公司本月养老保险计算表

单位：元

员工姓名	部门	员工性质	过去 12 个月平均工资	养老保险公司部分	养老保险个人部分
茹谷菱	总经办	管理人员	41 358.01	5 790.12	3 308.64
蒋秋白	销售部	销售人员	8 620.77	1 206.91	689.66
黎醉波	车间	车间管理人员	10 018.73	1 402.62	801.50
王若翠	车间	工人	3 730.49	522.27	298.44
合计				8 921.92	5 098.24

表 4－6　金华股份有限公司本月工伤保险计算表

单位：元

员工姓名	部门	员工性质	过去 12 个月平均工资	工伤保险公司部分	工伤保险个人部分
茹谷菱	总经办	管理人员	41 358.01	206.79	–
蒋秋白	销售部	销售人员	8 620.77	43.10	–
黎醉波	车间	车间管理人员	10 018.73	50.09	–
王若翠	车间	工人	3 730.49	18.65	–
合计				318.63	–

表 4－7　金华股份有限公司本月失业保险计算表

单位：元

员工姓名	部门	员工性质	过去 12 个月平均工资	失业保险公司部分	失业保险个人部分
茹谷菱	总经办	管理人员	41 358.01	372.22	206.79
蒋秋白	销售部	销售人员	8 620.77	77.59	43.10
黎醉波	车间	车间管理人员	10 018.73	90.17	50.09
王若翠	车间	工人	3 730.49	33.57	18.65
合计				573.55	318.63

表4－8 金华股份有限公司本月医疗保险计算表

单位：元

员工姓名	部门	员工性质	过去12个月平均工资	医疗保险公司部分	医疗保险个人部分
茹谷菱	总经办	管理人员	41 358.01	3 308.64	827.16
蒋秋白	销售部	销售人员	8 620.77	689.66	172.42
黎醉波	车间	车间管理人员	10 018.73	801.50	200.37
王若翠	车间	工人	3 730.49	298.44	74.61
合计				5 098.24	1 274.56

表4－9 金华股份有限公司本月住房公积金计算表

单位：元

员工姓名	部门	员工性质	过去12个月平均工资	住房公积金公司部分	住房公积金个人部分
茹谷菱	总经办	管理人员	41 358.01	8 271.60	8 271.60
蒋秋白	销售部	销售人员	8 620.77	1 724.15	1 724.15
黎醉波	车间	车间管理人员	10 018.73	2 003.75	2 003.75
王若翠	车间	工人	3 730.49	746.10	746.10
合计				12 745.60	12 745.60

（4）计算出社会保险费和住房公积金个人部分合计、公司部分合计和各部门应负担的公司部分合计金额。

所有员工的社会保险费和住房公积金个人部分加总＝19 437.03元

总经办负担的公司部分社会保险费和住房公积金合计金额＝17 949.37元

销售部负担的公司部分社会保险费和住房公积金合计金额＝3 741.41元

车间（管理人员）负担的公司部分社会保险费和住房公积金合计金额＝4 348.13元

车间（工人）负担的公司部分社会保险费和住房公积金合计金额＝1 619.03元

所有员工的社会保险费和住房公积金公司部分加总＝27 657.94元

（5）编写出计提分录。

借：应付职工薪酬——职工工资　　　　19 437.03

　贷：其他应付款——社会保险费和住房公积金　　　　19 437.03

借：管理费用　　　　17 949.37

　　销售费用　　　　3 741.41

　　制造费用　　　　4 348.13

　　生产成本　　　　1 619.03

　贷：应付职工薪酬——社会保险费　　　　14 912.35

应付职工薪酬——住房公积金　　　　12 745.60

（6）缴纳社会保险费和住房公积金。

借：其他应付款——社会保险费和住房公积金　　19 437.03

　　应付职工薪酬——社会保险费　　14 912.35

　　应付职工薪酬——住房公积金　　12 745.60

　贷：银行存款　　　　47 094.98

任务二　处理非货币性薪酬业务和员工福利业务

知识准备

企业以其自产产品作为非货币性福利发放给职工的，应当根据受益对象，按照该产品的公允价值计入相关资产成本或当期损益，同时确认应付职工薪酬，借记“管理费用”“生产成本”“制造费用”等科目，贷记“应付职工薪酬——非货币性福利”科目。

将企业拥有的房屋等资产无偿提供给职工使用的，应当根据受益对象，将该住房每期应计提的折旧计入相关资产成本或当期益损益，同时确认应付职工薪酬，借记“管理费用”“生产成本”“制造费用”等科目，贷记“应付职工薪酬——非货币性福利”科目，并且同时借记“应付职工薪酬——非货币性福利”科目，贷记“累计折旧”科目。

租赁住房等资产供职工使用的，应当根据受益对象，将每期应付的租金计入相关资产成本或当期损益，并确认应付职工薪酬，借记“管理费用”“生产成本”“制造费用”等科目，贷记“应付职工薪酬——非货币性福利”科目。难以认定受益对象的非货币性福利，直接计入应付职工薪酬。

具体内容可参照如下应付职工薪酬——非货币性福利科目设置进行核算。

应付职工薪酬——非货币性福利

发生的非货币性福利	计提的非货币性福利
借方余额表示多发放的非货币性福利	贷方余额表示未发放的非货币性福利

活动一　核算非货币性职工薪酬

工作任务

核算非货币性职工薪酬；完成任务应提交的标志性成果：编制出核算非货币性职工薪酬的分录。

工作实例

1. 金华股份有限公司2015年12月31日根据董事会决议，按照职工工资总额的20%计提非货币性福利。继续用上述工作实例中的工资表，请核算金华股份有限公司2015年12月的非货币性薪酬。

2. 同日，将本公司自有房屋用于员工宿舍。员工宿舍原值2 280 000元，净残值率为零，用直线法计提折旧，折旧年限30年。请核算金华股份有限公司2015年12月的员工福利。

3. 同日，根据相关规定，分别按照职工工资总额的2%和1.5%的计提标准，确认应付工会经费和职工教育经费。人事经理给出的工资表见表4-2。请核算金华股份有限公司2015年12月的国家规定计提标准的工会经费和职工教育经费。

工作步骤

（1）核算金华股份有限公司2015年12月的非货币性薪酬。

财务人员根据人事部给出的工资表，计算得出见表4-10非货币性福利计提表。

表4-10 非货币性福利计提表

单位：元

员工姓名	部门	员工性质	工资总额	非货币性福利
茹谷菱	总经办	管理人员	56 233.31	11 246.70
蒋秋白	销售部	销售人员	11 163.04	2 232.60
黎醉波	车间	车间管理人员	15 273.93	3 054.80
王若翠	车间	工人	5 588.17	1 117.60
周翠风	车间	工人	5 529.65	1 105.90
合计			93 788.10	18 757.60

① 根据表4-10，计算管理人员非货币性福利。

经过汇总计算，管理人员非货币性福利为11 246.70元。

② 计算营销人员非货币性福利。

经过汇总计算，营销人员非货币性福利为2 232.60元。

③ 计算车间管理人员非货币性福利。

经过汇总计算，车间管理人员非货币性福利为3 054.80元。

④ 计算车间工人非货币性福利。

经过汇总计算，车间工人非货币性福利为2 223.50元。

⑤ 企业应编制如下会计分录：

借：管理费用　　　　　　　　　　　　　　11 246.70
　　销售费用　　　　　　　　　　　　　　 2 232.60
　　制造费用　　　　　　　　　　　　　　 3 054.80
　　生产成本——基本生产成本　　　　　　 2 223.50
　贷：应付职工薪酬——非货币性福利　　　　18 757.60

（2）核算金华股份有限公司2015年12月的员工福利。

① 计算员工宿舍本月应计提折旧额。

员工宿舍本月应计提折旧额 = 2 280 000/（30 × 12）= 6 333.33（元）

② 写出员工宿舍折旧分录。

借：应付职工薪酬——非货币性福利　　　　6 333.33
　贷：累计折旧　　　　　　　　　　　　　6 333.33

（3）核算金华股份有限公司2015年12月的国家规定计提标准的工会经费和职工教育经费。

① 财务人员根据人事部给出的工资表，计算得出见表4－11工会经费和职工教育经费计提表。

表4－11　工会经费和职工教育经费计提表

单位：元

员工姓名	部门	员工性质	工资总额	工会经费	职工教育经费
茹谷菱	总经办	管理人员	56 233.31	1 124.67	843.50
蒋秋白	销售部	销售人员	11 163.04	223.26	167.45
黎醉波	车间	车间管理人员	15 273.93	305.48	229.11
王若翠	车间	工人	5 588.17	111.76	83.82
周翠风	车间	工人	5 529.65	110.59	82.94
合计			93 788.10	1 875.76	1 406.82

温馨提示

对于国家规定了计提基础和计提比例的医疗保险费、工伤保险费等社会保险费和住房公积金，以及按规定提取的工会经费和职工教育经费，企业应当在职工为其提供服务的会计期间，根据规定的计提基础和计提比例计算确定相应的职工薪酬金额，并确认相关负责，按照受益对象计提入当期损益或相关资产成本，借记“生产成本”“制造费用”“管理费用”等科目，贷记“应付职工薪酬”科目。

② 根据上表，计算管理人员工会经费和职工教育经费。

经过汇总计算，管理人员工会经费和职工教育经费分别为1 124.67元和843.50元。

③ 计算营销人员工会经费和职工教育经费。

经过汇总计算，营销人员工会经费和职工教育经费分别为223.26元和167.45元。

④ 计算车间管理人员工会经费和职工教育经费。

经过汇总计算，车间管理人员工会经费和职工教育经费分别为305.48元和229.11元。

⑤ 计算车间工人工会经费和职工教育经费。

经过汇总计算，车间工人工会经费和职工教育经费分别为 222. 35 元和 166. 76 元。

⑥ 企业应编制如下会计分录：

借：管理费用　　　　　　　　　　　　　　1 124. 67
　　销售费用　　　　　　　　　　　　　　223. 26
　　制造费用　　　　　　　　　　　　　　305. 48
　　生产成本——基本生产成本　　　　　　222. 35
　贷：应付职工薪酬——工会经费　　　　　　1875. 76

借：管理费用　　　　　　　　　　　　　　843. 50
　　销售费用　　　　　　　　　　　　　　167. 45
　　制造费用　　　　　　　　　　　　　　229. 11
　　生产成本——基本生产成本　　　　　　166. 76
　贷：应付职工薪酬——职工教育经费　　　　1 406. 82

活动二　核算职工福利

工作实例

金华股份有限公司下设一所职工食堂，2015 年 12 月，企业管理人员有 12 人，销售人员 10 人，生产车间管理人员 3 人，工人 75 人。2015 年 12 月，该企业发生以下职工福利费用：

（1）12 月 5 日，发放员工伙食补贴到员工饭卡，管理人员每人 500 元，销售人员每人 400 元，车间管理人员每人 300 元，工人每人 100 元。

（2）12 月 10 日，为员工外出打羽毛球支付本月场地租金 5 000 元。

（3）12 月 25 日，探望意外受伤员工，支出 2 200 元。

（4）12 月 30 日，报销员工通讯补贴信息见表 4－12。

表 4－12　报销员工通讯补贴信息表

单位：元

部门	人数	总报销金额
管理人员	12	33 038. 18
销售人员	10	29 996. 62
生产车间管理人员	3	458. 45
工人	75	11 368. 89
	100	74 862. 14

请核算金华股份有限公司 2015 年 12 月的职工福利费。

工作步骤

根据《企业会计准则第 9 号——职工薪酬》第二章第六条，企业发生的职工福利费，应当在实际发生时根据实际发生额计入当期损益或相关资产成本。

（1）12 月 5 日，共发放员工伙食补贴 18 400 元，其中，管理人员 6 000 元，销售人员 4 000 元，生产车间管理人员 900 元，工人 7 500 元。写出发放时分录：

借：管理费用　　6 000
　　销售费用　　4 000
　　制造费用　　900
　　生产成本——基本生产成本　　7 500
　贷：银行存款　　18 400

（2）12 月 10 日，直接结转为员工外出打羽毛球支付本月场地租金 5 000 元到管理费用。

借：管理费用　　5 000
　贷：银行存款　　5 000

（3）12 月 25 日，直接结转探望员工而支出的 2 200 元。

借：管理费用　　2 200
　贷：银行存款　　2 200

（4）12 月 30 日，发放时，根据表 4－12 中信息写出分录：

借：管理费用　　33 038. 18
　　销售费用　　29 996. 62
　　制造费用　　458. 45
　　生产成本——基本生产成本　　11 368. 89
　贷：银行存款　　74 862. 14

处理员工的非货币性薪酬和核算职工福利。薪酬核算的准确性，既对企业的期间费用情报收集有影响，又对企业所得税纳税申报有影响（尤其是 2015 年新的企业所得税纳税规定出台后，所有企业的费用，包括薪酬支出，都要非常详细地上报到税所。如果平时账做得不够清楚，恐怕到 4 月要汇算清缴之时，再重新整理一年的薪酬数据，工作量将会是压倒性的），也对企业员工工作的积极性和企业所有者权益有至关重要的影响。

另外，在薪酬核算实践中，由于薪酬数据的敏感性，因而只会由 1～2 人处理整个企业所有人的薪酬，但往往由于时间紧迫，数据量大，工作人员会容易出错。如果少算给员工，则打击员工积极性，多算给员工则损害企业所有者权益。因而，希望同学们要多加练习，尽量避免出错。出错后，要勇于承认错误，并积极改正，以后想办法避免犯类似的错误。

项目小结

本项目主要核算职工的货币性薪酬、四险一金（养老保险、医疗保险、工伤保险、失业保险和住房公积金）。

本项目的重难点在于理解员工工资的计算和核算的复杂性。企业应该负担的费用或者成本，是四险一金的企业部分。不管是工资的计提，还是社会保险费和住房公积金的企业部分计提，都是借记管理费用等相关科目、贷记应付职工薪酬或其他应付款等相关科目。而计提个人部分的四险一金，则是借记应付职工薪酬（因为减少了给员工的应发合计），贷记其他应付款等相关科目。

具体分录归纳见表 4－13。

表 4－13　核算职工薪酬具体会计分录表

	分录	金额
计提工资	借：管理费用（管理人员） 　　销售费用（销售人员） 　　制造费用（车间管理人员） 　　生产成本（车间工人） 　贷：应付职工薪酬——职工工资	所有相关人员工资合计
计提个人所得税	借：应付职工薪酬 　贷：应交税费——个人所得税（所有员工个人所得税合计）	
计提社会保险费和住房公积金公司部分	借：管理费用（管理人员） 　　销售费用（销售人员） 　　制造费用（车间管理人员） 　　生产成本（车间工人） 　贷：应付职工薪酬——社会保险费 　　　应付职工薪酬——住房公积金	按当地政府最新规定计算
计提社会保险费和住房公积金个人部分	借：应付职工薪酬——职工工资 　贷：其他应付款——社会保险费和住房公积金	按当地政府最新规定计算
发放工资	借：应付职工薪酬——职工工资 　贷：银行存款	本月应付职工薪酬科目贷方累计发生额与借方发生额之间的差异
支付个人所得税	借：应交税费——个人所得税 　贷：银行存款	应交税费——个人所得税本月贷方发生额
支付社会保险费和住房公积金	借：应付职工薪酬——社会保险费 　　应付职工薪酬——住房公积金 　　其他应付款——社会保险费和住房公积金 　贷：银行存款	其他应付款——社会保险费和住房公积金本月贷方累计发生额
计提非货币性福利	借：管理费用（管理人员） 　　销售费用（销售人员） 　　制造费用（车间管理人员） 　　生产成本（车间工人） 　贷：应付职工薪酬——非货币性福利	按董事会决议执行

续上表

	分录	金额
发放非货币性福利	借：应付职工薪酬——非货币性福利 　贷：银行存款	按实际发生金额核算
核算职工福利费	借：管理费用（管理人员） 　　销售费用（销售人员） 　　制造费用（车间管理人员） 　　生产成本（车间工人） 　贷：银行存款	按实际发生金额核算

问题讨论：

1. 上网搜集资料或者采访在企业工作的员工（可以是你的父母、亲戚、同学或朋友），然后讨论：从会计的角度讲，你觉得管理层和普通员工的薪酬差距体现在什么地方？是绝对金额还是结构？能否做出一份详细的报告，并分小组上台演示？

2. 现在很多企业都让员工不断上交自己的各种生活消费发票回公司报销，当成给员工的福利，从而发放比较低的薪酬。你认为这样做，对于企业的财务处理有何影响？你觉得企业为什么要这样做呢？

项目五
核算筹集资金业务

学习目标

知识学习目标：

1．掌握实收资本的定义

2．掌握资本公积的定义

3．掌握长期借款的定义

4．掌握债券融资的定义

技能训练目标：

1．核算实收资本

2．核算资本公积

3．核算长期借款

4．核算债券融资业务

情感训练目标：

1．具有认真、细致的工作作风

2．具有良好的责任意识

3．具有独立分析问题、解决问题的能力

知识结构图:

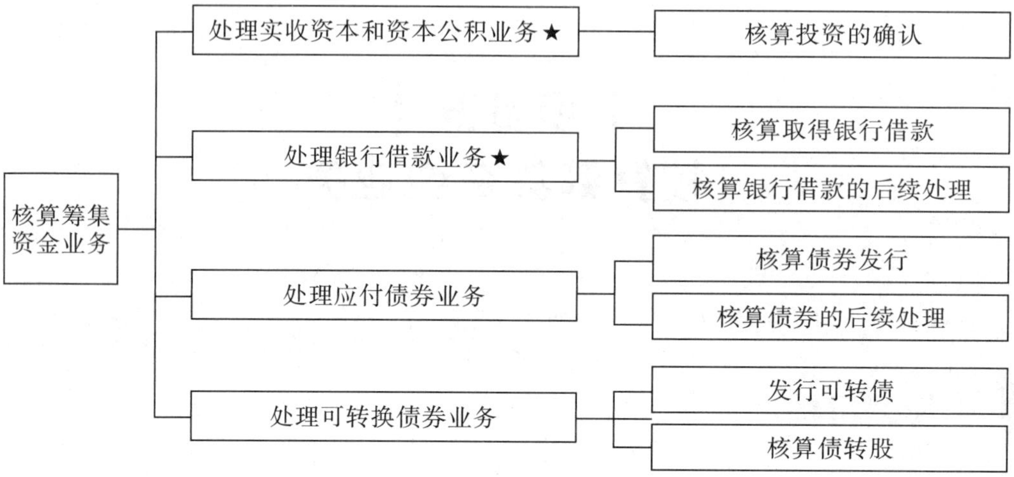

图 5-1　核算筹集资金业务知识结构图

导学案例

现代企业筹集长期资金的方式主要有两个：债权筹资和股权筹资。在既定的投资约束下，企业将优先采用哪种方式，或者将以什么样的组合实现筹资结构优化呢？从国际资本市场来看，债券市场的发行量要远大于股票市场的发行量。但在我国证券市场上，情况却完全相反，上市公司普遍存在通过股票融资的强烈偏好。

表 5-1 为上市公司南玻 A 的负债和权益组成：

表 5-1　南玻 A 的负债和权益组成

报告日期	2015/6/30	2015/3/31	2014/12/31
负债			
流动负债合计/万元	688 689	569 192	559 260
非流动负债			
长期借款/万元	38 625	38 900	38 382
应付债券/万元	——	——	——
其他非流动负债/万元	47 128	48 020	48 694
非流动负债合计/万元	85 753	86 920	87 076
负债合计/万元	774 442	656 112	646 336
股东权益			
实收资本/万元	207 534	207 534	207 534

续上表

报告日期	2015/6/30	2015/3/31	2014/12/31
资本公积/万元	126 096	134 017	134 009
其他股东权益/万元	424 105	538 441	523 802
所有者权益（或股东权益）合计/万元	757 735	879 992	865 345
负债和所有者权益（或股东权益）总计/万元	1 532 177	1 536 104	1 511 681

从表5－1中可以看到，南玻A既有长期借款、又有实收资本等筹资项。

资金筹集活动是企业开展经济活动的第一步。对其核算，是确认不同利益相关者权益的重要操作。事实上，企业的资产，可以看做是通过权益融资和债券融资的组合。财务人员必须对权益融资所提供的初始资金和债券融资所提供的初始资金进行准确的计量和确认，然后在后续核算中，确认资本提供者应该获得的投资回报（对于权益资本所有者来说，回报就是股利；对于债权资本所有者来说，回报就是利息）。

那么到底企业融资后，例如收到长期借款、实收资本等的项目后，是如何进行会计核算的呢？接下来我们一起学习本项目。

任务一 处理实收资本和资本公积业务★

工作任务

核算投资的确认及核算实收资本和资本公积的增减变动；完成任务后的标志性成果：做出核算投资的确认及核算实收资本的增减变动的会计分录，做出资本公积业务的增减变动的会计分录。

知识准备

一、实收资本

实收资本是指企业按照章程规定或合同、协议约定，接受投资者投入企业的资本。实收资本的构成比例或股东的股份比例，是确定所有者在企业所有者权益中份额的基础，也是企业进行利润和股份分配的主要依据。

我国《公司法》规定，股东可以用货币出资，也可以用实物、知识产权、土地使用权等可以用货币估价并可依法转让的非货币财产作价出资；但是，法律、行政法规规定不得作为出资的财产除外。企业应对当作出资的非货币财产评估作价，核实财产，不得高估或者低估作价。法律、行政法规对评估作价有规定的，从其规定。全体股东的货币出资金额不得低于有限责任公司注册资金的30%。不论以何种方式出资，投资者如在投资过程中违反投资合约或者协议约定，不按规定如期缴足出资额，企业可以依法追究投资者的违约责任。

一般情况下，企业的实收资本应相对固定不变，但在某些特定情况下，实收资本也可能发生增减变化。我国企业法人登记管理条例规定，除国家另有规定外，企业的注册资金应当与实收资本相一致，当实收资本比原注册资金增加或减少的幅度超过20%时，应将资金使用证明或者验资证向原登记主管机关申请变更登记。如擅自改变注册资金或抽逃资金，会受到工商行政管理部门的处罚。

一般企业增加资本主要有三个途径：接受投资者追加投资资本、资本公积转增资本和盈余公积转增资本。

需要注意的是：由于资本公积和盈余公积均属于所有者权益，用其转增资本时，如果是独资企业比较简单，直接结转即可。如果是股份有限公司或有限责任公司则应该按照原投资者各自出资比例相应增加各投资者的出资额。

具体内容可参照如下实收资本账户设置进行核算：

实收资本

减少的实收资本	增加的实收资本
	余额在贷方，表示实收资本的总和

二、资本公积

资本公积是企业收到投资者出资额超出其在注册资金中所占份额的部分，以及其他资本公积等。资本公积包括资本溢价（或股本溢价）和其他资本公积等。

形成资本溢价（或股本溢价）的原因有溢价发行股票、投资者超额缴入资本等。

其他资本公积是指除净损益、其他综合收益和利润分配以外所有者权益的其他变动。如企业的长期股权投资采用权益法核算时，因被投资单位除净损益、其他综合收益和利润分配以外所有者权益的其他变动，按照以前的规定，投资企业按应享有的份额而增加或减少的资本公积，使用“其他资本公积”科目进行核算。但是，根据财政部修订了的《企业会计准则第30号——财务报表列报》，自2014年7月1日起，这部分权益变动应放在“其他综合收益”科目进行核算。根据第30号准则，在利润表中增设了“其他综合收益”和“综合收益总额”两个项目。“其他综合收益”作为利润表中的一级科目，主要反映的是报告期内满足所有者权益确认和计量条件、能引起所有者权益发生增减变动、由企业与非所有者方面进行交易或发生其他事项和情况所产生的、当期不确认为损益，但未来影响损益的利得和损失。

企业根据国家有关规定实行股权激励的，如果在等待期内取消了授予的权益工具，企业应在进行权益工具加速行权处理时，将剩余等待期内应确认的金额立即计入当期损益，并同时确认资本公积。企业集团内发生的股份支付交易，如结算企业是接受服务企业的投资者，应当按照授予日权益工具的公允价值或应承担负债的公允价值确认为对接受服务企业的长期股权投资，同时确认资本公积（其他资本公积）或负债。

资本公积的核算包括资本溢价（或股本溢价）的核算、其他资本公积的核算和资本公积转增资本的核算等内容。

资本公积与实收资本、留存收益的区别：

1. 资本公积与实收资本的区别

（1）从来源和性质看。实收资本是指投资者按照企业章程或合同、协议的约定、实际投入企业并依法进行注册的资本，它体现了企业所有者对企业的基本产权关系。资本公积是投资者的出资额超过其在注册资金中所占份额的部分，以及直接计入所有者权益的利得和损失，它不直接表明所有者对企业的基本产权关系。

（2）从用途看。实收资本的构成比例是确定所有者参与企业财务经营决策的基础，也是企业进行利润分配或股利分配的依据，同时还是企业清算时确定所有者对净资产的要求权的依据。资本公积的用途主要是用来转增资本。资本公积不体现各所有者的占有比例，也不能作为所有者参与企业财务经营决策或进行利润分配（或股利分配）的依据。

2. 资本公积与留存收益的区别

资本公积的来源不是企业实现的利润，而主要来自资本溢价（或股本溢价）等。留存收益是企业从历年实现的利润中提取形成的留存于企业的内部积累，来源于企业生产经营活动实现的利润。

具体内容可参照如下资本公积账户设置进行核算：

资本公积

转出的资本公积	增加的资本公积
	余额在贷方，表示资本公积的总和

活动　核算投资的确认

工作实例

实例一：

1. 2013 年 1 月 1 日，甲、乙、丙三家公司共同投资设立金华股份有限公司，甲、乙、丙投入资本分别为 1 200 000 元、500 000 元和 300 000 元。金华股份有限公司已如期收到各投资者一次缴足的款项。

2. 甲公司投入一台不需要安装的机器设备作为资本，合同约定该机器设备的价值为 2 000 000 元，增值税进项税额为 340 000 元（由投资方支付税款，并提供或开具增值税专用发票）。经约定，金华公司接受的投入资本为2 340 000 元。合同约定的固定资产价值与公允价值相符，不考虑其他因素。

3. 乙公司投入一批原材料作为资本，投资合同或协议约定该批原材料价位（不含可抵扣的增值税进项税额部分）为 100 000 元，增值税进项税额为17 000 元，由投资方支付税款，并提供或开具增值税专用发票。假设合同约定的价值与公允价值相符，不考虑其他因素，原材料按实际成本进行日常核算。

4. 丙公司投入一项非专利技术作为资本，投资合同约定该专利技术价位为60 000 元，同时收到丙公司作为资本投入的土地使用权一项，投资合同约定价位为 80 000 元。假设公司接受该非专利技术和土地使用权符合国家注册资本管理的有关规定，可按合同约定作实收资本入账，合同约定的价位与公允价值相符，不考虑其他因素。

请写出相应分录。

实例二：

2013 年 2 月 1 日，甲、乙、丙三公司共同投资设立金华股份有限公司，原注册资本为 4 597 000 元，甲、乙、丙三公司分别出资见表 5 – 2。

表 5 – 2 投资额比例表

单位：元

投资方	可以确认的金额	比例/%
甲公司	3 540 000. 00	77. 01
乙公司	617 000. 00	13. 42
丙公司	440 000. 00	9. 57
合计	4 597 000. 00	100. 00

为扩大经营规模，经批准，金华股份有限公司注册资金扩为 10 000 000 元，甲、乙、丙三公司按照原出资比例分别追加投资。金华股份有限公司收到甲、乙、丙三公司追加的现金投资。

同时，经批准，金华股份有限公司按原出资比例将盈余公积 1 000 000 元转增资本。

请写出相应分录。

实例三：

2014 年 1 月 1 日，金华股份有限公司经过一系列权益变动后，实收资本明细账贷方余额见表 5 – 3。

表 5 – 3 实收资本明细账贷方余额

单位：元

投资方	可以确认的金额	比例/%
甲公司	8 470 741. 79	77
乙公司	1 476 397. 65	13
丙公司	1 052 860. 56	10
合计	11 000 000. 00	100

资本公积贷方余额为 3 000 万。

为扩大经营规模，经批准，金华股份有限公司引入新投资者加入。按照投资协议，新投资者丁公司需缴入现金 1 千万元，新投资者戊公司需缴入现金 500 万元。金华股份有限公司已收到该现金投资。假定不考虑其他因素。

请编制会计分录。

工作步骤

实例一：

1. 确定货币资金投资额

实收资本的构成比例即投资者的出资比例或股东的股份比例，通常是确定所有者在企业所有者权益中所占的份额和参与企业生产经营决策的基础，也是企业进行利润分配或股利分配的依据，同时还是企业清算时确定所有者对净资产的要求权的依据。

根据案例数据，写出投资金额确认表（见表 5－4）

表 5－4　投资金额确认表

投资方	投资方式	可以确认的金额/元
甲公司	货币资金	1 200 000. 00
乙公司	货币资金	500 000. 00
丙公司	货币资金	300 000. 00

2. 确定甲公司的机器投资金额

企业接受投资者作价的房屋、建筑物、机器设备等固定资产，应按投资合同或协议约定价值确定固定资产价值（但投资合同或协议约定价值不允许的除外）和在注册资本中应享有的份额。

本例中，该项固定资产合同约定的价值与公允价值相符，公司接受甲公司投入的固定资产按合同约定金额与增值税进项税额作为实收资本，因此，可按2 340 000 元的金额贷记“实收资本”账户。

3. 确定乙公司的原材料投资金额

企业接受投资者作价投入的材料物资，应按投资合同或协议约定价值确定材料物资价值（但投资合同或协议约定价值不公允的除外）和在注册资本中应享有的份额。

本例中，原材料的合同约定价值与公允价值相符，因此，可按照 100 000 元的金额借记“原材料”账户，同时，该进项税额允许抵扣，因此，增值税专用发票上注明的增值税税额为 17 000 元，借记“应交税费——应交增值税（进项税额）”账户。公司接受的乙公司投入的原材料按合同约定金额与增值税进项税额之和作为实收资本，因此，可按 117 000 元的金额贷记“实收资本”账户。

4. 确定丙公司的无形资产投资金额

企业收到以无形资产方式投入的资本，应按投资合同或协议约定价值确定无形资产价值（但投资合同或协议约定价值不公允的除外）和在注册资本中应享有的份额。

本例中，非专利技术与土地使用权的合同约定价值与公允价值相符，因此，可分别按照60 000元和80 000元的金额借记“无形资产”账户。投入的非专利技术和土地使用权按合同约定金额作为实收资本，因此可将共计140 000元的金额贷记“实收资本”账户。

写出投资额与投资额比例两张汇总表（见表5－5、表5－6）：

表5－5 投资额汇总表

单位：元

投资方	投资方式	可以确认的金额
甲公司	货币资金	1 200 000. 00
乙公司	货币资金	500 000. 00
丙公司	货币资金	300 000. 00
甲公司	机器	2 340 000. 00
乙公司	原材料	117 000. 00
丙公司	无形资产	140 000. 00
合计		4 597 000. 00

表5－6 投资额比例表

单位：元

投资方	可以确认的金额	比例/%
甲公司	3 540 000. 00	77. 01
乙公司	617 000. 00	13. 42
丙公司	440 000. 00	9. 57
合计	4 597 000. 00	100. 00

从上述汇总表中取数，写出收到投资的分录：

借：银行存款　　2 000 000. 00
　　固定资产　　2 000 000. 00
　　原材料　　100 000. 00
　　应交税费——应交增值税（进项税额）　　357 000. 00
　　无形资产　　140 000. 00
　贷：实收资本——甲公司　　3 540 000. 00
　　　实收资本——乙公司　　617 000. 00
　　　实收资本——丙公司　　440 000. 00

注意：进项税额中的金额357 000元来自固定资产的进项340 000元加上原材料的进项17 000元。

实例二：

1. 确认各投资方增资后实收资本的增加金额

按比例，甲、乙和丙公司需要追加的投资额见表5－7。

表5－7 各投资方增资额

单位：元

甲公司	4 160 674. 35
乙公司	725 179. 68
丙公司	517 145. 96

2. 确认各投资方转增资本后实收资本的增加金额

本例中，盈余公积1 000 000元按原出资比例转增实收资本，因此，金华股份有限公司应分别以下表格金额贷记“实收资本”账户中甲、乙和丙投资方的明细分类账。

按比例，甲、乙和并公司可以转增资本的权益金额如表5－8所示：

表5－8 各投资方转增资本的权益金额

单位：元

甲公司	770 067. 44
乙公司	134 217. 97
丙公司	95 714. 60

3. 根据上述分析和计算，编制分录

借：银行存款 5，403 000. 00

　贷：实收资本——甲公司 4 160 674. 35

　　　实收资本——乙公司 725 179. 68

　　　实收资本——丙公司 517 145. 96

借：盈余公积 1 000 000. 00

　贷：实收资本——甲公司 770 067. 44

　　　实收资本——乙公司 134 217. 97

　　　实收资本——丙公司 95 714. 60

实例三：

1. 确认本司的实收资本和资本公积总金额

除股份有限公司外的其他类型的企业，在企业创立时，投资者认缴的出资额与注册资本一致，一般不会产生资本溢价。但在企业重组或有新的投资者加入时，常常会出现资本溢价。因为在企业进行正常生产经营后，其资本利润通常要高于企业初创阶段，另外，企业有内部积累，新投资者加入企业后，对这些积累也要分享，所以新加入的投资者往往要付出大于原投资者的出资额，才能取得与原投资者相同的出资比例。投资者多缴的部分就形成了资本溢价。

本司的实收资本和资本公积总金额 = 11 00 万元 + 3 000 万元 = 4 100 万元

2．列出表格（见表 5 - 9），计算加入新投资前，原股东的权益金额

表 5 - 9　重新计算的原股东权益金额

单位：元

投资方	可以确认的金额	比例/%	资本公积	权益总额
甲公司	8 470 741. 79	77	23 102 023. 06	31 572 764. 85
乙公司	1 476 397. 65	13	4 026 539. 05	5 502 936. 70
丙公司	1 052 860. 56	10	2 871 437. 89	3 924 298. 46
合计	11 000 000. 00	100	30 000 000. 00	41 000 000. 00

3．重新计算的原股东权益权益金额和比例

列出原有甲、乙、丙公司的权益总额，然后加入新投资者列出表格（见表 5 - 10），重新计算原股东权益金额和比例。

表 5 - 10　重新计算的原股东权益比例

单位：元

投资方	权益总额	比例/%
甲公司	31 572 764. 85	56. 38
乙公司	5 502 936. 70	9. 83
丙公司	3 924 298. 46	7. 01
丁公司	10 000 000. 00	17. 86
戊公司	5 000 000. 00	8. 93
合计	56 000 000. 00	100. 00

4．列出表格，计算加入新投资者后，丁公司和茂公司可以占有的实收资本金额

用甲公司接受丁公司和茂公司投资前的实收资本金额 8 470 741. 79 元除以新的比例 56. 38%，得到新的实收资本总额为 15 024 390. 24 元，然后用它来乘以丁公司和茂公司的比例，计算出丁公司和茂公司可以占有的实收资本金额（见表 5 - 11）。

表 5 - 11　丁公司和茂公司可以占有的实收资本金额

单位：元

投资方	实收资本	比例/%
丁公司	2 682 926. 83	17. 86
戊公司	1 341 463. 41	8. 93
总额	15 024 390. 24	

5. 计算丁公司和戊公司贡献的资本溢价总额

表 5－12　丁公司和戊公司贡献的资本溢价总额

单位：元

投资方	实收资本	资本溢价	投资总额
丁公司	2 682 926. 83	7 317 073. 17	10 000 000. 00
茂公司	1 341 463. 41	3 658 536. 59	5 000 000. 00
合计	4 024 390. 24	10 975 609. 76	15 000 000. 00

6. 写出记账分录

借：银行存款　　15 000 000. 00

　贷：实收资本——丁公司　　2 682 926. 83

　　　实收资本——戊公司　　1 341 463. 41

　　　资本公积——资本溢价　　10 975 609. 76

任务二　处理银行借款业务★

工作任务

核算长期借款取得与使用及核算长期借款利息的确认和长期借款的归还；完成任务后的标志性成果：做出核算长期借款取得与使用及核算长期借款利息的确认和长期借款的归还的会计分录。

知识准备

长期借款是指企业向银行或其他金融机构借入期限在 1 年以上（不含 1 年）的各项借款。就长期借款的用途来讲，企业一般用于固定资产的购建、改扩建工程、大修理工程、对外投资以及为了保持长期经营能力等方面的需要。与短期借款相比，长期借款除数额大、偿还期限较长外，其借款费用需要根据债权发生制的要求，按期预提计入所构建资产的成本或直接计入当期财务费用。由于长期借款的期限较长，至少是在 1 年以上，因此，在资产负债表非流动负债项目中列示。

由于长期借款的使用关系到企业的生产经营规模和效益，因此，必须加强管理与核算。企业除了要遵守有关的贷款规定、编制贷款计划并要有不同形式的担保外，还应监督贷款的使用、按期支付长期借款的利息以及按规定的期限归还借款本金等。因此，长期借款会计处理的基本要求是反映和监督长期借款的借入，借款利息的结算和借款本息的归还情况，促使企业遵守信贷纪律、提高信用等级、同时要确保长期借款发挥效益。

企业应通过“长期借款”账户，核算长期借款的借入、归还等情况。该账户的贷方登记长期借款本息的增加额，借方登记本息的减少额，贷方余额表示企业尚未偿还的长期借款。本账户可按照贷款单位和货款种类设置明细账，分别以“本金”“利息”等进行明细核算。

具体内容可参照如下账户设置进行核算：

长期借款——本金

减少的长期借款本金	借入的长期借款本金
	余额在贷方，表示长期借款本金的总和

长期借款——利息

支付的长期借款利息	计提的长期借款利息
	余额在贷方，表示长期借款利息的总和

活动一　核算取得银行借款

工作实例

金华股份有限公司为增值税一般纳税人，于 2015 年 11 月 30 日从银行借入资金3 000 000 元，借款期限为 3 年，借款年利率为 6.9%，到期一次性还本付息，不计复利，所借款项存入银行。甲企业用该款项于当日购买一台不需安装的设备，价款 2 400 000 元，增值税税额 408 000 元，另支付保险等费用 32 000 元，设备已于当日投入使用。

请写出相关分录。

工作步骤

（1）确认固定资产记账金额。

2 400 000 + 32 000 = 2 432 000（元）

（2）写出相关分录。

① 取得借款：

借：银行存款　　3 000 000

　贷：长期借款——本金　　3 000 000

② 支付设备款及保险费：

借：固定资产　　2 432 000

　　应交税费——应交增值税（进项税额）　　408 000

贷：银行存款 2 840 000

温馨提示

企业借入长期借款，应按实际收到的金额，借记“银行存款”账户，贷记“长期借款——本金”账户；如存在差额，还应借记“长期借款——利息调整”账户。

活动二 核算银行借款的后续处理

工作实例

金华股份有限公司为增值税一般纳税人，于2015年11月30日从银行借入资金3 000 000元，借款期限为3年，借款年利率为6.9%，到期一次还本付息，不计复利，所借款项存入银行。公司每月计提长期借款利息。公司该项目的资产于2015年12月31日筹建完毕，2016年1月1日到2017年12月31日为生产经营期间中的尚未可以使用状态，2018年1月1日正式启用该资产。企业于2018年11月30日，偿还该笔银行借款本息。请写出相应分录。

相关知识

长期借款利息费用应当在资产负债表日按照实际利率法计算确定，实际利率与合同利率差异较小的，也可以采用合同利率计算确定利息费用。长期借款按合同利率计算确定的应付未付利息，如果是属于分期付息的，应记入“应付利息”账户，如果是属于到期一次还本付息的，应记入“长期借款——应计利息”账户。

长期借款计算确定的利息费用，应当按以下原则计入有关成本、费用：属于筹建期间的，计入管理费用：属于生产经营期间的，如果长期借款用于购建固定资产等符合资本化条件的资产，在资产尚未达到可使用状态前，所发生的利息支出应当资本化，计入在建工程等相关资产成本；资产达到预定可使用状态后发生的利息支出，以及按规定不予资本化的利息支出，计入财务费用。账务处理方法为借记“在建工程”“制造费用”“财务费用”“研究支出”等账户，贷记“应付利息”或“长期借款——应计利息”账户。

工作步骤

（1）计算每月计提的利息。

每月应计提的长期借款利息 $=3\ 000\ 000\times6.9\%/12=17\ 250$（元）

（2）写出每月利息计提分录。

① 由于该项目的资产于2015年12月31日才筹建完毕，所以金华股份有限公司2015年11月和12月每月末预提利息分录同下。

借：管理费用　　　　　　　　　　　　　　　　　17 250

　贷：长期借款——应计利息　　　　　　　　　　　17 250

② 由于 2016 年 1 月 1 日到 2017 年 12 月 31 日为生产经营期间中的尚未可以使用状态，所以金华股份有限公司该期间每月末预提利息分录同下。

借：在建工程　　　　　　　　　　　　　　　　　17 250

　贷：长期借款——应计利息　　　　　　　　　　　17 250

③ 由于 2018 年 1 月 1 日正式启用该资产，所以金华股份有限公司 2018 年 1 月 1 日以后每月末预提利息分录同下。

借：财务费用　　　　　　　　　　　　　　　　　17 250

　贷：长期借款——应计利息　　　　　　　　　　　17 250

（3）计算归还借款时的相关金额。

企业归还长期借款的本金时，应按归还的金额，借记“长期借款——本金”账户，贷记“银行存款”账户；按归还的利息，借记“应付利息”或“长期借款——应计利息”账户，贷记“银行存款”账户。

已经计提的应计利息贷方余额 = 3 000 000 × 6.9% / 12 × 35 = 603 750（元）

（4）写出归还时的分录。

企业于 2018 年 11 月 30 日，偿还该笔银行借款本息。企业应编制如下会计分录：

借：财务费用　　　　　　　　　　　　　　　　17 250

　　长期借款——本金　　　　　　　　　　　3 000 000

　　　　　　——应计利息　　　　　　　　　　603 750

　贷：银行存款　　　　　　　　　　　　　　　　3 621 000

任务三　处理应付债券业务

工作任务

核算债券融资业务；完成任务后的标志性成果：做出核算债券融资业务的会计分录。

知识准备

债券是指企业为筹集（长期）资金而发行的债券。通过发行债券取得的资金，构成了企业一项非流动负债，企业会在未来某一特定日期按债券所记载的利率、期限等约定还本付息。

企业债券发行价格的高低一般取决于债券票面金额、债券票面利率、发行当时的市场利率以及债券期限的长短等因素。债券发行有面值发行、溢价发行和折价发行三种情况。企业债券按其面值价格发行，称为面值发行；以低于债券面值价格发行，称为折价发行；以高于债券面值价格发行，称为溢价发行。

企业应通过设置“应付债券”账户，核算应付债券发行、计提利息、还本付息等情况。该账户贷方登记应付债券的本金和利息，借方登记归还的债券本金和利息：期末贷方余额表示企业尚未偿还的长期债券。本账户可按“面值”“应计利息”等设置明细账户进行明细核算。债券溢价或折价不是债券发行企业的收益或损失，而是发行债券企业在债券存续期内对利息费用的一种调整。“应付债券——利息调整”科目用于核算发行时实际收到的资金和债券票面价值之间的差异。若溢价发行，发行时，应将实际收到的资金和债券票面价值之间的差异记在“应付债券——利息调整”科目贷方，以后每期计提应付利息时，将利息调整金额借记“应付债券——利息调整”科目。若折价发行，发行时，应将实际收到的资金和债券票面价值之间的差异记在“应付债券——利息调整”科目借方，以后每期计提应付利息时，将利息调整金额贷记“应付债券——利息调整”科目。

企业应当设置“企业债券备查簿”，详细登记每一企业债券的票面金额、债券票面利率、还本付息期限与方式、发行总额、发行日期和编号、委托代售单位、转换股份等资料。企业债券到期结清时，应当在备查簿内逐笔注销。

发行长期债券的企业，对于按面值发行的债券应按期计提利息，并在每期采用票面利率计算计提利息时，应当按照与长期借款相一致的原则计入有关成本费用，借记“在建工程”“制造费用”“财务费用”“研究支出”等账户；其中，对于分期付息、到期一次还本的债券，其按票面利率计算确定的应付未付利息通过“应付利息”账户核算，对于一次还本付息的债券，其按票面利率计算确定的应付未付利息通过“应付债券——应计利息”账户核算。应付债券按实际利率（实际利率与票面利率差异较小时也可按票面利率）计算确定的利息费用，应按照与长期借款相一致的原则计入有关成本、费用。

长期债券到期，企业支付债券本息时，借记“应付债券——面值”和“应付债券——应计利息”等账户，贷记“银行存款”等账户。

具体内容可参照如下应付债券账户设置进行核算：

应付债券——面值

赎回的应付债券面值	发行的应付债券面值
	余额在贷方，表示应付债券的总面值

应付债券——应计利息

减少的应付债券利息	计提的应付债券利息
	余额在贷方，表示应付债券的总利息

应付债券——利息调整

减少本期间的利息调整贷方余额	减少本期间的利息调整借方余额
余额在借方，表示应付债券——利息调整以后期间应该调整的贷方余额	余额在贷方，表示应付债券——利息调整以后期间应该调整的贷方余额

活动一 核算债券发行

工作实例

金华股份有限公司于 2015 年 1 月 1 日平价发行三年期，到期时一次还本，每年付息一次，年利率为 8%（不计复利），面值总额为 30 000 000 元的债券。

情况一、平价发行

情况二、市场利率为 9%，故折价发行

情况三、市场利率为 7%，故溢价发行

编制相关会计分录。

工作步骤

情况一、平价发行

（1）确定应计债券面值 3 000 万元。

（2）编制会计分录。

收到本金时编写如下分录：

借：银行存款　　30 000 000

　贷：应付债券——面值　　30 000 000

情况二、折价发行

（1）确定应付券面值 30 000 000 元。市场利率为 9%，故折价为 29 240 611. 60 元发行。利用复利现值系数和年金现值系数，计算过程如下：30 000 000 ×8% ×（*P/A*，9%，3）+30 000 000 ×（*F/A*，9%，3）=29 240 611. 60（元）

需要调整的利息为 30 000 000 －29 240 611. 60 =759 388. 40（元）

（2）编制会计分录。

收到本金时编写如下分录：

借：银行存款　　29 240 611. 60

　　应付债券——利息调整　　759 388. 40

　贷：应付债券——面值　　30 000 000

情况三、溢价发行

（1）确定应付券面值 30 000 000 元。市场利率为 7%，故溢价为 30 787 294. 81 元发行。利用复利现值系数和年金现值系数，计算过程如下：30 000 000 ×8% ×（*P/A*，7%，3）+30 000 000 ×（*F/A*，7%，3）=30 787 294. 81（元）

需要调整的利息为 30 787 294. 81 －30 000 000 =787 294. 81（元）

（2）编制会计分录。

收到本金时编写如下分录：

借：银行存款　　30 787 294. 81

贷：应付债券——面值　　　　　　　　　　30 000 000
　　应付债券——利息调整　　　　　　　　　787 294.81

活动二　核算债券的后续处理

工作实例

接上述活动一工作实例。企业发行债券所筹资金于当日用于建造固定资产，至2018年1月1日工程尚未完工，计提每个月长期债券利息。2018年1月1日，企业偿还债券本金和利息。接上述活动一工作实例数据，按实例一平价发行；实例二折价发行和实例三溢价发行编制2015年计提利息、折价溢价摊销的会计分录。

相关知识

发行长期债券的企业，应按期计提利息。对于按面值发行的债券，在每期采用票面利率计算计提利息时，应当按照与长期借款相一致的原则计入有关成本费用，借记“在建工程”“制造费用”“财务费用”“研究支出”等账户；其中，对于分期付息、到期一次还本的债券，其按票面利率计算确定的应付未付利息通过“应付利息”账户核算，对于一次还本付息的债券，其按票面利率计算确定的应付未付利息通过“应付债券——应计利息”账户核算。应付债券按实际利率（实际利率与票面利率差异较小时也可按票面利率）计算确定的利息费用，应按照与长期借款相一致的原则计入有关成本、费用。

企业发行债券所筹资金于当日用于建造固定资产，工程尚未完工，计提本年长期债券利息，企业按照《企业会计准则第17号——借款费用》的规定计算，将该期债券产生的实际利息费用应全部资本化，作为在建工程成本。

长期债券到期，企业支付债券本息时，借记“应付债券——面值”和“应付债券——应计利息”“应付利息”等账户，贷记“银行存款”等账户。到期日，企业偿还债券本金和利息。

工作步骤

（1）确认债券利息。

每年应计的债券利息 =30 000 000×8% =2 400 000（元）。利息2 400 000元应记入“应付债券——应计利息”账户。

（2）分情况核算每期利息和每期折溢价摊销。

由于工程尚未完工，计提本年长期债券利息，企业按照《企业会计准则第17号——借款费用》的规定计算，将该期债券产生的实际利息费用应全部资本化，作为在建工程成本。

实例一、平价发行

由于是平价发行，因而不存在每期的折溢价摊销处理，直接写出分录计提利息即可。

借：在建工程　　2 400 000

　贷：应付债券——应计利息　　2 400 000

实例二、折价发行

折价发行应按债券利息调整表（见表5－13）来计算利息及其调整。

表5－13　债券利息调整表

计息日期	票面利息	实际利息	利息调整	利息未调整余额	债券账面价值
序号	（1）	（2）	（3）	（4）	（5）
填列说明	根据合约计算	上一行的（5）×实际利率	（2）－（1）	上一行的（4）＋（3）	上一行的（5）＋（3）
2015. 1. 1				－759 388. 40	29 240 611. 60
2015. 12. 31	2 400 000	2 631 655. 04	231 655. 04	－527 733. 36	29 472 266. 64
2016. 12. 31	2 400 000	2 652 504. 00	252 504. 00	－275 229. 36	29 724 770. 64
2017. 12. 31	2 400 000	2 675 229. 36	275 229. 36	0	30 000 000. 00

借：在建工程　　2 631 655. 04

　贷：应付债券——利息调整　　231 655. 04

　　　应付债券——应计利息　　2 400 000

实例三、溢价发行

溢价发行应按债券利息调整表（见表5－14）来计算利息及其调整。

表5－14　债券利息调整表

计息日期	票面利息	实际利息	利息调整	利息未调整余额	债券账面价值
序号	（1）	（2）	（3）	（4）	（5）
填列说明	根据合约计算	上一行的（5）×实际利率	（2）－（1）	上一行的（4）＋（3）	上一行的（5）＋（3）
2015. 1. 1				787 294. 81	30 787 294. 81
2015. 12. 31	2 400 000	2 155 110. 64	－244 889. 36	542 405. 45	30 542 405. 45
2016. 12. 31	2 400 000	2 137 968. 38	－262 031. 62	280 373. 83	30 280 373. 83
2017. 12. 31	2 400 000	2 119 626. 17	－280 373. 83	0	30 000 000. 00

借：应付债券——利息调整　　244 889. 36

　　在建工程　　2 155 110. 64

　贷：应付债券——应计利息　　2 400 000

（3）核算到期日还本的相关分录。

本例中到期应还本3 000万。到期还本时编写如下分录：

借：应付债券——面值 30 000 000
　贷：银行存款 30 000 000

任务四 处理可转换债券业务

工作任务

核算可转换债券的发行，核算可转换债券的行权，核算可转换债券的利息计提，核算可转换债券的赎回；完成任务后的标志性成果：编写可转换债券的发行、可转换债券的行权、可转换债券的利息计提和可转换债券的赎回的会计分录。

知识准备

一、可转换债券的定义和特性

可转换债券是指持有者可以在一定时期内按一定比例或价格将之转换成一定数量的另一种证券的债券。

可转换债券持有人享有在一定条件下将债券回售给发行人的权利，发行人在一定条件下拥有强制赎回债券的权利。可转换债券兼有债券和股票双重特点，对企业和投资者都具有吸引力。1996 年我国政府决定选择有条件的公司来作为进行可转换债券的试点，1997 年颁布了《可转换公司债券管理暂行办法》，2001 年 4 月中国证监会发布了《上市公司发行可转换公司债券实施办法》，极大地规范、促进了可转换债券的发展。

企业发行的可转债，应当在初始确认时分拆为负债成分和权益成分。分拆时，应将票面价值和每期利息按市场利率折现成现值作为负债成分的公允价值，发行总额和现值部分的差额，为权益成分的公允价值。

可转债转换成股票时，可按可转债的余额，借记“应付债券——可转换公司债券（面值）”“应付债券——可转换公司债券（应计利息）”和“资本公积——其他资本公积”等科目，贷记“股本”科目，差额部分贷记“资本公积——股本溢价”科目。

二、账户设置

可转换债券的账户设置，与应付债券类似，只不过，“应付债券——面值”的借方发生额，可以记录由于投资者行权而减少的债券面值。

具体内容可参照如下应付债券账户设置进行核算：

应付债券——可转换公司债券（面值）

赎回的应付债券面值	发行的应付债券面值
记录由于投资者行权而减少的债券面值	余额在贷方，表示可转换的应付债券的总面值

应付债券——可转换公司债券（应计利息）

减少的应付债券利息	计提的应付债券利息
	余额在贷方，表示可转换的应付债券的总利息

活动一　发行可转债

工作实例

金华股份有限公司于 2015 年 1 月 1 日发行可转换债券，按面值发行，5 年期一次还本、每年付息一次的可转换公司债券 200 000 000 元，款项已收存银行。债券票面年利率为 6%，利息按年支付。债券发行一年后可以转换为普通股，初始转换价为 10 元每股。股票面值为 1 元每股。2015 年 12 月 1 日当天，二级市场上与之类似的没有附带转换权的债券市场利率为 9%。

请编制相关会计分录。

工作步骤

（1）发行时，分拆债务价值和权益价值及确认相关价值。

金华股份有限公司发行的可转债，票面价值 =200 000 000（元）

利用复利现值系数和年金现值系数，债务部分的公允价值，将票面价值 2 亿和每期利息（2 亿 ×6%）按 9% 折现成现值，计算如下：

200 000 000 ×（F/A，6%，5）+200 000 000 ×（P/A，6%，5）=200 000 000 ×0. 6449 +200 000 000 ×6% ×3. 8897 =176 656 400（元）

权益部分的公允价值 =200 000 000 －176 656 400 =23 343 600（元）

借：银行存款　　200 000 000

　　应付债券——可转换公司债券（利息调整）　　23 343 600

　贷：应付债券——可转换公司债券（面值）　　200 000 000

　　　资本公积——其他资本公积　　23 343 600

（2）12 月 31 日计提利息时。

可转换公司债券的负债成分，在转换为股份前，其会计处理与一般公司债券相同，即按照实际利率和摊余成本确认利息费用，按面值和票面利率确认应付债券，差额作为利息调整进行摊销。本例中，债券为平价发行，故编写出如下分录：

借：财务费用　　12 000 000

　贷：应付债券——可转换公司债券（应计利息）　　12 000 000

活动二　核算债转股

工作实例

接上述活动一工作实例。投资者于 2016 年 1 月 1 日行权，将所有债转为股。当时，尚未支付利息。请编制相关会计分录。

工作步骤

（1）计算股数。

可转换的股份数 =（176 656 400 + 12 000 000 + 3 899 076）/10 = 19 255 547. 6（元）

（2）写出分录。

借：应付债券——可转换公司债券（面值）　　200 000 000

　　应付债券——可转换公司债券（应计利息）　　12 000 000

　　资本公积——其他资本公积　　23 343 600

　贷：股本　　19 255 547

　　　应付债券——可转换公司债券（利息调整）　　19 444 524

　　　资本公积——股本溢价　　196 643 529

项目小结

本项目主要处理实收资本和资本公积业务，处理银行借款业务，处理应付债券业务和处理可转换债券业务。

本项目的重难点在于理解资金筹集活动是企业开展经济活动的第一步，对其核算，是确认不同利益相关者权益的重要操作。事实上，企业的资产可以看作是通过权益融资和债券融资的组合。财务人员必须对权益融资所提供的初始资金和债券融资所提供的初始资金进行准确的计量和确认。本项目重要分录归纳见表 5 – 15。

表5－15　项目重要分录表

	分录	金额
收到实收资本	借：银行存款 　贷：实收资本	按实际发生额
收到长期借款	借：银行存款 　贷：长期借款——本金	
计提筹建状态的借款利息	借：管理费用 　贷：长期借款——应计利息	利率乘以本金
计提在建状态的借款利息	借：在建工程 　贷：长期借款——应计利息	利率乘以本金
计提建成状态后的借款利息	借：财务费用 　贷：长期借款——应计利息	利率乘以本金
归还贷款	借：长期借款——本金 　　长期借款——应计利息	本借款合约引起的本科目累计贷方余额
	贷：银行存款	按实际发生额
平价发行债券	借：银行存款 　贷：应付债券——面值	债券面值
折价发行债券	借：银行存款 　　应付债券——利息调整	按实际发生额 用折现法计算的应计利息调整
	贷：应付债券——面值	债券面值
溢价发行债券	借：银行存款	按实际发生额
	贷：应付债券——利息调整 　　　应付债券——面值	用折现法计算的应计利息调整 债券面值
发行可转债	借：银行存款	按实际发生额
	贷：应付债券——可转换公司债券（面值）	债券面值
	借：应付债券——可转换公司债券（利息调整） 　贷：资本公积——其他资本公积	权益部分的公允价值

问题讨论：

1. 对于不同投资方式（资金、固定资产或存货），会计确定他们的投资额有何不同？会对不同的投资人有不一样的权益影响吗？

2. 从投资人的角度讲，你认为出于什么原因，他们会用不同投资方式进行投资？

3. 对于企业而言，收到权益投资、进行长期借款和发行债券，有何不同的财务影响？若你是企业的财务经理，你更喜欢用哪种形式进行融资？

项目六
核算对外投资业务

学习目标

知识学习目标：

1. 了解金融资产的概念和类别
2. 掌握摊余成本的概念
3. 掌握实际利率的确定方法
4. 掌握长期股权投资的概念和范围
5. 掌握企业合并和非企业合并的概念
6. 掌握长期股权投资成本法和权益法的适用范围

技能训练目标：

1. 能够对金融资产的初始计量进行核算
2. 能够对金融资产的后续计量进行核算
3. 能够核算金融资产计提减值准备和处置
4. 能准确区别同一控制下和非同一控制下企业合并的不同
5. 能准确进行长期股权投资成本法和权益法的核算

情感训练目标：

1. 具有认真、细致的工作作风
2. 具有良好的责任意识
3. 具有独立分析问题、解决问题的能力

知识结构图：

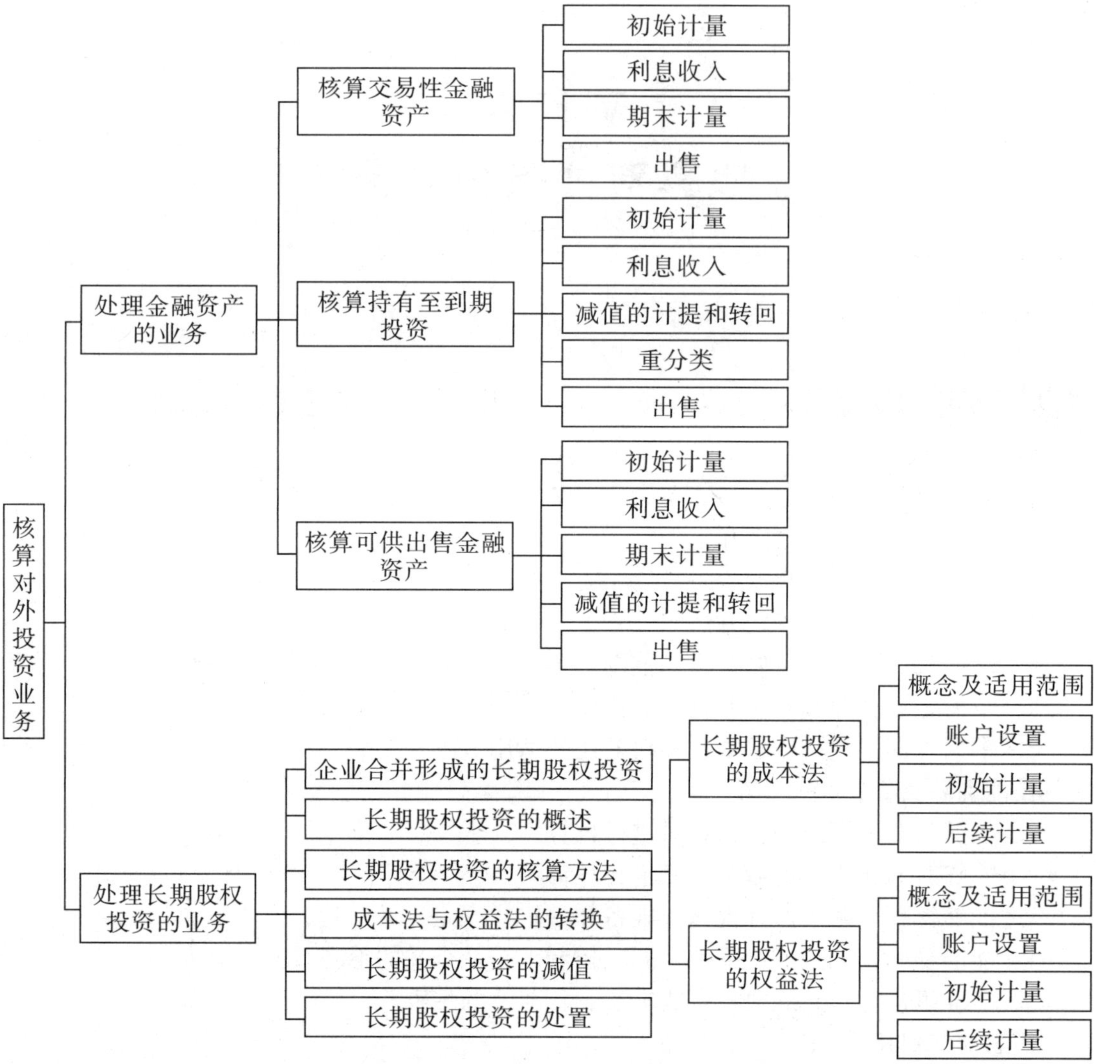

图6-1　核算对外投资业务知识结构图

导学案例

2016年7月12日，金华股份有限公司为了提高闲置资金的收益率获得短期价差，从二级市场上购入格力电器股票20万股，具体情况见股票交割单（见图6-2）。公司财务人员如何进行会计核算呢？

公司购入的股票属于金融资产，金融资产的确认应按照公司管理层的投资策略和风险管理要求而决定。那么，公司财务人员应把购入的格力电器股票确认为哪一类金融资产呢？

京华证券公司

买卖类别：购买股份	成效日期：2016 年 7 月 12 日
股东代码：6385	股东姓名：金华股份有限公司
资金账号：21546793	合同号码：HT547993
股票名称：格力电器	委托日期：2016 年 7 月 12 日
成交号码：884679	成交时间：2016 年 7 月 12 日 13：22
成交股数：200 000 股	本次余额：
成交价格：28.00 元/股	成交金额：5 600 000 元
手续费：2 800 元	印花税：5 600 元
过户费：200 元	其他收费：
收付金额：5 608 600 元	上次余额：
本次余额：	
备注：	

（1）凭证联

图 6－2　股票交割单

任务一　处理金融资产的业务

工作任务

核算交易性金融资产的初始确认、公允价值变动、应收股利和处置；核算持有至到期投资的初始确认、资产负债表日计提利息、计提减值和到期收回债券本息；核算可供出售金融资产的初始确认、后续计量和处置；完成工作任务应提交的标志性成果：交易性金融资产、持有至到期投资、可供出售金融资产的明细账和总账。

知识准备

一、金融资产的概念

金融资产，实物资产的对称，是指可以在有组织的金融市场上进行交易、具有现实价格和未来估价的金融工具的总称，是一种索取实物资产的无形权利。金融资产的最大特征是能够在市场交易中为其所有者提供即期或远期的货币收入流量。

金融资产有广义和狭义之分。广义的金融资产是指资产负债表中除了实物资产和无形资产之外的资产，主要包括库存现金、银行存款、应收账款、应收票据、贷款、垫款、其他应收款、应收利息、债权投资、股权投资、基金投资、衍生金融资产等。

狭义的金融资产是指符合《企业会计准则第22号——金融工具确认和计量》的金融资产，企业在初始确认时就应按照管理者的意图、风险管理上的要求和资产的性质，将资产分为以下四类：

（1）以公允价值计量且其变动计入当期损益的金融资产，包括交易性金融资产和指定为以公允价值计量且其变动计入当期损益的金融资产。

（2）持有至到期投资。

（3）贷款和应收款项。

（4）可供出售金融资产，包括可供出售债务工具和可供出售权益工具。

温馨提示

上述分类一经确定，不得随意变更。但在符合规定的情况下，持有至到期投资与可供出售金融资产在特定条件下可转换。

企业最终把该项金融资产划分为哪一类的金融资产，主要取决于企业管理层的风险管理和投资决策等因素，金融资产的分类是管理层的管理目的的真实体现。

二、交易性金融资产

1. 交易性金融资产的概念

交易性金融资产是指企业为了近期内出售、以赚取差价为目的，并有活跃市场的金融资产，以公允价值计量且其变动计入当期损益的金融资产。

金融资产满足下列条件之一的，应当划分为交易性金融资产：

（1）取得该金融资产的目的，主要是为了近期内出售。例如，企业以赚取差价为目的从二级市场购入的股票、债券和基金等。

（2）属于进行集中管理的可辨认金融工具组合的一部分，且有客观证据表明企业近期采用短期获利方式对该组合进行管理。在这种情况下，即使组合中有某个组成项目持有的期限稍长也不受影响。

（3）属于衍生工具。但是，被指定为有效套期工具的衍生工具、属于财务担保合同的衍生工具、与在活跃市场中没有报价且其公允价值不能可靠计量的权益工具投资挂钩并须通过交付该权益工具结算的衍生工具除外。其中，财务担保合同是指保证人和债权人约定，当债务人不履行债务时，保证人应按照约定履行债务或者承担责任的合同。

2. 交易性金融资产的账户设置

为了核算企业取得的交易性金融资产，企业应设置“交易性金融资产”“公允价值变动损益”“应收股利”“投资收益”等账户进行核算。

（1）“交易性金融资产”账户属于资产类，反映企业持有交易性金融资产的公允价值。该账户可按交易性金融资产的类别和品种，分别设置“成本”“公允价值变动”等明细科目进行明细核算。

交易性金融资产

① 交易性金融资产的取得成本 ② 资产负债表日交易性金融资产的公允价值高于其账面余额的差额	① 资产负债表日交易性金融资产的公允价值低于其账面余额的差额 ② 出售交易性金融资产时结转的成本和公允价值变动损益
期末余额在借方，反映企业持有交易性金融资产的公允价值	

（2）“公允价值变动损益”账户，属于损益类账户，核算企业交易性金融资产等公允价值变动形成的应计入当期损益的利得或损失。期末，应将该账户的余额转入“本年利润”账户，结转后无余额。

公允价值变动损益

① 资产负债表日交易性金融资产的公允价值低于其账面余额的差额 ② 待转“本年利润”	① 资产负债表日交易性金融资产的公允价值高于其账面余额的差额 ② 待转“本年利润”
无余额	无余额

（3）“应收股利”账户，属于资产类账户。应收股利是指企业因股权投资而应收取的现金股利以及应收其他单位的利润，包括企业股票实际支付的款项中所包括的已宣告发放但尚未领取的现金股利和企业对外投资应分得的现金股利或利润等，但不包括应收的股票股利。

“应收股利”账户的借方登记应收股利的增加数额，贷方登记收到的应收股利，期末余额一般在借方，反映企业尚未收回的股权投资的现金股利。

应收股利

应收股利的增加数额	收到的应收股利
期末余额在借方，反映企业尚未收回的股权投资的现金股利	

（4）“投资收益”账户，属于损益类账户，核算企业对外投资所发生的损益。借方登记在持有交易性金融资产等投资资产期间发生的投资损失，以及企业在对外投资活动中发生的交易费用等。贷方登记在持有交易性金融资产等投资资产期间取得的投资收益以及处置交易性金融资产等投资资产实现的投资收益。期末，应将该账户的余额转入“本年利润”账户，结转后无余额。

投资收益

① 在持有交易性金融资产等投资资产期间发生的投资损失 ② 在对外投资活动中发生的交易费用 ③ 待转“本年利润”	① 在持有交易性金融资产等投资资产期间取得的投资收益 ② 处置交易性金融资产等投资资产实现的投资收益 ③ 待转“本年利润”
无余额	无余额

三、持有至到期投资

1. 持有至到期投资的概念

持有至到期投资，是指到期日固定、回收金额固定或可确定，且企业有明确意图并有能力持有至到期的非衍生金融资产。通常情况下，主要是指企业持有的、在活跃市场上有公开报价的债券投资，包括国债、金融债券和公司债券等。

持有至到期投资的资产必须同时满足下列三个条件的非衍生金融资产：

（1）该金融资产到期日固定，回收金额固定或可确定。

“到期日固定、回收金额固定或可确定”是指相关合同明确了投资者在确定的期间内获得或应收取现金流量（投资利息和本金）的金额和时间。

（2）企业有明确意图将该金融资产持有到期。

投资者在取得投资时意图明确，除非遇到一些企业不能控制、预期不会重复发生且难以合理预计的独立事件，否则将持有至到期。

（3）企业有能力将该金融资产持有至到期。

“有能力持有至到期”是指企业有足够的财力资源，并不受外部因素影响将投资持有至到期。

2. 持有至到期投资的账户设置

企业应设置“持有至到期投资”“应收利息”“投资收益”“持有至到期投资减值准备”等账户核算持有至到期投资的取得、收取利息、减值以及处置等业务。

（1）“持有至到期投资”账户属于资产类，该账户按照投资的类别和品种，分别设“成本”“应计利息”“利息调整”等明细账户。

持有至到期投资

① 持有至到期投资的面值 ② 购买时付出的溢价 ③ 折价摊销金额 ④ 期末确定的应计利息	① 购买时获得的折价 ② 溢价摊销金额 ③ 处置时结转的成本
企业持有至到期投资的摊余成本	

（2）应收利息则是指企业因债权投资而应收取的利息。包括购入债券的价款中已到付息期但尚未领取的债券利息，以及分期付息到期还本的债券在持有期间产生的利息。不包括企业购入到期一次还本付息的长期债券应收取的利息。

“应收利息”账户的借方登记应收债权利息的增加数额，贷方登记收到的应收利息，期末余额一般在借方，反映企业尚未收回的债权投资的利息。

应收利息

应收债权利息的增加数额	收到的应收利息
期末余额在借方，反映企业尚未收回的债权投资的利息	

（3）“持有至到期投资减值准备”账户核算企业持有至到期投资的减值准备。该账户是“持有至到期投资”的备抵账户。

持有至到期投资减值准备

持有至到期投资已恢复，转回已计提减值准备的金额	资产负债表日计提的减值准备
	企业已计提尚未转销的持有至到期投资减值准备

四、可供出售金融资产

1. 可供出售金融资产的概念

可供出售金融资产是指初始确认时即被指定为可供出售的非衍生金融资产，以及没有划分为持有至到期投资、贷款和应收款项、以公允价值计量且其变动计入当期损益的金融资产。

通常情况下，划分为可供出售金融资产应当在活跃的市场上有报价。因此，企业从二级市场上购入的、有报价的债券、股票和基金等投资，如果没有划分为交易性金融资产、持有至到期投资，可以划分为可供出售金融资产。

温馨提示

存在活跃市场并有报价的金融资产到底应该划分为哪类金融资产，取决于企业管理者的风险管理、投资决策等因素。金融资产的分类应是管理层意图的真实表达。为了获得价差为目的的金融资产投资，应确认为“交易性金融资产”；为了持有至到期获得债券利息收入的债券投资，应确认为“持有至到期投资”；持有意图不明确、持有时间不确定的金融资产，应确认为“可供出售金融资产”。

可供出售金融资产在符合一定条件的情况下可以重分类为持有至到期投资。

2. 可供出售金融资产的账户设置

为了反映和监督可供出售金融资产的取得、收取现金股利或利息和出售等情况，企业应当设置“可供出售金融资产”“其他综合收益”“投资收益”等账户进行核算。

“可供出售金融资产”属于资产类账户，核算企业持有的可供出售金融资产的公允价值，期末余额在借方，反映企业可供出售金融资产的公允价值。该账户按可供出售金融资产的类别和品种，分别设置“成本”“利息调整”“应计利息”“公允价值变动”等进行明细核算。

可供出售金融资产

① 企业可供出售金融资产的成本 ② 可供出售金融资产的公允价值增加值 ③ 折价摊销金额 ④ 期末确定的应计利息	① 可供出售金融资产的公允价值减少值 ② 溢价摊销金额 ③ 处置时结转的成本
企业持有可供出售金融资产的公允价值	

“其他综合收益”属于所有者权益类账户，是指企业根据企业会计准则规定未在损益中确认的各项利得和损失扣除所得税影响后的净额。期末余额在贷方。

其他综合收益列报的内容包括以下七点：

（1）可供出售金融资产公允价值变动形成的利得和损失。

（2）可供出售外币非货币性项目的汇兑差额形成的利得和损失。

（3）权益法下被投资单位其他所有者权益变动形成的利得和损失。

（4）自用房地产或作为存货的房地产转换为以公允价值模式计量的投资性房地产在转换日公允价值大于账面价值部分。

（5）金融资产的重分类形成的利得和损失。

（6）套期保值（现金流量套期和境外经营净投资套期）形成的利得或损失。

（7）与计入所有者权益项目相关的所得税影响所形成的利得和损失。

温馨提示

外币报表折算时产生的外币报表折算差额属于其他综合收益。

并非当期所有在“资本公积——其他资本公积”科目下核算的项目，都属于其他综合收益的列报内容，比如：

（1）股份支付所形成的所有者权益变动不能作为其他综合收益列报。

（2）企业发行可转换债券所形成的所有者权益变动不能作为其他综合收益列报。

另外公允价值变动损益，投资收益不属于其他综合收益的范畴。

活动一　核算交易性金融资产

工作实例

1. 2016年4月12日，金华股份有限公司为了提高闲置资金的收益率，计划在二级市场上进行有价证券投资。从工商银行账户中向证券资金账户转入500万元。

2. 2016年4月20日，金华股份有限公司购入天昊公司发行的股票20万股，打算赚取短期价差，随时变现。每股价格为10.5元（含已宣告但尚未发放的现金股利0.5元/股），另支付交易费用4万元，证券资金账户中已扣。

3. 2016年4月28日，金华股份有限公司收到购买股票时已宣告但尚未发放的现金股利10万元，并将其存入证券资金账户中。

4. 2016年4月30日，天昊公司的股价为11元；2016年5月31日，天昊公司的股价为11.30元；2016年6月30日，天昊公司的股价为12元。

5. 2016年7月20日，天昊公司宣告发放现金股利0.3元/股。

6. 2016年8月25日，收到现金股利6万元，存入证券资金账户中。

7. 2016年8月28日，出售天昊公司股票20万股，价格为13元，扣除交易费用5万元后存入证券资金账户中。

8. 2016年1月3日，金华股份有限公司在二级市场上支付525万元（其中包含已宣告发放的债券利息15万元，支付交易费用10万元）购入南天公司发行的公司债券，将其划分为交易性金融资产。该债券票面利率为5%，每年年末确认该年利息收入。

9. 2016年1月26日，金华股份有限公司收到南天公司发放的债券利息15万元。

10. 2016年6月30日，南天公司债券的公允价值为505万元。

11. 2016年7月15日，将南天公司债券出售，收到价款508万元。

相关知识

一、交易性金融资产的初始计量

企业取得交易性金融资产时，按照其公允价值作为其初始确认金额，计入“交易性金融资产——成本”。取得时所支付价款中包含了已宣告但尚未发放的现金股利或已到付息期但尚未领取的债券利息的，单独确认为应收项目，计入“应收股利”或“应收利息”。取得交易性金融资产所发生的相关交易费用应当在发生时借记“投资收益”。交易费用是指可直接归属于购买、发行或处置金融工具新增外部费用，包括支付给代理机构、咨询公司、证券商的手续费和佣金及其他必要支出。

二、交易性金融资产持有期间的利息收入

企业持有交易性金融资产期间对于被投资单位宣告发放的现金股利或企业在资产负债表日按分期付息、一次还本债券投资的票面利率计算的利息收入，应确认为应收项目，计入“应收股利”或“应收利息”账户，并计入“投资收益”账户。但对于到期一次还本付息的债券，在资产负债表日不需要按照权责发生制计提利息。

三、交易性金融资产的期末计量

资产负债表日，企业应当按照交易性金融资产公允价值与其账面余额的差额，借或贷记“交易性金融资产——公允价值变动”账户，贷或借记“公允价值变动损益”账户。

四、交易性金融资产的出售

出售交易性金融资产时，将出售价款与账面价值的差额计入投资收益；并且将累计公允价值变动转入投资收益：目的是将原计入该金融资产的公允价值变动转出，以保证投资收益的完整。

工作步骤

（1）2016 年 4 月 12 日，金华股份有限公司为了提高闲置资金的收益率，计划在二级市场上进行有价证券投资。从工商银行账户中向证券资金账户转入 500 万元。

借：其他货币资金——存出投资款　　5 000 000

　贷：银行存款　　5 000 000

（2）2016 年 4 月 20 日，金华股份有限公司购入天昊公司发行的股票 20 万股，打算赚取短期价差，随时变现。每股价格为 10.5 元（含已宣告但尚未发放的现金股利 0.5 元/股），另支付交易费用 4 万元，证券资金账户中已扣。

借：交易性金融资产——成本　　2 000 000

　　投资收益　　40 000

　　应收股利　　100 000

　贷：其他货币资金——存出投资款　　2 140 000

（3）2016 年 4 月 28 日，金华股份有限公司收到购买股票时已宣告但尚未发放的现金股利 10 万元，并将其存入证券资金账户中。

借：其他货币资金——存出投资款　　100 000

　贷：应收股利　　100 000

（4）2016 年 4 月 30 日，天昊公司的股价为 11 元；2016 年 5 月 31 日，天昊公司的股价为 11.30 元；2016 年 6 月 30 日，天昊公司的股价为 12 元。

2016 年 4 月 30 日：

借：交易性金融资产——公允价值变动　　200 000

　贷：公允价值变动损益　　200 000

2016 年 5 月 31 日：

借：公允价值变动损益　　140 000

　贷：交易性金融资产——公允价值变动　　140 000

2016 年 6 月 30 日：

借：交易性金融资产——公允价值变动　　340 000

　贷：公允价值变动损益　　340 000

（5）2016 年 7 月 20 日，天昊公司宣告发放现金股利 0.3 元/股。

借：应收股利　　60 000

　贷：投资收益　　60 000

（6）2016 年 8 月 25 日，收到现金股利 6 万元，存入证券资金账户中。

借：其他货币资金——存出投资款　　60 000

　贷：应收股利　　60 000

（7）2016 年 8 月 28 日，出售天昊公司股票 20 万股，价格为 13 元，扣除交易费用 5 万元后存入证券资金账户中。

借：其他货币资金——存出投资款　　2 550 000

　　公允价值变动损益　　400 000

　贷：交易性金融资产——成本　　2 000 000

　　　交易性金融资产——公允价值变动　　400 000

　　　投资收益　　550 000

（8）2016 年 1 月 3 日，金华股份有限公司在二级市场上支付 525 万元（其中包含已宣告发放的债券利息 15 万元，支付交易费用 10 万元）购入南天公司发行的公司债券，将其划分为交易性金融资产。该债券票面利率为 5%，每年年末确认该年利息收入。

借：交易性金融资产——成本　　5 000 000

　　应收利息　　150 000

　　投资收益　　100 000

　贷：其他货币资金——存出投资款　　5 250 000

（9）2016 年 1 月 26 日，金华股份有限公司收到南天公司发放的债券利息 15 万元。

借：其他货币资金——存出投资款　　150 000

　贷：应收利息　　150 000

（10）2016 年 6 月 30 日，南天公司债券的公允价值为 505 万元。

借：交易性金融资产——公允价值变动　　50 000

　贷：公允价值变动损益　　50 000

（11）2016 年 7 月 15 日，将南天公司债券出售，收到价款 508 万元。

借：其他货币资金——存出投资款　　5 080 000

　贷：交易性金融资产——成本　　5 000 000

　　　交易性金融资产——公允价值变动　　50 000

　　　投资收益　　30 000

同时，借：公允价值变动损益　　50 000

　　　　贷：投资收益　　50 000

活动二 核算持有至到期投资

工作实例

2016 年 1 月 4 日，金华股份有限公司购买了东方公司发行的五年期债券，面值为 100 万元，票面利率为 5%，每年年末付息一次，第五年偿还本金及最后一期利息。实际利率为 6.19%，公司共支付债券买价 93 万元，另支付交易费用 2 万元，以银行存款支付，打算持有至到期。不考虑所得税、减值损失等因素，请完成公司五年内持有债券及到期的账务处理。

相关知识

一、持有至到期投资的初始计量

企业取得的持有至到期投资应当按取得时的公允价值和相关税费之和作为初始确认金额。实际支付的价款中包含的已到付息期但尚未领取的利息，应单独确认为应收项目。即公允价值计量和相关交易费用之和，借记“持有至到期投资——成本”账户，按已到付息期但尚未领取的债券利息，借记“应收利息”账户，按实际支付的价款，贷记“银行存款”等账户，按其差额，借或贷记“持有至到期投资——利息调整”账户。

二、持有至到期投资的利息收入

资产负债表日，企业应当采用实际利率法按照摊余成本计算确认利息收入，计入投资收益。

实际利率法是指按照金融资产或金融负债（含一组金融资产或金融负债）的实际利率计算其摊余成本及各期利息收入或利息费用的方法。企业应当在初始取得持有至到期投资时确定实际利率，在该持有至到期投资预计存续期间或适用的更短期间内保持不变。实际利率与票面利率差别较小的，也可按票面利率计算利息收入，计入投资收益。

金融资产或金融负债的摊余成本，是指该金融资产或金融负债的初始确认金额经下列调整后的结果：① 扣除已偿还的本金；② 加上或减去采用实际利率法将该初始确认金额与到期日金额之间的差额进行摊销形成的累计摊销额；③ 扣除已发生的减值损失（仅适用于金融资产）。

资产负债表日，持有至到期投资为分期付息、一次还本债券投资的，按票面利率计算确定的应收未收利息，借记“应收利息”账户，按持有至到期投资摊余成本和实际利率计算确定的利息收入，贷记“投资收益”账户，按其差额记入“持有至到期投资——利息调整”账户。

资产负债表日，持有至到期投资为一次还本付息债券投资的，按票面利率计算确定的应收未收利息，借记“持有至到期投资——应计利息”账户，按持有至到期投资摊余成本和实际利率计算确定的利息收入，贷记“投资收益”账户，差额记入“持有至到期投资——利息调整”账户。

温馨提示

本期计提的利息 = 期初摊余成本 × 实际利率

本期期初摊余成本即为上期期末摊余成本

本期应收利息 = 票面面值 × 票面利率

期末摊余成本 = 期初摊余成本 + 本期计提的利息 − 本期应收利息和收回本金 − 本期计提的减值准备

三、持有至到期投资减值准备的计提和转回

1. 金融资产的减值

资产负债表日，企业应当对以公允价值计量且其变动计入当期损益的金融资产以外的金融资产的账面价值进行检查，有客观证据表明该金融资产发生减值的，应当计提减值准备，计入当期损益。

金融资产发生减值的客观证据，是指金融资产初始确认后实际发生的、对该金融资产的预计未来现金流量有影响，且企业能够对该影响进行可靠计量的事项。表明金融资产发生减值的客观证据包括下列各项：

① 发行方或债务人发生严重财务困难。

② 债务人违反了合同条款，如偿付利息或本金发生违约或逾期等。

③ 债权人出于经济或法律等方面因素的考虑，对发生财务困难的债务人做出让步。

④ 债务人很可能倒闭或进行其他财务重组。

⑤ 因发行方发生重大财务困难，该金融资产无法在活跃市场继续交易。

⑥ 无法辨认一组金融资产中的某项资产的现金流量是否已经减少，但根据公开的数据对其进行总体评价后发现，该组金融资产自初始确认以来的预计未来现金流量确已减少且可计量，如该组金融资产的债务人支付能力逐步恶化，或债务人所在国家或地区失业率提高、担保物在其所在地区的价格明显下降、所处行业不景气等。

⑦ 债务人经营所处的技术、市场、经济或法律环境等发生重大不利变化，使权益工具投资人可能无法收回投资成本。

⑧ 权益工具投资的公允价值发生严重或非暂时性下跌。

⑨ 其他表明金融资产发生减值的客观证据。

2. 持有至到期投资的减值准备的计提和转回

企业应当在资产负债表日对持有至到期投资的账面价值进行检查，有客观证据表明该金融资产发生减值的，应当将该金融资产的账面价值减记至预计未来现金流量现值（不包括尚未发生的未来信用损失），减记的金额确认为资产减值损失，计入当期损益。

持有至到期投资发生减值时：

借：资产减值损失

　　贷：持有至到期投资减值准备

持有至到期投资确认减值损失后，利息收入应当按照确定减值损失时对未来现金流量进行折现采用的折现率作为利率计算确认。

对以摊余成本计量的持有至到期投资确认减值损失后，如有客观证据表明该金融资产价值已恢复，且客观上与确认该损失后发生的事项有关（如债务人的信用评级已提高等），原确认的减值损失应当予以转回，计入当期损益。但是，该转回后的账面价值不应当超过假定不计提减值准备情况下该金融资产在转回日的摊余成本。

该金融资产价值回升或恢复时：

借：持有至到期投资减值准备

　贷：资产减值损失

四、持有至到期投资的重分类

企业将持有至到期投资在到期前处置或重分类，通常表明其违背了将投资持有至到期的最初意图。如果处置或重分类为其他类金融资产的金额相对于该类投资（即企业全部持有至到期投资）在出售或重分类前的总额较大，则企业在处置或重分类后应立即将其剩余部分重分类为可供出售金融资产。

重分类日：

借：可供出售金融资产　　（按重分类日公允价值确认）

　贷：持有至到期投资——成本　　（按账面余额确认）

　　持有至到期投资——利息调整　　（按账面余额确认）

　　持有至到期投资——应计利息　　（按账面余额确认）

　　其他综合收益（按重分类日公允价值与持有至到期投资账面价值之差确认）

已计提减值准备的，还应同时结转减值准备。

五、持有至到期投资的出售

出售持有至到期投资，应按实际收到的金额，借记“银行存款”等账户，按其账面余额，贷记“持有至到期投资——成本、利息调整、应计利息”账户，差额记入“投资收益”账户。已计提减值准备的，还应同时结转减值准备。

工作步骤

（1）2016 年 1 月 4 日，购入债券。

借：持有至到期投资——成本　　1 000 000

　贷：银行存款　　950 000

　　持有至到期投资——利息调整　　50 000

初始确认时，计算实际利率：50 000 × P/A（I，5）+ 1 000 000 × P/F（I，5）= 950 000（元）

计算结果：I≈6.19%

（2）年末，确认利息计提，具体见表 6－1。

表6－1　持有至到期投资利息计提表

年份	期初摊余成本 ①	实际利息 （按6.19%计算） ②＝①×实际利率	票面利息 （按5%计算）③	期末摊余成本 ④＝①＋②－③
2016年年初				950 000.00
2016年年末	950 000.00	58 805.00	50 000.00	958 805.00
2017年年末	958 805.00	59 350.03	50 000.00	968 155.03
2018年年末	968 155.03	59 928.80	50 000.00	978 083.83
2019年年末	978 083.83	60 543.39	50 000.00	988 627.21
2020年年末	988 627.21	61 372.79 *	50 000.00	1 000 000.00

温馨提示

*尾数调整61 372.79＝1 000 000－988 627.21＋50 000

最后一年，计算持有至到期投资实际利息收入时，应根据期末摊余成本100万元＋票面利息5万－期初摊余成本988 627.21元倒挤出来，这样，最后一年将持有至到期投资——利息调整账户摊销完毕。

（3）完成账务处理。

2016年年末确认实际利息收入并收到票面利息：

借：应收利息　　50 000
　　持有至到期投资——利息调整　　8 805
　贷：投资收益　　58 805

收到票面利息：

借：银行存款　　50 000
　贷：应收利息　　50 000

2017年年末确认实际利息收入并收到票面利息：

借：应收利息　　50 000
　　持有至到期投资——利息调整　　9 350.03
　贷：投资收益　　59 350.03
借：银行存款　　50 000
　贷：应收利息　　50 000

2018年年末确认实际利息收入并收到票面利息：

借：应收利息　　50 000
　　持有至到期投资——利息调整　　9 928.80
　贷：投资收益　　59 928.80
借：银行存款　　50 000
　贷：应收利息　　50 000

2019 年年末确认实际利息收入并收到票面利息：

借：应收利息	50 000	
持有至到期投资——利息调整	10 543. 39	
贷：投资收益		60 543. 39
借：银行存款	50 000	
贷：应收利息		50 000

2020 年年末确认实际利息收入并收到本金和票面利息：

借：应收利息	50 000	
持有至到期投资——利息调整	11 372. 79	
贷：投资收益		61 372. 79
借：银行存款	1 050 000	
贷：持有至到期投资——成本		1 000 000
应收利息		50 000

活动三　核算可供出售金融资产

工作实例

1. 金华股份有限公司于 2016 年 3 月 8 日在二级市场上购入方文公司股票 50 万股，以银行存款支付，共支付价款 2 605 000 元（含交易费用 5 000 元，已宣告发放现金股利 100 000 元），将其划分为可供出售金融资产。

2. 2016 年 3 月 25 日，公司收到方文公司发放的现金股利 100 000 元。

3. 2016 年 3 月 31 日，该股票市价为 5. 20 元/股。

4. 2016 年 4 月 12 日，方文公司宣告发放股利，公司应收 400 000 元。

5. 2016 年 4 月 28 日，公司收到方文公司发放的现金股利。

6. 2016 年 4 月 30 日，该股票市价为 3. 80 元/股。金华股份有限公司认为价格下跌是暂时的。

7. 2016 年 5 月 10 日，方文公司因违反证券法规，受到证监会的查处。受此影响，方文公司的股价急剧下跌。2016 年 5 月 31 日，该公司股价下降为 1. 8 元/股。

8. 2016 年 10 月 22 日，方文公司整改完成，发表公告，同时宣布国际公司入股，股票价格大幅回升。2016 年 10 月 31 日，该股票市价为 3. 50 元/股。

9. 2016 年 11 月 30 日，该股票市价为 4. 50 元/股。

10. 2016 年 12 月 23 日，公司以 5. 5 元/股的价格出售该股票，另支付交易费用 5 万元，股票销售收入已存入银行存款账户中。

11. 2016 年 4 月 5 日，公司从二级市场上购入 M 公司发行的三年期债券，支付款项（包括交易费用）480 万元，按照管理层意图作为可供出售金融资产，该债券票面价值总额为500万元，票面年利率为3%，实际利率4.45%，M公司于每年年初支付上一年度利息。

12. 2016年12月31日该债券的公允价值为470万元。

13. 公司于2017年6月30日以248万元（已扣除相关税费）出售该M公司债券50%。

14. 假定2017年12月31日计提利息。

15. 2017年12月31日该项继续持有的M公司债券公允价值为220万元。由于客观证据表明G公司所处市场环境发生重大不利变化，债券的公允价值会持续下跌，因而计提减值准备。

相关知识

一、可供出售金融资产的初始计量

企业取得可供出售金融资产支付的价款中包含的已到付息期但尚未领取的债券利息或已宣告但尚未发放的现金股利，应单独确认为应收项目。

企业取得可供出售金融资产为股票投资时，应按其公允价值（不包括已宣告但尚未发放的现金股利）与交易费用之和，借记“可供出售金融资产——成本”账户，按支付价款中包含的已宣告但尚未发放现金股利，借记“应收股利”账户，按实际支付的金额，贷记“银行存款”等账户。

企业取得的可供出售金融资产为债券投资时，应按债券的面值，借记“可供出售金融资产——成本”账户，按支付的价款中包含的已到付息期但尚未领取的利息，借记“应收利息”账户，按实际支付的金额，贷记“银行存款”等账户，按差额借记或贷记“可供出售金融资产——利息调整”账户。

二、可供出售金融资产的利息收入

可供出售金融资产持有期间取得的现金股利和债券利息，应计入“投资收益”账户。

（1）可供出售金融资产为股票投资的，被投资单位宣告发放现金股利时，按相应金额，借记“应收股利”账户，贷记“投资收益”账户。

（2）可供出售金融资产为债券投资的，企业应当在可供出售金融资产持有期间，采用实际利率法，按照摊余成本和实际利率计算确认利息收入，计入投资收益。实际利率在取得时应予以确定，实际利率和票面利率差别较小时，也可以按票面利率计算利息收入。

在资产负债表日，企业持有的可供出售金融资产为分期付息、一次还本债券投资的，应按票面利率计算确定的应收未收利息，借记“应收利息”账户，按可供出售金融资产的摊余成本和实际利率计算确定的利息收入，贷记“投资收益”账户，差额记入“可供出售金融资产——利息调整”账户。

在资产负债表日，企业持有的可供出售金融资产为一次还本付息的，应按票面利率计算确定的应收未收利息，借记“可供出售金融资产——应计利息”账户，按可供出售债券的摊余成本和实际利率计算确定的利息收入，贷记“投资收益”账户，差额记入“可供出售金融资产——利息调整”账户。

“可供出售金融资产——公允价值变动”账户中包括两部分内容，一部分是正常的公允价值变动，另一部分是计提减值损失部分。资产负债表日，计提利息收入时，摊余成本只包括资产减值部分，不包括正常的公允价值变动部分。

做中学

公司以面值购入一项五年期债券，面值100万元，票面利率为5%，每年付息一次，下年年初支付上一年利息，确认为可供出售金融资产。第一年末，该债券公允价值减少10万元；第二年5月，公司判断该债券发生减值迹象，计提减值准备20万元。第二年末，摊余成本应为多少？第三年年初的摊余成本为多少？实际利息是多少？第三年年末的摊余成本是多少？假设，公司持有该债券到第四年年末，则第四年年末的摊余成本是多少？

表6-2　可供出售金融资产利息计提表

年份	期初摊余成本 ①	实际利息 （按5%计算） ②＝①×实际利率	票面利息 （按5%计算）③	期末摊余成本 ④＝①＋②－③
第一年年初				1 000 000. 00
第一年年末	1 000 000. 00	50 000. 00	50 000. 00	1 000 000. 00
第二年年末	1 000 000. 00	50 000. 00	50 000. 00	800 000. 00
第三年年末	800 000. 00	40 000. 00	50 000. 00	790 000. 00
第四年年末	790 000. 00	39 500. 00	50 000. 00	779 500. 00

见表6-2，第二年年末，该项债券的摊余成本＝1 000 000－200 000＋50 000－50 000＝800 000（元）

第三年年初的摊余成本＝800 000（元）

第三年计提的实际利息＝800 000×5%＝40 000（元）

第三年年末的摊余成本＝790 000（元）

第四年年末的摊余成本＝790 000＋790 000×5%－50 000＝779 500（元）

三、可供出售金融资产的期末计量

资产负债表日，可供出售金融资产的公允价值高于其账面余额的差额，借记“可供出售金融资产——公允价值变动”账户，贷记“其他综合收益”账户；公允价值低于其账面余额的差额，编制相反的会计分录。

四、可供出售金融资产减值的计提和转回

1. 可供出售金融资产减值的计提

资产负债表日，企业应当对可供出售金融资产的账面价值进行检查，有客观证据表明该金融资产发生减值的，应当确认减值损失。

（1）可供出售金融资产发生减值时的核算。

借：资产减值损失

　贷：可供出售金融资产——公允价值变动

（2）可供出售金融资产发生减值时，即使该金融资产没有终止确认，原直接计入其他综合收益中的因公允价值下降形成的累积损失，应当予以转出，计入当期损益。

借：资产减值损失

　贷：可供出售金融资产——公允价值变动

　　　其他综合收益

2. 可供出售金融资产的转回

对于已确认减值损失的可供出售债务工具，在随后的会计期间公允价值已上升且客观上与确认原减值损失确认后发生的事项有关的，原确认的减值损失应当予以转回，计入当期损益。借记“可供出售金融资产——公允价值变动”账户，贷记“资产减值损失”账户；但可供出售金融资产为股票等权益工具的（除在活跃市场上没有报价、公允价值不能可靠计量的权益工具投资外），通过“其他综合收益”转回。借记“可供出售金融资产——公允价值变动”账户，贷记“其他综合收益”账户。

五、可供出售金融资产的出售

处置可供出售金融资产时，按实际收到的金额，借记“银行存款”等账户，按其账面余额，贷记“可供出售金融资产”账户，将其取得的价款与该金融资产账面价值之间的差额计入“投资收益”账户。将原直接计入“其他综合收益”账户的公允价值变动累积额对应处置部分的金额转出，即借记或贷记“其他综合收益”账户，贷记或借记“投资收益”账户。

工作步骤

（1）2016 年 3 月 8 日购入股票。

借：可供出售金融资产——成本　　2 505 000

　　应收股利　　100 000

　贷：银行存款　　2 605 000

（2）2016 年 3 月 25 日，公司收到方文公司发放的现金股利 100 000 元。

借：银行存款　　100 000

　贷：应收股利　　100 000

（3）2016 年 3 月 31 日，该股票市价为 5.20 元/股。

借：可供出售金融资产——公允价值变动　　95 000

　贷：其他综合收益　　95 000

（4）2016 年 4 月 12 日，方文公司宣告发放股利，公司应收 400 000 元。

借：应收股利 400 000

　贷：投资收益 400 000

（5）2016 年 4 月 28 日，公司收到方文公司发放的现金股利。

借：银行存款 400 000

　贷：应收股利 400 000

（6）2016 年 4 月 30 日，该股票市价为 3.80 元/股。金华股份有限公司认为价格下跌是暂时的。

借：其他综合收益 700 000

　贷：可供出售金融资产——公允价值变动 700 000

（7）2016 年 5 月 10 日，方文公司因违反证券法规，受到证监会的查处。受此影响，方文公司的股价急剧下跌。5 月 31 日，该公司股价为 1.8 元/股。

借：资产减值损失 1 605 000

　贷：可供出售金融资产——公允价值变动 1 000 000

　　其他综合收益 605 000

（8）2016 年 10 月 22 日，方文公司整改完成，发表公告，同时宣布国际公司入股，股票价格大幅回升。2016 年 10 月 31 日，该股票市价为 3.50 元/股。

借：可供出售金融资产——公允价值变动 850 000

　贷：其他综合收益 850 000

（9）2016 年 11 月 30 日，该股票市价为 4.50 元/股。

借：可供出售金融资产——公允价值变动 500 000

　贷：其他综合收益 500 000

（10）2016 年 12 月 23 日，公司以 5.5 元/股的价格出售该股票，交易费用 5 万元，卖出股票款项已存入银行存款账户中。

借：银行存款 2 700 000

　可供出售金融资产——公允价值变动 255 000

　其他综合收益 1 350 000

　贷：可供出售金融资产——成本 2 505 000

　　投资收益 1 800 000

（11）2016 年 4 月 5 日，公司从二级市场上购入 M 公司发行的三年期债券，支付款项（包括交易费用）480 万元，按照管理层意图作为可供出售金融资产，该债券票面价值总额为 500 万元，票面年利率为 3%，实际利率 4.45%，M 公司于每年年初支付上一年度利息。（会计分录以万元为单位）

借：可供出售金融资产——成本 500

　贷：银行存款 480

　　可供出售金融资产——利息调整 20

2016 年 12 月 31 日，计提利息收入：

借：应收利息 15

　可供出售金融资产——利息调整 6.36（$480\times0.0445-15$）

　贷：投资收益 21.36（480×0.0445）

（12）2016 年 12 月 31 日该债券的公允价值为 470 万元。（会计分录以万元为单位）

借：其他综合收益　　　16.36

　贷：可供出售金融资产——公允价值变动　　16.36［470 －（480 × 1.0445 － 15）］

2017 年 1 月 1 日，收到利息时：

借：银行存款　　　15

　贷：应收利息　　　15

（13）公司于 2017 年 6 月 30 日以 248 万元（已扣除相关税费）出售该 M 公司债券 50%。（会计分录以万元为单位）

借：银行存款　　　248

　　可供出售金融资产——利息调整　　　6.82［（20 － 6.36）× 50%］

　　可供出售金融资产——公允价值变动　　　8.18（16.36 × 50%）

　贷：可供出售金融资产——成本　　　250

　　　其他综合收益　　　8.18

　　　投资收益　　　4.82

（14）假定 2017 年 12 月 31 日计提利息。

借：应收利息　　　7.50（250 × 3%）

　　可供出售金融资产——利息调整　　3.32

　贷：投资收益　　　10.82（500 － 20 + 6.36）× 50% × 4.45%

温馨提示

资产负债表日，可供出售金融资产应先计提利息，再调整金融资产的公允价值变化。

（15）2017 年 12 月 31 日该项继续持有的 M 公司债券公允价值为 220 万元。由于客观证据表明 G 公司所处市场环境发生重大不利变化，债券的公允价值会持续下跌，因而计提减值准备。

借：资产减值损失　　　20（480 × 50% － 220）

　贷：其他综合收益　　　8.18（16.36 × 50%）

　　　可供出售金融资产——公允价值变动　11.82［（480 － 16.36）× 50% － 220］

警示小案例

2003 年 9 月 22 日，人民银行某市中心支行对该行历年来上缴或应该上缴的国库券进行内审自查，发现 1996 年一期面值 5 000 元的国库券短少了 50 万元。某市检察院反贪局查证发现该行国库券专管员赵文涛有重大作案嫌疑。

赵文涛，1988 年调入人民银行某市中心支行工作。

1999 年，赵文涛的亲戚在城市开办了一家电器行，请赵文涛帮助解决资金问题。

2000 年 4 月和 7 月，赵文涛分 2 次挪用国库券 25 万元，分别在 2 家金融单位作质押，累计贷款 24 万元用于经商活动，当年 11 月归还贷款后将国库券交回金库，2 次挪用国库券共赢利约 3 万元。

2001 年 10 月至 2003 年 5 月期间，赵文涛在《已兑付国家债券上缴清单》上做手脚，将其中的 30.5 万元国库券贪污，分两次从兰州某银行兑换人民币 43 万元，据为已有。

原人民银行某中心支行库管员赵文涛利用职务之便监守自盗，贪污挪用公款80多万元，日前被某区人民法院一审以贪污罪和挪用公款罪判处有期徒刑18年。

（案例来源：兰州晨报，有改编）

分析：

职场工作人员在工作岗位上应具有职业道德观念和法制观念，遵守“爱岗敬业”“廉洁自律”等职业道德规范。赵文涛在银行工作，不能廉洁自律，挪用国库券，将国库券通过质押变现占为己有，触犯了法律。这种缺乏职业道德、损害国家利益的行为必然会受到法律的严惩。

遵守职业道德规范，培养职业素养，这不仅是银行从业人员需要注重的方面，对于会计从业人员来说，应重视职业道德，更要养成“诚实守信”“廉洁自律”的职业素养。

任务二　处理长期股权投资的业务

工作任务

核算成本法下，长期股权投资的初始确认、后续计量和处置；核算权益法下，长期股权投资的初始确认、后续计量和处置；完成工作任务应提交的标志性成果：长期股权投资的明细账和总账。

知识准备

一、企业合并形成的长期股权投资

企业合并，是指将两个或两个以上单独的企业合并形成一个报告主体的交易或事项，如图6－3所示。

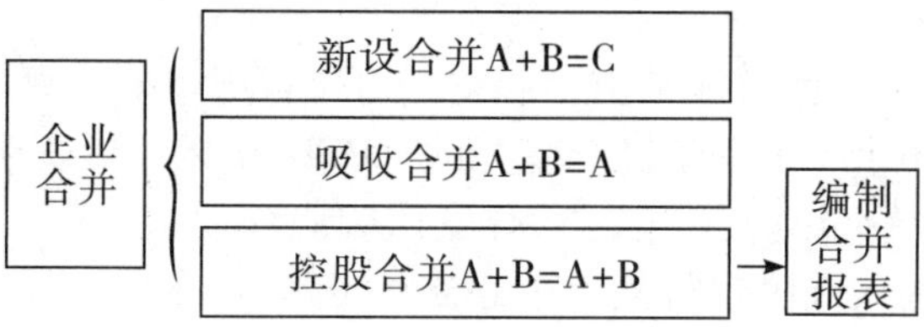

图6－3　企业合并类型图

1. 新设合并

新设合并是指两家或多家企业合并设立为一家新企业。合并完成后，合并各方解散。新设合并后，原企业所有者将各自企业的全部净资产投入到新企业，成为新企业的股东，原有企业不再作为单独的法律主体而存在，只是作为新企业的分部进行经营活动。

A企业＋B企业＝C企业

2. **吸收合并**

吸收合并是指两家或两家以上的企业合并成一家企业，其中一家企业将另一家企业吸收进自己的企业，并以个人的名义继续经营，而被吸收的企业则解散消失。

A 企业 + B 企业 = A 企业

3. **控股合并**

控股合并是指一个企业通过支付现金、转让非现金资产、承担债务或发行权益性证券等方式取得其他企业的全部或足以控制该企业的部分有表决权的股份而实现的企业合并。控股合并后，合并各方仍作为单独的法律主体而存在，控股公司和被控股公司形成母子公司的关系。

A 企业 + B 企业 = A 企业 + B 企业

二、长期股权投资的概述

长期股权投资是企业持有的对其子公司、合营企业及联营企业的权益性投资。

长期股权投资主要包括以下三个方面：

一是投资企业能够对被投资单位实施控制的权益性投资，即对子公司的投资。

控制，是指有权决定一个企业的财务和经营政策，并能据以从该企业的经营活动中获取利益。投资企业直接拥有被投资企业 50% 以上的表决权，或投资企业直接拥有被投资企业 50% 或以下的表决权资本，但具有实质控制权，这两种情况都表明投资企业能够对被投资单位实施控制。

做中学

王宁、李力为公司的共同实际控制人，报告期内未发生变化；截至本招股说明书签署之日，两人各持有公司 18.5756% 的股权，并列为公司第一大股东。王宁自 2001 年 5 月起至今历任公司董事长、总经理、财务负责人，现任公司董事长；李力自 2001 年 10 月起至今历任公司董事、常务副总经理、总经理，现任公司董事、总经理。

请思考：王宁和李力是否控制该公司？

二是投资企业与其他合营方一同对被投资单位实施共同控制的权益性投资，即对合营企业投资。共同控制是指，按照合同约定对某项经济活动共有的控制。

做中学

江海公司股东香港亿威有限公司直接持有公司 6 000 万股股份，占总股本的 50%；其他 47 名境内自然人（中方股东）股东合计持有 6 000 万股股份，占总股本的 50%。

中方 47 名自然人股东其中 46 名自然人已签署《委托协议书》，授权公司股东、董事长陈山先生代为行使其持有公司股份所享有的股东大会的投票权、提案权、提名权、临时股东大会的召集权，在行使上述权利时，47 名自然人股东召开会议进行讨论后由董事长陈山先生按照统一表决意见（占所有自然人股东所持股份总数 50% 以上的股东意见为统一表决意见，如不能形成 50% 以上的统一意见，则股东意见中支持比例最高的表决意见为统一表决意见）

请思考：香港亿威公司是否能控制江海公司？香港亿威与 47 名中方股东对江海公司是什么关系？

三是投资企业对被投资单位具有重大影响的权益性投资，即对联营企业投资。重大影响，是指对一个企业的财务和经营政策有参与决策的权力，但并不能够控制或者与其他方一起共同控制这些政策的制定。投资企业直接或通过子公司间接拥有被投资单位20%以上但低于50%的表决权股份时，一般认为对被投资单位具有重大影响。

活动一　核算成本法下长期股权投资初始确认和后续计量

工作实例

1. 金华股份有限公司和乙公司同为A集团的子公司，2016年7月8日，金华股份有限公司以库存商品700万元（开出增值税专用发票上的税额为119万元）取得乙公司所有者权益的80%，同日乙公司所有者权益的账面价值为1 000万元。

2. 2016年3月21日，金华股份有限公司以1 100万元银行存款购入乙公司60%的普通股权，并准备长期持有。两间公司没有关联关系。乙公司2016年2月28日的所有者权益账面价值总额为2 000万元。金华股份有限公司支付评估费用20万元。

3. 2016年6月30日，金华股份有限公司向同一集团内B公司发行1 000万股普通股（每股面值为1元，市价为4.34元），取得B公司100%的股权，并于当日起能够对B公司实施控制。合并后B公司仍维持其独立法人地位继续经营。2016年6月30日，B公司净资产的账面价值为2 202万元。两公司在企业合并前采用的会计政策相同。

4. 金华股份有限公司于2016年3月31日取得M公司70%的股权。两间公司没有关联关系。为核实M公司的资产价值，金华股份有限公司聘请专业资产评估机构对M公司的资产进行评估，支付评估费用300万元。合并中，金华股份有限公司支付的有关资产在购买日的账面价值与公允价值见表6－3。

表6－3　资产评估表

单位：万元

项目	账面价值	公允价值
土地使用权（自用）	6 000	9 600
专利技术	2 400	3 000
银行存款	2 400	2 400
合计	10 800	15 000

5. 2016年1月1日，金华股份有限公司以银行存款2 000万元对甲银行进行投资，持股比例为65%（假定不考虑其他因素）。甲银行2016年实现利润10亿元，2017年初分配现金股利为1 500万元。

相关知识

一、长期股权投资的核算方法

长期股权投资的核算方法有成本法和权益法两种。对被投资企业具有控制关系的长期股权投资，采用成本法核算，对被投资企业具有共同控制和重大影响的长期股权投资，采用权益法核算（见表6－4）。

表6－4 投资企业与被投资企业的关系类型和核算方法

投资关系	被投资方	持股比例	核算方法	是否纳入合并报表
控制	子公司	持股比例50%以上	成本法	纳入
共同控制	合营企业	合营方持股比例相等	权益法	不纳入
重大影响	联营企业	20%～50%之间	权益法	不纳入
确定：实质重于形式、股权比例有限定				

二、长期股权投资的成本法

（一）长期股权投资的成本法的概念及适用范围

成本法，是指投资按成本计价的方法。成本法下，企业取得长期股权投资时按其初始投资成本计价，在持有期间，除了投资企业追加或收回投资外，长期股权投资账面价值一般保持不变。

长期股权投资应采用成本法核算的是：企业持有的对子公司投资。

（二）成本法下长期股权投资的账户设置

采用成本法核算的长期股权投资，企业应设置“长期股权投资”“应收股利”“投资收益”“长期股权投资减值准备”等账户。

“长期股权投资”账户属于资产类，借方登记长期股权投资取得时的成本，贷方登记收回长期股权投资的成本，期末余额在借方，反映企业持有的长期股权投资的价值。该账户按被投资单位进行明细核算。

长期股权投资

长期股权投资取得时的成本	收回长期股权投资的成本
期末余额在借方，企业持有的长期股权投资的价值	

“长期股权投资减值准备”账户是资产类的备抵账户，借方登记转销的长期股权投资减值准备，贷方登记资产负债表日计提的长期股权投资减值准备，期末余额在贷方，反映企业已计提但尚未转销的长期股权投资减值准备。该账户按被投资单位进行明细

核算。

长期股权投资减值准备

转销的长期股权投资减值准备	资产负债表日计提的长期股权投资减值准备
	期末余额在贷方，反映企业已计提但尚未转销的长期股权投资减值准备

（三）长期股权投资的成本法的初始计量

长期股权投资在取得时，应按初始投资成本入账。长期股权投资的初始投资成本，应分别按企业合并和非企业合并两种情况确定。

1．企业合并形成的长期股权投资

企业合并分为同一控制下的企业合并和非同一控制下的企业合并。

（1）同一控制下的企业合并形成的长期股权投资。

参与合并的企业在合并前后均受一方或相同的多方最终控制且该控制并多暂时性的，为同一控制下的企业合并。

对于同一控制下的企业合并，从能够对参与合并各方在合并前及合并后均实施最终控制的一方来看，最终控制方在企业合并前及合并后能够控制的资产并没有发生变化。因此，在同一控制下的企业合并，合并方在企业合并中取得的资产和负债，应当按照合并日其在被合并方的账面价值计量。

核算原则：不以公允价值计量，不确认损益。

① 合并方以支付现金、转让非现金资产或承担债务方式作为合并对价的，应当在合并日按照取得被合并方所有者权益在最终控制方合并财务报表中的账面价值的份额作为长期股权投资的初始投资成本。长期股权投资的初始投资成本与支付的现金、转让的非现金资产及所承担债务账面价值之间的差额，应当调整资本公积；资本公积不足冲减的，应调整留存收益。

同一控制下企业合并形成的长期股权投资，应在合并日按取得被合并方所有者权益在最终控制方合并财务报表中的账面价值的份额，借记“长期股权投资”账户，按享有被投资单位已宣告但尚未发放的现金股利或利润，借记“应收股利”账户，按支付的合并对价的账面价值，贷记有关资产或借记有关负债账户，按其差额，贷记“资本公积——资本溢价或股本溢价”账户；如为借方差额的，借记“资本公积——资本溢价或股本溢价”账户，资本公积（资本溢价或股本溢价）不足冲减的，借记“盈余公积”“利润分配——未分配利润”账户。

做中学

甲企业与乙企业同受丙企业控制，经过协议，双方确定甲企业出资2 000万元取得乙企业60%的股权，在合并当日乙企业所有者权益账面价值为3 000万元，已知甲企业资本公积100万元，盈余公积300万元，未分配利润500万元。（会计分录以万元为单位）

借：长期股权投资——乙公司　　　　1 800

资本公积　　100

盈余公积　　100

贷：银行存款　　2 000

② 合并方以发行权益性证券作为合并对价的，应当在合并日按照取得被合并方在最终控制方合并财务报表中所有者权益账面价值的份额作为长期股权投资的初始投资成本。按照发行股份的面值总额作为股本，长期股权投资初始投资成本与所发行股份面值总额之间的差额，应调整资本公积；资本公积不足冲减的，调整留存收益。

做中学

A 公司向同一集团内 B 公司的原股东定向增发 1 000 万股普通股（每股面值 1 元，市价为 6 元），取得 B 公司 100% 的股权，并于当日起对 B 公司实施控制。合并后 B 公司仍维持其独立法人资格继续经营。两公司在合并前采用的会计政策相同。合并日，B 公司所有者权益的总额为 4 000 万元。

借：长期股权投资　　40 000 000

贷：股本　　10 000 000

资本公积——股本溢价　　30 000 000

（2）非同一控制下的企业合并形成的长期股权投资。

非同一控制下的企业合并是指参与合并的各方在合并前后不受同一方或相同的多方最终控制的企业合并。这种合并行为通常是合并双方自愿进行的公平的交易行为，因此，其合并价格是公允价值，核算原则是：以公允价值计量，确认损益。

非同一控制下的企业合并，在购买日取得对其他参与合并企业控制权的一方为购买方，参与合并的其他企业为被购买方。购买日，是指购买方实际取得对被购买方控制权的日期。

非同一控制下的企业合并中，购买方应当按照确定的企业合并成本作为长期投资的初始投资成本。企业合并成本包括购买方付出的资产、发生或承担的负债、发行的权益性证券的公允价值以及为进行企业合并发生的各项直接相关费用。其中，支付非货币性资产为对价的，所支付的非货币性资产在购买日的公允价值与其账面价值的差额应作为资产处置损益，计入企业合并当期的利润表。具体而言：

① 以现金购入的长期股权投资的初始计量。

以现金购入的长期股权投资，按实际支付的全部价款（包括支付的税金、手续费等相关费用）作为投资成本。但实际支付的价款中包含的被投资单位已宣告但尚未发放的现金股利或利润应作为应收项目核算，不构成取得长期股权投资的成本。即借记“长期股权投资”“应收股利”账户，贷记“银行存款”等账户。

做中学

A 公司自公开市场中买入 D 公司 52% 的股份，实际支付价款 8 000 万元。另外，在购买过程中支付手续费等相关费用 100 万元。

借：长期股权投资——D 公司　　81 000 000

贷：银行存款　　81 000 000

② 以非货币性资产作为投资对价取得的长期股权投资的初始计量。

非同一控制下的企业合并，投出资产为非货币性资产时，投出资产公允价值与其账面价值的差额应分别不同资产进行会计处理：

a. 投出资产为固定资产，按照固定资产的账面价值，转入“固定资产清理”，其金额与取得长期股权投资的差额计入营业外收入或营业外支出。

做中学

2016 年 3 月 1 日，甲公司以一固定资产和银行存款 200 万元向乙公司投资（甲公司和乙公司不属于同一控制的两个公司），占乙公司注册资金的 60%，该固定资产的账面原价为 8 000 万元，已计提累计折旧 500 万元，已计提固定资产减值准备 200 万元，公允价值为 7 600 万元。不考虑其他相关税费。（会计分录以万元为单位）

借：固定资产清理　　7 300

　　累计折旧　　500

　　固定资产减值准备　　200

　贷：固定资产　　8 000

借：长期股权投资　　7 800（200 + 7 600）

　贷：固定资产清理　　7300

　　　银行存款　　200

　　　营业外收入　　300

b. 投出资产为无形资产，其差额计入营业外收入或营业外支出。

c. 投出资产为存货，按其公允价值确认主营业务收入或其他业务收入，按其成本结转主营业务成本或其他业务成本。

d、投出资产为可供出售金融资产等投资的，其差额计入投资收益，同时应将可供出售金融资产持有期间公允价值变动确认的其他综合收益转入投资收益。

2. 非企业合并取得的长期股权投资

（1）以现金购入的长期股权投资的初始计量。

以现金购入的长期股权投资，按实际支付的全部价款（包括支付的税金、手续费等相关费用）作为投资成本。但实际支付的价款中包含的被投资单位已宣告但尚未发放的现金股利或利润应作为应收项目核算，不构成取得长期股权投资的成本。即借记“长期股权投资”“应收股利”科目，贷记“银行存款”等科目。

（2）投资者投入的长期股权投资。

投资者投入的长期股权投资，应按合同或协议约定的价值作为初始投资成本，但合同或协议约定的价值不公允的除外。

做中学

文达公司设立时，注册资金为 2 000 万元。其主要出资方之一甲以其持有的对 A 公司的长期股权投资作为出资投入文达公司。作为出资的该项长期股权投资作价 1 600 万元。该作价是按照 A 公司股票的市价经考虑相关调整因素确定的。甲出资占文达公司注册资金的 50%。取得该项投资后，文达公司持有 A 公司股份 30%，对 A 公司能够实施重大影响。

借：长期股权投资——A 公司　　16 000 000
　贷：实收资本——甲　　10 000 000
　　资本公积——资本溢价　　6 000 000

（3）以发行权益性证券方式取得的长期股权投资。

长期股权投资成本为所发行权益性证券的公允价值。为发行权益性证券支付的手续费、佣金等应自权益性证券的溢价发行收入中扣除，溢价收入不足的，应冲减盈余公积和未分配利润。即借记“长期股权投资”账户，贷记“股本”“资本公积——股本溢价”“银行存款”等账户。

做中学

2016 年 3 月，A 公司通过增发 9 000 万股本公司普通股（每股面值 1 元）取得 B 公司 20% 的股权，按照增发前后的平均股价计算，该 9 000 万股股份的公允价值为 15 600 万元。为增发该部分股份，A 公司向证券承销机构等支付了 600 万元的佣金和手续费。

A 公司应当以所发行股份的公允价值作为取得长期股权投资的成本，账务处理为：

借：长期股权投资　　156 000 000
　贷：股本　　90 000 000
　　资本公积——股本溢价　　66 000 000

支付的佣金和手续费，账务处理为：

借：资本公积——股本溢价　　6 000 000
　贷：银行存款　　6 000 000

（四）成本法下长期股权投资的后续计量

在成本法下，持有长期股权投资期间，被投资单位宣告发放现金股利或利润时，企业按持股比例计算应获得的利润或现金股利，确认为投资收益。借记“应收股利”账户，贷记“投资收益”账户。

做中学

甲企业 2015 年 1 月 3 日购入乙公司的股票，打算长期持有。初始投资成本 1 080 万元，甲企业投资时持股比例 65%，采用成本法核算。乙公司 2015 年 4 月 2 日宣告分配 2014 年度的现金股利 88 万元。2016 年 4 月 2 日乙公司又宣告分配 2015 年度的现金股利 150 万元。

2015 年分配股利时：

借：应收股利　　572 000
　贷：投资收益　　572 000

2016 年分配股利时：

借：应收股利　　975 000
　贷：投资收益　　975 000

工作步骤

（1）金华股份有限公司和乙公司同为A集团的子公司，2016年7月8日，金华股份有限公司以库存商品700万元（开出增值税专用发票上的税额为119万元）取得乙公司所有者权益的80%，同日，乙公司所有者权益的账面价值为1 000万元。

借：长期股权投资　　8 000 000
　　资本公积——资本溢价　　190 000
　贷：库存商品　　7 000 000
　　　应交税费——应交增值税（销项税额）　　1 190 000

（2）2016年3月21日，金华股份有限公司以1 100万元银行存款购入乙公司60%的普通股权，并准备长期持有。两间公司没有关联关系。乙公司2016年2月28日的所有者权益账面价值总额为2 000万元。金华股份有限公司支付评估费用20万元。

借：长期股权投资——乙公司　　11 200 000
　贷：银行存款　　11 200 000

（3）2016年6月30日，金华股份有限公司向同一集团内B公司发行1 000万股普通股（每股面值为1元，市价为4.34元），取得B公司100%的股权，并于当日起能够对B公司实施控制。合并后B公司仍维持其独立法人地位继续经营。2016年6月30日，B公司净资产的账面价值为2 202万元。两公司在企业合并前采用的会计政策相同。

借：长期股权投资　　22 020 000
　贷：股本　　10 000 000
　　　资本公积　　12 020 000

（4）金华股份有限公司于2016年3月31日取得M公司70%的股权。两间公司没有关联关系。为核实M公司的资产价值，金华股份有限公司聘请专业资产评估机构对M公司的资产进行评估，支付评估费用300万元。合并中，金华股份有限公司支付的有关资产在购买日的账面价值与公允价值见表6－3。

表6－3　资产评估表

单位：万元

项目	账面价值	公允价值
土地使用权（自用）	6 000	9 600
专利技术	2 400	3 000
银行存款	2 400	2 400
合计	10 800	15 000

借：长期股权投资　　153 000 000
　　累计摊销　　12 000 000
　贷：无形资产　　96 000 000
　　　银行存款　　27 000 000

营业外收入　　　　　　　　　　　　　　　　42 000 000

（5）2016 年 1 月 1 日，金华股份有限公司以银行存款 2 000 万元对甲银行进行投资，持股比例为 65%（假定不考虑其他因素）。甲银行 2016 年实现利润 10 亿元，2017 年初分配现金股利 1 500 万元。

借：应收股利　　　　　　　　　　　　　　9 750 000

　贷：投资收益　　　　　　　　　　　　　　9 750 000

活动二　核算权益法下长期股权投资初始确认和后续计量

工作实例

1. 金华股份有限公司于 2015 年 1 月 1 日以银行存款 2 000 万元取得 B 公司股票 400 万股，每股面值 1 元，占 B 公司股权的 30%，并自取得股份起派人参与 B 公司的经营决策。2015 年 1 月 1 日，B 公司可辨认净资产公允价值为4 000 万元。
2. 2015 年年末，B 公司实现净利润 250 万元，提取盈余公积 25 万元。
3. 2016 年年初 B 公司分派现金股利为 0. 8 元/股。
4. 2016 年 B 公司发生亏损 2 000 万元。
5. 2017 年 B 公司在调整了经营方向后，扭亏为盈，当年实现净利润 800 万元。
6. 2017 年 B 公司可供出售金融资产公允价值变动增加 100 万元。
7. 2018 年，金华股份有限公司出售全部持有的 B 公司股权，收到银行存款 2 200 000 元。

相关知识

一、长期股权投资的权益法的概念及适用范围

权益法，是指长期股权投资以初始投资成本计量后，在投资持有期间根据投资企业享有被投资单位所有者权益份额的变动对投资的账面价值进行调整的方法。

企业对被投资单位具有共同控制或者重大影响时，即对合营企业投资及对联营企业投资，长期股权投资应当采用权益法核算。权益法核算的理念是将投资企业和被投资企业看成是一个整体，当被投资企业所有者权益发生变动的时候，投资方要相应地按照持股比例调整长期股权投资的价值。

二、长期股权投资的权益法的账户设置

对合营企业和联营企业投资的长期股权投资，企业应设置“长期股权投资”“应收股利”“投资收益”“长期股权投资减值准备”等账户。“长期股权投资”账户属于资产

类，核算企业持有的长期股权投资，应当分别设置“成本”“损益调整”“其他综合收益”“其他权益变动”等明细账户进行核算。

三、长期股权投资的权益法的初始计量

投资企业在确认应享有被投资单位净损益的份额时，应当以取得投资时被投资单位各项可辨认资产等的公允价值为基础，对被投资单位的净利润（以账面价值为基础）进行调整后确认。

1．初始投资成本的调整

（1）长期股权投资的初始投资成本大于投资时应享有被投资单位可辨认净资产公允价值份额的，该部分差额从本质上是投资企业在取得投资过程中通过购买作价体现出的与所取得股权份额相对应的商誉及被投资单位不符合确认条件的资产价值。两者之间的差额不要求对长期股权投资的成本进行调整。取得长期股权投资时，按长期股权投资的初始投资成本，借记“长期股权投资——成本”账户，贷记“银行存款”等账户。

（2）长期股权投资的初始投资成本小于投资时应享有被投资单位可辨认净资产公允价值份额的。两者之间的差额体现为双方在交易作价过程中转让方的让步，该部分经济利益流入应当作为收益处理，计入取得投资当期的营业外收入，同时调整增加长期股权投资的账面价值。

取得长期股权投资时，按其应享有被投资单位可辨认净资产公允价值的份额，借记“长期股权投资——成本”账户，按取得该长期股权投资的初始成本，贷记“银行存款”等账户、按初始投资成本与应享有被投资单位可辨认净资产公允价值份额之间的差额，贷记“营业外收入”账户。

做中学

2016 年 7 月 3 日 A 公司以银行存款 2 200 万元取得 B 公司 30% 的股权，取得投资时本投资单位可辨认净资产的公允价值为 6 000 万元。假设 A 公司能够对 B 公司实施重大影响。

借：长期股权投资——成本　　22 000 000

　贷：银行存款　　22 000 000

如果投资时 B 公司可辨认净资产的公允价值为 8 000 万元，则公司的账务处理：

借：长期股权投资——成本　　24 000 000

　贷：银行存款　　22 000 000

　　　营业外收入　　2 000 00

四、长期股权投资的权益法的后续计量

1．投资收益的确认

投资企业取得长期股权投资后，应当按照应享有或分担的被投资单位实现的净损益的份额，确认投资损益并调整长期股权投资的账面价值。投资企业按被投资单位宣告分派的利润或现金股利计算应分得的部分，相应减少长期股权投资的账面价值。

当被投资单位实现净利润时，根据被投资单位实现的净利润计算应享有的份额，借记“长期股权投资——损益调整”账户，贷记“投资收益”账户；当被投资单位以后宣告发放现金股利或利润时，借记“应收股利”账户，贷记“长期股权投资——损益调整”账户；当被投资单位发生净亏损时，借记“投资收益”账户，贷记“长期股权投资——损益调整”账户。但以长期股权投资的账面价值减计至零为限。

做中学

A 公司拥有 D 公司 20% 的股权，长期股权投资成本为 500 万元。2016 年，D 公司实现净利润 900 万元，2017 年 3 月宣告发放股利 600 万元。2017 年 D 公司亏损 1 500 万元。2018 年 D 公司亏损 1 800 万元。2019 年 D 公司实现净利润 1 000 万元。

2016 年 12 月 31 日根据被投资单位实现的净利润计算应享有的份额：

借：长期股权投资——损益调整　　1 800 000

　贷：投资收益（900 × 20%）　　1 800 000

2017 年 3 月被投资单位宣告发放现金股利时：

借：应收股利　　1 200 000

　贷：长期股权投资——损益调整　　1 200 000

2017 年 12 月 31 日被投资单位发生净亏损：

借：投资收益（1 500 × 20%）　　3 000 000

　贷：长期股权投资——损益调整　　3 000 000

2018 年，D 公司亏损 1 800 万元，按照比例应承担的亏损是 1 800 × 20% =360 万元，但是长期股权投资账面价值的金额 260 万元（500 + 180 − 120 − 300）。所以只能减少 260 万元，没有调减的 100 万元在以后年度盈利时再扣减。

借：投资收益　　2 600 000

　贷：长期股权投资——损益调整　　2 600 000

2019 年，D 公司实现净利润 1 000 万元，按照比例应分配的利润是 1 000 × 20% =200 万元，但是还有未调减 100 万元的亏损，所以扣除 100 万元，只能恢复 100 万元。

借：长期股权投资——损益调整　　1 000 000

　贷：投资收益　　1 000 000

被投资单位分派股票股利，投资企业不作账务处理，但应于除权日注明所增加的股数，以反映股份的变化情况。

2. 被投资单位除净损益以外所有者权益的其他变动

被投资单位因持有可供出售金融资产带来的其他综合收益变动，投资企业应按持股比例确认为“长期股权投资——其他综合收益”，同时确认“其他综合收益”。

采用权益法核算时，投资企业对于被投资单位除净损益、其他综合收益和利润分配以外因素导致的所有者权益变动，在持股比例不变的情况下，应按照持股比例与被投资单位除净损益以外的所有者权益的其他变动中归属于本企业的部分，相应的调整长期股权投资的账面价值，同时增加或减少资本公积——其他资本公积。

做中学

A公司对D公司的长期股权投资，占D公司可辨认净资产公允价值的20%，2016年，被投资单位可供出售金融资产公允价值上升1 000 000元（不考虑递延所得税的影响）。

公司按照持股比例计算记入其他综合收益：1 000 000×20%=200 000元

借：长期股权投资——其他综合收益 200 000

　贷：其他综合收益 200 000

M公司一项长期股权投资初始成本为600万元，被投资方N公司2015年所有者权益增加300万元，其中，N公司资本公积增加100万元，未分配利润增加200万元（非其他综合收益带来的利润），M公司持股比例为40%。2015年末，M公司按权益法核算被投资企业N公司所有者权益增加数中属于本公司的份额。会计分录如下：

借：长期股权投资——损益调整 800 000

　贷：投资收益 800 000

借：长期股权投资——其他权益变动 400 000

　贷：资本公积——其他资本公积 400 000

五、成本法与权益法的转换

企业对原具有重大影响或共同控制的投资，因追加投资原因对原持有的对联营企业或合营企业的投资转变为对子公司投资的，应中止采用权益法，改为按成本法核算，并且以中止采用权益法时投资的账面价值作为按照成本法核算的投资成本。

因减少投资等原因对被投资单位不再具有控制关系，应将长期股权投资的核算自成本法核算改为权益法核算，按照股权投资的账面价值作为按照权益法核算的初始投资成本。初始投资成本小于占被投资单位可辨认净资产公允价值份额的，应按照两者的差额，借记“长期股权投资——成本”账户，贷记“营业外收入”账户，初始投资成本大于占被投资单位可辨认净资产公允价值份额的，不予调整。

六、长期股权投资的减值

企业应当定期对子公司、合营企业及联营企业的长期股权投资进行检查，判断账面价值是否大于享有被投资单位所有者权益账面价值的份额。如果发现长期股权投资在资产负债表日存在可能发生减值的迹象时，应按照《企业会计准则第8号——资产减值》的规定进行减值测试，可收回金额低于账面价值的，应计提减值准备，即将该长期股权投资的账面价值减记至可收回金额，减记的金额借记“资产减值损失——计提的长期股权投资减值准备”账户，贷记“长期股权投资减值准备”账户。

长期股权投资减值损失一经确认，在以后会计期间不得转回。

七、长期股权投资的处置

企业处置长期股权投资，其账面价值与实际取得价款的差额，应当计入当期损益（即投资收益），已计提减值准备的，还应同时结转减值准备。按照权益法核算的长期股权投资，因被投资单位所有者权益发生变化，按照持股比例计算相应计入资本公积的，在处置长期股权投资时，应按相应比例进行结转。即借或贷记“资本公积——其他资本公积”账户，贷或借记“投资收益”账户。

部分处置长期股权投资时，应按该项投资的总平均成本确定其处置部分的成本，并按相应比例结转已计提的减值准备。

做中学

A公司原持有B公司30%的股权，2016年10月31日，A公司决定出售B公司的股权，取得价款705万元。出售时，A公司账面上对B公司长期股权投资的明细账户为：投资成本500万元，损益调整80万元，其他权益变动30万元，长期股权投资减值准备为20万元。

借：银行存款　　7 050 000
　　资本公积——其他资本公积　　300 000
　　长期股权投资减值准备　　200 000
　贷：长期股权投资——成本　　5 000 000
　　　长期股权投资——损益调整　　800 000
　　　长期股权投资——其他权益变动　　300 000
　　　投资收益　　1 450 000

工作步骤

（1）金华股份有限公司于2015年1月1日以银行存款2 000万元取得B公司股票400万股，每股面值1元，占B公司股权的30%，并自取得股份起派人参与B公司的经营决策。2015年1月1日，B公司可辨认净资产公允价值为4 000万元。

借：长期股权投资——成本　　20 000 000
　贷：银行存款　　20 000 000

（2）2015年年末，B公司实现净利润250万元，资本公积增加300万元。

借：长期股权投资——损益调整　　750 000
　　长期股权投资——其他权益变动　　900 000
　贷：投资收益　　750 000
　　　资本公积——其他资本公积　　900 000

（3）2016年年初B公司分派现金股利为0.8元/股。

借：应收股利　　3 200 000
　贷：长期股权投资——损益调整　　3 200 000

（4）2016年B公司发生亏损2 000万元。

借：投资收益　　6 000 000
　贷：长期股权投资——损益调整　　6 000 000

（5）2017年B公司在调整了经营方向后，扭亏为盈，当年实现净利润800万元。

借：长期股权投资——损益调整　　2 400 000
　贷：投资收益　　2 400 000

（6）2017年B公司可供出售金融资产公允价值变动增加100万元。

借：长期股权投资——其他综合收益　　300 000
　贷：其他综合收益　　300 000

（7）2018 年，金华股份有限公司出售全部持有的 B 公司股权，收到银行存款 22 000 000 元。

借：银行存款　　22 000 000
　长期股权投资——损益调整　　6 050 000
　资本公积——其他资本公积　　900 000
　其他综合收益　　300 000
　贷：长期股权投资——成本　　20 000 000
　　长期股权投资——其他权益变动　　900 000
　　长期股权投资——其他综合收益　　300 000
　　投资收益　　8 050 000

项目小结

核算对外投资包括处理金融资产和处理长期股权投资业务。金融资产包括交易性金融资产、持有至到期投资和可供出售金融资产；长期股权投资业务核算有成本法和权益法。

1. 取得金融资产初始计量的比较

表 6－4　取得金融资产初始计量的比较

取得交易性金融资产	借：交易性金融资产——成本（公允价值） 　投资收益（发生的交易费用） 　应收股利（已宣告但尚未发放的现金股利） 　应收利息（已到付息期但尚未领取的利息） 　贷：银行存款等
取得持有至到期投资	借：持有至到期投资——成本（面值） 　应收利息（已到付息期但尚未领取的利息） 　持有至到期投资——利息调整（差额，也可能在贷方）（包括交易费用） 　贷：银行存款等
取得可供出售金融资产	1. 股票投资 借：可供出售金融资产——成本 　（公允价值与交易费用之和） 　应收股利（已宣告但尚未发放的现金股利） 　贷：银行存款等 2. 债券投资 借：可供出售金融资产——成本（面值） 　应收利息（已到付息期但尚未领取的利息） 　可供出售金融资产——利息调整 　（差额，也可能在贷方） 　贷：银行存款等

2. 长期股权投资企业合并原则总结

表 6-5 长期股权投资企业合并原则

企业合并原则	同一控制下的企业合并	非同一控制下的企业合并
	不以公允价值计量，不确认损益	以公允价值计量，确认损益

3. 长期股权投资成本法和权益法比较

表 6-6 成本法和权益法的比较

	被投资企业	投资企业	投资企业
持股比例		50% 以上，控制	50% 或 20% ~50% 共同控制或重大影响
核算方法		成本法	权益法
初始投资	净资产公允价值	借：长期股权投资 贷：银行存款	借：长期股权投资——成本 应收股利 贷：银行存款 或：借：长期股权投资——成本 贷：银行存款 营业外收入
后续计量	净利润为正数	不做账务处理	借：长期股权投资——损益调整 贷：投资收益
	净利润为负数	不做账务处理	借：投资收益 贷：长期股权投资——损益调整
	分配现金红利	借：应收股利 贷：投资收益	借：应收股利 贷：长期股权投资——损益调整
	分配股票股利	不做账务处理	不做账务处理
	拥有可供出售金融资产，发生公允价值变动时	不做账务处理	借：长期股权投资——其他综合收益 贷：其他综合收益
	其他权益变动	不做账务处理	借：长期股权投资——其他权益变动 贷：资本公积——其他资本公积

问题讨论：

1. 企业在二级市场上购入的上市公司的股票可以列入哪些金融资产核算？
2. 资产负债表日，哪些金融资产需要测量是否发生减值损失？
3. 长期股权投资的核算方法有哪两种？分别核算哪种长期股权投资？
4. 长期股权投资和金融资产的初始确认有何不同？
5. 长期股权投资已计提的减值准备，以后期间可以转回吗？

项目七
核算涉税业务

学习目标

知识学习目标：

1. 学会核算应交增值税
2. 学会核算应交消费税
3. 学会核算营业税金及附加

技能训练目标：

1. 能够核算应交增值税
2. 能够核算应交消费税
3. 能够核算其他税费

情感训练目标：

1. 具有认真、细致的工作作风
2. 具有良好的责任意识
3. 具有独立分析问题、解决问题的能力

知识结构图：

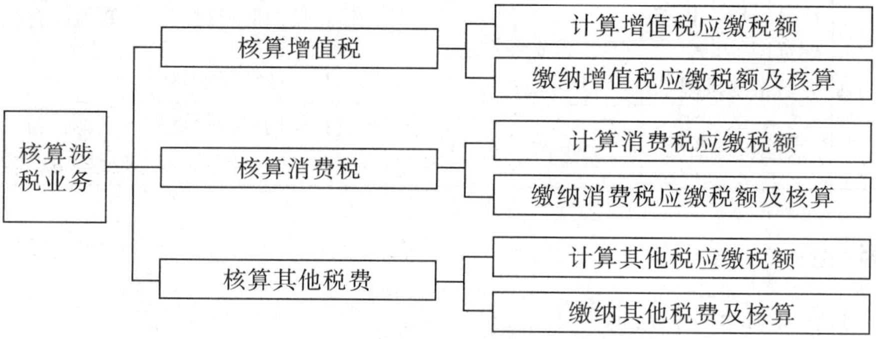

图 7－1　核算涉税业务知识结构图

导学案例

据统计数据表明，我国民营企业近一千万多家，个体工商户4 000多万家，占中国企业总数的70%，对GDP的贡献为60%；提供了76%的政府税收，60%的出口商品；解决了80%的就业问题，90%的新增岗位。尽管如此，民营企业仍然面临生存环境的危机及诸多法律风险。

偷税漏税是悬在民企头上的一把利剑。防范税务风险是所有创业者和民企必须面对的第一个课题。

改革开放近三十年，大批初创的企业老板因偷税漏税被抓、被罚、被判刑，地方税收指标任务重。

记得二十年前，一到年终，税务单位为完成税收任务，一批批个体老板被请到一栋空楼内，谈不上正式关押，但只进不出，行动受到限制。他们对大一点的企业老板比较客气，请来参观那些被关押的小个体老板。

每个个体户老板都被定了指标，定了金额，谁识相懂味，谁先走。抓得多了，缴得多了，第二年大批人就跑到沿海或较好的环境去，当地税收随之也就少了。后来，税务总结了经验，抓人不是办法，一抓，税源就会急剧减少，就成了连锁反应，有较大的后遗症。近十年来，税务已有很大的改变，只查只罚，少关押，少判刑，保证税源稳定。

为了不因税收被抓捕，二十年来，我绞尽脑汁，守住税务局长、主办科长，请他们派人指点，帮助做账，合法避税。每年缠住他们核查一次，并且将稽查结论出具一个当年税已缴清的证明。很多地方税务部门不会出具这个证明，但总有办法，第一是依法交足税，第二是想尽一切办法搞好关系，第三是在年中或年终税务任务中及时主动交税，请求出具一个完税证明。

尽管每年税务为我出具完税证明，太子奶仍然被人告到国家税务总局，上市途中被国家税务总局查了一个底朝天。因为税法上关于增值税的折扣折让的规定只有300多字，我们虽依法给了对方折让折扣，也提在账上，但没有写明在一张发票上，而只写在企业的收据上，没有详细解释。我们全国五个基地主动将已折让的给对方的、依法可以避税的部分仍然是再一次足额补交，补交了约二个亿的税。

税收是国家的财政来源，任何民企在税收这项上都毫无怨言，轻易都不会偷税。但烦恼的是，我国成百上千部法律法规规定的各种费、税，防不胜防。

今天我将防范税收风险的经历告诫民企朋友们，希望企业家们足额缴税、合理避税，这才是企业家安身立命之本，是企业做大做强的基础。

本文作者介绍：李途纯，湖南太子奶集团创始人，清华大学经济管理学院首届EMBA。文章来源 http://finance.sina.com.cn/zl/china/20131120/152517380754.shtml

从上述案例我们可以看到，企业财务人员准确计算并核算涉税业务有多重要。

涉税业务的核算，是企业财务人员最容易出错的工作部分。要求认真学习教材内容，确定各种情况，套用相应的工作过程步骤，准确计算并核实各种涉税事项。纳税申报不准确，税务机关专管员可能会对公司的纳税业务进行质疑甚至上门稽查。

那究竟每一种税，是如何进行核算的呢？请带着上述问题认真学习。

任务一　核算增值税

工作任务

通过核算采购商品和接受应税劳务的相关增值税、核算进项税额转出、核算销售物资或者提供应税劳务和视同销售行为、核算交纳增值税核算涉税业务及核算营业税改征增值税；完成任务后的标志性成果：做出正确的会计分录。

知识准备

增值税是以商品（含应税劳务）在流转过程中产生的增值额作为计税依据而征收的一种流转税。按照我国增值税暂行条例的规定，增值税的纳税人是在我国境内销售货物、进口货物，或提供加工、修理修配劳务的企业单位和个人。按照纳税人的经营规模及会计核算的健全程度，增值税纳税人分为一般纳税人和小规模纳税人。一般纳税人应纳增值税税额，根据当期销项税额减去当期进项税额计算确定；小规模纳税人应纳增值税税额，按照销售额和规定的征收率计算确定。

各国实行的增值税在计算增值额时一般都实行税款抵扣制度，即在计算企业应纳税款时，要扣除商品在以前生产环节已负担的税款，以避免重复征税。依据实行增值税的各个国家允许抵扣已纳税款的扣除项目范围的大小，增值税分为生产型增值税、收入型增值税和消费型增值税三种类型。它们之间的主要区别在于对购入固定资产的处理上。生产型增值税在计算增值额时，固定资产及其折旧均不予扣除。收入型增值税对于购置用于生产、经营用的固定资产，允许将已提折旧的价值额予以扣除。消费型增值税允许用于生产、经营的固定资产价值中已含的税款，在购置当期全部一次扣除。2008 年，我国修订了《中华人民共和国增值税暂行条例》，实现了生产型增值税向消费型增值税的转型。修订后的《中华人民共和国增值税暂行条例》自 2009 年 1 月 1 日起在全国范围内实施。2012 年起，我国部分地区实施了营业税改征增值税试点方案，交通运输业和部分现代服务业营业税改征增值税，增值税的征收范围将进一步扩大。

在税收征管上，从世界各国来看，一般都实行凭购物发票进行抵扣。按照《中华人民共和国增值税暂行条例》规定，企业购入货物或接受应税劳务支付的增值税（即进项税额），可从销售货物或提供劳务按规定收取的增值税（即销项税额）中抵扣。准予从销项税额中抵扣的进项税额通常包括：（1）从销售方取得的增值税专用发票上注明的增值税税额；（2）从海关取得的完税凭证上注明的增值税税额。

企业从国内采购商品或接受应税劳务等，根据增值税专用发票上记载的应计入采购成本或加工、修理修配等物资成本的金额，借记“固定资产”“材料采购”“在途物资”“原材料”“库存商品”或“生产成本”“制造费用”“委托加工物资”“管理费用”等账户，根据增值税专用发票上注明的可抵扣的增值税税额，借记“应交税费——应交增值税（进项税额）”账户，按照应付或实际支付的总额，贷记“应付账款”“应付票据”“银行存款”等账户。购入货物发生的退货，作相反的会计分录。

按照增值税暂行条例，购进或者销售货物以及在生产经营过程中支付运输费的，按照运输费用结算单据上注明的运输费用金额和规定的扣除率计算进项税额。

按照增值税暂行条例，企业购入免征增值税货物，一般不能抵扣增值税销项税额。但是对于购入的免税农产品，可以按照买价和规定的扣除率计算进项税率，并准予从企业的销项税额中抵扣。

企业购入免税农产品，按照买价和规定的扣除率计算进项税额，借记“应交税费——应交增值税（进项税额）”账户，按买价扣除按规定计算的进项税额后的差额，借记“材料采购”“原材料”“商品采购”“库存商品”等账户，按照应付或实际支付的价款，贷记“应付账款”“银行存款”等账户。

为了核算企业应交增值税的发生、抵扣、交纳、退税及转出等情况，增值税一般纳税人应在“应交税费”账户下设置“应交增值税”明细账户，并在“应交增值税”明细账内设置“进项税额”“销项税额”等专栏。为了让同学们更直观地学习应交增值税科目的设置，请参照表 7－1 应交增值税明细账实物。

“应交增值税”科目期末贷方余额，反映企业尚未缴纳的税费；期末如为借方余额，反映企业多缴或尚未抵扣的税金。“应交增值税”明细科目的借、贷方增加了很多经济内容，借方既要反映进项税额。又要反映预缴的税金；贷方既要反映销项税额，又要反映出口退税、进项税额转出等情况。“应交增值税”明细科目增加核算内容后，如果仍沿用三栏式账户，很难完整反映企业增值税的抵扣、缴纳、退税等情况。因此，在账户设置上采用了多栏式账户的方式，在“应交税费——应交增值税”账户中的借方和贷方各设了若干个三级科目加以反映。以下详解具体用法。

一、一般采购、销售业务

进行一般采购、销售业务时，“销项税额”，记录了企业销售货物或提供应税劳务应收取的增值税额。企业销售货物或提供应税劳务应收取的销项税额，用蓝字登记；退回销售货物应冲销的销项税额，用红字登记。现行出口退税政策规定，实行先征后返的生产企业，除来料加工复出口货物外，出口货物离岸价视同内销先征税，出口单证收齐后再以离岸价为依据按规定退税率申报退税，在出口销售行为发生后，按规定征税率计算销项税额贷记本科目，同时按规定退税率计算的出口退税借记“应收补贴款”科目。按征退税率之差计算的不得抵扣税额借记“出口产品销售成本”科目；实行“免、抵、退”税的生产企业。出口货物销售收入不计征销项税额，对经审核确认不予退税的货物，应按规定征税率计征销项税额。“进项税额”，记录企业购入货物或接受应税劳务而支付的、准予从销项税额中抵扣的增值税额。企业购入货物或接受应税劳务支付的进项税额，用蓝字登记；退回所购货物应冲销的进项税额，用红字登记。

可参照表 7－1 的账户设置进行核算：

表 7－1　应交增值税明细账

分页：______总页：______

应交税金—应交增值税明细账

明细科目：应交增值税

年		凭证		摘要	借方					贷方				借/贷	余额
月	日	种类	号数		进项税额	已交税金	减免税款	出口抵减内销产品应纳税额	转出未交增值税	销项税额	出口退税	进项税额转出	转出多交增值税		
					千百十万千百十元角分	千百十万千百十元角分	千百十万千百十元角分	千百十万千百十元角分	千百十万千百十元角分	千百十万千百十元角分	千百十万千百十元角分	千百十万千百十元角分	千百十万千百十元角分		千百十万千百十元角分

货号：2671－12　货名：应交增值税明细账
上海立信会计用品总公司出品
上海市中山西路2230号
电话：63226239　传真：64283159

应交税费——应交增值税——销项税额

	记录由于销售活动产生的销项税额 记录由于视同销售活动产生的销项税额
	贷方余额表示企业成立至今累计所有销项税额的合计

应交税费——应交增值税——进项税额

记录由于采购活动产生的进项税额	
借方余额表示企业成立至今累计所有进项税额的合计	

二、进项税额转出

企业购进的货物发生非常损失，以及将购进货物改变用途（如用于非应税项目、集体福利或个人消费等），其进项税额应通过“应交税费——应交增值税（进项税额转出）”账户转入有关账户，借记“待处理财产损溢”“应付职工薪酬”等账户，贷记“应交税费——应交增值税（进项税额转出）”账户；属于转作待处理财产损失的进项税额，应与遭受非常损失的购进货物，在产品或库存商品的成本一并处理，购进货物改变用途通常是指购进货物在没有经过任何加工的情况下，对内改变用途的行为，如企业在建工程项目领用原材料等。按税法规定，对出口货物不得抵扣税额的部分，应在借记“主营业务成本”科目的同时，贷记本科目。企业在核算出口货物免税收入的同时，对出口货物免税收入按征退税率之差计算出的“不得抵扣税额”，借记“主营业务成本”科目，贷记本科目，当月“不得抵扣税额”累计发生额应与本月免税申报的《生产企业出口货物免税明细申报表》中“不得抵扣税额”合计数一致。出口企业收到主管税务机关出具的《生产企业进料加工贸易免税证明》和《生产企业进料加工贸易免税核销证明》后，按证明上注明的“不得抵扣税额抵减额”用红字贷记本科目，同时以红字借记“主营业务成本”科目。生产企业发生国外运费、保险、佣金费用支付时，按出口货物征退税率之差分摊计算，并冲减“不得抵扣税额”。用红字贷记本科目，同时以红字借记“主营业务成本”科目。

具体内容可参照如下账户设置进行核算：

应交税费——应交增值税——进项税额转出

	记录由于财产损失产生的进项税额转出 记录由于将购进货物改变用途而产生的进项税额转出
	贷方余额表示企业成立至今累计所有进项税额转出的合计

三、销售物资或者提供应税劳务和视同销售行为

企业销售货物或者提供应税劳务，按照营业收入和应收取的增值税税额，借记“应收账款”“应收票据”“银行存款”等账户，按专用发票上注明的增值税税额，贷记“应交税费——应交增值税（销项税额）”账户，按照实现的营业收入，贷记“主营业务收入”“其他业务收入”等账户。发生的销售退回，作相反的会计分录。

企业的某些交易和事项从会计角度来看不属于销售行为，不能确认销售收入，但是按照税法规定，应视同对外销售处理，计算应交增值税。视同销售需要交纳增值税的事项，如企业将自产或委托加工的货物用于非应税项目、集体福利或个人消费，将自产、委托加工或购买的货物作为投资、分配给股东或投资者、无偿赠送他人等，在这些情况下，企业应借记“在建工程”“长期股权投资”“营业外支出”等账户，贷记“应交税费——应交增值税（销项税额）”账户等。具体账户设置参照前面“应交税费——应交增值税（销项税额）”的内容。

四、营业税改征增值税

经国务院批准，自2012年1月1日起，在我国部分地区部分行业开展深化增值税制度改革试点，逐步将营业税改征增值税。试点行业为交通运输业、部分现代服务业等生产性服务业。根据财政部、国家税务总局《营业税改征增值税试点方案》的规定，在现行增值税17%标准税率和3%低税率基础上，新增11%和6%两档低税率。交通运输业、建筑业等适用11%税率，租赁有形动产等适用17%税率，其他部分现代服务业适用6%税率。交通运输业、建筑业、邮电通信业、现代服务业、文化体育业、销售不动产和转让无形资产，原则上适用增值税一般计税方法。金融保险业和生活性服务业，原则上适用增值税简易计税方法。纳税人计税依据原则上为发生应税交易取得的全部收入，对一些存在大量代收转付或代垫资金的行业，其代收代垫金额可予以合理扣除。服务贸易进口在国内环节征收增值税，出口实行零税率或免税制度。

增值税差额征税是指营业税改征增值税试点地区的纳税人，提供营业税改征增值税应税服务，以取得全部价款和价外费用扣除支付给规定范围纳税人、规定项目价款后不含税余额交纳增值税。

企业接受应税服务时，按规定允许扣减销售额而减少的销项税额，借记“应交税费——应交增值税（营改增抵减的销项税额）”账户，按实际支付的和应付的金额与上述增值税额的差额，借记“主营业务成本”等账户，按实际支付或应付的金额，贷记“银行存款”“应付账款”等账户。对于期末一次性进行账务处理的企业，期末，按规定当期允许扣减销售额而减少销项税额，借记“应交税费——应交增值税（营改增抵减的销项税额）”账户，贷记“主营业务成本”等账户。

具体内容可参照如下账户设置进行核算：

应交税费——应交增值税——营改增抵减的销项税额

记录按规定当期允许扣减销售额而减少销项税额	
借方余额表示企业成立至今累计所有营改增抵减的销项税额的合计	

五、缴纳增值税

企业当月缴纳当月的增值税，借记“应交税费——应交增值税（已交税金）”账户，贷记“银行存款”账户。如果企业收到税务机关退回多缴的增值税时，作相反的会计分录。

月份终了，企业应将当日发生的应交未交增值税税额自“应交税费——应交增值税”科目转入“未交增值税”明细科目。借记“应交税费——应交增值税（转出未交增值税）”，贷记“应交税费——未交增值税”。

当月缴纳上月应交未交的增值税时，借记“应交税费——未交增值税”账户，贷记“银行存款”账户。

具体内容可参照如下账户设置进行核算：

应交税费——应交增值税——已交税金

记录本公司已缴的增值税	记录收到税务机关退回多缴的增值税
借方余额表示企业成立至今累计所有已交的增值税的合计	

应交税费——应交增值税——转出未交增值税

记录本公司已交的增值税	记录收到税务机关退回多缴的增值税
借方余额表示企业成立至今累计所有已交的增值税的合计	

应交税费——未交增值税

核算企业已经缴交的月终转出应缴未缴的增值税	核算企业月终转出应缴未缴的增值税
	贷方余额表示企业还没缴交的月终转出应缴未缴的增值税

活动一　计算增值税应缴税额

工作实例

金华股份有限公司为增值税一般纳税人，适用的增值税税率为17%，原材料按计划成本核算，销售商品价格为不含增值税的公允价格。2015年12月份发生经济交易或事项如下。核算采购商品和接受应税劳务的相关增值税。

（1）12月5日购入原材料一批，增值税专用发票上注明货款120 000元，增值税税额为20 400元，货物尚未到达，货款和进项税额已用银行存款支付，用银行存款支付运输公司的运输费用5 000元，运输费用的进项税额扣除率为7%。

（2）12月6日，购入不需安装设备一台，价款及运输保险等费用合计180 000元，增值税专用发票上注明的增值税税额30 600元，款项尚未支付。

（3）12月7日，购入免税农产品一批，价款为200 000元，规定的扣除率为13%，货物尚未到达，货款已用银行存款支付。

（4）12月8日，生产车间委托外单位修理机器设备，增值税专用发票上注明修理费用20 000元，增值税税额3 400元。

（5）12月10日，库存材料因意外火灾毁损一批，有关增值税专用发票注明的成本20 000元，增值税税额为3 400元。

（6）12月18日，企业所属的职工宿舍维修领用原材料6 000元，购入原材料支付的增值税为1 020元。

（7）12月25日，销售产品一批，价款500 000元，按规定应收取增值税税额85 000元，提货单和增值税专用发票已交给买方，款项尚未收到。同日，为外单位代加工电脑桌500个，每个收取加工费80元，加工完成，款项已收到并存入银行。并将自己生产的产品用于自行建造职工俱乐部。该批产品的成本为150 000元，计税价格为260 000元。

（8）金华股份有限公司为营业税改征增值税试点的增值税一般纳税人，适用税率为11%，12月27日提供国内货物运输服务取得价税款合计3 330 000元，款项已存入银行，支付非试点联运企业运费555 000元并取得交通运输业专用发票。

工作步骤

（1）列表计算12月5日货物采购的价款和税额（见表7－2）。

表 7－2　货物采购的价款和税额

单位：元

项目	价款	税率	税	价税合计
货物	120 000. 00	17%	20 400. 00	140 400. 00
运费	4 650. 00	7%	350. 00	5 000. 00
合计	124 650. 00		20 750. 00	145 400. 00

本例中，进项税额＝20 400＋5 000×7%＝20 750（元）

材料成本＝120 000＋5000×（1－7%）＝124 650（元）

（2）明确 12 月 6 日固定资产的进项税处理。

根据最新的增值税暂行条例，企业购进固定资产所支付的增值税税额 30 600 元，允许在购置当期全部一次性扣除。

（3）计算 12 月 7 日农产品的进项税额。

进项税额＝购买价款×扣除率＝200 000×13%＝26 000（元）

（4）明确 12 月 8 日生产车间机器维修费归属。

根据会计准则和制度，生产车间的机器维修费应归属于管理费用。

（5）写出所有进项涉税分录：

①12 月 5 日采购原材料：

借：材料采购　　124 650

　　应交税费——应交增值税——进项税额　　20 750

　贷：银行存款　　145 400

②12 月 6 日采购固定资产：

借：固定资产　　180 000

　　应交税费——应交增值税（进项税额）　　30 600

　贷：应付账款　　210 600

③12 月 7 日购入免税农产品：

借：材料采购　　174 000

　　应交税费——应交增值税（进项税额）　　26 000

　贷：银行存款　　200 000

④12 月 8 日生产车间委托外单位修理机器设备：

借：管理费用　　20 000

　　应交税费——应交增值税（进项税额）　　3 400

　贷：银行存款　　23 400

（6）明确根据管理层意愿而发生的进项转出归属账户。

管理层将本公司原材料用于员工宿舍，属于员工福利支出，应借记应付职工薪酬——非货币性福利。

（7）写出所有进项转出分录：

①12 月 10 日，库存材料因意外火灾毁损一批的待处理财产损溢：

借：待处理财产损溢——待处理流动资产损溢 23 400
　贷：原材料 20 000
　　应交税费——应交增值税（进项税额转出） 3 400

② 12 月 18 日发生的非货币性福利：

借：应付职工薪酬——非货币性福利 7 020
　贷：原材料 6 000
　　应交税费——应交增值税（进项税额转出） 1 020

（8）计算 12 月 25 日销售货物应收账款总额。

应收账款 = 主营业务收入 + 应交增值税 = 500 000 + 85 000 = 585 000（元）

（9）计算 12 月 25 日为外单位代加工电脑桌的价款和现金流入总额。

价款 = 500 × 80 = 40 000（元）

应交增值税 = 价款 × 17% = 6 800（元）

现金流入总额 = 40 000 + 6 800 = 46 800（元）

（10）计算 12 月 25 日将自己生产的产品用于自行建造职工俱乐部的应交增值税及价税合计。

应交增值税 = 价款 × 17% = 260 000 × 17% = 44 200（元）

价税合计 = 150 000 + 44 200 = 194 200（元）

（11）写出所有销项涉税分录。

① 12 月 25 日销售货物业务：

借：应收账款 585 000
　贷：主营业务收入 500 000
　　应交税费——应交增值税（销项税额） 85 000

② 12 月 25 日为外单位代加工电脑桌业务：

借：银行存款 46 800
　贷：主营业务收入 40 000
　　应交税费——应交增值税（销项税额） 6 800

③ 12 月 25 日将自己生产的产品用于自行建造职工俱乐部：

借：在建工程 194 200
　贷：库存商品 150 000
　　应交税费——应交增值税（销项税额） 44 200

（12）计算 12 月 27 日营业税改增值税抵减的销项税额。

营业税改增值税抵减的销项税额 = [555 000 ÷ （1 + 11%）] × 11% = 55 000（元）

（13）计算 12 月 27 日增值税销项税额。

增值税销项税额 = [3 330 000 ÷ （1 + 11%）] × 11% = 330 000

（14）写出 12 月 27 日营业税改增值相关分录。

① 接受联运企业应税服务：

借：主营业务成本 500 000
　　应交税费——应交增值税（营改增抵减的销项税额） 55 000
　贷：银行存款 555 000

② 确认提供货物运输服务应交增值税：

借：银行存款　　3 330 000

　贷：主营业务收入　　3 000 000

　　　应交税费——应交增值税（销项税额）　　330 000

活动二　缴纳增值税应缴税额及核算

工作实例

2015 年 12 月 1 日，金华股份有限公司发生销项税额合计 136 000 元，进项税额转出合计 4 420 元，进项税额合计 80 750 元。

工作步骤

计算实际应交增值税：

应交增值税 = 136 000 + 4 420 − 80 750 = 59 670（元）

1. 本月末计提应交增值税

借：应交税费——应交增值税（转出未交增值税）　　59 670

　贷：应交税费——未交增值税　　59 670

2. 下月初，编制用银行存款交纳增值税的分录：

借：应交税费——未交增值税　　59 670

　贷：银行存款　　59 670

任务二　核算消费税

工作任务

通过核算销售应税消费品、核算自产自用应税消费品、核算委托加工应税消费品、核算进口应税消费品的相关增值税核算应交消费税；完成任务后的标志性成果：编制出正确的会计分录。

知识准备

消费税是指在我国国内生产、委托加工和进口应税消费品的单位和个人，按其流转额缴纳的一种税。消费税有从价定率和从量定额两种征收方法。采取从价定率方法征收的消费税，以不含增值税的销售额为税基，按照税法规定的税率计算。企业的销售收入包含增值税的，应将其换算为不含增值税的销售额。采取从量定额计征的消费税，根据按税法确定的企业应税消费的数量和单位应税消费品应缴的消费税计算确定。企业销售应税消费品应交的消费税，应借记“营业税金及附加”账户，贷记“应交税费——应交消费税”账户。企业将生产的应税消费品用于在建工程等用途时，按规定应交纳的消费税，借记“在建工程”等账户，贷记“应交税费——应交消费税”账户。

具体，可参照如下账户设置进行核算：

应交税费——应交消费税

记录缴交应交消费税	计提企业销售应税消费品的应交消费税 记录企业将生产的应税消费品用于在建工程等用途时相关的消费税
	贷方余额表示企业未缴的应交消费税

活动一　计算消费税应缴税额

工作实例

金华股份有限公司 2015 年 12 月 1 日销售所生产的化妆品，价款为 1 000 000 元（不含增值税），适用的消费税税率为 30%，不考虑其他相关税费。

12 月 2 日在建工程领用自产柴油成本为 50 000 元，应纳消费税 6 000 元。公司下设的职工食堂享受企业提供的补贴，本月领用自产产品一批，该产品的账面价值 20 000 元，市场价格 30 000 元（不含增值税），适用的消费税税率为 10%。不考虑其他相关税费。

12 月 3 日从国外进口一批需要缴纳消费税的商品，商品价值 1 000 000 元，进口环节需要缴纳的消费税为 200 000 元（不考虑增值税），采购的商品已经验收入库，货款尚未支付，税款已经用银行存款支付。

12 月 4 日委托乙企业代为加工一批非金银首饰的应交消费税的材料，甲企业的材料成本为 2 000 000 元，加工费为 400 000 元，由乙企业代收代缴的消费税为 160 000 元（不考虑增值税）。材料已加工完成，并由甲企业收回验收入库，加工费尚未支付。金华股份有限公司委托加工物资收回继续用于生产应税消费品，采用实际成本法进行原材料的核算。

工作步骤

（1）计算 12 月 1 日应纳消费税额。

应纳消费税额 $=1\,000\,000\times30\%=300\,000$（元）

(2) 写出 12 月 1 日分录：

借：营业税金及附加　　300 000

　贷：应交税费——应交消费税　　300 000

(3) 计算 12 月 2 日用于在建工程总金额。

在建工程总金额 = 50 000 + 6 000 = 56 000（元）

(4) 计算 12 月 2 日职工食堂领用自产产品的应交消费税。

职工食堂领用自产产品的应交消费税 = 30000 × 10% = 3000（元）

(5) 写出 12 月 2 日分录。

① 在建工程：

借：在建工程　　56 000

　贷：库存商品　　50 000

　　　应交税费——应交消费税　　6 000

② 职工食堂：

借：应付职工薪酬——职工福利　　30 000

　　营业税金及附加　　3 000

　贷：主营业务收入　　30 000

　　　应交税费——应交消费税　　3 000

借：主营业务成本　　20 000

　贷：库存商品　　20 000

(6) 写出 12 月 3 日会计分录：

借：库存商品　　1 200 000

　贷：应付账款　　1 000 000

　　　银行存款　　200 000

温馨提示

企业进口应税物资在进口环节应交的消费税，计入该项物资的成本，借记“材料采购”“固定资产”等账户，贷记“银行存款”账户。

(7) 核算发出委托加工物资的原料价款。

借：委托加工物资　　2 000 000

　贷：原材料　　2 000 000

(8) 核算加工费和消费税。

借：委托加工物资　　400 000

　　应交税费——应交消费税　　160 000

　贷：应付账款　　560 000

(9) 收回原材料。

借：原材料　　2 400 000

　贷：委托加工物资　　2 400 000

温馨提示

企业如有应交消费税的委托加工物资，一般应由受托方代收代缴税款。委托加工物资收回后，直接用于销售，应将受托方代收代缴的消费税计入委托加工物资的成本，借记“委托加工物资”等账户，贷记“应付账款”“银行存款”等账户；委托加工物资收回后用于连续生产的，按规定准予抵扣的，应按已由受托方代收代缴的消费税，借记“应交税费——应交消费税”账户，贷记“应付账款”“银行存款”等账户。具体账户设置可以参照前述知识准备的讲解。

活动二　缴纳消费税应缴税额及核算

工作实例

金华股份有限公司 2015 年 12 月 31 日缴纳上述活动一所有消费税应缴税额。请写出分录。

工作步骤

（1）从“应交税费——应交消费税”账户贷方余额取得本月应交的应交消费税金额。

根据前述讲解，应有合计：300 000 + 6 000 + 3 000 + 160 000 = 469 000（元）

（2）写出缴纳税金的分录。

借：应交税费——应交消费税　　　　469 000

　贷：银行存款　　　　469 000

工作实例

金华股份有限公司 2015 年 11 月 30 日缴纳下述活动所有消费税应缴税额：因销售应税商品而产生的贷方发生额 2 545 元；因领用自产自用应税商品而产生的贷方余额两笔，共 32 243 元；因委托加工而产生的贷方发生额 52 545 元。请写出分录。

工作步骤

（1）从“应交税费——应交消费税”账户贷方余额取得本月应交的应交消费税金额。

根据前述讲解，应有合计：2 545 + 32 243 + 52 545 = 87 333（元）

（2）写出缴纳税金的分录。

借：应交税费——应交消费税　　87 333

　贷：银行存款　　87 333

任务三　核算其他税费

工作任务

核算其他税费；完成任务后的标志性成果：编制出正确的会计分录。

知识准备

城市维护建设税（以下简称城建税）和教育费附加是对从事生产经营活动的单位和个人，以其实际缴纳的增值税和消费税为依据，按纳税人所在地适用的不同税率计算征收的一种税。

资源税是对在我国境内开采国家规定的矿产资源和生产用盐单位、个人征收的一种税，按应税数量和规定的单位税额计算。如开采石油、煤炭、天然气企业需按开采的数量计算缴纳资源税。

房产税车船税、城镇土地使用税、印花税在“管理费用”账户核算，但与投资性房地产相关的房产税、土地使用税在“营业税金及附加”账户核算。

营业税金及附加是指企业经营活动应负担的相关税费，包括营业税、消费税、城市维护建设税、教育费附加等。

企业要交的附加税属于金额比较小的税，主要包括以下三项：

1. 教育费附加

教育费附加是以纳税人实际缴纳的增值税、消费税的税额为计征依据征收的一种专项附加。征收教育费附加目的是为了多渠道筹集教育经费，改善中小学办学条件，教育费附加具有专款专用的性质。教育费附加是以各单位和个人实际缴纳的增值税、消费税的税额为计征依据，分别与增值税、消费税同时缴纳。

根据国务院《关于教育费附加征收问题的紧急通知》的精神，教育费附加征收率为“三税”税额的3%。

2. 城市维护建设税

城市维护建设税是按增值税、消费税的税额为计税依据，专用于城市维护建设资金来源而设置的一个税种。根据《中华人民共和国城市维护建设税暂行条例》与《实施细则》的有关规定，城建税是根据城市维护建设资金的不同层次的需要而设计的，实行分区域的差别比例税率，即按纳税人所在城市、县城或镇等不同的行政区域分别规定不同的比例税率（见表7－3）。具体规定为：

（1）纳税人所在地在市区的，税率为7%。这里称的“市”是指国务院批准市建制的城市，“市区”是指省人民政府批准的市辖区（含市郊）的区域范围。

（2）纳税人所在地在县城、镇的税率为5%。这里所称的“县城、镇”是指省人民政府批准的县城、县属镇（区级镇），县城、县属镇的范围按县人民政府批准的城镇区域范围。

（3）纳税人所在地不在市区、县城、县属镇的，税率为1%。

（4）纳税人在外地发生缴纳增值税、消费税的，按纳税发生地的适用税率计征城建税。

表7-3　城建税分区域差别比例税率

适用范围	税率/%	计税依据
市区	7	实际缴纳的增值税、消费税税额
县城或镇	5	实际缴纳的增值税、消费税税额
不在市区、县城或镇	1	实际缴纳的增值税、消费税税额

应纳城建税额=实际缴纳的增值税、消费税两种税税额×地区适用税率，城建税的申报和缴纳，与增值税、消费税的申报与缴纳同时进行。其申报和缴纳的规定同主税的申报和缴纳的规定基本相同。

3．地方教育费附加

地方教育费附加是以单位和个人实际缴纳的增值税、消费税税额为计算依据征收的一项政府性基金。地方教育费附加的规定在各个地方不一样。广州比较有代表性，这里以广州为例。广州市的教育费附加是专项用于广州市中小学校建设的政府基金。教育费附加的缴费人、征收范围、计算依据与城市维护建设税的规定相同。（注：自2010年12月1日起，外商投资企业、外国企业及外籍个人适用国务院1985年发布的《中华人民共和国城市维护建设税暂行条例》和1986年发布的《征收教育费附加的暂行规定》。1985年及1986年以来国务院及国务院财税主管部门发布的有关城市维护建设税和教育费附加的法规、规章、政策同时适用于外商投资企业、外国企业及外籍个人。）

广州市政府根据国务院《关于教育附加征收问题的紧急通知》的精神，结合本市的实际情况，自1995年1月1日起，将广州市教育费附加征收率从“三税”税率的2%调整为3%。纳税人在外地发生缴纳增值税、消费税、营业税的，按纳税发生地的适用征收率计算缴纳教育费附加。计算过程如下：

应纳费额=实际缴纳的增值税、消费税合计税额×征收率

教育费附加申报和缴纳规定与城市维护建设税相同。

企业应当设置“营业税金及附加”账户，核算企业经营活动发生的消费税、城市维护建设税、资源税和教育费附加等相关税费。按规定计算确定的与经营活动相关的税费，企业应借记本账户，贷记“应交税费”账户。期末，应将“营业税金及附加”账户余额转入“本年利润”账户，结转后本账户无余额。

具体内容可参照如下账户设置进行核算：

营业税金及附加

从各种税金账户结转过来的营业税金及附加	转出到本年利润的营业税金及附加
不应出现余额	不应出现余额

活动一 计算其他税应缴税额

工作实例

金华股份有限公司 2015 年 12 月取得应纳消费税的销售商品收入为 3 000 000 元，该产品适用的消费税税率为 25%。款项已存入银行。当月实际应交增值税 350 000 元，应交消费税 150 000 元，城建税税率为 7%，教育费附加为 3%。

工作步骤

（1）计算销售商品的应交消费税额。

销售商品的应交消费税额 = 3 000 000 × 25% = 750 000（元）

（2）确认本月应交增值税 = 350 000（元）。

（3）计算应交城建税和教育费附加。

计算城建税 =（350 000 + 750 000）× 7% = 77 000（元）

教育费附加 =（350 000 + 750 000）× 3% = 33 000（元）

（4）写出分录：

① 销售商品的营业税金及附加分录：

借：营业税金及附加	750 000	
贷：应交税费——应交消费税		750 000
借：应交税费——应交消费税	750 000	
贷：银行存款		750 000

② 应交城建税和教育费附加的分录：

借：营业税金及附加	110 000	
贷：应交税费——应交城建税		77 000
——应交教育费附加		33 000
借：应交税费——应交城建税	77 000	
——应交教育费附加	33 000	
贷：银行存款		110 000

活动二　缴纳其他税费及核算

工作实例

金华股份有限公司 2015 年 12 月 31 日缴纳上述活动一城建税和教育费附加应缴金额。请写出分录。

工作步骤

（1）从“应交税费——应交城建税”和“应交税费——应交教育费附加”账户贷方余额取得本月应缴的应交消费税金额。根据前述讲解，这两个账户余额分别为 42 000 元和 18 000 元。

（2）写出缴纳税金的分录：

借：应交税费——应交城建税　　42 000

　　应交税费——应交教育费附加　　18 000

　贷：银行存款　　60 000

项目小结

本项目主要计算和核算企业的增值税、消费税及其他税费等业务。本项目的重难点在于企业增值税的核算。

计算增值税应纳税额的关键在于应纳税额等于销项税额减去进项税额和加上其他调整项。计算消费税的关键在于确定税基，然后找到对应的税率，两者相乘得到应纳税额。对于其他企业每个月都涉及的税，大多是地方性的小税种（城建、教育附加、防洪等），一般以增值税和消费税之和作为税基，按照各地方不同的税率，两者相乘，即可得到小税种的纳税金额。

具体内容请参照本项目表 7－4 主要分录。

表 7－4　核算涉税业务主要会计分录

税种		分录	金额
增值税	计提销售货物产生的销项税额	借：银行存款 　贷：应交税费——应交增值税——销项税额	货款乘以税率
	计提采购商品产生的进项税额	借：应交税费——应交增值税——进项税额 　贷：银行存款	货款乘以税率
	转出进项税额	借：待处理财产损溢等相关科目 　贷：应交税费——应交增值税——进项税额转出	货款乘以税率

续上表

税种		分录	金额
增值税	缴纳增值税	借：应交税费——应交增值税——已缴税金 贷：银行存款	销项税额减去进项税额减去进项税额转出
消费税	计提消费税	借：营业税金及附加 贷：应交税费——应交消费税	货款乘以税率
	缴纳消费税	借：应交税费——应交消费税 贷：银行存款	应交税费——应交消费税贷方余额取得本月应交的应交消费税金额
城建税和教育费附加	计提城建税	借：营业税金及附加 贷：应交税费——应交城建税	本月应交增值税和应交消费税之和乘以税率
	计提教育费附加	借：营业税金及附加 贷：应交税费——应交教育费附加	本月应交增值税和应交消费税之和乘以税率
	缴纳城建税	借：应交税费——应交城建税 贷：银行存款	本月应交增值税和应交消费税之和乘以税率
	缴纳教育费附加	借：应交税费——应交教育费附加 贷：银行存款	本月应交增值税和应交消费税之和乘以税率

问题讨论：

1．你认为企业的增值税是不是企业的一项成本？谁是增值税的最终承担者？

2．如果消费税核算出现了错误，对企业会有什么财务影响？

3．如果企业从上游供应商处采购商品，但是该产品滞销，请问在增值税方面对企业的损益有何影响？

项目八
核算财务成果业务

学习目标

知识学习目标：

1. 回顾收入、费用和利润的概念
2. 掌握销售商品收入确认的条件
3. 掌握提供劳务收入完工百分比法
4. 掌握期间费用种类和核算内容
5. 掌握结转损益、利润分配程序和内容

技能训练目标：

1. 能够完成销售商品核算业务账户设置和账务处理
2. 能够完成提供劳务核算业务账户设置和账务处理
3. 能够完成让渡资产使用权核算业务账户设置和账务处理
4. 能够完成期间费用核算业务账户设置和账务处理
5. 能够完成结转损益、利润分配核算业务账户设置和账务处理

情感训练目标：

1. 具有认真、细致的工作作风
2. 具有良好的责任意识
3. 具有独立分析问题、解决问题的能力

知识结构图：

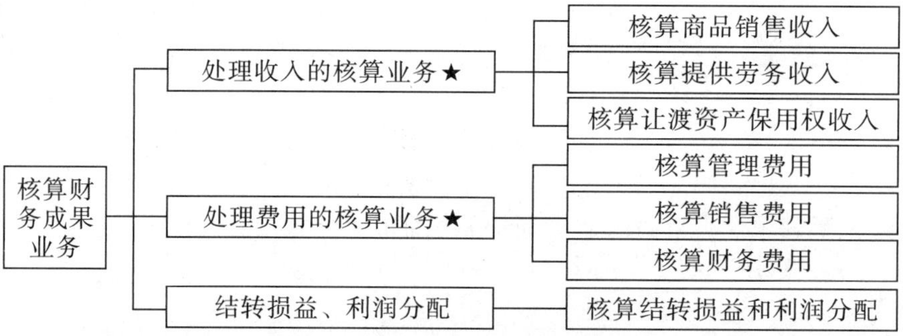

图 8－1　核算财务成果业务知识结构图

导学案例

1. 经查明，华锐风电存在以下违法事实：华锐风电于2011年1月在上海证券交易所上市，主要从事风力发电设备的开发、生产和销售。韩俊良于2006年起任董事长、总裁，2012年8月卸任总裁，2013年3月卸任董事长。

2012年4月11日，华锐风电披露2011年年报，确认风电机组收入1 686台，营业总收入10 435 516 390.57元，营业总成本9 918 543 020.04元，营业利润529 215 613.35元，利润总额739 440 394.00元，报告期内风电工程项目适用的会计政策为商品销售收入。

受风电行业政策的影响，2011年全行业业绩急剧下滑。为粉饰上市首年业绩，在韩俊良安排下，华锐风电财务、生产、销售、客服等4个部门通过伪造单据等方式提前确认收入，在2011年度提前确认风电机组收入413台，对2011年度财务报告的影响为：虚增营业收入2 431 739 125.66元、营业成本2 003 916 651.46元，多预提运费31 350 686.83元，多计提坏账118 610 423.77元，虚增利润总额277 861 363.60元，占2011年利润总额的37.58%。

摘自2015年11月10日中国证券监督管理委员会《行政处罚决定书》（〔2015〕66号）

2. “南航集团及所属部分单位在会计核算、财务管理和财税政策执行等方面仍存在一些薄弱环节和问题。一是会计核算方面。南航集团将所有权不属于集团本部的资产租赁收入入账核算，多计其他业务收入1.26亿元。南航股份少计运输收入7 745万元，少计外币贷款利息汇兑损益1 224万元。厦门航空按照扣除代理费后的净额确认收入，导致主营业务收入和销售费用不实2.08亿元。厦航国际旅行社代理机票业务按照售票金额确认收入，导致收入和成本多计1.4亿元……”

摘自《中华人民共和国财政部会计信息质量检查公告（第29号）》

思考：你能从账务处理的角度，对上述事项进行正确的会计核算吗？

任务一　处理收入的核算业务★

工作任务

核算商品销售收入、核算提供劳务收入、核算让渡资产使用权收入。完成工作任务应提交的标志性成果：核算商品销售收入、核算提供劳务收入、核算让渡资产使用权收入账簿账户设置和编制会计分录或编制记账凭证并登记账簿。

知识准备

一、商品销售业务的核算

收入是指企业在日常活动中形成的，会导致所有者权益增加的、与所有者投入资本无关的经济利益的总流入。其中，日常活动是指企业为完成其经营目标所从事的经常性活动以及与之相关的其他活动。

（一）账户设置

销售商品业务核算过程中，需要设置“应收账款”“应收票据”“预收账款”“主营业务收入”“主营业务成本”以及“应交税费”等账户。

“主营业务收入”核算企业确认的销售商品、提供劳务等主营业务的收入。作为收入类账户，贷方记增加数，借方记减少数。期末，应将本账户的余额转入“本年利润”，结转后本账户无余额。本期（月）发生的销售退回或销售折让，按应冲减的营业收入。本账户通常按主营业务的种类进行明细核算。

主营业务收入

主营业务收入的减少数	主营业务收入的增加数
	期末无余额

“主营业务成本”核算企业销售商品、提供劳务等主营业务收入时应结转的成本。作为费用类账户，借方记增加数，贷方记减少数。期末，应将本账户的余额转入“本年利润”，结转后本账户无余额。本账户通常按主营业务的种类进行明细核算。

主营业务成本

主营业务成本的增加数	主营业务成本的减少数
期末无余额	

（二）商品销售收入的确认与计量

1. 商品销售收入的确认

销售商品收入同时满足下列条件的，才能予以确认：

（1）企业已将商品所有权上的主要风险和报酬转移给购货方。

企业已将商品所有权上的主要风险和报酬转移给购货方，是指与商品所有权有关的主要风险和报酬同时转移。与商品所有权有关的风险，是指商品可能发生减值或毁损等形成的损失；与商品所有权有关的报酬，是指商品价值增值或通过使用商品等形成的经济利益。企业已将商品所有权上的主要风险和报酬转移给购货方，构成确认销售商品收入的重要条件。

判断企业是否已将商品所有权上的主要风险和报酬转移给购货方，应当关注交易的实质，并应结合所有权凭证的转移来进行判断。如果与商品所有权有关的任何损失均不需要销货方承担，与商品所有权有关的任何经济利益也不归销货方所有，就意味着商品所有权上的主要风险和报酬转移给了购货方。

通常情况下，转移商品所有权凭证并交付实物后，商品所有权上的所有风险和报酬随之转移，如大多数商品零售、预收款销售商品等。对于商品零售交易，销货方在售出商品时将商品交付给购货方，同时收到购货方支付的货款，这一交付行为发生后，购货方一般不能退货，售出商品发生的任何损失均不再需要销货方承担，售出商品带来的经济利益也不再归销货方所有，因此可以认定该售出商品所有权上的风险和报酬已转移给了购货方。

某些情况下，转移商品所有权凭证但未交付实物，商品所有权上的主要风险和报酬随之转移，企业只保留商品所有权上的次要风险和报酬，如交款提货方式销售商品。有时，已交付实物但未转移商品所有权凭证，商品所有权上的主要风险和报酬未随之转移，如采用支付手续费方式委托代销商品。

（2）企业既没有保留通常与所有权相联系的继续管理权，也没有对已售出的商品实施控制。

通常情况下，企业售出商品后不再保留与商品所有权相联系的继续管理权，也不再对售出商品实施有效控制，商品所有权上的主要风险和报酬已经转移给购货方，通常应在发出商品时确认收入。如果企业在商品销售后保留了与商品所有权相联系的继续管理权，或能够继续对其实施有效控制，说明商品所有权上的主要风险和报酬没有转移，销售交易不能成立，不应确认收入，如售后租回。

（3）收入的金额能够可靠地计量。

收入的金额能够可靠地计量，是指收入的金额能够合理地估计。收入金额能否合理地估计是确认收入的基本前提，如果收入的金额不能够合理估计就无法确认收入。企业在销售商品时，商品销售价格通常已经确定。但是，由于销售商品过程中某些不确定因素的影响，也有可能存在商品销售价格发生变动的情况。在这种情况下，新的商品销售价格未确定前通常不应确认销售商品收入。

（4）相关的经济利益很可能流入企业。

在销售商品的交易中，与交易相关的经济利益主要表现为销售商品的价款。相关的经济利益很可能流入企业，是指销售商品价款收回的可能性大于不能收回的可能性，即销售商品价款收回的可能性超过50%。企业在销售商品时，如估计销售价款收回可能性不大，即使收入确认的其他条件均已满足，也不应当确认收入。

企业在确定销售商品价款收回的可能性时，应当结合以前和买方交往的直接经验、政府有关政策、其他方面取得的信息等因素进行分析。企业销售的商品符合合同或协议要求，已将发票账单交付买方，买方承诺付款，通常表明相关的经济利益很可能流入企业。如果企业判断销售商品收入满足确认条件而予以确认，同时确认了一笔应收债权，以后由于购货方资金周转困难无法收回该债权时，不应调整原会计处理，而应对该债权计提坏账准备、确认坏账损失。如果企业根据以前与买方交往的直接经验判断买方信誉较差，或销售时得知买方在另一项交易中发生了巨额亏损、资金周转十分困难，或在出口商品时不能肯定进口企业所在国政府是否允许将款项汇出等，就可能会出现与销售商品相关的经济利益不能流入企业的情况，不应确认收入。

（5）相关的已发生或将发生的成本能够可靠地计量。

根据收入和费用配比原则，与同一项销售有关的收入和费用应在同一会计期间予以确认，即企业应在确认收入的同时或同一会计期间结转相关的成本。因此，如果成本不能可靠计量，相关的收入就不能确认。

相关的已发生或将发生的成本能够可靠地计量，是指与销售商品有关的已发生或将发生的成本能够合理地估计。通常情况下，销售商品相关的已发生或将发生的成本能够合理地估计，如库存商品的成本、商品运输费用等。如果库存商品是本企业生产的，其生产成本能够可靠计量；如果是外购的，购买成本能够可靠计量。有时，销售商品相关的已发生或将发生的成本不能够合理地估计，此时企业不应确认收入，若已收到价款，应将已收到的价款确认为负债。

2. 销售商品收入金额的确定

企业销售商品满足收入确认条件时，应当按照已收或应收合同或协议价款的公允价值确定销售商品收入金额。通常情况下，从购货方已收或应收的合同或协议价款即为其公允价值，应当以此确定销售商品收入的金额。

在涉及现金折扣、商业折扣、销售折让时，销售商品收入金额的确定方法如下：

（1）现金折扣。现金折扣是指债权人为鼓励债务人在规定的期限内付款而向债务人提供的债务扣除。现金折扣一般用符号“折扣率/付款期限”表示，例如，“2/10－1/20－n/30”表示：销货方允许客户最长的付款期限为30天，如果客户在10天内付款，销货方可按商品售价给予客户2%的折扣；如果客户在20天内付款，销货方可按商品售价给予客户1%的折扣；如果客户在21～30天内付款，将不能享受现金折扣。

企业销售商品涉及现金折扣的，应当按照扣除现金折扣前的金额确定销售商品收入金额。现金折扣在实际发生时计入当期财务费用。

在计算现金折扣时，还应注意销售方是按不包含增值税的价款提供现金折扣，还是按包含增值税的价款提供现金折扣，两种情况下购买方享有的折扣金额不同。

（2）商业折扣。商业折扣是指企业为促进商品销售而在商品标价上给予的价格扣除。

企业销售商品涉及商业折扣的，应当按照扣除商业折扣后的金额确定销售商品收入金额。

（3）销售折让。销售折让是指企业因售出商品的质量不合格等原因而在售价上给予的减让。

销售折让如发生在确认销售收入之前，则应在确认销售收入时直接按扣除销售折让后的金额确认；已确认销售收入的售出商品发生销售折让，且不属于资产负债表日后事项的，应在发生时冲减当期销售商品收入；如按规定允许扣减增值税税额的，还应冲减已确认的应交增值税销项税额。

（三）销售商品收入的会计处理

企业销售商品所实现的收入以及结转的相关销售成本，通过“主营业务收入”“主营业务成本”等账户核算，二者之间体现配比关系。

二、提供劳务收入的核算

（一）账户设置

“主营业务收入”“主营业务成本”“其他业务收入”“其他业务成本”“劳务成本”。

“劳务成本”账户核算企业对外提供劳务发生的成本，通常按提供劳务种类进行明细核算。

企业提供劳务的种类很多，如旅游、运输、饮食、广告、咨询、代理、培训、产品安装等。有的劳务一次就能完成，且一般为现金交易，如饮食、理发、照相等；有的劳务需要花费一段较长的时间才能完成，如安装、旅游、培训、远洋运输等。企业提供劳务收入的会计处理因劳务完成时间的不同而不同。

劳务成本

劳务成本的增加数	劳务成本的减少数
期末借方余额表示未结转成主营业务成本或其他业务成本的金额	

企业对外提供劳务所实现的收入以及结转的相关成本，如属于企业的主营业务，应通过“主营业务收入”“主营业务成本”等科目核算；如属于主营业务以外的其他经营活动，应通过“其他业务收入”“其他业务成本”等科目核算。企业对外提供劳务发生的支出一般先通过“劳务成本”科目予以归集，待确认为费用时，再由“劳务成本”科目转入“主营业务成本”或“其他业务成本”科目。

（二）在同一会计期间内开始并完成的劳务

对于一次就能完成的劳务，或在同一会计期间内开始并完成的劳务，应在提供劳务交易完成时确认收入，确认的金额通常为从接受劳务方已收或应收的合同或协议价款，确认原则可参照销售商品收入的确认原则。

企业对外提供劳务，如属于企业的主营业务，所实现的收入应作为主营业务收入处理，结转的相关成本应作为主营业务成本；如属于主营业务以外的其他经营活动，所实现的收入作其他业务收入处理，结转的相关成本应作为其他业务成本处理。企业对外提供劳务发生的支出一般先通过“劳务成本”予以归集，待确认为费用时，再由“劳务成本”转入“主营业务成本”或“其他业务成本”账户。

（三）劳务的开始和完成分属不同的会计期间

1. 提供劳务交易结果能够可靠估计

如劳务的开始和完成分属不同的会计期间，且企业在资产负债表日提供劳务交易的结果能够可靠估计的，应采用完工百分比法确认提供劳务收入。同时满足下列条件的，提供劳务交易的结果能够可靠估计：

（1）收入的金额能够可靠地计量。

收入的金额能够可靠地计量，是指提供劳务收入的总额能够合理地估计。通常情况下，企业应当按照从接受劳务方已收或应收的合同或协议价款确定提供劳务收入总额。

随着劳务的不断提供，可能会根据实际情况增加或减少已收或应收的合同或协议价款，此时，企业应及时调整提供劳务收入总额。

（2）相关的经济利益很可能流入企业。

相关的经济利益很可能流入企业，是指提供劳务收入总额收回的可能性大于不能收回的可能性。企业在确定提供劳务收入总额能否收回时，应当结合接受劳务方的信誉、以前的经验以及双方就结算方式和期限达成的合同或协议条款等因素，综合进行判断。通常情况下，企业提供的劳务符合合同或协议要求，接受劳务方承诺付款，就表明提供劳务收入总额收回的可能性大于不能收回的可能性。

（3）交易的完工进度能够可靠地确定。

企业可以根据提供劳务的特点，选用下列方法确定提供劳务交易的完工进度：

① 已完工作的测量，这是一种比较专业的测量方法，由专业测量师对已经提供的劳务进行测量，并按一定方法计算确定提供劳务交易的完工程度。

② 已经提供的劳务占应提供劳务总量的比例，这种方法主要以劳务量为标准确定提供劳务交易的完工程度。

③ 已经发生的成本占估计总成本的比例，这种方法主要以成本为标准确定提供劳务交易的完工程度。只有反映已提供劳务的成本才能包括在已经发生的成本中，也只有反映已提供或将提供劳务的成本才能包括在估计总成本中。

（4）交易中已发生和将发生的成本能够可靠地计量。

交易中已发生和将发生的成本能够可靠地计量，是指交易中已经发生和将要发生的成本能够合理地估计。企业应当建立完善的内部成本核算制度和有效的内部财务预算及报告制度，准确地提供每期发生的成本，并对完成剩余劳务将要发生的成本做出科学、合理的估计。同时应随着劳务的不断提供或外部情况的不断变化，随时对将要发生的成本进行修订。

2. 提供劳务交易结果不能可靠估计

如劳务的开始和完成分属不同的会计期间，且企业在资产负债表日提供劳务交易结果不能可靠估计的，即不能同时满足上述四个条件的，不能采用完工百分比法确认提供劳务收入。此时，企业应当正确预计已经发生的劳务成本能否得到补偿，分别按下列情况处理：

（1）已经发生的劳务成本预计全部能够得到补偿的，应按已收或预计能够收回的金额确认提供劳务收入，并结转已经发生的劳务成本。

（2）已经发生的劳务成本预计部分能够得到补偿的，应按能够得到补偿的劳务成本金额确认提供劳务收入，并结转已经发生的劳务成本。

（3）已经发生的劳务成本预计全部不能得到补偿的，应将已经发生的劳务成本计入当期损益（主营业务成本或其他业务成本），不确认提供劳务收入。

三、让渡资产使用权收入的核算

让渡资产使用权收入主要是指企业转让无形资产等资产的使用权形成的使用费收入。出租固定资产取得的租金、进行债权投资收取的利息、进行股权投资取得的现金股利等，也构成了让渡资产使用权的使用费收入。

（一）让渡资产使用权的使用费收入的确认和计量

让渡资产使用权的使用费收入同时满足下列条件的，才能予以确认：

1. 相关的经济利益很可能流入企业

企业在确定让渡资产使用权的使用费收入金额是否很可能收回时，应当根据对方企业的信誉和生产经营情况、双方就结算方式和期限等达成的合同或协议条款等因素，综合进行判断。如果企业估计使用费收入金额收回的可能性不大，就不应该确认收入。

2. 收入的金额能够可靠地计量

当让渡资产使用权的使用费收入金额能够可靠估计时，企业才能确认收入。让渡资产使用权的使用费收入金额，应按照有关合同或协议约定的收费时间和方法计算确定。如果合同或协议规定一次性收取使用费，且不提供后续服务的，应当视同销售该项资产一次性确认收入；提供后续服务的，应在合同或协议规定的有效期内分期确认收入。如果合同或协议规定分期收取使用费的，应按合同或协议规定的收款时间和金额或规定的收费方法计算确定的金额分期确认收入。

（二）让渡资产使用权的使用费收入的会计处理

企业让渡资产使用权的使用费收入，一般通过“其他业务收入”账户核算；让渡资产计提的摊销额等，一般通过“其他业务成本”账户核算。

主营业务收入

主营业务收入的减少数	主营业务收入的增加数
	期末无余额

主营业务成本

其他业务成本的增加数	其他业务成本的减少数
期末无余额	

活动一　核算商品销售收入

工作实例

1. 金华股份有限公司2015年12月销售商品一批，开出的增值税专用发票注明价款为200 000元，增值税税额34 000元。商品已发出，货款已转账收讫。该批商品的生产成本为120 000元。

知识准备

一般销售商品业务：

在进行销售商品的会计处理时，首先要考虑销售商品收入是否符合收入确认条件。符合所规定的五个确认条件的，企业应及时确认收入，并结转相关销售成本。企业判断销售商品收入满足确认条件的，应当提供确凿的证据。在通常情况下，销售商品采用托收承付方式的，在办妥托收手续时确认收入；交款提货销售商品的，在开出发票账单收到货款时确认收入。交款提货销售商品，是指购买方已根据企业开出的发票账单支付货款并取得提货单的销售方式。在这种方式下，购货方支付货款取得提货单，企业尚未交付商品，销售方保留的是商品所有权上的次要风险和报酬，商品所有权上的主要风险和报酬已经转移给购货方，通常应在开出发票账单收到货款时确认收入。

工作步骤

（1）确认收入：

借：银行存款	234 000	
贷：主营业务收入		200 000
应交税费——应交增值税（销项税额）		34 000

（2）结转销售成本：

借：主营业务成本	120 000	
贷：库存商品		120 000

温馨提示

① 销售业务应该按两条线进行核算：一条线核算销售收入，与货币资金、应收账款相对应；另一条线核算销售成本，与库存商品等相对应。收入与支出配比的结果，是企业销售行为实现的毛利润。

以上规则还可以推广到其他存货的销售行为中。

② 理论学习中我们通常是逐笔结转销售成本，但实际工作中企业更经常定期结转成本。定期结转成本的金额确定方法，可以采取先进先出法、加权平均法、个别计价法等，具体内容可参见本书项目二。

如果上述销售行为是以赊销方式进行的，则应借记“应收账款”；如果对方开出商业汇票抵付货款，则应借记“应收票据”。

举一反三

① 上述销售行为是以赊销方式进行的，应该如何进行账务处理？

② 如果购货方签发商业承兑汇票抵付货款，又应该如何进行账务处理？

③ 如果上述销售过程中，金华股份有限公司以银行存款方式垫付运杂费 600 元，又应该如何进行账务处理？

工作实例

2. 金华股份有限公司于2016年1月5日以赊销方式向乙公司销售A商品一批，开出的增值税专用发票注明价款100 000元，增值税17 000元。该批商品成本为70 000元。

销售发生时，金华股份有限公司已经知道乙公司财务发生严重危机，此项货款很可能收不回来，但为了维护多年的客户关系，同时也为了帮助乙摆脱困境，还是将商品发出。假设金华股份有限公司销售A商品的纳税义务已经发生。

知识准备

已经发出但不符合销售商品收入确认条件的商品：

如果企业售出商品不符合销售商品收入确认的五个条件中的任何一条，均不应确认收入。为了单独反映已经发出但尚未确认销售收入的商品成本，企业应增设“发出商品”账户。“发出商品”账户核算一般销售方式下，已经发出但尚未确认销售收入的商品成本。

企业对于发出的商品，在不能确认收入时，应按发出商品的实际成本，借记“发出商品”账户，贷记“库存商品”账户。发出商品满足收入确认条件时，应结转销售成本，借记“主营业务成本”账户，贷记“发出商品”账户。“发出商品”科目的期末余额应并入资产负债表“存货”项目反映。

发出商品不符合收入确认条件时，如果销售该商品的纳税义务已经发生，比如已经开出增值税专用发票，则应确认应交的增值税销项税额，借记“应收账款”等账户，贷记“应交税费——应交增值税（销项税额）”账户。如果纳税义务没有发生，则不需进行上述处理。

工作步骤

分析：因为乙公司的财务困难，所以该笔货款很可能收不回来，不符合销售收入确认条件，故在发出商品时不能确认收入。金华股份有限公司应将发出商品按成本记入“发出商品”账户。

（1）发出商品：

借：发出商品　　70 000

　贷：库存商品　　70 000

（2）确认应交增值税：

借：应收账款　　17 000

　贷：应交税费——应交增值税（销项税额）　　17 000

注：如果企业增值税纳税义务并未发生，则不需要做这笔处理。

（3）假设2016年12月8日，乙公司财务状况得到很大改善，承诺近期付款，此时金华股份有限公司应该确认该笔销售收入：

借：应收账款　　100 000

　贷：主营业务收入　　100 000

同时结转销售成本：

借：主营业成本　　70 000

　贷：发出商品　　70 000

举一反三

如果该商品发出时，纳税义务并未发生，以上几个时间应该如何进行账务处理？

工作实例

3. 金华股份有限公司于2016年1月5日以赊销方式向乙公司销售A商品一批，开出的增值税专用发票注明价款100 000元，增值税17 000元。该批商品成本为70 000元。1月10日，乙公司验收货物时发现货物质量不符合约定。经协商，金华股份有限公司同意给予价款总额10%的折让。假设发生的销售折让允许扣减当期增值税销项税额。

知识准备

销售折让、商业折扣和现金折扣：

销售折让是指企业因销售商品的质量不合格等原因而在价格上给予的减让。

企业已经确认销售商品收入的售出商品发生销售折让时，按应冲减的销售商品收入金额，借记“主营业务收入”账户，如按规定允许扣减增值税额的，还应冲减已确认的增值税销项税额。如果发生销售折让时，企业尚未确认销售商品收入的，则应在确认销售商品收入时直接按扣除销售折让后的金额确认。

工作步骤

(1) 2016年1月5日，确认收入：

借：应收账款——乙公司　　117 000

　贷：主营业务收入　　100 000

　　　应交税费——应交增值税（销项税额）　　17 000

结转销售成本：

借：主营业务成本　　70 000

　贷：库存商品　　70 000

(2) 2016年1月10日，给予对方销售折让：

借：主营业务收入　　10 000

　　应交税费——应交增值税（销项税额）　　1 700

　贷：应收账款——乙公司　　11 700

温馨提示

并非所有的销售折让都可以减少增值税销项税额，按有关规定，只有将销售金额与销售折让开在同一张发票上，才允许减少增值税销项税额。

商业折扣是企业为促销而在商品标价上给予的价格优惠。商业折扣在销售时已经发生，并不构成最终成交价格的一部分，会计核算上应按扣除商业折扣后的金额确认商品销售收入。

工作实例

4. 金华股份有限公司是增值税一般纳税人企业，2016 年 2 月 1 日销售 A 商品 1 000 件。该商品单位成本 70 元，购买 1 ~ 500 件，单价 100 元；购买 501 ~ 2 000 件，单价为 95 元；购买 2 001 件以上，单价为 90 元。同时，企业规定的现金折扣条件为 2/10，1/20，n/30。对方 2 月 10 日付款。

知识准备

现金折扣是企业为了鼓励债务人在规定的期限内尽可能提前付款而向债务人提供的债务减除。现金折扣一般表示为“2/10，1/20，n/30”，表示：销售方提供的信用期限是 30 天。如果客户能够在 10 天内付款，销售方可按商品售价给予 2% 的折扣；如果客户能够在 11 ~ 20 天之内付款，销售方可按商品售价给予 1% 的折扣；如果客户在 21 ~ 30 天内付款，将不再享受现金折扣。

现金折扣发生在企业销售商品之后，企业在销售商品时并不能确认现金折扣是否会发生。因此，企业应按扣除现金折扣之前的金额确定收入。而企业实际发生的现金折扣，是企业为了尽快回笼资金而发生的理财费用，按规定应按实际发生额计入当期财务费用。

工作步骤

分析：本例中既涉及现金折扣，又涉及商业折扣。按规定，商业折扣在销售时已经发生，不应包含在销售收入中；现金折扣是销售行为发生时所不能确定的因素，应该包括在销售收入中。金华股份有限公司应做账务处理如下：

（1）2 月 1 日销售业务确认：

借：应收账款	111 150	
贷：主营业务收入		95 000
应交税费——应交增值税（销项税额）		16 150
借：主营业务成本	70 000	
贷：库存商品		70 000

（2）2 月 10 日收到货款：

借：银行存款　　109 250
　　财务费用　　1 900
　贷：应收账款　　111 150

举一反三

① 若企业 2 月 18 日收到货款，收款日应如何进行账务处理？
② 若企业 2 月 28 日收到货款呢？

温馨提示

企业实务工作中，现金折扣可以按价款计算，也可以按价税合计金额计算，但不论如何计算现金折扣，企业应交增值税的计算方法都是固定不变的：按成交价计算。

工作实例

5. 假设金华股份有限公司前例中销售商品，因质量问题于 2 月 20 日被退货。金华股份有限公司按规定向乙公司开具了红字增值税专用发票。

知识准备

销售退回：

企业售出的商品由于质量、品种不符合要求等原因而发生的销售退回，应分别按不同情况进行会计处理：

（1）尚未确认销售商品收入的售出商品发生销售退回的，应将已记入“发出商品”科目的商品成本金额转入“库存商品”科目。

（2）已确认销售商品收入的售出商品发生销售退回的，除属于资产负债表日后事项外，一般应在发生时冲减当期销售商品收入，同时冲减当期销售商品成本。如按规定允许扣减增值税税额的，应同时冲减已确认的应交增值税销项税额。如该项销售退回已发生现金折扣的，应同时调整相关财务费用的金额。

工作步骤

（1）收到退回商品时，冲减已结转销售成本：

借：主营业务成本　　70 000
　贷：库存商品　　70 000

（2）冲减已确认销售收入：

借：应收账款　　117 000
　贷：主营业务收入　　100 000
　　　应交税费——应交增值税（销项税额）　　17 000

举一反三

① 如果退货行为发生在尚未确认收入时，企业应如何处理？

② 如果退货时销售款已经收到，又该如何进行账务处理？

③ 如果企业采取现金折扣方式销售，并且对方已经在折扣期限内付款后，又提出退货，并被接受。销售方又该如何处理？

工作实例

6. 2016 年 10 月 9 日，金华股份有限公司采取预收货款 50 000 元方式向丙公司销售 B 商品，该批商品成本为 40 000 元。2016 年 10 月 30 日，金华股份有限公司发出商品，并开出增值税专用发票，发票注明价款 50 000 元，增值税 8 500 元。2016 年 11 月 2 日，金华股份有限公司收到丙企业转账支付 8 500 元结算款。

知识准备

采用预收款方式销售商品：

预收款销售商品，是指购买方在商品尚未收到前按合同或协议约定分期付款，销售方在收到最后一笔款项时才交货的销售方式。在预收款销售方式下，销售方直到收到最后一笔款项才将商品交付购货方，表明商品所有权上的主要风险和报酬只有在收到最后一笔款项时才转移给购货方，销售方通常应在发出商品时确认收入，在此之前预收的货款应确认为预收账款。

工作步骤

（1）2016 年 10 月 9 日，金华股份有限公司预收货款：

借：银行存款　　50 000

　贷：预收账款　　50 000

（2）2016 年 10 月 30 日，发出商品：

借：预收账款　　58 500

　贷：主营业务收入　　50 000

　　　应交税费——应交增值税（销项税额）　　8 500

借：主营业务成本　　40 000

　贷：库存商品　　40 000

（3）2016 年 11 月 2 日，收到 8 500 元结算款：

借：银行存款　　8 500

　贷：预收账款　　8 500

温馨提示

预收款、预付款业务的会计核算，习惯上只用一个往来账户，例如，本例中对预收的款项、发出商品后对方欠的货款都用“预收账款”核算。但是，也有一些企业为了财务分析方便，将全部收入都与“应收账款”对应，然后再在“应收账款”和“预收账款”之间转账。

工作实例

7．金华股份有限公司12月销售一批不需用材料，开出的增值税专用发票注明价款8 000元，增值税额1 360元。该材料成本为6 000元，销售款已转账收讫。

知识准备

销售材料等存货：

企业在日常活动中还可能发生对外销售不需用的原材料、随同商品对外销售单独计价的包装物等业务。企业销售原材料、包装物等存货也视同商品销售，其收入确认和计量原则比照商品销售处理。企业销售原材料、包装物等存货实现的收入以及结转的相关成本，通过“其他业务收入”“其他业务成本”科目核算。

工作步骤

（1）取得材料销售收入：

借：银行存款	9 360	
贷：其他业务收入		8 000
应交税费——应交增值税（销项税额）		1 360

（2）结转销售成本：

借：其他业务成本	6 000	
贷：原材料		6 000

工作实例

8．201×年1月1日，金华股份有限公司采用分期收款方式向乙公司销售一套大型设备，合同约定的销售价格为2 000万元，分5次于每年12月31日等额收取。该大型设备成本为1 560万元。在现销方式下，该大型设备的销售价格为1 600万元。假定金华股份有限公司发出商品时，其有关的增值税纳税义务尚未发生；在合同约定的收款日期，发生有关的增值税纳税义务。

知识准备

具有融资性质的分期收款销售商品的处理：

企业销售商品，有时会采取分期收款的方式，如分期收款发出商品，即商品已经交付，货款分期收回。如果延期收取的货款具有融资性质，其实质是企业向购货方提供信贷时，企业应当按照应收的合同或协议价款的公允价值确定收入金额。应收的合同或协议价款的公允价值，通常应当按照其未来现金流量现值或商品现销价格计算确定。

应收的合同或协议价款与其公允价值之间的差额，应当在合同或协议期间内，按照应收款项的摊余成本和实际利率计算确定的金额进行摊销，作为财务费用的抵减处理。

实际利率是指具有类似信用等级的企业发行类似工具的现时利率，或者将应收的合同或协议价款折现为商品现销价格时的折现率等。

工作步骤

分析：甲公司应当确认的销售商品收入金额为1 600万元，根据下列公式：未来五年收款额的现值＝现销方式下应收款项金额可以得出：

$400\times(P/A, r, 5)=1\,600$（万元）可在多次测试的基础上，用插值法计算折现率。当 $r=7\%$ 时，$400\times4.1002+340=1\,640.08>1\,600$。当 $r=8\%$ 时，$400\times3.9927+340=1\,597.08<1\,600$。因此，$7\%<r<8\%$。用插值法计算如下：

现值　　　　　利率

1 640.08　　　7%

1 600　　　　 r

1 597.08　　　8%

$(1640.08-1600)/(1640.08-1597.08)=(7\%-r)/(7\%-8\%)$

$r=7.93\%$

每期计入财务费用的金额见表8－1。

表8－1　财务费用和已收本金计算表

单位：万元

日期	未收本金	财务费用	收现总额	已收本金
	①＝上期①－上期④	②＝①×7.93%	③	④＝③－②
20×1年1月1日	1600			
20×1年12月31日	1600	126.88	400	273.12
20×2年12月31日	1326.88	105.22	400	294.78
20×3年12月31日	1032.1	81.85	400	318.15
20×4年12月31日	713.95	56.62	400	343.38

续上表

日期	未收本金	财务费用	收现总额	已收本金
	① = 上期① - 上期④	② = ① × 7.93%	③	④ = ③ - ②
20 ×5 年 12 月 31 日	370.57	29.43 *	400	370.57
总额		400	2000	1600

* 尾数调整

根据表 8 - 1 的计算结果，金华股份有限公司各期的账务处理如下：

（1）20 ×1 年 1 月 1 日销售实现：

借：长期应收款　　20 000 000
　　银行存款　　3 400 000
　贷：主营业务收入　　16 000 000
　　　应交税费——应交增值税（销项税额）　　3 400 000
　　　未实现融资收益　　4 000 000

借：主营业务成本　　15 600 000
　贷：库存商品　　15 600 000

（2）20 ×1 年 12 月 31 日收取货款和增值税：

借：银行存款　　4 680 000
　贷：长期应付款　　4 000 000
　　　应交税费——应交增值税（销项税额）　　680 000

借：未实现融资收益　　1 268 800
　贷：财务费用　　1 268 800

（3）20 ×2 年 12 月 31 日收取货款和增值税：

借：银行存款　　4 680 000
　贷：长期应付款　　4 000 000
　　　应交税费——应交增值税（销项税额）　　680 000

借：未实现融资收益　　1 052 200
　贷：财务费用　　1 052 200

（4）20 ×3 年 12 月 31 日收取货款和增值税：

借：银行存款　　4 680 000
　贷：长期应付款　　4 000 000
　　　应交税费——应交增值税（销项税额）　　680 000

借：未实现融资收益　　818 500
　贷：财务费用　　818 500

（5）20 ×4 年 12 月 31 日收取贷款：

借：银行存款　　4 680 000
　贷：长期应收款　　4 000 000

应交税费——应交增值税（销项税额） 680 000

借：未实现融资收益 566 200

贷：财务费用 566 200

（6）20×5 年 12 月 31 日收取货款和增值税额：

借：银行存款 4 680 000

贷：长期应收款 4 000 000

应交税费——应交增值税（销项税额） 680 000

借：未实现融资收益 294 300

贷：财务费用 294 300

工作实例

9. 金华股份有限公司是增值税一般纳税人，增值税税率17%，所得税税率25%。2016 年 3 月 1 日，金华股份有限公司委托丁公司代销 C 商品 1 000 件，商品已发出，每件成本 60 元。合同约定丁公司应按每件 100 元售价对外销售，金华股份有限公司按售价的 10% 向丁公司支付手续费。3 月 20 日，丁公司将代销商品全部售出，开出的增值税专用发票注明价款 100 000 元，增值税税额 17 000 元，同日，金华股份有限公司收到丁公司开具的代销清单，同时向丁公司开出一张金额相同的增值税专用发票。

知识准备

采用支付手续费方式委托代销商品：

采用支付手续费方式委托代销商品，是指委托方和受托方签订合同或协议，委托方根据合同或协议约定向受托方计算支付代销手续费，受托方按照合同或协议规定的价格销售代销商品的销售方式。在这种销售方式下，委托方在发出商品时，通常不应确认销售商品收入，而应在收到受托方开出的代销清单时确认销售商品收入，同时将应支付的代销手续费计入销售费用；受托方应在代销商品销售后，按合同或协议约定的方法计算确定代销手续费，确认劳务收入。

受托方可通过“受托代销商品”“受托代销商品款”等科目，对受托代销商品进行核算。确认代销手续费收入时，借记“受托代销商品款”科目，贷记“其他业务收入”等科目。

工作步骤

（1）金华股份有限公司应做账务处理如下：

① 2016 年 3 月 1 日，金华股份有限公司发出商品：

借：委托代销商品 60 000

贷：库存商品 60 000

②2016 年 3 月 20 日，收到代销清单，向丁公司开具增值税专用发票：
借：应收账款　　117 000
　贷：主营业务收入　　100 000
　　应交税费——应交增值税（销项税额）　　17 000
借：主营业务成本　　60 000
　贷：委托代销商品　　60 000
③计算丁公司应得代销手续费：
借：销售费用　　10 000
　贷：应收账款　　10 000
④收到丁公司支付货款：
借：银行存款　　107 000
　贷：应收账款　　107 000
（2）丁公司应做账务处理如下：
①收到商品：
借：受托代销商品　　100 000
　贷：受托代销商品款　　100 000
②对外销售：
借：银行存款　　117 000
　贷：受托代销商品　　100 000
　　应交税费——应交增值税（销项税额）　　17 000
③收到金华股份有限公司开具增值税专用发票：
借：应交税费——应交增值税（进项税额）　　17 000
　贷：应付账款　　17 000
④计算代销手续费：
借：应付账款　　10 000
　贷：其他业务收入　　10 000
⑤支付货款：
借：受托代销商品款　　100 000
　　应付账款　　7 000
　贷：银行存款　　107 000

活动二　核算提供劳务收入

工作实例

1. 金华股份有限公司于2016年12月1日接受一项设备安装任务，安装期为3个月，合同总收入600 000元，至年底已预收安装费440 000元，实际发生安装费用为280 000元（假定均为安装人员薪酬），估计还会发生安装费用120 000元。假定金华股份有限公司按实际发生的成本占估计总成本的比例确定劳务的完工进度。

知识准备

完工百分比法是指按照提供劳务交易的完工进度确认收入与费用的方法。采用完工百分比法时，企业应当在资产负债表日按照提供劳务收入总额乘以完工进度扣除以前会计期间累计已确认提供劳务收入后的金额，确认当期提供劳务收入；同时，按照提供劳务估计总成本乘以完工进度扣除以前会计期间累计已确认劳务成本后的金额，结转当期劳务成本。用公式表示如下：

本期确认的收入＝劳务总收入×至本期末劳务的完工进度－以前期间已确认的收入

本期确认的费用＝劳务总成本×至本期末劳务的完工进度－以前期间已确认的费用

上述公式中的劳务总收入通常按照从接受劳务方已收或应收的合同或协议价款确定。在劳务总收入和总成本能够可靠计量的情况下，关键是确定劳务的完工进度。企业应根据所提供劳务的特点，选择确定劳务完工进度的方法。

采用完工百分比法确认劳务收入及相关的费用时，对于预收的款项，应借记“银行存款”账户，贷记“预收账款”等账户；对于所发生的成本，借记“劳务成本”账户，贷记“银行存款”“应付职工薪酬”等账户；确认本期的劳务收入时，按确定的劳务收入金额借记“预收账款”“应收账款”等账户，贷记“主营业务收入”等账户；确认本期的费用时，按确定的金额借记“主营业务成本”等账户，贷记“劳务成本”账户。

工作步骤

计算本期应确认的收入和费用：

实际发生的成本占估计总成本的比例＝280 000÷（280 000＋120 000）＝70%

2016年12月31日确认的劳务收入＝600 000×70%－0＝420 000（元）

2016年12月31日结转的劳务成本＝（280 000＋120 000）×70%－0＝280 000（元）

（1）实际发生劳务成本时：

借：劳务成本　　　　280 000

　贷：应付职工薪酬　　　　280 000

（2）预收劳务款时：

借：银行存款　　　　　　440 000

　贷：预收账款　　　　　　440 000

（3）2016 年 12 月 31 日确认劳务收入并结转劳务成本时：

借：预收账款　　　　　　420 000

　贷：主营业务收入　　　　420 000

借：主营业务成本　　　　280 000

　贷：劳务成本　　　　　　280 000

工作实例

2. 金华股份有限公司于 20×4 年 12 月 25 日接受乙公司委托，为其培训一批学员，培训期为 6 个月，20×5 年 1 月 1 日开学。协议约定，乙公司应向甲公司支付的培训费总额为 60 000 元，分三次等额支付，第一次在开学时预付，第二次在 20×5 年 3 月 1 日支付，第三次在培训结束时支付。

20×5 年 1 月 1 日，乙公司预付第一次培训费。20×5 年 2 月 29 日，甲公司发生培训成本为 15 000 元（假定均为培训人员薪酬）。20×5 年 3 月 1 日，甲公司得知乙公司经营发生困难，后两次培训费能否收回难以确定。

知识准备

企业在资产负债表日提供劳务交易结果不能够可靠估计的，即不能满足上述四个条件中的任何一条时，企业不能采用完工百分比法确认提供劳务收入。此时，企业应正确预计已经发生的劳务成本能够得到补偿和不能得到补偿，分别进行会计处理：① 已经发生的劳务成本预计能够得到补偿的，应按已经发生的能够得到补偿的劳务成本金额确认提供劳务收入，并结转已经发生的劳务成本。② 已经发生的劳务成本预计全部不能得到补偿的，应将已经发生的劳务成本计入当期损益，不确认提供劳务收入。

工作步骤

金华股份有限公司的账务处理如下：

（1）20×5 年 1 月 1 日收到乙公司预付的培训费：

借：银行存款　　　　　　20 000

　贷：预收账款　　　　　　20 000

（2）实际发生培训支出 15 000 元：

借：劳务成本　　　　　　15 000

　贷：应付职工薪酬　　　　15 000

（3）20×5 年 2 月 29 日确认劳务收入并结转劳务成本：

借：预收账款　　　　　　15 000

　　贷：主营业务收入　　　　15 000
借：主营业务成本　　　　15 000
　　贷：劳务成本　　　　15 000

温馨提示

2016 年 5 月 1 日起营改增后，销售商品收入、提供劳务收入和让渡资产使用权收入如果按照税法规定增值税纳税义务时间发生时，均应确认应交税费—应交增值税（销项税额）。

活动三　核算让渡资产使用权收入

工作实例

1. 2016 年 1 月 1 日，金华股份有限公司向乙公司转让某专利的使用权，合同约定转让期限为 5 年，每年年末收取使用费 100 000 元。2016 年该专利每月摊销额为 5 000 元、累计摊销额为 60 000 元。

工作步骤

（1）2016 年年末确认使用费收入：
借：银行存款（应收账款）　　　　100 000
　　贷：其他业务收入　　　　100 000
（2）2016 年每月计提专利摊销额：
借：其他业务成本　　　　5 000
　　贷：累计摊销　　　　5 000
（注：全年共计提 12 次专利摊销额）

工作实例

2. 金华股份有限公司于 20×5 年 10 月 1 日向乙公司借出一笔款项 100 万元，期限为 1 年，年利率为 5%，甲银行发放贷款时没有发生交易费用，该贷款合同利率与其实际利率相同。假定金华股份有限公司按季度编制财务报表，不考虑其他因素。

知识准备

企业应在资产负债表日，按照他人使用本企业货币资金的时间和实际利率计算确定利息收入金额。按计算确定的利息收入金额，借记“应收利息”“银行存款”等账户，贷记“利息收入”“其他业务收入”等账户。

工作步骤

分析：利息收入金额按实际利率计算 =100 ×5% ÷4 =1.25（万元）

金华股份有限公司的账务处理如下：

（1）20×5 年 10 月 1 日对外借出款项时：

借：其他应收收款——乙公司　　1 000 000

　贷：银行存款　　1 000 000

（2）20×5 年 12 月 31 确认利息收入时：

借：应收利息　　12 500

　贷：利息收入　　12 500

任务二　处理费用的核算业务★

工作任务

核算管理费用、财务费用和销售费用。完成工作任务应提交的标志性成果：核算管理费用、财务费用和销售费用账簿账户设置和编制会计分录或编制记账凭证。

知识准备

一、费用的概念及特征

1. 费用的概念

费用是指企业在日常活动中发生的，会导致所有者权益减少的、与向所有者分配利润无关的经济利益的总流出。

2. 费用的特征

根据费用的概念可知，费用具有以下特征。

（1）费用可能表现为资产的减少，或负债的增加，或二者兼而有之。

费用的发生形式多种多样，既可能表现为资产的减少（如购买办公用品支付现金、制造产品耗用存货），也可能表现为负债的增加（如负担借款的利息），还可能是二者的组合（如购买材料款项部分支付现金，剩余部分形成负债）。

（2）费用是企业在日常活动中发生的经济利益的流出，而不是从偶发的交易或事项中发生的经济利益的流出。

费用必须是企业日常活动中所形成的，日常活动是指企业为完成其经营目标所从事的经常性活动以及与之相关的活动。如工业企业采购原材料、商业企业从事商品采购活动等。有些交易或事项虽然也能使企业发生经济利益的流出，但因为不属于企业的日常经营活动，所以其经济利益的流出不属于费用而是损失，如工业企业出售固定资产净损失。

（3）费用最终会减少企业的所有者权益，且该减少与向所有者分配利润无关。

一般而言，企业的所有者权益会随着收入的增加而增加，而随费用的增加而减少。但是，导致所有者权益减少的因素并不都属于费用，如支付的股利，虽减少所有者权益，但并不增加费用。

二、费用的分类

企业的费用，可以分为按收入费用配比原则将产品（劳务）成本结转的费用和直接计入当期损益的期间费用两类。

1. 结转产品（劳务）成本的费用

根据收入和费用配比原则，与同一项销售有关的收入和费用应在同一会计期间予以确认，即企业应在确认收入的同时或同一会计期间结转相关的产品（劳务）成本，计入“主营业成本”“营业税金及附加”“其他业务成本”等账户，确认为当期损益。未实现销售期末未结转的生产费用，为“生产成本”“库存商品”等账户的余额。

费用化的产品（劳务）成本计入“主营业成本”“营业税金及附加”“其他业务成本”等账户，已在上述收入核算中表述，不再单独赘述。

2. 期间费用

企业的期间费用具体可分为管理费用、销售费用和财务费用。

（1）管理费用。

管理费用是指企业行政管理部门为组织和管理生产经营活动而发生的各项费用。包括企业总部管理人员工资及福利费、差旅费、办公费、折旧费、修理费、物料消耗、低值易耗品摊销，以及企业的工会经费、职工教育经费、劳动保险费、董事会费、咨询费、审计费、诉讼费、排污费、绿化费、矿产资源补偿费、房产税、车船税、土地使用税、印花税、无形资产摊销、开办费摊销、业务招待费、存货盘亏、毁损等。

（2）销售费用。

销售费用是指企业在产品销售过程中发生的费用，以及为销售本企业产品而专设的销售机构的各项经费。包括应由企业负担的运输费、装卸费、包装费、保险费、委托代销手续费、广告费、展览费、租赁费（不含融资租赁费）和销售服务费，以及专设的销售机构的人员工资及福利费、差旅费、办公费、折旧费、修理费、物料消耗、低值易耗品摊销等。

（3）财务费用。

财务费用是指企业为筹集生产经营所需资金而发生的各项费用。包括企业生产经营期间发生的利息支出（减利息收入）、汇兑损失（减汇兑收益）、金融机构手续费、企业收到的现金折扣或发生的现金折扣等。

三、期间费用的核算

1. 期间费用应设置的账户

（1）“管理费用”账户。

企业应设置“管理费用”账户，核算企业为组织和管理企业生产经营所发生的管理费用。该账户属于损益类，企业日常发生的各项管理费用记在借方，期末将该账户的借方发生额通过贷方转入“本年利润”账户的借方，结转后期末无余额。该账户可按照费用项目设置明细账。

管理费用

管理费用的增加数	管理费用的减少数
期末无余额	

（2）“销售费用”账户。

企业应设置“销售费用”账户，核算企业销售过程中发生的或与销售有关的各种费用。该账户属于损益类，企业日常发生的各项销售费用记在借方，期末将该账户的借方发生额通过贷方转入“本年利润”账户的借方，结转后期末无余额。该账户可按照费用项目设置明细账

销售费用

销售费用的增加数	销售费用的减少数
期末无余额	

（3）“财务费用”账户。

企业应设置“财务费用”账户，核算企业筹集生产经营资金发生的费用。该账户属于损益类，企业日常发生的各项财务费用记在借方，期末将该账户的借方发生额通过贷方转入“本年利润”账户的借方，结转后期末无余额。该账户可按照费用项目设置明细账。

财务费用

财务费用的增加数	财务费用的减少数
期末无余额	

2. 期间费用的相关会计处理

企业发生的管理费用，应按实际金额，借记“管理费用”账户，贷记“银行存款”

“累计折旧”“应付职工薪酬”等账户，期末结转管理费用时，借记“本年利润”科目，贷记“管理费用”账户。

企业发生的销售费用，应按实际金额，借记“销售费用”账户，贷记“银行存款”“累计折旧”“应付职工薪酬”等账户，期末结转销售费用时，借记“本年利润”科目，贷记“销售费用”账户。

企业因为利息支出、汇兑损失、相关手续费及收到的现金折扣等而产生的财务费用，应按实际金额，借记“财务费用”账户，贷记“银行存款”等账户；企业因为利息收入、汇兑收益及享有的现金折扣等而形成的财务费用，应按实际金额，借记“银行存款”等账户，贷记“财务费用”账户，期末将“财务费用”账户余额转至“本年利润”账户。

活动一　核算管理费用

工作实例

金华股份有限公司2014年12月发生下列事项：

（1）管理人员工资1 200 000元，社保分单位部分和个人部分缴纳。养老保险：私企单位12%，个人8%；医疗保险：单位7%，个人2%；失业保险：单位0.2%，个人0.1%；工伤保险：单位0.4%，个人不缴费；生育保险：单位0.85%，个人不缴费。住房公积金：个人12%，单位12%。

（2）12月还发生办公费100 000元，差旅费50 000元，房产税15 000元，办公楼折旧费100 000元，审计咨询公证费80 000元，劳动保护费20 000元，会务费10 000元和业务招待费50 000元。

（3）利息收入2 000元，非工程利息支出为200 000元。

（4）发生广告宣传费用110 000元，销售人员工资150 000元。

（5）均以工行存款收支，社保及住房公积金个人负担部分由单位代收代缴。

工作步骤

则金华股份有限公司应做的会计处理如下。

（1）发生管理费用。

借：管理费用——职工薪酬——工资	1 200 000
——职工薪酬——劳动保险费	245 400
——职工薪酬——住房公积金	144 000
——办公费	100 000
——差旅费	50 000
——房产税	15 000
——折旧费	100 000

——审计咨询公证费 80 000
——劳动保护费 20 000
——会务费 10 000
——业务招待费 50 000
贷：应付职工薪酬——工资 1 200 000
应付职工薪酬——社会保险费 245 400
应付职工薪酬——住房公积金 144 000
累计折旧 100 000
应交税费——房产税 15 000
银行存款——工行存款 310 000

(2) 个人负担的三险一金用工资抵扣，剩余部分银行发放。

借：应付职工薪酬——工资 1 200 000
贷：其他应付款——社会保险费——养老保险 96 000
——社会保险费——医疗保险 24 000
——社会保险费——失业保险 12 000
——住房公积金 144 000
银行存款——工行存款 934 800

(3) 单位负担五险一金转为其他应付款。

借：应付职工薪酬——社会保险费 245 400
——住房公积金 144 000
贷：其他应付款——社会保险费——养老保险 144 000
其他应付款——社会保险费——医疗保险 84 000
其他应付款——社会保险费——失业保险 2 400
其他应付款——社会保险费——工伤保险 4 800
其他应付款——社会保险费——生育保险 10 200
其他应付款——住房公积金 144 000

(4) 支付房产税和五险一金。

借：其他应付款——社会保险费 366 600
——住房公积金 288 000
应交税费——房产税 15 000
贷：银行存款——工行存款 669 600

(5) 发生财务费用和收到利息时。

借：财务费用 200 000
贷：银行存款——工行存款 200 000
借：银行存款——工行存款 2 000
贷：财务费用 2 000

(6) 发生销售费用。

借：销售费用——广告宣传费用 110 000
——销售人员工资 150 000

贷：银行存款——工行存款　　110 000
　　应付职工薪酬——工资　　150 000

（7）销售人员五险一金计提及缴纳和工资发放（见本项目任务二活动三）。

活动二　核算销售费用

工作实例

1．金华股份有限公司 2014 年 12 月发生下列事项，全部以工行存款支付。

（1）销售运输费用 88 800 元（含税，取得专用发票）。

（2）广告宣传费用 30 000 元。

（3）销售人员工资 300 000 元。

2．金华股份有限公司 2014 年 12 月成立销售二部，该部门发生下列支出，全部以工行存款支付。

（1）购买销售部门使用的办公用品 2 000 元。

（2）支付当月销售部门房租 10 000 元。

（3）支付当月销售人员销售业绩奖励 50 000 元。

（4）发展业务招待客户费用 40 000 元。

知识准备

广告宣传费用和销售运输费用均计入销售费用。单独设置销售部门的人员的工资福利奖金都计入销售费用。

交通运输业缴纳增值税，税率为 11%。取得专用发票的增值税进项税额可以抵扣。

工作步骤

分析：计算增值税进项税额，88 800 ÷（1 + 11%）× 11% = 8 800（元）。专门销售部门发生的人员机构支出全部计入销售费用。

金华股份有限公司的会计处理如下：

（1）公司发生销售费用：

借：销售费用——职工薪酬　　300 000
　　　　　　——广告宣传费　　30 000
　　　　　　——销售运输费　　80 000
　　应交税费——增值税（进项税额）　　8 800
　贷：银行存款——工行存款　　418 800

（2）销售二部发生费用：

借：销售费用——职工薪酬——奖励工资　　50 000

——办公费 2 000
——业务招待费 40 000
——房租费 10 000
贷：银行存款——工行存款 102 000

活动三　核算财务费用

工作实例

金华股份有限公司发生下列事项：

1. 2016 年 12 月以银行存款归还一笔到期一次还本付息的短期借款，该借款金额为 50 000 元，利息为 500 元。

2. 发行公司债券补充企业一般流动资金。有关资料如下：

（1）2016 年 12 月 31 日，委托证券公司以 7 755 万元的价格发行三年期分期付息公司债券。该债券面值为 8 000 万元，票面年利率 4.5%，每年付息一次，到期后按面值偿还。支付的发行费用与发行期间冻结资金产生的利息收入相等。所有款项均以银行存款支付。

（2）假定各年度利息的实际支付日期均为下年度的 1 月 10 日；2020 年 1 月 10 日支付 2019 年度利息，一并偿付面值。

知识准备

实际利率，是指将金融资产或金融负债在预期存续期间或适用的更短期间内的未来现金流量，折现为该金融资产或金融负债当前账面价值所使用的利率。

每期的财务费用 = 期末摊余成本 × 实际利率。

工作步骤

分析：本题发行债券用实际利率法确认财务费用。

计算实际利率：$7\ 755 = 360 \times (1+R)^{-1} + 360 \times (1+R)^{-2} + (360 + 8\ 000) \times (1+R)^{-3}$，由此得出 $R = 5.6425\%$。

相关账务处理如下：

（1）归还贷款：

借：短期借款 50 000
　　财务费用 500
　贷：银行存款 50 500

（2）2016 年 12 月 31 日，发行债券：

借：银行存款 7 755

应付债券——利息调整　245
贷：应付债券——面值　8 000

(3) 2017 年 12 月 31 日，确认和结转利息；2018 年 1 月 10 日支付利息：

借：财务费用　437.58（7 755 ×5.64%）
贷：应付利息　360
应付债券——利息调整　77.58
借：应付利息　360
贷：银行存款　360

(4) 2018 年 12 月 31 日，确认债券利息；2019 年 1 月 10 日支付利息：

借：财务费用　441.95［（7 755 +77.58）×5.64%］
贷：应付利息　360
应付债券——利息调整　81.95
借：应付利息　360
贷：银行存款　360

(5) 2019 年 12 月 31 日，确认债券利息：

借：财务费用　445.47［（7 755 +77.58 +81.95）×5.64%］
贷：应付利息　360
应付债券——利息调整　85.47

(6) 2020 年 1 月 10 日，债券到期兑付：

借：应付利息　360
应付债券——面值　8 000
贷：银行存款　8 360

任务三　结转损益、利润分配

工作任务

核算结转损益、利润分配、核算实收资本（股本）、资本公积。完成工作任务应提交的标志性成果：核算实收资本（股本）、资本公积和结转损益、利润分配账簿账户设置和编制会计分录或编制记账凭证。

知识准备

一、结转损益、利润分配的核算

1. 应设置的账户

(1)“本年利润”账户。

企业应当设置“本年利润”账户，核算企业当期实现的净利润（或发生的净亏损）。企业在期末结转利润时，应将各损益类科目的金额转入本账户，结平各损益类科目。结转后本账户的贷方余额为当期实现的净利润；借方余额为当期发生的净亏损。年度终了，应将本年收入和费用相抵后结出的本年实现的净利润，转入“利润分配”账户，借记本账户，贷记“利润分配——未分配利润”账户，如为净亏损做相反的会计分录。结转后本账户应无余额。

（2）“利润分配”账户。

企业应当设置“利润分配”账户，核算企业净利润的分配或亏损的弥补情况以及历年净利润分配（或亏损弥补）后的结存余额。该账户属于所有者权益类账户，贷方登记企业增加的利润额；借方登记企业减少或分配的利润额；期末余额若为贷方，则表明企业该年度为盈利；期末余额若为借方，则表明企业该年度为亏损。该账户根据利润的形成和用途分别设置“未分配利润”“提取法定盈余公积”“提取任意盈余公积”“应付股利”“盈余公积补亏”等明细账。

企业的盈余公积和未分配利润构成留存收益，来源于企业的生产经营活动所实现的净利润。

2. 结转损益、利润分配的相关会计处理

（1）结转损益的会计处理。

期末将全部损益类账户全部转入“本年利润”账户。年度终了，将“本年利润”余额转入“利润分配——未分配利润”。

做中学

金华股份有限公司 2016 年 12 月如果只发生上述某些事项，不考虑其他月份，企业所得税为 25%。则 12 月末进行如下会计处理。

借：主营业务收入　　200 000
　　其他业务收入　　8 000
　贷：本年利润　　208 000

借：本年利润　　186 500
　贷：主营业成本　　120 000
　　　其他业务成本　　6 000
　　　管理费用　　40 000
　　　销售费用　　20 000
　　　财务费用　　500

借：所得税费用　　5 375（208 000 − 186 500）×25%
　贷：应交税费——应交所得税　　5 375

借：本年利润　　5 375
　贷：所得税费用　　5 375

借：本年利润　　16 125（208 000 − 186 500 − 5 375）
　贷：利润分配——未分配利润　　16 125

（2）利润分配的会计处理。

年度终了，企业将全年实现的净利润（或亏损）自“本年利润”账户转入“利润分配——未分配利润”明细账户。若为净利润，则借记“本年利润”账户，贷记“利润分配——未分配利润”明细账户；若为亏损，则借记“利润分配——未分配利润”明细账户，贷记“本年利润”账户。同时，将“利润分配”账户的其他明细科目余额也转入“利润分配——未分配利润”明细账户，借记“利润分配——未分配利润”明细账户，贷记“利润分配”账户所属的“提取法定盈余公积”“提取任意盈余公积”“应付普通股股利”等明细账户。

经过上述年终结转后，“利润分配——未分配利润”明细账户的贷方余额为企业累计的未分配利润数额，若为借方余额就是企业累计的尚未弥补的亏损数额。除“未分配利润”明细账户外，“利润分配”账户所属的其他明细科目年终均没有余额。

做中学

金华股份有限公司2016年实现的净利润为2 000 000元，按规定提取10%的法定盈余公积，并根据股东大会决议按5%的比例提取任意盈余公积和按10%的比例分配现金股利和普通股票股利，编制与金华股份有限公司相关的会计分录。

分析：

法定盈余公积应提取的金额＝2 000 000×10%＝200 000（元）

任意盈余公积应提取的金额＝2 000 000×5%＝100 000（元）

应付现金股利的金额＝2 000 000×10%＝200 000（元）

转作股本股利的金额＝2 000 000×10%＝200 000（元）

金华股份有限公司应编制的会计分录如下。

（1）对净利润进行分配：

借：利润分配——提取法定盈余公积　　200 000
　　　　　　——提取任意盈余公积　　100 000
　　　　　　——应付现金股利　　200 000
　　　　　　——转作股本股利　　200 000
　贷：盈余公积——法定盈余公积　　200 000
　　　　　　——任意盈余公积　　100 000
　　应付股利　　200 000
　　股本　　200 000

（2）结转“利润分配”各明细：

借：利润分配——未分配利润　　700 000
　贷：利润分配——提取法定盈余公积　　200 000
　　　　　　——提取任意盈余公积　　100 000
　　　　　　——应付现金股利　　200 000
　　　　　　——转作股本股利　　200 000

（3）使用盈余公积会计处理。

企业用盈余公积弥补亏损时，应借记“盈余公积”账户，贷记“利润分配——盈余公积补亏”账户。待“利润分配”账户结转时，再借记“利润分配——盈余公积补亏”账户，贷记“利润分配——未分配利润”账户。

企业用盈余公积转增资本时，应借记“盈余公积”账户，贷记“实收资本”账户或“股本”账户。

做中学

金华股份有限公司经股东大会批准，用法定盈余公积400 000元弥补以前年度的亏损。金华股份有限公司应编制的会计分录如下。

借：盈余公积——法定盈余公积　　400 000

　贷：利润分配——盈余公积补亏　　400 000

结转“利润分配”账户时：

借：利润分配——盈余公积补亏　　400 000

　贷：利润分配——未分配利润　　400 000

（4）用利润弥补亏损的会计处理。

企业发生的以前年度的亏损，有的可以当年实现的税前利润弥补（在发生亏损后的连续5年内），有的须用税后利润弥补，这是因为未弥补亏损形成的时间长短不同。根据税法规定，当年亏损所得额，最多可以用以后5年内所得弥补。以当年实现的利润弥补以前年度亏损，不需要进行专门的会计处理。企业应将当年实现的利润自“本年利润”账户，转入“利润分配——未分配利润”账户的贷方，其贷方发生额与以前年度形成的“利润分配——未分配利润”的借方余额自然抵补。

无论是以税前利润还是以税后利润弥补亏损，其会计处理方法均相同。但是两者在计算交纳所得税时的处理不同。在以税前利润弥补的情况下，其弥补的数额可以抵减当期企业应纳税所得额，而以税后利润弥补的数额，则不能作为纳税所得扣除处理。

做中学

金华股份有限公司2015年发生亏损500 000元，2016年实现税前利润600 000元，金华股份有限公司2015年相关会计分录如下。

借；利润分配——未分配利润　　500 000

　贷：本年利润　　500 000

金华股份有限公司2016年相关会计分录如下。

借：本年利润　　600 000

　贷：利润分配——未分配利润　　600 000

金华股份有限公司2016年实现的税前利润自然抵消掉2015年产生的亏损，并且余下100 000元税前利润，作为计算当年所得税的基数。

二、资本（股本）核算

1. 投入资本的计价

投入资本是按照投资人作为资本投入到企业中的各种资产的价值计量。其计价方法根据投资者出资方式不同而有所差异。

（1）以货币出资。

投资者以货币方式出资，包括以人民币出资和外币出资。我国企业投资者一般以人民币出资，企业按实际收款额作为投入资本入账。中外合资企业在收到外方出资人的外汇投资时，需采用一定的汇率将外汇折合为记账本位币入账。

（2）以非货币资产出资。

投资者以非货币资产出资，通常按照企业与投资者双方的合同或协议的价格入账，但合同或协议的价格不公允的，应该按照公允价值入账。

2. 投入资本应设置的账户

企业应当设置“实收资本”账户，核算企业接受投资者投入的实收资本，股份有限公司应设置为“股本”。该账户属于所有者权益类账户，贷方登记企业实际收到的投资者缴付的资本，即实收资本的增加额；借方登记企业按法定程序减资时所减少的注册资本数额；余额在贷方，表示投资者投入企业的资本余额。

企业应按照投资者的不同设置明细账户，进行明细核算。

3. 投入资本的相关会计处理

企业收到投资时，一般应做如下会计处理。

（1）投资者以现金投资。

收到投资者投入的现金，在实际收到或者存入企业开户银行时，按实际收到的金额，借记“银行存款”账户；按投入资本在注册资本或股本中所占份额，贷记“实收资本”或“股本”账户，按其差额，贷记“资本公积——资本溢价”或“资本公积——股本溢价”等账户。

（2）投资者以实物资产投资。

收到投资者投入的实物资产，应在办理实物产权转移手续时，借记有关资产科目，可以抵扣增值税进项税额的，应同时借记“应交税费——应交增值税（进项税额）”；按投入资本在注册资本或股本中所占份额，贷记“实收资本”或“股本”账户，按其差额，贷记“资本公积——资本溢价”或“资本公积——股本溢价”等账户。

（3）投资者以无形资产投资。

收到投资者投入的无形资产投资，在按照合同、协议中公司章程规定移交有关凭证时，借记“无形资产”账户；按投入资本在注册资本或股本中所占份额，贷记“实收资本”或“股本”账户，按其差额，贷记“资本公积——资本溢价”或“资本公积——股本溢价”等账户。

做中学

金华股份有限公司注册资本，股东甲、乙、丙、丁分别出资 500 000 元，共计 2 000 000 元，其中以货币出资 1 200 000 元，以厂房出资，评估价值 800 000 元。金华股份有限公司应做的会计分录如下。

借：银行存款　　　　　　　　1 200 000
　　固定资产——厂房　　　　　800 000
　贷：股本——甲　　　　　　　　500 000
　　　　　——乙　　　　　　　　500 000

——丙　　　　500 000

——丁　　　　500 000

三、资本公积的核算

资本公积是企业收到投资者的超出其在企业注册资本（或股本）中所占份额的投资，以及直接计入所有者权益的利得和损失等。资本公积包括资本溢价（或股本溢价）和直接计入所有者权益的利得和损失等。

资本溢价（或股本溢价）是企业收到投资者的超出其在企业注册资本（或股本）中所占份额的投资。

直接计入所有者权益的利得和损失是指不应计入当期损益、会导致所有者权益发生增减变动的、与所有者投入资本或向所有者分配利润无关的利得或者损失。

1. 资本公积应设置的账户

企业应设置“资本公积”账户，核算资本公积的形成和使用情况。该账户属于所有者权益类，其贷方登记的是资本公积的增加额；借方登记的是资本公积的减少额；期末余额在贷方，反映企业尚有资本公积的余额。

“资本公积”账户一般应当设置“资本（或股本）溢价”“其他资本公积”明细账户。

2. 资本公积相关的会计处理

（1）资本溢价（或股本溢价）。

资本溢价是指股东的出资额大于其在企业注册资本中所占份额的差额。非股份制企业在创立初始，出资者认缴的出资额与注册资本一致，不会出现资本溢价。在企业正常生产经营期间，有新的投资者加入时，新股东的出资额往往会大于其在企业注册资本中所占的份额，因为此时企业的资本利润率要高于企业初创阶段，在此期间企业创办者比后加入的投资者付出了更多的代价。

股本溢价是针对股份有限公司而言的，股份有限公司按股票面值发行股票情况下，企业取得的发行股票收入应全部计入“股本”账户，不产生股本溢价。但在股票溢价发行的情况下，由于股东所缴股款超过所购股票面值总额而产生股本溢价。如果是溢价发行股票，企业发行股票取得的收入，应按股票面值计入“股本”账户，超出股票面值的溢价收入计入“资本公积——股本溢价”账户。

企业接受投资时，应按实际收到的货币金额，借记“银行存款”账户，或者按收到的非货币性资产的约定价值（或公允价值），借记相关资产账户；按投入资本在注册资本或股本中所占份额，贷记“实收资本”或“股本”账户，按其差额，贷记“资本公积——资本溢价”或“资本公积——股本溢价”等账户。

做中学

金华股份有限公司收到乙公司投入的原材料一批，合同约定的价格为100 000元，增值税进项税额为17 000元。乙公司已开具了增值税专用发票，合同价格与公允价值相符。金华股份有限公司注册资本为1 500 000元，乙公司投资后占金华股份有限公司注册资本的5%。编制与金华股份有限公司相关的会计分录?

分析：

乙公司占金华股份有限公司注册资本的份额为 1 500 000 × 5% = 75 000（元）

乙公司投入原材料金额合计为 100 000 + 17 000 = 117 000（元），超出所占金华股份有限公司注册资本份额为 117 000 − 75 000 = 42 000（元），金华股份有限公司应计入“资本公积——资本溢价”。

金华股份有限公司应编制的会计分录如下。

借：原材料	100 000	
应交税费——应交增值税（进项税额）	17 000	
贷：实收资本		75 000
资本公积——资本溢价		42 000

（2）其他资本公积。

其他资本公积是指除资本溢价（或股本溢价）项目以外所形成的资本公积，其中主要包括直接计入所有者权益的利得和损失。直接计入所有者权益的利得和损失主要由以下交易或事项引起。

① 采用权益法核算的长期股权投资。

② 以权益结算的股份支付。

③ 存货或自用房地产转换为投资性房地产。

④ 可供出售金融资产公允价值的变动。

⑤ 可供出售外币非货币性项目的汇总差额。

⑥ 金融资产重分类。

当上述事项导致企业的资本公积增加时，应借记相关账户；贷记“资本公积——其他资本公积”账户。相反，当上述事项导致企业的资本公积减少时，应借记“资本公积——其他资本公积”账户；贷记相关账户。

3. 资本公积的用途

资本公积可以依法用于转增资本。用资本公积转增资本时，应减少资本公积，增加“实收资本”或“股本”账户金额，即借记“资本公积”账户，贷记“实收资本”账户。

资本公积转为资本时，所留存的资本公积不得少于转增前公司注册资本的25%。

资本公积不得用于弥补亏损或分配股利。

活动　核算结转损益和利润分配

工作实例

金华股份有限公司所得税税率25%，无所得税调整事项。该公司2015年12月31日损益未结转前各账户情况见表8－2。金华股份有限公司按规定提取10%的法定盈余公积，并根据股东大会决议按5%的比例提取任意盈余公积和按10%的比例分配现金股利和普通股票股利，编制与金华股份有限公司相关的会计分录（以万元为单位）。

表 8-2 金华股份有限公司损益类账户 2015 年累计发生额和期末余额

金额：万元

账户	借	贷	余额
主营业务收入		28 500	28 500
其他业务收入		600	600
投资收益		4 500	4 500
营业外收入		200	200
主营业务成本	18 000		18 000
其他业务成本	400		400
营业税金及附加	35		35
营业外支出	300		300
资产减值损失			0
销售费用	700		700
管理费用	3 200		3 200
财务费用	600	40	560
所得税费用			0

工作步骤

（1）结转损益：

借：主营业务收入　　28 500
　　其他业务收入　　600
　　投资收益　　4 500
　　营业外收入　　200
　贷：本年利润　　32 800

借：本年利润　　23 200
　贷：主营业成本　　18 000
　　　其他业务成本　　400
　　　营业税金及附加　　40
　　　营业外支出　　300
　　　管理费用　　3 200
　　　销售费用　　700
　　　财务费用　　560

（2）计提和结转所得税费用：

借：所得税费用 2 400［25% ×（32 800 - 23 200）］

贷：应交税费——应交所得税 2 400

借：本年利润 2 400

贷：所得税费用 2 400

（3）本年净利润结转为利润分配：

借：本年利润 7 200（32 800 - 23 200 - 2 400）

贷：利润分配——未分配利润 7 200

（4）对净利润进行分配：

借：利润分配——提取法定盈余公积 720

——提取任意盈余公积 360

——应付现金股利 720

——转作股本股利 720

贷：盈余公积——法定盈余公积 720

——任意盈余公积 360

应付股利 720

股本 720

（5）结转“利润分配”各明细：

借：利润分配——未分配利润 2 520

贷：利润分配——提取法定盈余公积 720

——提取任意盈余公积 360

——应付现金股利 720

——转作股本股利 720

项目小结

1. 确认商品销售收入关键是判断是否符合5个条件。确认劳务收入在于判断是否符合4个条件，并且按照完工百分比法确认劳务收入及相关的费用。要注意收入和费用的配比，不得提前和延迟确认收入和费用（见表8 - 3）。

表8 - 3 收入确认表

收入类型	商品销售收入	劳务收入		让渡资产使用权收入
		提供劳务交易结果能够可靠估计	提供劳务交易结果不能可靠估计	
收入确认条件	企业已将商品所有权上的主要风险和报酬转移给购货方	收入的金额能够可靠地计量	已经发生的劳务成本预计全部能够得到补偿的，应按已收或预计能够收回的金额确认提供劳务收入，并结转已经发生的劳务成本	相关的经济利益很可能流入企业

续上表

收入类型	商品销售收入	劳务收入		让渡资产使用权收入
		提供劳务交易结果能够可靠估计	提供劳务交易结果不能可靠估计	
收入确认条件	企业既没有保留通常与所有权相联系的继续管理权，也没有对已售出的商品实施控制	相关的经济利益很可能流入企业	已经发生的劳务成本预计部分能够得到补偿的，应按能够得到补偿的劳务成本金额确认提供劳务收入，并结转已经发生的劳务成本	收入的金额能够可靠地计量
	收入的金额能够可靠地计量	交易的完工进度能够可靠地确定	已经发生的劳务成本预计全部不能得到补偿的，应将已经发生的劳务成本计入当期损益（主营业务成本或其他业务成本），不确认提供劳务收入	
	相关的经济利益很可能流入企业	交易中已发生和将发生的成本能够可靠地计量		
	相关的已发生或将发生的成本能够可靠地计量			
销售商品收入金额的确定	应当按照已收或应收合同或协议价款的公允价值确定销售商品收入金额	采用完工百分比法确认提供劳务收入		应按照有关合同或协议约定的收费时间和方法计算确定

2. 除了和收入配比的费用，期间费用的核算要注意按法规要求进行明细核算，特别要防止混淆管理费用明细科目核算（见表8－4）。避免对收入费用“洗大澡”及其他不规范核算。

表 8－4　期间费用的核算

期间费用	管理费用	销售费用	财务费用
管理费用、销售费用和财务费用	管理费用是指企业行政管理部门为组织和管理生产经营活动而发生的各项费用	销售费用是指企业在产品销售过程中发生的费用，以及为销售本企业产品而专设的销售机构的各项经费	财务费用是指企业为筹集生产经营所需资金而发生的各项费用
具体内容	企业总部管理人员工资及福利费、差旅费、办公费、折旧费、修理费、物料消耗、低值易耗品摊销，以及企业的工会经费、职工教育经费、劳动保险费、董事会费、咨询费、审计费、诉讼费、排污费、绿化费、矿产资源补偿费、房产税、车船税、土地使用税、印花税、无形资产摊销、开办费摊销、业务招待费、存货盘亏、毁损等	由企业负担的运输费、装卸费、包装费、保险费、委托代销手续费、广告费、展览费、租赁费（不含融资租赁费）和销售服务费，以及专设的销售机构的人员工资及福利费、差旅费、办公费、折旧费、修理费、物料消耗、低值易耗品摊销等	企业生产经营期间发生的利息支出（减利息收入）、汇兑损失（减汇兑收益）、金融机构手续费、企业收到的现金折扣或发生的现金折扣等

3．核算结转损益和利润分配，注意利润分配的法定程序（见表 8－5）。

表 8－5　核算结转损益和利润分配表

序号	期末结转步骤	内容
1	结转损益	将损益类账户余额全部结转到本年利润
2	结转本年利润	将本年利润结转到利润分配——未分配利润
3	按法定程序计提利润分配各项目	提取法定盈余公积、提取任意盈余公积、应付普通股股利、转作股本股利
4	结转利润分配	将利润分配各明细结转到利润分配——未分配利润

问题讨论：

1．如果销售商品的成本不能可靠的计量，是否可以确定收入？
2．使用完工百分比法时，预计总成本发生变动如何确定当期的收入和费用？
3．如何预防上市公司“洗大澡”进行盈余管理？
4．公司利润分配的法定程序和弥补亏损怎样影响会计核算？
5．在确定财务费用时实际利率法是怎么计算的？

项目九 核算外币业务

学习目标

知识学习目标：

1．掌握外币交易的定义

2．掌握计算资产负债表日的外币资产价值计算方法

技能训练目标：

1．核算外币交易

2．核算资产负债表日外币资产

情感训练目标：

1．具有认真、细致的工作作风

2．具有良好的责任意识

3．具有独立分析问题、解决问题的能力

知识结构图：

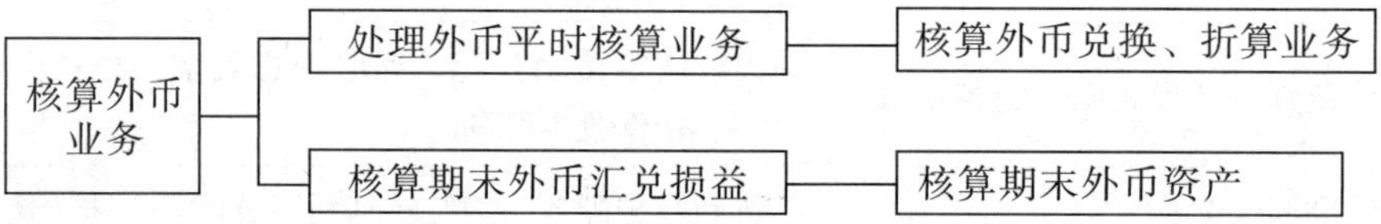

图 9－1　核算外币业务知识结构图

导学案例

广州轻出集团成立于1956年，是新中国最早的国有专业进出口公司之一，经广州市国资委同意，2011年底完成了股份制改造，现正推进上市。公司的主营业务包括进出口贸易、国内贸易、仓储物流业务等。广州轻出集团的行业地位突出，是中国轻工工艺品进出口商会兼会长单位，连续多年被评为广东省企业500强、广东省服务业100强，是广州市进出口贸易龙头企业，2003年和2004年连续两年入选中国企业500强。

“十二五”期间，广州轻出集团实现了跨越式发展。公司全面关注国外、国内两个市场，出口、进口、内贸三大板块协调发展，来促进公司转型升级。销售收入增长幅度连续多年超过10亿元，2014年更是实现销售收入81亿元。“三角牌”和“钻石牌”是广州轻出集团经营五十年的两大著名品牌，是中国驰名商标和广东省著名商标。展望未来，广州轻出集团致力于成为资源整合和供应链管理优势突出的企业集团，与国内外优质客户携手，共筑辉煌。

广州轻出集团将以科学发展为中心，积极调整国内、国外市场结构和发展方式，打造出口、进口和国内贸易三大业务板块，并运用品牌、创新、供应链整合和资本运营四大战略，朝着资源整合和供应链管理优势突出的知识型、创新型上市企业集团的发展方向努力。

（资料来源：广州轻出集团网站 http://www.gzli.com/Aboutus_ 155.html）

从案例中可以看出，广州轻出集团的产品远销海外，也源源不断地将优质的国外商品进口到中国。随着中国与世界各国的经济交往越来越密切，中国企业向国外企业进行采购或者销售商品到国外，已经非常频繁。甚至有些企业，还将子公司开设到国外去了。这就要求我们财务人员必须准确地核算外币交易和跨国子公司的报表折算。其实如果不是由于人民币与外币并不是1∶1的兑换关系的话，财务人员对于外币交易和报表折算是根本不需要特别财务处理的。但人民币与外币并不是1∶1的兑换关系，因而由于汇率波动，我们需要在外币交易后，进行各种汇兑损益的核算；对于涉外分支机构，也需要折算报表。那么涉外业务的核算，与国内业务有何不一样呢？请进入本项目的学习进行探讨。

任务一　处理外币平时核算业务

工作任务

核算日常的外币交易；完成任务后的标志性成果：做出核算日常的外币交易的会计分录。

知识准备

外币交易是指以外币计价或者结算的交易，包括买入或者卖出以外币计价的商品或者劳务；借入或者借出外币资金和其他以外币计价或者结算的交易。外币是指企业记账本位币以外的货币。

外币交易的会计处理涉及的主要问题有：记账本位币的确定；外币交易发生日折算汇率的选择及相应的外币交易初始确认的会计处理；资产负债表日及结算日结算汇率的选择及所产生汇兑差额的会计处理。

一、记账本币的确定

1. 记账本币位的定义

记账本币位是指企业经营所处的主要经营环境中的货币。它通常是企业主要收、支现金的经济环境中的货币。因为使用这一货币最能反映企业主要交易业务的经济结果。例如，我国企业一般以人民币作为记账本位币。需要说明的是，我国会计上所称的记账本位币，与国际财务报告准则中的功能货币，虽然名称不同，但实质内容是一致的。

2. 企业记账本位币的确定

我国《会计法》规定，企业通常应选择人民币作为记账本位币。业务收支以人民币以外的货币为主的企业，可以按规定选定其中一种货币作为记账本位币，但是编报的财务会计报告应当折算为人民币。

企业选定记账本位币，应当考虑下列因素：① 该货币主要影响商品和劳务的销售价格，通常以该货币进行商品和劳务的计价和结算。如国内甲公司为从事商品贸易的公司，80%以上的销售收入以人民币计价和结算。人民币是主要影响甲公司商品销售价格的货币。② 该货币主要影响商品和劳务所需人工、材料和其他费用，通常以该货币进行上述费用的计价和结算。如国内乙公司为商品制造企业，所需机器设备、厂房、人工、原材料等在国内采购，以人民币计价和结算。人民币是主要影响商品制造所需人工、材料和其他费用的货币。③ 融资活动获得的货币以及保存从经营活动中收取款项所使用的货币。

在确定企业的记账本位币时，上述因素的重要程度因企业具体情况不同而不同，需要企业管理层根据实际情况进行判断。一般情况下，综合考虑前两项因素即可确定企业的记账本位币，但有些情况下，仅根据收支情况难以确定记账本位币的，企业需要进一步结合第三项因素进行综合分析后才能做出选择。需要强调的是，这并不是说企业管理层可以根据需要随意选择记账本位币，企业管理层根据实际情况只能确定其中的一种货币作为记账本位币。

举个例子，若甲公司为外贸自营出口企业，超过80%的营业收入来自对美国的出口，其商品销售价格主要受美元的影响，以美元计价。因此，从影响商品和劳务销售价格的角度看，甲公司应选择美元作为记账本位币。

如果甲公司除厂房设施、30%的人工成本在国内以人民币采购成本支付外，生产所需原材料、机器设备及70%的人工成本都以美元采购成本支付，则可确定甲公司的记账本位币是美元。

但是，如果甲公司95%以上的人工成本、原材料及相应的厂房设施、机器设备等在国内采购并以人民币计价，甲公司取得的美元营业收入在汇回国内时直接兑换成了人民币存款，且甲公司对美元汇率波动产生的外币风险进行了套期保值，降低了汇率波动对企业取得的外币销售收入的影响，那么，甲公司可以选择人民币作为记账本位币。

二、境外经营记账本位币的确定

境外经营有两方面的含义：一方面是指企业在境外的子公司、合资企业、联营企业、分支机构；另一方面，企业在境内的子公司、合营企业、联营企业、分支机构，采用不同于本企业记账本位币的，也视同境外经营。确定境外经营，不是以位置是否在境外为判定标准，而是要看其选定的记账本位币是否与企业的记账本位币相同。

确定境外经营记账本位币时，除考虑上述确定企业记账本位币需要考虑的因素外，还应当考虑下列有关该境外经营与企业之间关系的一些因素：① 境外经营对其所从事的活动是否拥有很强的自主性。如果境外经营从事的活动是视同本企业经营活动的延伸，构成企业经营活动的组成部分，该境外经营应当选择与企业记账本位币相同的货币作为记账本位币；如果境外经营所从事的活动拥有极大的自主性，境外经营就不能选择与企业记账本位币相同的货币作为记账本位币。② 与企业的交易是否在境外经营活动中占有较大比重。如果境外经营与企业的交易在境外经营活动中所占的比例较高，境外经营应当选择与企业记账本位币相同的货币作为记账本位币；反之，应选择其他货币。③ 境外经营活动产生的现金流量是否直接影响企业的现金流量、是否可以随时汇回。如果境外活动产生的现金流量直接影响企业的现金流量，并可以随时汇回，境外经营应当选择与企业记账本位币相同的货币作为记账本位币；反之，应选择其他货币。④ 境外经营活动产生的现金流量在企业不提供资金的情况下，难以偿还其现有的债务和正常情况下可预期的债务，境外经营应当选择与企业记账本位币相同的货币作为记账本位币；反之，应选择其他货币。

综上所述，企业确定本企业记账本位币或者境外经营记账本位币时，在多种因素混在一起记账本位币不明显的情况下，应当优先考虑上述中的①、② 项因素、然后考虑融资活动获得的货币以及保存从经营活动中收取款项时所使用的货币和上述中的因素，以确定记账本位币。

三、记账本位币的变更

企业记账本位币一经确定，不得随意变更，除非与确定记账本位币相关的企业经营所处的主要经济环境发生重大变化，使用该环境中的货币最能反映企业的主要交易业务的经济结果。

企业因经营所处的主要经济环境发生重大变化，确需变更记账本位币的，应当采用变更当日即期汇率将所有项的记账本位币折算为变更后的记账本位币，折算后的金额作为以新的记账本位币计量的历史成本，由于采用同一即期汇率进行折算，不会产生汇兑差额。企业需要提供确凿的证据证明企业经营所处的主要经济环境确实发生了重大变化，并应当在附注中披露变更的理由。

企业记账本位币发生变更的，在按照变更当日的即期汇率将所有项目变更为记账本位币时，其比较财务报表应当以当日的即期汇率折算所有资产负债表和利润项目。

四、外币交易

企业发生外币交易的，应在初始确认时采用交易发生日的即期汇率或即期汇率的近似汇率将外币金额折算为记账本位币金额，按照折算后的记账本位币金额登记有关账户；在登记有关记账本位币账户的同时，按照外币金额登记相应的外币账户。

企业通常应采用即期汇率进行折算。即期汇率一般指中国人民银行公布的当日人民币汇率的中间价。但是，在企业发生单纯的货币兑换交易或涉及货币兑换的交易事项时，仅中间价不能反映货币买卖的损益，则应当按照交易实际采用的汇率（即银行买入价卖出价）折算。

当汇率变化不大时，为简化核算，企业也可以采用即期汇率的近似汇率进行折算。即期汇率的近似汇率是指按照系统合理的方法确定的，与交易发生日即期汇率近似的汇率，通常采用当期平均汇率或加权平均汇率等。加权平均汇率需要采用外币交易的外币金额作为权重进行计算。

当汇率变化不大时，为简化核算，企业也可以采用即期汇率的近似汇率进行折算。即期汇率的近似汇率是指按照系统合理的方法确定的、与交易发生日即期汇率近似的汇率，通常采用当期平均汇率或加权平均汇率等。加权平均汇率需要采用外币交易的外币作为权重进行计算。

《企业会计准则第 19 号——外币折算》第十条规定：外币交易应当在初始确认时，采用交易发生日的即期汇率将外币金额折算为记账本位币金额；也可以采用按照系统合理的方法确定的、与交易发生日即期汇率近似的汇率折算。这样，外币投入资本与相应的货币性项目的记账本位币金额相等，不产生外币资本折算差额，需要说明的是，虽然“股本（或实收资本）”账户的金额不能反映股权比例，但并不改变企业分配和清算的约定比例，这一约定比例通常已经包括在合同或协议当中。

根据《关于外商投资的公司审批登记管理法律适用若干问题的执行的意见》（工商企字［2006］81 号）的规定，外商投资公司的注册资本只能采用收到出资当日即期汇率，不再使用合同汇率，也不使用即期汇率的近似汇率，与其相对应的资产类账户也不使用即期汇率近似汇率。这样，外币投资资本不会产生汇兑差额，资产类账户在期末仍分货币性项目与非货币性项目进行处理。

活动　核算外币兑换、折算业务

工作实例

金华股份有限公司为增值税一般纳税人，记账本位币为人民币，其外币交易采用交易的即期汇率折算。2015 年 12 月发生以下业务：

2 日，从国外甲公司购入某原材料，货款为 300 000 美元，若当日即期汇率为1美元=6.83人民币元，按照规定应缴纳的进口关税为204 900人民币元，支付进口增值税为348 330人民币元，货款尚未支付，进口关税及增值税已由银行存款支付。

10日，向国外丙公司出口商品一批，根据销售合同，货款共计800 000欧元，当日即期汇率为1欧元=8.87人民币元。假定不考虑增值税等相关税费，货款尚未收到。

14日，从银行借入200 000英镑，期限为6个月，年利率为5%（等于实际利率），借入的英镑暂存银行。借入当日即期汇率为1英镑=9.83人民币元。

25日，美元兑人民币中间价为6.274 2，售汇价为6.314 2，购汇价为6.234 2。用10 000美元兑换人民币。

25日，欧元兑人民币中间价为7.189 4，售汇价为7.289 4，购汇价为7.389 4。用人民币兑换10 000欧元。

25日，用10 000美元兑换欧元。

工作步骤

（1）写出2日购买原材料分录：

借：原材料　　2 253 900（300 000×6.83+204 900）

　　应交税费——应交增值税（进项税额）　　348 330

　贷：应付账款——甲公司（美元）　　2 049 000

　　　银行存款　　553 230（204 900+348 330）

（2）写出10日销售商品分录：

借：应收账款——丙公司（欧元）　　7 096 000（800 000×8.87）

　贷：主营业务收入——出口××商品　　7 096 000

（3）写出14日外币借款分录：

借：银行存款——××银行（英镑）　　1 966 000（200 000×9.83）

　贷：短期借款——××银行（英镑）　　1 966 000

（4）写出25日用10 000美元兑换人民币的分录：

由于企业是用美元兑换人民币，所以银行是购买美元。企业实际收到的人民币，应该是美元原币金额乘以银行购汇汇率6.234 2，即获得62 342元人民币。同时，当天的美元的人民币账面价值为美元原币金额乘以中间价6.274 2，即62 742元人民币。差额部分400元人民币，记账时，应记录在财务费用科目。

借：银行存款——××银行（人民币）　　62 342

　　财务费用　　400

　贷：银行存款——××银行（美元）　　62 742

（5）写出25日用人民币兑换10 000欧元的分录：

由于企业是用人民币兑换欧元，所以银行是出售欧元。企业实际支付的人民币，应该是欧元原币金额乘以银行售汇汇率 7. 289 4。同时，当天的欧元的人民币账面价值为欧元原币金额乘以中间价。差额部分记账时应记录在财务费用科目。

借：银行存款——××银行（欧元）　　71 894
　　财务费用　　1 000
　贷：银行存款——××银行（人民币）　　72 894

（6）写出 25 日用 10 000 美元兑换欧元的分录：

首先，10 000 美元当天的人民币账面价值，为美元原币金额乘以中间价 6. 274 2，即 62 742 元人民币。其次，由于企业是用美元兑换欧元，所以是银行先购买美元，然后卖出欧元给企业。银行购买美元，企业实际收到的人民币，应该是美元原币金额乘以银行购汇汇率 6. 234 2，即获得 62 342 元人民币。这笔 62 342 元人民币，可以购买的欧元金额，应用 62 342 元除以银行的售汇汇率 7. 289 4，得到 8 552. 42 欧元。同时，当天的 8 552. 42 欧元的人民币账面价值为欧元原币金额乘以中间价 7. 189 4，得到 61 486. 76 元人民币。美元的人民币账面价值和欧元的人民币账面价值的差额部分记账时应记录在财务费用科目。

借：银行存款——××银行（欧元）　　61 486. 76
　　财务费用　　1 255. 24
　贷：银行存款——××银行（美元）　　62 742

这个 1 255. 24 元，恰好就等于用 10 000 美元兑换人民币产生的财务费用 400 元加上用人民币兑换欧元产生的财务费用 855. 24 元。同学们可以自行计算，验证一下。

也可以把美元兑换人民币和人民币兑换欧元的分录分别写出来，然后再合并分录，同样可以得到上面的答案。

任务二　核算期末外币汇兑损益

工作任务

核算以历史成本计量的外币非货币性项目，核算以成本与可变现净值孰低计量的存货，核算以公允价值计量的外币非货币性项目；完成任务后的标志性成果：做出期末核算外币资产的会计分录。

知识准备

在资产负债表日，企业应当分别按外币货币性项目和外币非货币性项目进行处理。

货币性项目是指企业持有的货币和将以固定或可确定金额的货币收取的资产或者偿付的负债。货币性项目分为货币性资产和货币性负债，货币性资产包括现金、银行存款、应收账款、其他应收款、长期应收款等；货币性负债包括应付账款、其他应收款、短期借款、应付债券、长期借款、长期应付款等。

非货币性项目是货币性项目以外的项目，如存货、长期股权投资、交易性金融资产（股票、基金）、固定资产、无形资产等。

对于以历史成本计量的外币非货币性项目，已在交易发生日按当日即期汇率折算，资产负债表日不应改变其原记账本位币金额，不产生汇兑差额。因为这些项目在取得时已按取得时即期汇率折算，从而构成这些项目的历史成本，如果再按资产负债表日的即期汇率折算，就会导致这些项目价值不断变动，从而使这些项目的折旧、摊销和减值不断地随之变动，这与这些项目的实际情况不符。

对于以成本与可变现净值孰低计量的存货，在以外币购入存货并且该存货在资产负债表日的可变现净值以外币反映的情况下，确定资产负债表日存货价值时应当考虑汇率变动的影响。即先将可变现净值按资产负债表日即期汇率折算为记账本位币金额，再与以记账本位币反映的存货成本进行比较，从而确定该项存货的期末价值。

对于以公允价值计量的外币非货币性项目，期末公允价值以外币反映的，应当先将外币金额按照公允价值确定当日的即期汇率折算为记账本位币金额，再与原记账本位币金额进行比较。属于交易性金融资产（股票、基金）的，折算后的记账本位币金额与原记账本位币金额之间的差额应作为含汇率变动的公允价值变动损益，计入当期损益；属于可供出售金额资产的，差额则应计入其他综合收益。

活动　核算期末外币资产

工作实例

金华股份有限公司的记账本位币为人民币，其外币交易采用交易日的即期汇率折算。2015 年 12 月 1 日进口一台机器设备，支付价款 1 000 000 美元，已按当日即期汇率 1 美元 =6.83 人民币元折算为人民币并记入“固定资产”账户。

2015 年 12 月 8 日，以 1 000 欧元/台的价格从国外购入某用于出售的新型设备 200 台（该设备在国内市场尚无供应），当日即期汇率为 1 欧元 =9.28 人民币元。2015 年 12 月 31 日，尚有 120 台设备未销售出去，国内市场仍无该设备供应，其在国际市场的价格已降至 920 欧元/台。2015 年 12 月 31 日即期汇率为 1 欧元 =9.66 人民币元。存货在资产负债表日采用成本与可变现净值孰低计量，假定不考虑增值税等相关税费。外币交易采用交易日即期汇率折算。

2015 年 12 月 9 日，以每股 4 美元的价格购入乙公司 B 股 20 000 股，划分为交易性金融资产核算，当日汇率为 1 美元 =6.82 人民币元，款项已支付。2015 年 12 月 31 日，乙公司 B 股市价变为每股 3.5 美元，当日汇率为 1 美元 =6.83 人民币元。2015 年 12 月 31 日，金华公司将所购乙公司 B 股股票按当日市价每股 4.2 美元全部售出，所得价款为 84 000 美元。假定不考虑相关税费的影响。

2015 年 12 月 31 日，公司有美元存款原币 12 300 元，账面汇率 6.234 2，美元存款的账面价值为 76 680.66 元。期末，中国人民银行公布汇率 6.246 5。

请对上述业务做出会计处理。

工作步骤

（1）2015 年 12 月 1 日购进的资产，记录在“固定资产”账户。“固定资产”属于非货币性项目，因此，在资产负债表日也不需要再按照当日即期汇率进行调整。因此本例不需要进行会计处理。

（2）对于 2015 年 12 月 8 日购入的存货，计算汇率变动带来的对该项设备影响的价值差异。12 月 31 日金华股份有限公司对该项设备应计提的存货跌价准备 $=1\ 000\times120\times9.28-920\times120\times9.66=47\ 136$（元）。

写出汇率变动对该项设备影响的分录：

借：资产减值损失——存货　　47 136

　贷：存货跌价准备　　47 136

（3）处理 2015 年 12 月 9 日购入股票。

① 计算购入股票成本：

购入股票成本 $=4\times20\ 000\times6.82=545\ 600$（元）

写出甲公司购入股票分录：

借：交易性金融资产——乙公司 B 股成本　　545 600

　贷：银行存款——××银行（美元）　　545 600

② 确认资产负债表日金融资产价值变动：

上述交易性金融资产在资产负债表日应按 478 100（$3.5\times20\ 000\times6.83$）元人民币入账，与原账面价值 545 600 元人民币的差额为 67 500 元人民币应直接计入公允价值变动损益。

写出资产负债表日金融资产分录：

这 67 500 人民币元的差额实际上既包含了金华公司所购乙公司 B 股股票公允价值（股价）变动的影响，又包含了人民币与美元之间汇率变动的影响。

借：公允价值变动损益——乙公司 B 股　　67 500

　贷：交易性金融资产——乙公司 B 股——公允价值变动　67 500

③ 计算卖出日价值变动：

按当日汇率 1 美元 =6.84 人民币元折算为 574 560（$4.2\times20\ 000\times6.84$）元人民币，与其原账面价值 478 100 元人民币的差额为 96 460 元人民币。对于汇率的变动和股价的变动不进行区分，均作为投资收益进行处理。

写出售出乙公司 B 股当日的分录：

借：银行存款——××银行（美元）　　574 560

　　交易性金融资产——乙公司 B 股——公允价值变动　67 500

　　贷：交易性金融资产——乙公司 B 股——成本　　　　545 600
　　　　投资收益——出售乙公司 B 股　　　　　　　　　96 460
　借：投资收益——出售乙公司 B 股　　　　　　　　67 500
　　贷：公允价值变动损益——乙公司 B 股　　　　　　　67 500

（4）处理 31 日的期末货币性资产的汇兑损益。

期末，用央行公布的汇率计算美元存款的实际价值 = 12 300 × 6. 2465 = 76 831. 95 元。实际价值比账面价值 76 680. 66 元高出 151. 29 元。写出分录：

　借：银行存款——美元户　　　　　　　　　　　151. 29
　　贷：财务费用——汇兑损益　　　　　　　　　　　151. 29

项目小结

本项目主要是核算企业日常的外币交易（外币兑换业务和外币折算业务）和期末汇兑损益业务。本项目的重难点在于理解财务费用——汇兑损益在 3 种不同情况下的核算。

当企业用一种货币和另一种货币进行兑换时，只发生货币交换，而并没有实质性的采购或销售业务发生。这种情况，只会产生财务费用——汇兑损益的借方发生额，企业承担相应费用。当企业以外币来进行实质性的采购或销售业务计量时，应该用双币核算，增加应收或者应付。实际收到或者支付外币时，减少增加应收或者应付，汇率差异用财务费用——汇兑损益反映，可借可贷。当企业期末核算汇兑损益时，用期末汇率与应收应付的余额汇率相比较，差异部分用财务费用——汇兑损益反映，也是可借可贷。同学们只要把握住这三个区别，本项目就会较好地掌握了。

本项目的关键分录全部归纳见表 9 – 1：

表 9 – 1　核算外币业务会计分录

		分录	金额
外币兑换	人民币与外币兑换	借：银行存款——人民币	原币乘以结汇汇率
		财务费用——汇兑损益	贷方与借方发生额差异
		贷：银行存款——外币	原币乘以记账汇率
	外币与外币兑换	借：银行存款——外币一	外币一原币乘以记账汇率
		财务费用——汇兑损益	贷方与借方发生额差异
		贷：银行存款——外币二	外币二原币乘以记账汇率
外币交易	用外币采购	借：在途物资	原币乘以记账汇率
		贷：应付账款——外币	
	支付外币应付款时产生盈利	借：应付账款——外币	原币乘以记账汇率
		贷：银行存款——外币	原币乘以结算日记账汇率
		财务费用——汇兑损益	借贷方发生额差异

续上表

		分录	金额
外币交易	支付外币应付款时产生亏损	借：应付账款——外币	原币乘以余额汇率
		财务费用——汇兑损益	借贷方发生额差异
		贷：银行存款——外币	原币乘以结算日记账汇率
	用外币销售	借：应收账款——外币	原币乘以记账汇率
		贷：主营业务收入	
	收到外币应收款时产生盈利	借：银行存款——外币	原币乘以结算日记账汇率
		贷：应收账款——外币	原币乘以余额汇率
		财务费用——汇兑损益	借贷方发生额差异
	收到外币应收款时产生亏损	借：银行存款——外币	原币乘以结算日记账汇率
		财务费用——汇兑损益	借贷方发生额差异
		贷：应收账款——外币	原币乘以余额汇率
期末调汇	调增外币应收账款	借：应收账款——外币	资产负债表日记账汇率与账面余额汇率的差异乘以原币金额
		贷：财务费用——汇兑损益	
	调减外币应收账款	借：财务费用——汇兑损益	资产负债表日记账汇率与账面余额汇率的差异乘以原币金额
		贷：应收账款——外币	
	调增外币应付账款	借：财务费用——汇兑损益	资产负债表日记账汇率与账面余额汇率的差异乘以原币金额
		贷：应付账款——外币	
	调减外币应付账款	借：应付账款——外币	资产负债表日记账汇率与账面余额汇率的差异乘以原币金额
		贷：财务费用——汇兑损益	

问题讨论：

1. 如果企业和外商签订了采购协议后，人民币汇率上升，企业是损失了还是盈利了？对汇兑损益账户有何影响？

2. 什么情况下人民币汇率上升，可以使得企业盈利？

3. 你认为如果你们公司在东南亚国家设立分支机构，会有什么财务风险？

项目十
编制财务报表

学习目标

知识学习目标：

1. 掌握财务报表的分类及编制要求
2. 掌握资产负债表的结构及编制方法
3. 掌握利润表的结构及编制方法
4. 掌握现金流量的分类及表格编制方法
5. 掌握所有者权益变动表的编制方法
6. 熟悉附注的结构

技能训练目标：

1. 能够编制资产负债表及其附注
2. 能够编制利润表及其附注
3. 能够编制现金流量表及其附注
4. 能够编制所有者权益变动表工作任务

情感训练目标：

1. 具有认真、细致的工作作风
2. 具有良好的责任意识
3. 具有独立分析问题、解决问题的能力

知识结构图：

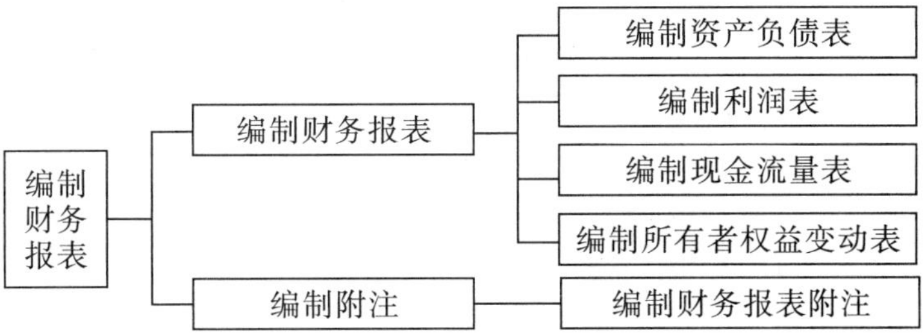

图 10－1　编制财务报表知识结构图

导学案例

科龙电器，全称广东科龙电器股份有限公司。曾是中国规模最大的制冷家电企业集团之一，主要从事开发、制造电冰箱、空调、冷柜等电器产品及相应配件业务，在国内冰箱及空调市场均占重要地位。

2000 年，家电行业是中国市场化程度最高的行业之一，中国家电品牌在进一步集中和消亡。根据科龙公布的年报显示，2000 年科龙全年巨亏达 8.3 亿元，2001 年亏损更是达到 14.76 亿元。

2001 年，顾雏军和他的格林柯尔一举成名。2002 年，顾雏军和其格林柯尔入主科龙。当年科龙大幅扭亏为盈，实现净利 1.33 亿元。顾雏军“点石成金”的本领受到追捧，广大投资者受其利好影响，大量购进科龙电器股票。

2003 年 8 月，郎咸平在复旦大学演讲《在“国退民进”盛筵中狂欢的格林柯尔》，使顾雏军成为公众眼中处在风口浪尖的人物。2005 年 5 月，郎咸平的观点得到证实，证监会进驻科龙电器，正式对科龙电器虚假陈述行为进行调查。在顾雏军和格林柯尔的操纵下，科龙公司采取以下舞弊手段对年报进行虚构：

1. 使用不正当的收入确认方法，虚构收入。2002 年科龙年报中共虚增收入 4.033 亿元。

2. 通过少计坏账准备、少计诉讼赔偿金等方法虚增利润。经查，在 2002 年至 2004 年的 3 年间，科龙共在其年报中虚增利润 3.87 亿元（其中，2002 年虚增利润 1.199 6 亿元，2003 年虚增利润 1.184 7 亿元，2004 年虚增利润 1.487 5 亿元）。这意味着在顾雏军入主科龙之后所出具过的 3 份公司年报都存在财务造假，将不曾实现的销售确认为当期收入，同时虚增利润。

2015 年 9 月，顾雏军因涉嫌经济犯罪被公安部门正式逮捕。2006 年 7 月 16 日，中国证监会对广东科龙电器股份有限公司及其责任人的证券违法违规行为做出行政处罚与市场永久性禁入决定。这是新的《证券市场禁入规定》自 2006 年 7 月 10 日施行以来，证监会做出的第一个市场禁入处罚。

（资料来源：证券时报，改编）

从科龙公司财务报表造假的案例可以看出，财务报告是反映企业财务状况、经营成果和现金流量的重要报告文件，必须真实准确。虚假的财务报告会给投资者和企业带来经济损失。因此，企业应真实、完整、准确地提供财务报告。如何真实、准确、完整地编制财务报表呢？这将是我们这一项目要完成的任务。

任务一　编制财务报表

工作任务

编制资产负债表、编制利润表、编制现金流量表、编制所有者权益变动表。完成工作任务应提交的标志性成果：资产负债表、利润表、现金流量表、所有者权益变动表。

知识准备

一、财务报表的概念和作用

1. 财务报表的概念

财务报表是对企业财务状况、经营成果和现金流量的结构性表述。一套完整的财务报表至少应当包括资产负债表、利润表、现金流量表、所有者权益（或股东权益，下同）变动表以及附注。

2. 财务报表的作用

财务报表主要提供企业的财务会计信息，满足企业外部的信息使用者（如投资者、债权人、政府机构、证券监管部门和其他外部使用者）进行投资决策、信贷决策、证券上市许可和证券交易管理决策以及其他经济决策的需要，以及企业内部信息使用者（管理者、员工）加强企业内部经营管理的需要，具体见表 10－1。

表 10－1　财务报表的作用

使用者类别	信息使用者	目标
外部信息使用者	投资者及潜在投资者	认知投资风险，预计投资报酬，制定投资决策
	债权人及潜在债权人	评估偿债能力，做出信贷决策
	工商局、税局等政府部门	掌握企业财务信息，评估税务风险，为国家宏观经济决策提供数据基础
内部信息使用者	管理层	加强企业经营管理，制定长短期经营规划
	员工	了解企业经营现状，关注职工福利等相关事项

二、财务报表的分类

财务报表可以按照不同的标准进行分类。

1. 按财务报表编报期间的不同，可以分为中期财务报表和年度财务报表

中期财务报表是以短于一个完整会计年度的报告期间为基础编制的财务报表，包括月报、季报和半年报等。中期财务报表至少应当包括资产负债表、利润表、现金流量表和附注，其中，中期资产负债表、利润表和现金流量表应当是完整报表，其格式和内容应当与年度财务报表相一致。与年度财务报表相比，中期财务报表中的附注披露可适当简略。

2. 按财务报表编报主体的不同，可以分为个别财务报表和合并财务报表

个别财务报表是由企业在自身会计核算基础上对账簿记录进行加工而编制的财务报表，它主要用以反映企业自身的财务状况、经营成果和现金流量情况。合并财务报表是以母公司和子公司组成的企业集团为会计主体，根据母公司和所属子公司的财务报表，由母公司编制的综合反映企业集团财务状况、经营成果及现金流量的财务报表。

3．按服务对象分类，可分为对内财务报表和对外财务报表

对内财务报表是指为企业的经营决策及职能部门提供的，不对外公布的财务报表。其格式、数量、内容、报送时间等由单位根据需要自行确定，以便及时反馈生产经营信息，为管理者决策服务。如成本报表、存货报表、企业预算表、业绩考评表等。对外会计报表是指专门为投资者、债权人、政府部门等外部报表使用者编制的，必须定期对外公布的财务报表。因为向企业外部报送，对外财务报表必须满足投资者、债权人、政府部门等的需要；必须按照财政部颁发的企业会计制度规定的格式、内容填写。如资产负债表、利润表、现金流量表、所有者权益变动表及附注。

4．按编报单位分类，可分为基层财务报表和汇总财务报表

基层财务报表是由独立核算的基层单位编制的反映本基层单位情况的报表；汇总财务报表是上级主管部门将基层财务报表汇总，加上自身报表编制而成的报表。

三、财务报表的编制要求

1．编报必须及时

财务报表的信息具有极强的时效性，一旦过期，信息的价值就会大打折扣。因此，为使报表的使用者充分利用财务报表资料，财务报表必须在会计期间结束后及时编制，并在规定期限内迅速上报。

我国财务报表的编制时间、报送时间是由国家发布的会计制度统一规定的。一般来说，资产负债表、利润表、现金流量表需要中期报告、年度报告。对于上市公司财务报表的报送规定，见表 10－2。

表 10－2　上市公司财务报表报送规定

<table>
<tr><th colspan="4">种类</th><th>编报期</th><th>报送时间</th></tr>
<tr><td rowspan="6">财务报告</td><td rowspan="5">财务报表</td><td rowspan="4">会计报表</td><td>资产负债表
（会企 01 号）</td><td>中期报表、年度报表</td><td>月报：月度终了后 6 天内</td></tr>
<tr><td>利润表
（会企 02 号）</td><td>中期报表、年度报表</td><td>季报：季度终了后 15 天内</td></tr>
<tr><td>现金流量表
（会企 03 号）</td><td>中期报表、年度报表</td><td>半年报：半年结束后 60 天内</td></tr>
<tr><td>所有者权益变动表
（会企 04 号）</td><td>年度报表</td><td>年报：年度终了后 4 个月内</td></tr>
<tr><td colspan="2">附注</td><td>中期报表、年度报表</td><td></td></tr>
<tr><td colspan="3">其他披露的信息和资料</td><td colspan="2"></td></tr>
</table>

2．财务报表的格式必须规范

企业对外报送的财务报表的格式由财政部统一规定。各单位在编制财务报表时应严格执行，任何人不能任意改变财务报表项目的内容，不能增加、合列或减少报表项目，不得随意变更财务报表的格式。单位对外报送的财务报表采用统一的格式，有利于不同企业会计指标的口径一致和相互可比，也有利于国家有关部门进行会计指标的汇总，同时还是提供衡量一个单位的会计核算工作质量的标准之一。

3. 财务报表的质量必须保证

财务报表应当根据完整、核对无误的会计账簿记录编制，任何人不得篡改或者授意、指使、强令他人篡改财务报表数字，财务报表要做到数字真实、计算准确、内容完整。

（1）财务报表的编制应以真实合法的会计资料为基础。

（2）财务报表的数字计算要准确。

（3）财务报表的内容填列要完整。

四、编制报表前的准备工作

为了确保会计信息资料的可靠性，提高报表数据的相关性，使其真正成为有助于使用者做出正确决策的有用信息，必须在编制财务会计报告前做好下列工作：

1. 根据记账凭证登记各类明细账和总分类账

编制财务报表前，应当完成会计的记账工作。根据原始凭证登记记账凭证，依据记账凭证登记明细账和总分类账。

2. 认真对账和进行财产清查

在编制会计报表前，特别是在编制年度会计报表前，对单位的财产物资要进行盘点清查，检查账实是否相符。如发现账实不符，应查明原因，并按规定及时调整账目，做到账实相符。

3. 按期结账

在编制会计报表前，应检查当期的经济业务是否全部入账，有关的各种损益类账户是否予以结转，只有在当期全部经济业务登记入账后，才能结账。结账时要检查是否账账相符，并据以编制会计报表。

4. 账表相符

在对账、结账和财产清查的基础上，通过编制总分类账户本期发生额与余额试算平衡表验算账户记录有无差错，为正确编制会计报表提供可靠的数据，在编报以后，还必须认真复核，做到账表相符。

活动一　编制资产负债表

工作实例

金华股份有限公司是一家制造企业，主要生产甲、乙两种产品。公司是增值税一般纳税人，增值税税率 17%，所得税税率 25%。该企业对原材料采用计划成本核算。其 2016 年 11 月 30 日有关科目的余额情况见表 10－3。

表 10－3　科目余额表

2016 年 11 月 30 日　　单位：元

科目名称	借方余额	科目名称	贷方余额
库存现金	16 855	坏账准备	180 446
银行存款	7 382 980	存货跌价准备	283 535
其他货币资金	141 680	长期股权投资减值准备	6 000
交易性金融资产	285 000	累计折旧	876 587
应收票据	213 800	累计摊销	486 713
应收账款	3 584 632	固定资产减值准备	130 000
应收股利	189 346	投资性房地产减值准备	3 114
应收利息	310 654	短期借款	3 500 000
其他应收款	24 300	应付票据	1 250 000
材料采购	384 200	应付账款	6 918 900
原材料	891 200	预收账款	0
周转材料	124 102	其他应付款	165 000
库存商品	5 102 499	应付职工薪酬	1 851 000
材料成本差异	26 384	应交税费	863 237
可供出售金融资产	0	应付利息	560 000
长期股权投资	1 500 000	长期借款	4 000 000
投资性房地产	216 963	其中：一年内到期的非流动负债	1 850 000
长期待摊费用	130 000	递延所得税负债	0
生产成本	486 752	实收资本	3 000 000
固定资产	4 532 890	资本公积	320 000
在建工程	0	盈余公积	259 869
无形资产	1 650 000	未分配利润	2 539 836
合计	27 194 237	合计	27 194 237

该公司 2016 年发生的经济业务如下：

（1）12 月 1 日，购入原材料一批，材料价款 200 000 元，增值税额 34 000 元，共计 234 000 元，开出一张三个月期的银行承兑汇票支付，材料未到。

（2）12 月 3 日，购入一台生产用设备，用银行存款支付设备价款 180 000 元及增值税 30 600 元，设备交付使用。

（3）12 月 3 日，销售甲产品一批，销售价款 4 298 400 元，增值税 730 728 元，该批产品实际成本 2 982 000 元，产品已发出，货款未收到。

（4）12 月 5 日，收到原材料一批，材料实际成本 348 600 元，计划成本 340 000元，材料已验收入库。

（5）12 月 8 日，公司出售交易性金融资产（股票），收到本金 200 000 元，投资收益 30 000 元，均存入银行，该金融资产的公允价值变动没有做过会计处理。

（6）12 月 8 日，购入不需安装的生产设备一台，价款 90 000 元，支付的增值税15 300 元，支付包装费 300 元。价款、增值税及包装费共计 105 600 元均以银行存款支付。设备已交付使用。

（7）12 月 10 日，用银行存款支付到期的银行承兑汇票 350 000 元，偿还应付账款 285 000 元。当天，开出现金支票，提现 5 万元。

（8）12 月 10 日，销售乙产品一批，销售价款 431 600 元，增值税 73 372 元。该批产品的成本为 275 000 元，产品已发出，价款收到。

（9）12 月 13 日，从银行借入 3 年期借款 6 500 000 元，借款已存入银行。

（10）12 月 13 日，一项工程完工，计提长期借款利息 280 000 元。该项借款本息未付。

（11）12 月 18 日，公司出售一台不需用的设备，收到总价款 561 600 元（其中增值税 81 600 元）。设备原价 960 000 元，已提折旧 360 000 元，已提减值准备 100 000 元，设备已交付给购入单位。

（12）12 月 18 日，一项工程完工，交付生产使用，已办理竣工手续，工程价值300 000 元。

（13）12 月 20 日，收到一项长期股权投资的现金股利 36 000 元，存入银行，之前未对此笔收益做过账务处理。对方公司的所得税税率与本公司一致，均为 25%。购入 A 公司股份 30%，对被投资单位能够产生重大影响，用银行存款支付 1 000 万元。

（14）12 月 20 日，归还短期借款本金 2 800 000 元，长期借款 1 850 000 元，应付利息 362 000 元。

（15）12 月 22 日，业务员去上海采购原材料，开立银行汇票 740 000 元。

（16）12 月 28 日，用银行汇票支付采购材料价款，公司收到开户银行转来银行汇票多余款收账通知，通知上所填多余款为 2 900 元，购入材料的价款及运费共 630 000 元，支付的增值税额为 107 100 元。

（17）12 月 31 日，计提固定资产折旧 616 517 元，其中，制造费用420 000 元，管理费用 196 517 元；计提投资性房地产累计折旧 3 483 元。

（18）12 月 31 日，摊销无形资产 120 000 元，自用部分应承担摊销费用 100 000 元，出租部分应承担摊销费用 20 000 元。

（19）12 月 31 日，用银行存款支付管理部门水电费 12 000 元，生产车间水电费 75 000 元。

（20）12 月 31 日，用银行存款支付本年度财产保险费 202 400 元，现金支付办公室、计划处、财务部人员报销办公费 35 600 元。

（21）12 月 31 日，分配应支付的职工工资 1 177 000 元。其中，生产工人工资 570 000 元，车间管理人员工资 111 400 元，行政管理部门人员工资 85 600 元，在建工程应负担的工资 410 000 元。

（22）12 月 31 日，银行存款支付职工工资 1 177 000 元，其中包括支付给在建工程人员的工资 410 000 元。

（23）12 月 31 日，用银行存款支付研发部门的新技术开发支出 120 000 元，该项支出符合资本化的条件。

（24）12 月 31 日，用银行存款支付产品展览费 150 000 元，广告费 298 000 元。

（25）12 月 31 日，公司采用银行承兑汇票结算方式销售甲产品一批，价款 300 000 元，应收增值税 51 000 元，收到 351 000 元的银行承兑汇票一张。该批产品成本为 246 000 元。

（26）12 月 31 日，公司将上述银行承兑汇票向银行办理贴现，贴现息为 24 000 元。

（27）12 月 31 日，确认应计入本期损益的借款利息共 68 000 元，其中，短期借款利息 28 000 元，长期借款利息 40 000 元。

（28）12 月 31 日，生产领用原材料 780 000 元，本期材料成本差异率为 -1.2%，领用周转材料 38 562 元。

（29）12 月 31 日，年末交易性金融资产的公允价值为 95 800 元，应确认公允价值变动收益 10 800 元。

（30）12 月 31 日，计算并结转制造费用，本期制造费用无余额；结转完工产品成本 1 960 568 元。

（31）12 月 31 日，基本生产车间盘亏一台设备，原价 280 000 元，已提折旧 225 000 元，已提减值准备 25 000 元。经批准，转入营业外支出。

（32）12 月 31 日，销售甲产品，售价为 3 439 700 元，增值税为 584 749 元，货款已收到，该批产品成本为 2 025 800 元。

（33）12 月 31 日，收到客户汇来货款 2 853 620 元；应收某客户的账款 80 000 元，已确定不能回收。

（34）12 月 31 日，计提存货跌价准备 11 190 元。

（35）12 月 31 日，计提固定资产减值准备 20 000 元，按应收账款余额 2% 计提坏账准备。

(36) 12月31日，计算并结转应交城市维护建设税60 000元、应交教育费附加20 000元和应交地方教育费附加10 000元。用银行存款上交上期应交增值税90 000元、城市维护建设税60 000元、教育费附加20 000元和地方教育费附加10 000元。

(37) 12月31日，计算本期应交所得税233 100元，同时确认所得税费用为198 400元，递延所得税资产借方发生额为34 700元，用银行存款上交所得税184 560元。

(38) 12月31日，结转各损益类账户余额。

(39) 12月31日，将本年净利润结转至“利润分配——未分配利润”明细账。

(40) 12月31日，将净利润的10%计提盈余公积。用净利润的20%支付现金股利，股利尚未支付。

(41) 12月31日，将“利润分配”有关明细账户的余额结转至“未分配利润”明细账。

会计需要完成2016年年末的资产负债表。让我们来完成编制财务报表的任务吧！

知识准备

一、资产负债表的概念

资产负债表是反映企业在某一特定日期财务状况的报表。它反映企业在某一特定日期所拥有或控制的经济资源、所承担的现时义务和所有者对净资产的要求权。

特定日期一般是指每个月的最后一天，比如12月31日。由于它反映的是某一时点的情况，所以，它所反映的数据是历史的、它所反映的状态是静态的，是一张静态的会计报表，就像给企业因连续不断的生产经营活动而不断变化的财务状况所照的一张快照，是一张时点报表。

资产负债表的内容结构以“资产 = 负债 + 所有者权益”这一会计基本等式为基础，揭示的是企业某一特定时点上所拥有的经济资源与所承担的经济义务之间的对应关系。

二、资产负债表项目的列示

1. 资产项目的列示

在资产负债表中，按照资产的流动性将其划分为流动资产和非流动资产，并分别列示。资产的流动性，一般以资产变现的速度来衡量，变现速度快即流动性强，变现速度慢则流动性弱。

当资产满足下列条件之一时，应当归类为流动资产：

(1) 预计在一个正常营业周期中变现、出售或耗用。

（2）主要为交易目的而持有。

（3）预计在资产负债表日起一年内（含一年，下同）变现。

（4）自资产负债表日起一年内，交换其他资产或清偿负债的能力不受限制的现金或现金等价物。

一般企业的正常营业周期通常短于一年，一年内会有若干个营业周期。但是，也存在正常的营业周期长于一年的情况，如房地产开发企业、造船企业等，它们的营业周期往往超过一年。当正常的营业周期短于一年或不能确定时，应当以一年（12 个月）作为划分流动资产（或流动负债）的标准；当正常的营业周期长于一年时，则以一个正常的、长于一年的营业周期作为划分流动资产（或流动负债）的标准。

2. 负债项目的列示

在资产负债表中，按照负债的流动性将其划分为流动负债和非流动负债，并分别列示。负债的流动性，是按照负债的期限来划分的，借贷的期限越短流动性越强，反之则流动性越弱。

当负债满足下列条件之一时，应当归类为流动负债：

（1）预计在一个正常营业周期中清偿。

（2）主要为交易目的而持有。

（3）自资产负债表日起一年内到期应予以清偿。

（4）企业无权自主地将清偿推迟至资产负债表日后一年以上。

流动负债以外的负债应当归类为非流动负债。在划分流动负债与非流动负债时，对于在资产负债表日起一年内到期的负债，企业预计能够自主地将清偿义务展期至资产负债表日后一年以上的，应当归类为非流动负债；不能自主地将清偿义务展期的，即使在资产负债表日后、财务报告批准报出日前签订了重新安排清偿计划协议，该项负债仍应归类为流动负债。

企业在资产负债表日或之前违反了长期借款协议，导致贷款人可随时要求清偿的负债，应当归类为流动负债。贷款人在资产负债表日或之前同意提供在资产负债表日后一年以上的宽限期，企业能够在此期限内改正违约行为，且贷款人不能要求随时清偿，该项负债应当归类为非流动负债。其他长期负债存在类似情况的，比照处理。

3. 所有者权益项目的列示

在资产负债表中，所有者权益按照其形成的来源不同一般分为实收资本、资本公积、盈余公积、未分配利润和其他综合收益等。实收资本（或股本）是企业实际收到的投资者或股东所缴付的注册资本；资本公积通常来源于资本发行溢价；盈余公积是指定用途的留存收益，当期不得再用于向投资者分配；而未分配利润则是尚未设定用途的留存收益，可以随时向投资者分配；其他综合收益是企业根据企业会计准则规定未在损益中确认的各项利得和损失扣除所得税影响后的净额。

三、资产负债表的格式

资产负债表一般有表首、正表两部分。

其中，表首概括地说明报表名称、编制单位、编制日期、报表编号、货币名称、计量单位等。正表是资产负债表的主体，列示用以说明企业财务状况的各个项目。资产类各项目按资产流动性的高低，按由高到低的顺序排列，依次为流动资产、非流动资产；负债类项目按负债到期日由近到远的顺序排列，依次为流动负债、非流动负债；所有者权益类项目按永久性递减的顺序排列，依次为实收资本（股本）、资本公积、盈余公积、未分配利润。

资产负债表正表的格式一般有两种：报告式资产负债表（见表10－4）和账户式资产负债表（见表10－5）。

1．**报告式资产负债表**

表10－4　资产负债表

编制单位：　　　　年　月　日　　　　单位：元

项目	期末余额	年初余额
资产		
……		
资产合计		
负债与所有者权益		
……		
负债与所有者权益合计		

报告式资产负债表是上下结构，上半部列示资产，下半部列示负债和所有者权益。

2．**账户式资产负债表**

表10－5　资产负债表

编制单位：　　　　年　月　日　　　　单位：元

项目	期末余额	年初余额	项目	期末余额	年初余额
资产			负债与所有者权益		
……			……		
资产合计			负债与所有者权益合计		

账户式资产负债表是左右结构，左边列示资产，右边列示负债和所有者权益。资产负债表反映出会计中最基本的平衡公式：资产＝负债＋所有者权益。

在我国，资产负债表采用账户式。每个项目又分为“期末余额”和“年初余额”两栏分别填列。

工作步骤

编制资产负债表需要如下工作步骤。

1．**根据原始凭证编制记账凭证**

会计完成记账工作，以会计分录表示如下：

（1）借：材料采购	200 000	
应交税费——应交增值税（进项税额）	34 000	
贷：应付票据		234 000
（2）借：固定资产	180 000	
应交税费——应交增值税（进项税额）	30 600	
贷：银行存款		210 600
（3）借：应收账款	5 029 128	
贷：主营业务收入——甲产品		4 298 400
应交税费——应交增值税（销项税额）		730 728
借：主营业务成本——甲产品	2 982 000	
贷：库存商品——甲产品		2 982 000
（4）借：原材料	340 000	
材料成本差异	8 600	
贷：材料采购		348 600
（5）借：银行存款	230 000	
贷：交易性金融资产		200 000
投资收益		30 000
（6）借：固定资产	90 300	
应交税费——应交增值税（进项税额）	15 300	
贷：银行存款		105 600
（7）借：应付票据	350 000	
应付账款	285 000	
贷：银行存款		635 000
借：库存现金	50 000	
贷：银行存款		50 000
（8）借：银行存款	504 972	
贷：主营业务收入——乙产品		431 600
应交税费——应交增值税（销项税额）		73 372
借：主营业务成本——乙产品	275 000	
贷：库存商品——乙产品		275 000
（9）借：银行存款	6 500 000	
贷：长期借款		6 500 000
（10）借：在建工程	280 000	
贷：应付利息		280 000
（11）借：固定资产清理	500 000	
累计折旧	360 000	
固定资产减值准备	100 000	
贷：固定资产		960 000
借：银行存款	561 600	

贷：固定资产清理 480 000
应交税费——应交增值税（销项税额） 81 600
借：营业外支出 20 000
贷：固定资产清理 20 000
（12）借：固定资产 300 000
贷：在建工程 300 000
（13）借：银行存款 36 000
贷：投资收益 36 000
借：长期股权投资——A 公司 10 000 000
贷：银行存款 10 000 000
（14）借：短期借款 2 800 000
长期借款 1 850 000
应付利息 362 000
贷：银行存款 5 012 000
（15）借：其他货币资金——银行汇票存款 740 000
贷：银行存款 740 000
（16）借：材料采购 630 000
应交税费——应交增值税（进项税额） 107 100
银行存款 2 900
贷：其他货币资金——银行汇票存款 740 000
（17）借：制造费用 420 000
管理费用 196 517
贷：累计折旧 616 517
借：其他业务成本 3 483
贷：投资性房地产累计折旧 3 483
（18）借：管理费用 100 000
其他业务成本 20 000
贷：累计摊销 120 000
（19）借：管理费用 12 000
制造费用 75 000
贷：银行存款 87 000
（20）借：管理费用——财产保险费 202 400
贷：银行存款 202 400
借：管理费用——办公费 35 600
贷：库存现金 35 600
（21）借：生产成本 570 000
制造费用 111 400
管理费用 85 600
在建工程 410 000

贷：应付职工薪酬　　1 177 000

（22）借：应付职工薪酬　　1 177 000

贷：银行存款　　1 177 000

（23）借：研发支出　　120 000

贷：银行存款　　120 000

（24）借：销售费用　　448 000

贷：银行存款　　448 000

（25）借：应收票据　　351 000

贷：主营业务收入——甲产品　　300 000

应交税费——应交增值税（销项税额）　　51 000

借：主营业务成本——甲产品　　246 000

贷：库存商品——甲产品　　246 000

（26）借：银行存款　　327 000

财务费用——贴现息　　24 000

贷：应收票据　　351 000

（27）借：财务费用——利息支出　　68 000

贷：应付利息　　68 000

（28）借：生产成本　　770 640

材料成本差异　　9 360

贷：原材料　　780 000

借：制造费用　　38 562

贷：周转材料　　38 562

（29）借：交易性金融资产——公允价值变动　　10 800

贷：公允价值变动损益　　10 800

（30）借：生产成本　　644 962

贷：制造费用　　644 962

借：库存商品　　1 960 568

贷：生产成本　　1 960 568

（31）借：待处理财产损溢　　30 000

累计折旧　　225 000

固定资产减值准备　　25 000

贷：固定资产　　280 000

借：营业外支出　　30 000

贷：待处理财产损溢　　30 000

（32）借：银行存款　　4 024 449

贷：主营业务收入——甲产品　　3 439 700

应交税费——应交增值税（销项税额）　　584 749

借：主营业务成本——甲产品　　2 025 800

贷：库存商品——甲产品　　2 025 800

（33）借：银行存款　　2 853 620

　　贷：应收账款　　2 853 620

　借：坏账准备　　80 000

　　贷：应收账款　　80 000

（34）借：资产减值损失　　11 190

　　贷：存货跌价准备　　11 190

（35）借：资产减值损失　　20 000

　　贷：固定资产减值准备　　20 000

　借：资产减值损失　　13 156. 80

　　贷：坏账准备　　13 156. 80

（36）借：营业税金及附加　　90 000

　　贷：应交税费——应交城建税　　60 000

　　　应交税费——应交教育费附加　　20 000

　　　应交税费——应交地方教育费附加　　10 000

　借：应交税费——未交增值税　　90 000

　　应交税费——应交城建税　　60 000

　　应交税费——应交教育费附加　　20 000

　　应交税费——应交地方教育费附加　　10 000

　　贷：银行存款　　180 000

（37）借：所得税费用　　198 400

　　递延所得税资产　　34 700

　　贷：应交税费——应交所得税　　233 100

　借：应交税费——应交所得税　　184 560

　　贷：银行存款　　184 560

（38）借：主营业务收入　　8 469 700

　　公允价值变动损益　　10 800

　　投资收益　　66 000

　　贷：本年利润　　8 546 500

　借：本年利润　　7 107 146. 80

　　贷：主营业务成本　　5 528 800

　　　其他业务成本　　23 483

　　　营业税金及附加　　90 000

　　　销售费用　　448 000

　　　管理费用　　632 117

　　　财务费用　　92 000

　　　资产减值损失　　44 346. 80

　　　营业外支出　　50 000

　　　所得税费用　　198 400

（39）借：本年利润　　1 439 353. 20

贷：利润分配——未分配利润　　　　　1 439 353. 20

（40）借：利润分配——提取盈余公积　　　　143 935. 32

贷：盈余公积　　　　　143 935. 32

借：利润分配——应付现金股利　　　　287 870. 64

贷：应付股利　　　　　287 870. 64

（41）借：利润分配——未分配利润　　　　431 805. 96

贷：利润分配——提取盈余公积　　　　143 935. 32

利润分配——应付现金股利　　　　287 870. 64

2. 登记明细账簿

会计根据记账凭证，按照科目登记明细账簿，完成明细账的登记工作，并汇总各个科目的本期发生额和余额。

3. 编制科目汇总表

会计根据记账凭证的借方和贷方发生额汇总登记在科目汇总表中，合计借方发生额和贷方发生额，合计数相等，完成科目汇总表，并在表格中增加期末余额（见表10－6）。

表10－6　科目汇总表

2016年12月31日　　　　单位：元

科目名称	本期发生额借方	本期发生额贷方	期末余额借方	期末余额贷方
库存现金	50 000. 00	35 600. 00	31 255. 00	
银行存款	15 040 541. 00	19 152 160. 00	3 271 361. 00	
其他货币资金	740 000. 00	740 000. 00	141 680. 00	
交易性金融资产	10 800. 00	200 000. 00	95 800. 00	
应收票据	351 000. 00	351 000. 00	213 800. 00	
应收账款	5 029 128. 00	2 933 620. 00	5 680 140. 00	
应收股利			189 346. 00	
应收利息			310 654. 00	
其他应收款			24 300. 00	
坏账准备	80 000. 00	13 156. 80		113 602. 80
预付账款			–	
材料采购	830 000. 00	348 600. 00	865 600. 00	
原材料	340 000. 00	780 000. 00	451 200. 00	
材料成本差异	17 960. 00		44 344. 00	
库存商品	1 960 568. 00	5 528 800. 00	1 534 267. 00	
周转材料		38 562. 00	85 540. 00	

续上表

科目名称	本期发生额借方	本期发生额贷方	期末余额借方	期末余额贷方
存货跌价准备		11 190. 00		294 725. 00
长期股权投资	10 000 000. 00		11 500 000. 00	
长期股权投资减值准备				6 000. 00
可供出售金融资产			-	
固定资产	570 300. 00	1 240 000. 00	3 547 390. 00	
累计折旧	585 000. 00	616 517. 00		908 104. 00
固定资产减值准备	125 000. 00	20 000. 00		25 000. 00
在建工程	690 000. 00	300 000. 00	705 800. 00	
工程物资			-	
投资性房地产			216 963. 00	
投资性房地产累计折旧		3 483. 00		3 483. 00
投资性房地产减值准备				3 114. 00
固定资产清理	500 000. 00	500 000. 00	-	-
无形资产			1 650 000. 00	-
累计摊销		120 000. 00		606 713. 00
无形资产减值准备				-
研发支出	120 000. 00		120 000. 00	
长期待摊费用			130 000. 00	
待处理财产损溢	30 000. 00	30 000. 00	-	-
递延所得税资产	34 700. 00		34 700. 00	
短期借款	2 800 000. 00			700 000. 00
应付票据	350 000. 00	234 000. 00		1 134 000. 00
应付账款	285 000. 00			6 633 900. 00
应付职工薪酬	1 177 000. 00	1 177 000. 00		1 851 000. 00
应交税费	551 560. 00	1 844 549. 00		2 156 226. 00
应付利息	362 000. 00	348 000. 00		546 000. 00
应付股利		287 870. 64		287 870. 64
其他应付款				165 000. 00

续上表

科目名称	本期发生额借方	本期发生额贷方	期末余额借方	期末余额贷方
长期借款	1 850 000.00	6 500 000.00		8 650 000.00
应付债券				–
递延所得税负债				–
本年利润	8 546 500.00	8 546 500.00		–
实收资本				3 000 000.00
资本公积				320 000.00
盈余公积		143 935.32		403 804.32
利润分配	863 611.92	1 871 159.16		3 547 383.24
其他综合收益				–
生产成本	1 985 602.00	1 960 568.00	511 786.00	
制造费用	644 962.00	644 962.00	–	
主营业务收入	8 469 700.00	8 469 700.00		–
其他业务收入				–
公允价值变动损益	10 800.00	10 800.00		–
投资收益	66 000.00	66 000.00		–
营业外收入				–
主营业务成本	5 528 800.00	5 528 800.00	–	
其他业务成本	23 483.00	23 483.00	–	
营业税金及附加	90 000.00	90 000.00	–	
销售费用	448 000.00	448 000.00	–	
管理费用	632 117.00	632 117.00	–	
财务费用	92 000.00	92 000.00	–	
资产减值损失	44 346.80	44 346.80	–	
营业外支出	50 000.00	50 000.00	–	
所得税费用	198 400.00	198 400.00	–	
合　　计	72 174 879.72	72 174 879.72	31 355 926.00	31 355 926.00

4．**登记总账账簿**

完成科目汇总表后，会计开始登记总账账簿，把各个会计科目的发生额和余额登记在总账中，并完成对账和结账工作。

5. 填列年初余额

在我国，资产负债表的年初余额栏内各项数字，根据上年末资产负债表期末余额栏内各项数字填列，期末余额栏内各项数字根据会计期末各总账账户及所属明细账户的余额填列。如果当年度资产负债表规定的各个项目的名称和内容同上年度不相一致，则按编报当年的口径对上年年末资产负债表各项目的名称和数字进行调整后，填入本表年初余额栏内。

6. 填列期末余额

期末余额是指某一资产负债表日的数字，即月末、季末、半年末或年末的数字。资产负债表各项目期末余额的数据来源，可以通过以下几种方法取得：

（1）直接根据总账账户的余额填列，大部分项目都是直接根据总账账户的余额直接填列的，如“应交税费”项目、“实收资本”项目、“应收股利”项目等。

（2）根据几个总账账户的余额计算填列，包括“货币资金”项目、“存货”项目。

（3）根据有关明细账户的余额计算填列，包括“应收账款”“预收账款”“应付账款”“预付账款”项目。例如“应收账款”项目，应当根据“应收账款”账户明细账户的借方余额、“预收账款”账户明细账户的借方余额计算填列；“应付账款”项目，应当根据“应付账款”账户明细账户的贷方余额、“预付账款”账户明细账户的贷方余额计算填列。

（4）根据总账账户和明细账户的余额分析计算填列，包括“长期借款”项目、“持有至到期投资”项目等。例如“长期借款”项目，应根据明细账户的余额，分析哪些长期借款是将于一年内到期的，将一年内到期的长期借款金额从“长期借款”项目中剔除出来，填列在“一年内到期的非流动负债”项目中；“持有至到期投资”项目应将持有的债券按明细账户分析哪些债券将于一年内到期可以收回现金，将一年内到期的持有至到期投资金额从“持有至到期投资”项目中剔除出来，填列在“一年内到期的非流动资产”项目中。

（5）根据总账账户与其备抵账户抵销后的净额填列，指资产类项目应由资产类账户余额减去备抵账户余额。如“固定资产”项目，应当根据“固定资产”账户的借方余额减去“累计折旧”“固定资产减值准备”账户的贷方余额后的金额填列。

会计按照资产负债表上的顺序先填列资产类项目，接下来再依次填列负债类和所有者权益类项目。

（一）填列资产类项目

1. 流动资产

（1）货币资金项目，反映企业库存现金、银行结算户存款、外埠存款、银行汇票存款、银行本票存款、信用卡存款、信用证保证金存款等的合计数。本项目应根据库存现金、银行存款、其他货币资金等科目的期末余额合计填列。

货币资金 = 库存现金 + 银行存款 + 其他货币资金

货币资金 = 库存现金 31 255 + 银行存款 3 271 361 + 其他货币资金 141 680 = 3 444 296.00（元）

（2）以公允价值计量且其变动计入当期损益的金融资产。以公允价值计量且其变动计入当期损益的金融资产，是指以公允价值计量且其变动计入当期损益的金融资产，包括企业为交易目的所持有的债券投资、股票投资、基金投资等，以及指定为以公允价值计量且其变动计入当期损益的金融资产。该项目应根据总账中的交易性金融资产账户期末余额直接填列。

以公允价值计量且其变动计入当期损益的金融资产 =95 800（元）

（3）应收票据。应收票据，是指企业因销售商品、提供劳务等而收到的商业汇票。

应收票据 =213 800（元）

（4）应收账款。应收账款，是指企业因销售商品、提供劳务等经营活动应收取的款项。该项目应根据明细账中的应收账款、预收账款账户分析填列，将明细账中的期末借方余额加总起来，再减坏账准备账户中相应的准备，按照相减后的差额填列。若该项目中明细账期末为贷方余额，则要在预收账款项目填列；若预收账款的明细账户中有借方余额，则应填列在应收账款项目中。

会计查阅了应收账款明细余额表和坏账准备计提表，见表 10－7、表 10－8：

表 10－7　应收账款明细余额表

2016. 12. 31　　单位：元

总账科目	明细科目	借方余额	贷方余额
应收账款	上林公司	348 761. 00	
应收账款	合胜公司	125 843. 00	
应收账款	饶衡公司	205 864. 00	
应收账款	文泰公司	618 642. 00	
应收账款	信诚公司	1 329 170. 00	
应收账款	恒丰公司	157 642. 00	
应收账款	泰林公司	326 489. 00	
应收账款	雅诚公司	1 846 234. 00	
应收账款	若泰公司	5 243. 00	
应收账款	新方朝公司	476 214. 00	
应收账款	文信公司	240 038. 00	
合计		5，680，140. 00	－

表 10－8　坏账准备计提表

单位：元

总账科目	余额	坏账准备金额
应收账款	5 680 140. 00	113 143. 53
其他应收款	24 300. 00	459. 27
合计	5 704 440. 00	113 602. 80

预收账款没有发生额和余额，不做考虑。

根据上面两个表格，可以计算出：

应收账款项目金额 = 应收账款借方余额 - 坏账准备余额

= 5 680 140. 00 - 113 143. 53 = 5 566 996. 47（元）

温馨提示

凡是某项目有对应项目的，该项目所出现的相反方向余额，在对应项目中反映，不以“-”号反映，这些项目包括应收账款与预收账款、应付账款与预付账款。例如，预收账款项目，原本属于负债类项目，反映企业预收购货单位的购货款，一般根据预收账款账户贷方余额转入资产负债表的预收账款项目内，但如果企业实际销售的商品款项大于实收的预收账款，则预收账款账户会出现借方余额，那么，预收账款的借方余额应填入相应的应收账款项目内，而不应以“-”号填入预收账款项目反映。

（5）预付账款。预付账款，是指企业按照合同预付的款项。该项目应根据明细账中的预付账款、应付账款账户分析填列，将明细账中的期末借方余额加总起来填列。若该项目中明细账期末为贷方余额，则要在应付账款项目填列。

预付账款没有余额，会计查询了应付账款明细余额表，见表 10 - 9：

表 10 - 9　应付账款明细余额表

2016. 12. 31　　单位：元

总账科目	明细科目	借方余额	贷方余额
应付账款	善福林公司		856 381. 00
应付账款	海胜堂公司		184 624. 00
应付账款	东晧公司		2 356 789. 00
应付账款	福东公司		751 352. 00
应付账款	缘信公司		31 254. 00
应付账款	浩林公司		48 762. 00
应付账款	环评公司		176 390. 00
应付账款	上福公司		468 907. 00
应付账款	海清公司		730 027. 00
应付账款	澄海公司		752 318. 00
应付账款	太乙公司		277 096. 00
合计		-	6 633 900. 00

应付账款明细账余额中没有借方余额，因此，预付账款项目为 0。

（6）应收股利。应收股利，是指企业应收取的现金股利和应收取的其他单位分配的利润。该项目应根据应收股利账户的期末余额直接填列。

应收股利 =189 346.00（元）

（7）应收利息。应收利息，是指企业交易性金融资产、持有至到期投资以及可供出售金融资产等应收取的利息。该项目应根据应收股利账户的期末余额直接填列。

应收利息 =310 654.00（元）

（8）其他应收款。其他应收款，是指企业除存出保证金、应收票据、应收账款、预付账款、应收股利、应收利息以及长期应收款等以外的其他各种应收或暂付款项。该项目应根据其他应收款账户的期末余额，减去坏账准备账户中相应的准备后的差额填列。

其他应收款 = 其他应收款 24 300.00 – 坏账准备 459.27（依据表 10 – 8 可得）
=23 840.73（元）

（9）存货。存货，是指企业在正常生产经营过程中持有的以备出售的产成品，或者为了出售仍然处于生产过程中的在产品，或者将在生产过程或提供劳务过程耗用的材料、物资等。包括原材料、在产品、产成品、库存商品、周转材料等。该项目应根据在途物资或材料采购、原材料、材料成本差异、周转材料、生产成本、库存商品等账户的期末余额之和，与存货跌价准备账户的期末余额的差额填列。在计算账户的期末余额之和时，如果原材料采用计划成本核算，应加（或减）材料成本差异的借方余额（或贷方余额）；如果库存商品采用售价金额核算，还应减去商品进销差价账户的贷方余额。

存货 = 材料采购 865 600.00 + 原材料 451 200.00 + 材料成本差异 44 344.00 + 库存商品 1 534 267.00 + 周转材料 85 540.00 + 生产成本 511 786.00 – 存货跌价准备 294 725.00
=3 198 012.00（元）

温馨提示

资产价值必须按实际成本反映。

在会计核算中，由于经济业务繁简不一，会计处理方法也有可供选择的余地，但在编制资产负债表时，不管企业的会计核算采用何种方法，资产的价值必须按实际成本反映。存货采用计划成本法进行日常核算的企业，在填列资产负债表时，应注意采用材料成本差异账户将存货的计划成本调整为实际成本进行反映。

（10）一年内到期的非流动资产。一年内到期的非流动资产，是指非流动资产中将要在一年以内到期的部分。一年内到期的非流动资产项目应根据各非流动资产账户的内容分析填列，将其中一年内到期的部分单独填列在该项目中。如持有至到期投资账户中将要在一年以内到期收回的部分，应从持有至到期投资项目中扣除，填列在本项目中。

公司没有持有至到期投资和长期应收款，非流动资产中没有一年内到期的项目，因此，该项目金额为 0。

（11）其他流动资产。其他流动资产是指不能列入以上项目，但性质又属于流动资产的其他资产。

2. 非流动资产

（1）可供出售金融资产。可供出售金融资产，是指初始确认时即被指定为可供出售的非衍生金融资产，以及除下列资产以外的金融资产：① 贷款和应收款项；② 持有至到期投资；③ 以公允价值计量且其变动计入当期损益的金融资产。可供出售金融资产项目反映其期末公允价值，该项目应根据可供出售金融资产账户的期末余额直接填列。

可供出售金融资产 =0

（2）持有至到期投资。持有至到期投资，是指到期日固定、收回金额固定或可确定，且企业有明确意图和能力持有至到期的非衍生金融资产。持有至到期投资项目反映其期末净额，该项目应根据持有至到期投资账户的期末余额减去持有至到期投资减值准备账户余额，再减去一年内到期的非流动资产项目的差额填列。

持有至到期投资 = 持有至到期投资 - 持有至到期投资减值准备 - 一年内到期的非流动资产 =0

（3）长期应收款。长期应收款，是指因融资租赁而产生的应收款项，以及采用递延方式、实际上具有融资性质的分期收款销售商品或提供劳务等产生的应收款项。长期应收款项目反映其期末净额，该项目应根据长期应收款账户期末余额与坏账准备账户中相应准备的差额填列。

（4）长期股权投资。长期股权投资包括：① 投资企业能够对被投资企业实施控制的权益性投资，即对子公司的投资；② 投资企业与其他合营方一同对被投资企业实施共同控制的权益性投资，即对合营企业的投资；③ 投资企业对被投资企业具有重大影响的权益性投资，即对联营企业的投资；④ 投资企业持有的对被投资企业不具有共同控制或重大影响，并且在活跃市场中没有报价、公允价值不能可靠计量的权益性投资。长期股权投资项目反映其期末净额，该项目应根据长期股权投资账户期末余额与长期股权投资减值准备账户的期末余额的差额填列。

长期股权投资 = 长期股权投资 10 500 000 - 长期股权投资减值准备 6 000
= 10 494 000.00（元）

（5）投资性房地产。投资性房地产，是指企业为赚取租金或资本增值，或者两者兼有而持有的房地产。投资性房地产项目反映其期末净额，应根据投资性房地产账户期末余额减去投资性房地产累计折旧、投资性房地产减值准备账户期末余额后的净额填列。

投资性房地产 = 投资性房地产 216 963.00 - 投资性房地产累计折旧 3 483 - 投资性房地产减值准备 3 114 = 210 366.00（元）

（6）固定资产。固定资产是指企业为生产商品、提供劳务、出租或者经营管理而持有的，使用寿命超过一个会计年度的有形资产。固定资产项目反映其期末净额，该项目应根据固定资产账户期末余额减去累计折旧和固定资产减值准备账户的期末余额后的差额填列。

固定资产 = 固定资产 3 547 390.00 - 累计折旧 908 104.00 - 固定资产减值准备 25 000
= 2 614 286.00（元）

（7）工程物资。工程物资是指企业为在建工程准备的各种物资。工程物资项目反映其期末净额，该项目应根据工程物资账户的期末余额与工程物资减值准备账户期末余额的差额填列。

（8）在建工程。在建工程是指企业尚未达到使用状态的建设工程。在建工程项目反映其期末净额，该项目应根据在建工程账户的期末余额与在建工程减值准备账户期末余额的差额填列。

在建工程 = 在建工程 705 800.00 - 在建工程减值准备 0 = 705 800.00（元）

（9）固定资产清理。固定资产清理项目是反映企业期末尚未清理完毕的固定资产的净损失，该项目应根据固定资产清理账户的期末余额直接填列。

（10）生产性生物资产。生产性生物资产是指农业企业为生产出农产品、提供劳务或者出租等目的而持有的生物资产。生产性生物资产项目反映其期末净额，该项目应根据生产性生物资产账户期末余额减去生产性生物资产累计折旧和生产性生物资产减值准备账户的期末余额后的差额填列。

（11）油气资产。油气资产是指石油天然气开采企业所拥有的矿区权益和油气井以及相关设施。油气资产项目反映其期末净额，该项目应根据油气资产账户期末余额减去累计折耗和油气资产减值准备账户期末余额的差额填列。

（12）无形资产。无形资产是指企业拥有或者控制的没有实物形态的可辨认非货币性资产。无形资产项目反映其期末净额，该项目应根据无形资产账户期末余额减去累计摊销和无形资产减值准备账户期末余额后的差额填列。

无形资产 = 无形资产 1 650 000.00 - 累计摊销 606 713.00 - 无形资产减值准备 0
= 1 043 287.00（元）

（13）开发支出。开发支出是指企业自行开发无形资产发生的研发支出中满足资本化条件的部分。该项目应根据研发支出账户期末余额填列。

开发支出 = 研发支出 120 000.00 = 120 000.00（元）

（14）商誉。商誉是指企业合并过程中，购买方的合并成本大于合并中取得的被购买方可辨认净资产公允价值份额的差额。该项目应根据商誉账户余额减去商誉减值准备账户余额后的差额填列。

（15）长期待摊费用。长期待摊费用是指企业已经发生但应由本期和以后各期负担、摊销期在一年以上的各项费用。长期待摊费用项目反映企业期末尚未摊销完毕的长期待摊费用，该项目应根据长期待摊费用账户的期末余额直接填列。

长期待摊费用 = 130 000.00（元）

（16）递延所得税资产。递延所得税资产是指企业采用债务法核算时，时间性差异的预计纳税影响作为预付未来税款的资产。递延所得税资产项目反映期末企业确认的递延所得税资产的金额。该项目应根据递延所得税资产账户的期末余额直接填列。

递延所得税资产 = 34 700.00（元）

（17）其他非流动资产。其他非流动资产是指不能列入以上项目，但性质又属于非流动资产的其他资产。例如，公益性生物资产等。

（二）填列负债类项目

1. 流动负债

（1）短期借款。短期借款，是指企业向银行或其他金融机构借入的期限在一年以下（含一年）的各种借款。短期借款项目反映企业期末尚未偿还的短期借款金额，该项目直接根据短期借款账户期末余额填列。

短期借款 = 700 000.00（元）

（2）以公允价值计量且其变动计入当期损益的金融负债。以公允价值计量且其变动计入当期损益的金融负债，是指以公允价值计量且其变动计入当期损益的金融负债，包括企业所承担的以交易为目的的金融负债和直接指定为以公允价值计量且其变动计入当期损益的金融负债。该项目反映其期末公允价值，该项目应根据交易性金融负债账户的期末余额直接填列。

（3）应付票据。应付票据，是指企业因购买商品、接受劳务等开出、承兑的商业汇票。应付票据项目反映其期末尚未偿付的商业汇票的票面金额，该项目应根据应付票据账户的期末余额直接填列。

应付票据 = 1 134 000.00（元）

（4）应付账款。应付账款，是指企业因购买材料、商品和接受劳务等经营活动应支付的款项。应付账款项目反映其期末尚未支付的余额，该项目应根据应付账款、预付账款账户分析填列，将其中期末为贷方余额的明细账的贷方余额加总，按照加总后的合计金额填列。

根据应付账款明细表，可知应付账款 = 6 633 900.00（元）

（5）预收账款。预收账款，是指企业按照合同规定预收的款项，该项负债需要用合同中约定的商品或者劳务偿付。预收账款项目应反映其期末尚未偿付的预收账款的余额，该项目应根据预收账款、应收账款账户分析填列，将其中期末为贷方余额的明细账的贷方余额加总，按照加总后的合计金额填列。

根据应收账款明细表，可得预收账款 = 307 547.00（元）

（6）应付职工薪酬。应付职工薪酬，是指企业按照有关规定应支付给职工的各种薪酬以及相关支出。应付职工薪酬项目反映期末企业应付未付的金额，该项目应根据应付职工薪酬账户的期末余额直接填列。

应付职工薪酬 = 1 851 000.00（元）

温馨提示

凡是某报表项目没有对应项目的，该项目所出现的相反方向余额，应以“－”号填列在资产负债表中。例如，应付职工薪酬、应交税费等账户若出现借方余额时，均应以“－”号填入报表的相应项目内。

（7）应交税费。应交税费是指企业按照税法等的规定计算应交纳的各种税金和费用。应交税费项目反映企业期末尚未交纳的税费（或企业期末多交或尚未抵扣的税费），该项目根据应交税费账户的期末余额填列，当账户为贷方余额时，直接按照其贷方余额填列；如果为借方余额，则以负数金额填列。

应交税费 = 2 156 226.00（元）

（8）应付股利。应付股利是指企业分配的现金股利或利润。应付股利项目反映企业期末应付未付的现金股利或利润，该项目应根据应付股利账户期末余额直接填列。

应付股利 = 287 870.64（元）

（9）应付利息。应付利息是指企业按照合同约定应支付的利息。应付利息项目反映企业期末应付未付的利息，该项目应根据应付利息账户期末余额直接填列。

应付利息 = 546 000.00（元）

（10）其他应付款。其他应付款是指企业除应付票据、应付账款、预收账款、应付职工薪酬、应付利息、应付股利、应交税费、长期应付款等以外的其他各种应付、暂收款项。其他应付款项目反映企业期末应付未付的金额，该项目应根据其他应付款账户的期末余额直接填列。

其他应付款 = 165 000. 00（元）

（11）一年内到期的非流动负债。一年内到期的非流动负债是指企业的非流动负债中将要在一年内到期的部分。一年内到期的非流动负债项目反映其期末金额，该项目应根据长期借款、应付债券以及长期应付款等账户的期末余额分析填列，将各非流动负债项目中将在一年内到期的部分合计于该项目中（见表 10 - 10）。

表 10 - 10　一年内到期的非流动负债

单位：元

总账科目	一年内到期	两年内到期	三年内到期
长期借款	1 500 000. 00	650 000. 00	6 500 000. 00

根据一年内到期的非流动负债表，可知一年内到期的非流动负债 = 1 500 000. 00（元）

（12）其他流动负债。其他流动负债是指不能列入以上项目，但性质又属于流动负债的其他负债。

2. 非流动负债

（1）长期借款。长期借款是指企业向银行或者其他金融机构借入的期限在一年以上（不含一年）的各项借款。长期借款项目反映企业尚未偿还的长期借款，该项目应根据长期借款账户的期末余额分析填列，剔除其中将要在一年以内到期的部分。

长期借款 = 长期借款 8 650 000. 00 - 一年内到期的非流动负债 1 500 000. 00
= 7 150 000. 00（元）

（2）应付债券。应付债券是指企业为筹集长期资金而发行的偿还期在一年以上的债券。应付债券项目反映企业期末尚未偿还的长期债券的摊余成本，该项目应根据应付债券账户的期末余额分析填列，剔除其中将要在一年以内到期的部分。

（3）长期应付款。长期应付款是指企业除长期借款、应付债券以外的其他各种长期应付款，包括应付融资租入固定资产的租赁费、以分期付款方式购入固定资产等发生的应付款项。长期应付款项目反映企业期末应付未付的长期应付款，该项目应根据长期应付款账户的期末余额分析填列，剔除其中将要在一年内到期的部分。

（4）专项应付款。专项应付款是指企业取得政府作为企业所有者投入的具有专门或者特定用途的款项。专项应付款项目反映企业期末尚未转销的专项应付款金额，该项目应根据专项应付款账户的期末余额直接填列。

（5）预计负债。预计负债是指企业由于对外提供担保、未决诉讼、产品质量担保等而确认的很可能产生的负债。预计负债项目反映企业期末已确认但尚未支付的金额，该项目应根据预计负债账户期末余额直接填列。

（6）递延所得税负债。递延所得税负债是指企业采用债务法核算时，时间性差异的预计纳税影响作为未来应付税款的负债。递延所得税负债项目反映期末企业确认的递延所得税负债的金额，该项目应根据递延所得税负债账户的期末余额直接填列。

（7）其他非流动负债。其他非流动负债是指不能列入以上项目，但性质又属于非流动负债的其他负债。

（三）填列所有者权益类项目

1．**实收资本（或股本）**

实收资本是指企业实际收到的投资者或股东所缴付的注册资本，股份制企业称之为股本。实收资本或股本项目反映企业期末实际收到的资本或股本的总额，该项目应根据实收资本或股本账户的期末余额直接填列。

实收资本 = 3 000 000. 00（元）

2．**资本公积**

资本公积是指企业收到的所有权归属投资者，但又不构成实收资本或股本的那部分资本或资产。资本公积项目反映其期末余额，该项目应根据资本公积账户的期末余额直接填列。

资本公积 = 320 000. 00（元）

3．**库存股**

库存股是指企业收购、转让或者注销的本公司的股份。库存股项目反映其期末金额，该项目应根据库存股账户的余额直接填列。

4．**其他综合收益**

其他综合收益是指企业根据企业会计准则规定未在损益中确认的各项利得和损失扣除所得税影响后的净额。该项目根据其他综合收益账户的余额直接填列。

其他综合收益 = 0

5．**盈余公积**

盈余公积是指企业从税后净利润中提取形成的积累。盈余公积项目反映其期末余额，该项目应根据盈余公积账户的期末余额直接填列。

盈余公积 = 403 804. 32（元）

6．**未分配利润**

未分配利润是指企业尚未设定用途、将留待以后年度分配的税后净利润。未分配利润项目反映其期末余额，该项目应根据本年利润、利润分配账户的期末余额分析填列。未分配利润 = 利润分配 − 未分配利润 + 本年利润（余额在借方用“ − ”，余额在在贷方用“ + ”）。

未分配利润 = 利润分配 − 未分配利润 3 547 383. 24 + 本年利润 0

= 3 547 383. 24（元）

会计最终完成了资产负债表，见表 10 − 11：

表 10－11 资产负债表（会企 01 表）

编制单位：金华股份有限公司　　2016 年 12 月 31 日　　单位：元

资　产	期末余额	年初余额	负债和所有者权益	期末余额	年初余额
流动资产：			流动负债：		
货币资金	3 444 296.00	7 541 515.00	短期借款	700 000.00	3 500 000.00
以公允价值计量且其变动计入当期损益的金融资产	95 800.00	285 000.00	以公允价值计量且其变动计入当期损益的金融负债	0	0
应收票据	213 800.00	213 800.00	应付票据	1 134 000.00	1 250 000.00
应收账款	5 566 996.47	3 404 186.00	应付账款	6 633 900.00	6 918 900.00
预付账款		0	预收款项		0
应收股利	189 346.00	189 346.00	应付职工薪酬	1 851 000.00	1 851 000.00
应收利息	310 654.00	310 654.00	应交税费	2 156 226.00	863 237.00
其他应收款	23 840.73	24 300.00	应付股利	287 870.64	0
存货	3 198 012.00	6 731 602.00	应付利息	546 000.00	560 000.00
一年内到期的非流动资产		0	其他应付款	165 000.00	165 000.00
其他流动资产		0	一年内到期的非流动负债	1 500 000.00	1 850 000.00
流动资产合计	13 042 745.20	18 700 403.00	其他非流动负债		0
非流动资产：			流动负债合计	14 973 996.64	16 958 137.00
可供出售金融资产	0	0	非流动负债：		
持有至到期投资			长期借款	7 150 000.00	2 150 000.00
长期应收款			应付债券		
长期股权投资	11 494 000.00	1 494 000.00	长期应付款		
投资性房地产	210 366.00	213 849.00	专项应付款		
固定资产	2 614 286.00	3 210 503.00	预计负债		
工程物资			递延所得税负债		
在建工程	705 800.00	315 800.00	其他非流动负债		

续上表

资　产	期末余额	年初余额	负债和所有者权益	期末余额	年初余额
固定资产清理			非流动负债合计	7 150 000. 00	2 150 000. 00
生产性生物资产			负债合计	22 123 996. 64	19 108 137. 00
油气资产			所有者权益：		
无形资产	1 043 287. 00	1 163 287. 00	实收资本（股本）	3 000 000. 00	3 000 000. 00
开发支出	120 000. 00		资本公积	320 000. 00	320 000. 00
商誉			减：库存股		
长期待摊费用	130 000. 00	130 000. 00	其他综合收益	0	0
递延所得税资产	34 700. 00		盈余公积	403 804. 32	259 869. 00
其他长期资产			未分配利润	3 547 383. 24	2 539 836. 00
非流动资产合计	16 352 439. 00	6 527 439. 00	所有者权益合计	7 271 187. 56	6 119 705. 00
资产总计	29 395 184. 20	25 227 842. 00	负债和所有者权益总计	29 395 184. 20	25 227 842. 00

温馨提示

注意不包括在资产负债表中的项目。

按照《企业会计准则》的规定，资产是指过去的交易或事项形成并由企业拥有或者控制的资源，该资源预期会给企业带来经济利益。按照资产的定义，能给企业带来经济利益是资产的主要特征，不能给企业带来经济利益的资产不应反映在企业的资产负债表中。因此，待处理财产损溢账户余额不在资产负债表中反映，若企业期末该账户中仍有未转销的余额，应及时报批处理，然后才能编制资产负债表。

活动二　编制利润表

工作实例

本活动的工作案例承接活动一编制资产负债表的数据。

知识准备

一、利润表的概念

利润表是反映企业一段时期（中期、年度）内利润或亏损情况的会计报表，反映的主要内容是企业在一定期间内的经营收支和经营成果。

二、利润表的格式

1. 单步式利润表

单步式利润表将所有的收入及所有的费用和支出分别汇总，两者相减得出本期净利润（见表 10－12）。

表 10－12 利润表（单步式）

编制单位： 年 月 单位：元

项目	行次	本月数	本年累计数
一、收入			
营业收入			
投资收益			
营业外收入			
……			
收入合计			
二、成本与费用			
营业成本			
营业税金及附加			
销售费用			
管理费用			
财务费用			
营业外支出			
所得税费用			
……			
成本与费用合计			
三、净利润			

2. 多步式利润表

我国所采用的利润表的格式是多步式利润表（见表 10－13）。

表 10－13　利润表（会企 02 表）

编制单位：　　　　　　　　　　　　年　　月　　　　　　　　　　　　单位：元

项　　目	本期金额	上期金额
一、营业收入		略
减：营业成本		
营业税金及附加		
销售费用		
管理费用		
财务费用		
资产减值损失		
加：公允价值变动收益（损失以“－”号填列）		
投资收益（损失以“－”号填列）		
二、营业利润（亏损以“－”号填列）		
加：营业外收入		
减：营业外支出		
其中：非流动资产处置损失		
三、利润总额（亏损总额以“－”号填列）		
减：所得税费用		
四、净利润（净亏损以“－”号填列）		
五、其他综合收益		
六、其他综合收益各项目分别扣除所得税影响后的净额		
七、综合收益总额		
八、每股收益		
（一）基本每股收益		
（二）稀释每股收益		

单位负责人：　　　　　　财会负责人：　　　　　　复核：　　　　　　制表：

三、利润表的编制步骤

1. 以营业收入为基础，计算营业利润

营业利润＝营业收入－营业成本－营业税金及附加－销售费用－管理费用－财务费用－资产减值损失＋公允价值变动收益（－公允价值变动损失）＋投资收益（－投资损失）

2．以营业利润为基础，计算利润总额

利润总额 = 营业利润 + 营业外收入 − 营业外支出

3．以利润总额为基础，计算净利润

净利润 = 利润总额 − 所得税费用。

普通股或潜在普通股已公开交易的企业，以及正处于公开发行普通股或潜在普通股过程中的企业，还应当在利润表中列示每股收益信息。

工作步骤

1．填列上期金额

利润表“上期金额”栏各项目应根据上期利润表的“本期金额”栏的金额填列。如果利润表中的项目名称、内容有变化，应根据规定对上期利润表相关项目的内容、金额进行调整，按照调整后的金额填入本期利润表的“上期金额”栏。会计对照上期的利润表，如发现项目名称和内容没有变化，可直接把上期的金额过入本期利润表的“上期金额”栏。

2．填列本期金额

利润表“本期金额”栏的填列方法可分为以下四种：

（1）直接根据损益账户发生额直接填列。例如，“资产减值损失”“销售费用”“管理费用”“财务费用”等项目，即可直接根据相应账户发生额填列。

（2）根据有关损益账户发生额计算填列。例如，“营业收入”项目需要根据“主营业务收入”与“其他业务收入”账户发生额的合计金额填列。

（3）根据表内项目计算填列，例如，“营业利润”“利润总额”和“净利润”等项目，就需要根据表内项目计算填列。

（4）根据损益账户发生额分析填列。例如，“公允价值变动收益”“投资收益”等项目需要根据该账户发生额分析填列，如果本期发生额为借方金额，则应以“ − ”号填列在报表中，如果本期发生额为贷方金额，则应以“ + ”号填列在报表中。

现在逐项把利润表填列完成。

（1）营业收入。“营业收入”项目反映企业当期确认的营业收入金额，该项目本期金额根据总账“主营业务收入”“其他业务收入”账户的贷方发生额之和填列，若账户有借方发生额应扣减（转入“本年利润”的借方发生额除外）。

“营业收入”项目 = “主营业务收入”账户贷方发生额 + “其他业务收入”账户贷方发生额 − “主营业务收入”账户借方发生额 − “其他业务收入”账户借方发生额 = 8 469 700 − 1 000 = 8 468 700（元）

（2）营业成本。“营业成本”项目反映企业当期确认的营业成本金额，该项目本期金额根据总账“主营业务成本”“其他业务成本”账户的借方发生额之和填列，若账户有贷方发生额应扣减（转入“本年利润”的贷方发生额除外）。

“营业成本”项目 = “主营业务成本”账户借方发生额 + “其他业务成本”账户借方发生额 − “主营业务成本”账户贷方发生额 − “其他业务成本”账户贷方发生额 =

5 528 800 + 23 483 = 5 552 283（元）

（3）营业税金及附加。"营业税金及附加"项目反映企业当期经营业务应确认的消费税、城市维护建设税、资源税、土地增值税、教育费附加和地方教育费附加等，该项目本期金额根据总账"营业税金及附加"账户的借方发生额填列，若账户有贷方发生额应扣减（转入本年利润的贷方发生额除外）。

"营业税金及附加"项目 = 90 000.00（元）

（4）销售费用。"销售费用"项目反映企业当期确认的销售费用的金额，该项目本期金额根据总账"销售费用"账户的借方发生额填列，若账户有贷方发生额应扣减（转入本年利润的贷方发生额除外）。

"销售费用"项目 = 448 000.00（元）

（5）管理费用。"管理费用"项目反映企业当期确认的管理费用的金额，该项目本期金额根据总账"管理费用"账户的借方发生额填列，若账户有贷方发生额应扣减（转入本年利润的贷方发生额除外）。

"管理费用"项目 = 632 117.00（元）

（6）财务费用。"财务费用"项目反映企业当期确认的财务费用（或收益）净额，该项目根据总账"财务费用"账户发生额分析填列。

"财务费用"项目 = 92 000.00（元）

温馨提示

如果财务费用是借方发生额，则以"+"号填列；如是贷方发生额，则以"-"号填列。

（7）资产减值损失。"资产减值损失"项目反映企业当期因计提资产减值准备而确认的损失金额，该项目本期金额根据总账"资产减值损失"账户的借方发生额填列，若账户有贷方发生额应扣减（转入本年利润的贷方发生额除外）。

"资产减值损失"项目 = 44 346.80（元）

（8）公允价值变动收益。"公允价值变动收益"项目反映企业当期确认的公允价值变动净收益（或净损失），该项目根据总账"公允价值变动收益"账户发生额分析填列。

"公允价值变动收益"项目 = 10 800.00（元）

温馨提示

如果"公允价值变动收益"是贷方发生额，则以"+"号填列；如是借方发生额，则以"-"号填列。

（9）投资收益。"投资收益"项目反映企业当期确认的净投资收益（或净损失），该项目根据总账"投资收益"账户发生额分析填列，如果是收益以"+"号填列，损失则以"-"号填列。

"投资收益"项目 = 66 000.00（元）

（10）营业利润。

营业利润 = 营业收入 - 营业成本 - 营业税金及附加 - 销售费用 - 管理费用 - 财务费

用－资产减值损失＋公允价值变动收益＋投资收益

=8 469 700－5 552 283－90 000－448 000－632 117－92 000－44 346. 80＋10 800＋66 000

=1 687 753. 20（元）

（11）营业外收入。“营业外收入”项目反映企业当期确认的营业外收入金额，该项目本期金额根据总账“营业外收入”账户的贷方发生额填列，若账户有借方发生额应扣减（转入“本年利润”的借方发生额除外）。本期未发生，金额为0。

（12）营业外支出。“营业外支出”项目反映企业当期确认的营业外支出金额，该项目本期金额根据总账“营业外支出”账户的借方发生额填列，若账户有贷方发生额应扣减（转入本年利润的贷方发生额除外）。其中，非流动资产处置净损失（或收益）应根据相应的明细账余额单独列示，如果为净收益则以“－”号填列。

“营业外支出”项目=50 000. 00（元）

（13）利润总额。

利润总额=营业利润＋营业外收入－营业外支出

=1 687 753. 20＋0－50 000=1 637 753. 20（元）

（14）所得税费用。“所得税费用”项目反映企业当期确认的所得税费用金额，该项目本期金额根据总账“所得税费用”账户的借方发生额填列，若账户有贷方发生额应扣减（转入本年利润的贷方发生额除外）。

“所得税费用”项目=198 400（元）

（15）净利润。

净利润=利润总额－所得税费用

=1 637 753. 20－198 400=1 439 353. 20（元）

（16）其他综合收益。反映企业根据企业会计准则规定未在损益中确认的各项利得和损失扣除所得税影响后的净额。

（17）综合收益总额。反映企业净利润与其他综合收益税后净额的合计金额。

（18）基本每股收益。基本每股收益是指企业应当按照属于普通股股东的当期净利润，除以发行在外普通股的加权平均数从而计算出的每股收益。如果企业有合并财务报表，企业应当以合并财务报表为基础计算和列报每股收益。

基本每股收益=归属于普通股东的净利润/当期发行在外普通股加权平均数

发行在外普通股加权平均数=期初发行在外普通股股数＋当期新发行普通股股数×已发行时间÷报告期时间－当期回购普通股股数×已回购时间÷报告期时间

做中学

公司当年净利润为1 000 000. 00元，年初发行在外的普通股股数为900 000股，当年7月1日又增发了800 000股，则其普通股每股收益是多少？

普通股每股收益=归属于普通股东的净利润/当期发行在外普通股加权平均数

=1 000 000. 00/（900 000＋800 000×6/12）=0. 77（元/股）

潜在普通股，是指赋予其持有者在报告期或以后期间享有取得普通股权利的一种金融工具或其他合同，包括可转换公司债券等。假设当期转换为普通股时会减少每股收益的潜在普通股，称为稀释性潜在普通股。稀释每股收益是以基本每股收益为基础的，假设企业所有发行在外的稀释性潜在普通股均已转换为普通股，从而分别调整归属于普通股股东的当期净利润以及发行在外普通股的加权平均数计算而得的每股收益。

做中学

公司归属于普通股东的净利润为 3 000 万元，年初发行在外的普通股数为 6 000 万股，当年初按面值发行 2 000 万的可转换公司债券，票面利率为 5%，每 100 元面值债券可转换为 100 股面值为 1 元的普通股。公司所得税率为 25%。假设不考虑可转换公司债券在负债和权益成分之间的分拆，则该公司当年稀释每股收益的计算如下：

基本每股收益 = 3 000 万/6 000 万 = 0. 5 元/股

增加的净利润 = 2 000 × 5% × （1 − 25%） = 75 万元

增加的普通股 = 2 000 万股

稀释每股收益 = （3 000 + 75）/（6 000 + 2 000） = 0. 38 元/股

会计完成利润表的编制任务，见表 10 − 14：

表 10 − 14　利润表（会企 02 表）

编制单位：金华股份有限公司　　　　2016 年度　　　　单位：元

项　　目	本期金额	上期金额
一、营业收入	8 469 700. 00	略
减：营业成本	5 552 283. 00	
营业税金及附加	90 000. 00	
销售费用	448 000. 00	
管理费用	632 117. 00	
财务费用	92 000. 00	
资产减值损失	44 346. 80	
加：公允价值变动收益（损失以“ − ”号填列）	10 800. 00	
投资收益（损失以“ − ”号填列）	66 000. 00	
二、营业利润（亏损以“ − ”号填列）	1 687 753. 20	
加：营业外收入	−	
减：营业外支出	50 000. 00	
其中：非流动资产处置损失		
三、利润总额（亏损总额以“ − ”号填列）	1 637 753. 20	
减：所得税费用	198 400. 00	
四、净利润（净亏损以“ − ”号填列）	1 439 353. 20	

续上表

项　　目	本期金额	上期金额
五、其他综合收益		
六、其他综合收益各项目分别扣除所得税影响后的净额		
七、综合收益总额	1 439 353. 20	
八、每股收益		

活动三　编制现金流量表

工作实例

本活动的工作案例承接活动一编制资产负债表的数据。

知识准备

一、现金流量表的概念和作用

现金流量表是以现金及现金等价物为编制基础，以收付实现制为原则，定期编制的、反映企业一定会计期间现金流量情况的财务报表。它通过揭示一个企业在报告期内经营活动、投资活动和筹资活动所产生的现金流入、现金流出和现金变动净额，全面地反映了资产负债表中现金项目从期初到期末的具体变化过程，并在补充资料里列报了如何将净利润调整为经营活动产生的净现金流量。

现金流量表的作用主要体现在以下几个方面：

（1）现金流量表有助于所有者、债权人评价企业产生未来有利现金流量的能力。

（2）现金流量表有助于所有者、债权人评价偿还债务、支付股利能力和对外筹资的能力。

二、现金流量表的编制基础和编制原则

1. 现金流量表是以现金为编制基础

这里的“现金”，不仅包括企业的库存现金，而且还包括可随时支付的银行存款、其他货币资金，以及易于转化成现金的现金等价物。

现金等价物是指企业持有的期限短、流动性强、易于转换为已知金额现金、价值变动风险很小的投资。其中，期限短一般是指购买日起三个月内到期。现金等价物通常包括三个月内到期的短期债券投资。现金等价物虽然不是现金，但当企业需要时可以随时变现，具有很强的支付能力，因而视同为现金。

现金等价物的定义本身包含了判断一项投资是否属于现金等价物的四个条件，即：①期限短；②流动性强；③易于转换为已知金额的现金；④价值变动风险很小。其中，期限短、流动性强，强调了变现能力，而易于转换为已知金额的现金、价值变动风险很小，则强调了支付能力的大小。现金等价物通常包括3个月内到期的短期债券投资。权益性投资变现的金额通常不确定，因而不属于现金等价物。

根据现金流量表准则及其指南的规定，企业应当根据具体情况，确定现金及现金等价物的范围，一经确定不得随意变更。如果发生变更，应当按照会计政策进行变更处理。

温馨提示

企业购入的股票，因为没有到期日，所以不能列为现金等价物；企业购入的国债，购入时离到期日超过3个月的国债，不属于现金等价物。比如，企业2015年8月5日购入2014年12月1日发行的期限为5年的国债，购买时离到期日超过3个月，因此不能列入现金等价物核算。

2. 现金流量表是以收付实现制为编制原则

现金流量表的编制原则与资产负债表和利润表的编制原则不同，现金的流入和流出必须以收付实现为原则。只有实际收到和实际支付的款项才能列入现金流量表中，属于本期发生的应收未收或应付未付款项都不能在本期现金流量表中列示。

温馨提示

现金流量表是反映现金流入和流出企业的表格，因此，现金及现金等价物之间的流动不在现金流量表中列示。比如：从银行取现、办理银行汇票、现金存入银行等都属于现金内部流转，并没有流入或流出企业，因此，不在现金流量表中列示。

三、现金流量的分类

现金流量，是指现金和现金等价物的流入和流出，可以分为三类，即经营活动产生的现金流量、投资活动产生的现金流量和筹资活动产生的现金流量。

1. 经营活动产生的现金流量

经营活动，是指企业投资活动和筹资活动以外的所有交易和事项，包括销售商品或提供劳务、购买商品或接受劳务、收到的税费返还、支付职工薪酬、支付的各项税费、支付广告费用等。

各类企业由于行业特点不同，对经营活动的认定存在一定差异。编制现金流量表时，应根据实际情况，对现金流量进行合理的分类。

2. 投资活动产生的现金流量

投资活动，是指企业长期资产的购建和不包括在现金等价物范围内的投资及其处置活动。包括取得和收回投资、购建和处置固定资产、购买和处置无形资产等。

3. 筹资活动产生的现金流量

筹资活动，是指导致企业资本及债务规模和构成发生变化的活动，包括发行股票或接受投入资本、分派现金股利、取得和偿还银行借款、发行和偿还公司债券等。

温馨提示

投资活动和筹资活动这两类活动，主要可以从概念上进行区分。投资活动分为对外投资和对内投资。对外投资指的是对不包括现金等价物的股票、债券、基金等金融资产的投资及处置活动；对内投资指购建固定资产、无形资产和其他长期资产的活动和对这些资产的处置活动。筹资活动主要包括吸收投资、发行股票、分配利润、发行债券、偿还债务、偿还债券利息和支付股票现金红利等活动。

四、现金流量表的结构

现金流量表是由表头和表体组成的。其表头部分列示报表的名称、编制单位、编制日期、货币计量单位和报表编号等内容。其表体部分又包括正表与补充资料两部分。

现金流量表正表包括六个方面：一是经营活动所产生的现金流量；二是投资活动产生的现金流量；三是筹资活动产生的现金流量，其中各类现金流量又分成现金流入和现金流出两部分；四是汇率变动对现金的影响；五是现金及现金等价物净增加额；六是期末现金及现金等价物余额，即第五项加期初现金及现金等价物余额。

现金流量表补充资料，主要揭示了以间接法计算反映经营活动的现金流量。间接法，是指以净利润为起算点，调整不涉及现金的收入、费用、营业外收支等有关项目，剔除投资活动、筹资活动对现金流量的影响，据此计算出经营活动产生的现金流量。

现金流量表补充资料，包括三部分：一是将净利润调节为经营活动现金流量；二是不涉及现金收支的投资和筹资活动：三是现金及现金等价物净增加情况。

五、现金流量表主表的内容

1. 经营活动产生的现金流量

(1)“销售商品、提供劳务收到的现金”项目，反映企业销售商品、提供劳务实际收到的现金（包括销售收入和应向购买者收取的增值税销项税额），包括本期销售商品、提供劳务收到的现金，以及前期销售和前期提供劳务本期收到的现金和本期预收的账款，减去本期退回本期销售的商品和前期销售本期退回的商品支付的现金。企业销售材料和代购代销业务收到的现金，也在本项目反映。

本项目可以根据“库存现金”“银行存款”“应收账款”“应收票据”“预收账款”“主营业务收入”“其他业务收入”等账户的记录分析填列。

销售商品、提供劳务收到的现金 = 当期销售商品、提供劳务收到的现金 + 当期收回前期的应收账款和应收票据 + 当期预收的款项 − 当期销售退回支付的现金 + 当期收回前期核销的坏账损失

做中学

企业本期发生下列经济业务：

① 销售产品价税合计 11 700 元，货款已收到并存入银行。

② 收到上年的应收账款 80 000 元，存入银行。

③ 收到商品的预收款 6 000 元，存入银行。

④ 发生销售退回，退回款 2 800 元。

⑤ 销售产品价税合计 52 800 元，收到一张应收票据。

⑥ 将未到期的应收票据向银行贴现，贴现收入 225 000 元存入银行。

销售商品、提供劳务收到的现金 = ① 11 700 + ② 80 000 + ③ 6 000 − ④ 2 800 + ⑥ 225 000 = 319 900

（2）“收到的税费返还”项目，反映企业收到返还的各种税费，如收到的增值税、消费税、所得税、关税和教育费附加等。本项目可以根据“库存现金”“银行存款”“营业税金及附加”“其他应收款”等账户的记录分析填列。

做中学

企业前期出口商品一批，已交纳增值税，按规定应退增值税 8 500 元，前期未退，本期以转账方式收讫；本期收到的教育费附加返还款 33 000 元，款项已存入银行。

本期收到的税费返还 = 8 500 + 18 000 + 33 000 = 59 500 元

（3）“收到的其他与经营活动有关的现金”项目，反映企业除了上述各项目外，收到的其他与经营活动有关的现金流入，如罚款收入、经营租赁收到的租金和流动资产损失中由个人赔偿的现金收入等。其他现金流入如价值较大的，应单列项目反映。本项目可以根据“库存现金”“银行存款”“营业外收入”等账户的记录分析填列。

（4）“购买商品、接受劳务支付的现金”项目，反映企业购买材料、商品、接受劳务实际支付的现金，包括本期购入材料、商品和接受劳务支付的现金（包括增值税进项税额），以及本期支付的前期购入商品、接受劳务的未付款项和本期预付款项以及代购代销业务支付的现金等。本期发生的购货退回收到的现金应从本项目内减去。本项目可以根据“库存现金”“银行存款”“应付账款”“应付票据”“预付账款”和“主营业务成本”等账户的记录分析填列。

根据总账账户记录分析计算该项目的金额，可以通过以下公式：

购买商品接受劳务支付的现金 = 当期购买商品接受劳务支付的现金 + 当期支付前期的应付账款 + 当期支付前期的应付票据 + 当期的预付账款 − 当期因购货退回收到的现金

做中学

公司当年发生下列经济业务：

① 购买材料价税合计 35 100 元，用银行存款支付。

② 用银行存款预付购材料款 18 000 元。

③ 购买原材料 120 000 元（已含增值税款），银行存款支付。

④ 以银行存款支付应付票据，到期值为 80 000 元。

⑤ 本期因购货退回收到现金 3 500 元。

购买商品接受劳务支付的现金 = ① 35 100 + ② 18 000 + ③ 120 000 + ④ 80 000 − ⑤ 3 500 = 249 600 元

（5）“支付给职工以及为职工支付的现金”项目，反映企业实际支付给职工以及为职工支付的现金。包括本期实际支付给职工的工资、奖金、各种津贴和补贴等，以及为职工支付的养老、失业等社会保障基金、补充养老保险、住房公积金、支付给职工的住房困难补助和支付给职工或为职工支付的其他福利费用等其他费用。不包括支付的离退休人员的职工薪酬、支付的无形资产负担的职工薪酬和支付给在建工程人员的职工薪酬等。企业支付给离退休人员的各项费用，包括支付的统筹退休金以及未参加统筹的退休人员的费用，在“支付的其他与经营活动有关的现金”项目中反映；支付的无形资产负担的职工薪酬和支付的在建工程人员的工资，在“购建固定资产、无形资产和其他长期资产所支付的现金”项目中反映。本项目可以根据“应付职工薪酬”“库存现金”“银行存款”等账户的记录分析填列。

不包括支付给离退休人员的各项费用及支付给在建工程人员的工资及其他费用。

(6)“支付的各项税费”项目，反映企业按规定支付的各项税费，包括本期发生并支付的税费，以及本期支付以前各期发生的税费和预交的税金，如支付的教育费附加、矿产资源补偿费、印花税、房产税、土地增值税、车船使用税等。不包括计入固定资产价值、实际支付的耕地占用税等，也不包括本期退回的增值税、所得税。本期退回的增值税、所得税在“收到的税费返还”项目反映，本项目可以根据“应交税费”“现金”“银行存款”等账户的记录分析填列。

做中学

企业当年有关资料如下：

① 利润表中的所得税费用为500 000元（均为当期应交所得税产生的所得税费用）；②“应交税费——应交所得税”科目年初数为20 000元，年末数为10 000元。假定不考虑其他税费。

要求：根据上述资料，计算“支付的各项税费”项目的金额。

支付的各项税费 = ①500 000 + ②（20 000 − 10 000） = 510 000元

(7)“支付的其他与经营活动有关的现金”项目，反映企业除上述各项目外，支付的其他与经营活动有关的现金流出，如罚款支出、支付的差旅费、保险费、业务招待费现金支出和经营租赁支付的现金等。其他现金流出如价值较大的，应单列项目反映。本项目可以根据有关账户的记录分析填列。

做中学

公司当年发生的管理费用为2 200万元，其中：以现金支付退休职工统筹退休金350万元和管理人员工资950万元，存货盘亏损失25万元，计提固定资产折旧420万元，无形资产摊销200万元，其余均以现金支付。

要求：计算“支付的其他与经营活动有关的现金”项目的金额。

“支付的其他与经营活动有关的现金”项目的金额 = 2 200 − 950 − 25 − 420 − 200 = 605万元。

2. **投资活动产生的现金流量**

投资活动产生的现金流量应按下面的项目反映和填列：

(1)“收回投资所收到的现金”项目，反映企业出售、转让或到期收回除现金等价物以外的交易性金融资产、可供出售金融资产、长期股权投资而收到的现金，以及收回持有至到期投资本金而收到的现金。不包括收回可供出售金融资产、持有至到期投资的利息，以及收回的非现金资产。本项目可以根据“库存现金”“银行存款”“交易性金融资产”“长期股权投资”“可供出售金融资产”和“持有至到期投资”等账户的记录分析填列。

做中学

企业当年有关资料如下：

①“交易性金融资产”（企业仅投资了股票）科目本期贷方发生额为100万元，“投资收益——转让交易性金融资产收益”贷方发生额为5万元。

②“长期股权投资”科目本期贷方发生额为200万元，该项投资未计提减值准备，“投资收益——转让长期股权投资收益”贷方发生额为6万元。假定转让上述投资均收到现金。

收回投资所收到的现金 =（100 +5）+（200 +6）=311万元

（2）“取得投资收益所收到的现金”项目，反映企业因股权性投资和债权性投资而取得的现金股利、利息，以及从子公司、联营企业和合营企业分回利润而收到的现金。不包括股票股利。本项目可以根据“现金”“银行存款”“投资收益”等账户的记录分析填列。

（3）“处置固定资产、无形资产和其他长期资产所收回的现金净额”项目，反映企业处置固定资产、无形资产和其他长期资产所取得的现金，减去为处置这些资产而支付的有关费用后的净额。由于自然灾害所造成的固定资产等长期资产损失而收到的保险赔偿收入，也在本项目反映。如所收回的现金净额为负数，则应在“支付的其他与投资活动有关的现金”项目反映。本项目可以根据“固定资产清理”“现金”“银行存款”等账户的记录分析填列。

（4）“处置子公司及其他营业单位收到的现金净额”项目，反映企业处置子公司及其他营业单位所取得的现金减去相关费用后的净额。本项目可以根据有关账户的记录分析填列。

（5）“收到的其他与投资活动有关的现金”项目，反映企业除了上述各项以外，收到的其他与投资活动有关的现金流入。如企业收回购买股票和债券时支付的已宣告但尚未领取的现金股利或已到期但尚未领取的债券利息。其他现金流入如价值较大的，应单列项目反映。本项目可以根据有关账户的记录分析填列。

做中学

企业当年发生的经济业务如下：

① 企业出售交易性金融资产（股票），本金50 000元，投资收益15 000元，款项存入银行。

② 企业出售一项长期股权投资，本金为600万元，转让收入680万元，款项存入银行。

③ 出售一项债权性投资，债券面值为400 000元，出售金额为450 000元，款项存入银行（50 000元为债券利息）。

④ 企业收到长期股权投资的现金股利 80 000 元。

⑤ 出售设备一台，收到价款 160 000 元存入银行。

根据上述资料，计算投资活动产生的现金流量各项目如下：

收回投资收到的现金 = ①（50 000 + 15 000） + ②6 800 000 + ③400 000 = 7 265 000（元）

取得投资收益收到的现金 = ③ 50 000 + ④ 80 000 = 130 000（元）

处置固定资产、无形资产和其他长期资产收回的现金净额 = ⑤ 160 000（元）

（6）“购建固定资产、无形资产和其他长期资产所支付的现金”项目，反映企业购买、建造固定资产，取得无形资产和其他长期资产所支付的现金及增值税款，支付的应由在建工程和无形资产负担的职工薪酬现金支出，不包括为购建固定资产而发生的借款利息资本化的部分，以及融资租入固定资产支付的租赁费。借款利息和融资租入固定资产支付的租赁费，在筹资活动中产生的现金流量中反映。本项目可以根据“固定资产”“在建工程”“无形资产”“库存现金”“银行存款”等账户的记录分析填列。

（7）“投资所支付的现金”项目，反映企业取得的除现金等价物以外的权益性投资和债权性投资所支付的现金以及支付的佣金、手续费等附加费用。本项目可以根据“长期股权投资”“持有至到期投资”“可供出售金融资产”“交易性金融资产”“库存现金”“银行存款”等账户的记录分析填列。企业购买股票和债券时，实际支付的价款中包含的已宣告但尚未领取的现金股利或已到付息期但尚未领取的债券的利息，应在投资活动的“支付的其他与投资活动有关的现金”项目反映；收回购买股票和债券时支付的已宣告但尚未领取的现金股利或已到付息期但尚未领取的债券的利息，在投资活动的“收到的其他与投资活动有关的现金”项目反映。

（8）“取得子公司及其他营业单位支付的现金净额”项目，反映企业购买子公司及其他营业单位购买出价中以现金支付的部分，减去子公司或其他营业单位持有的现金和现金等价物后的净额。本项目可以根据有关账户的记录分析填列。

（9）“支付的其他与投资活动有关的现金”项目，反映企业除了上述各项以外，支付的其他与投资活动有关的现金流出。其他现金流出如价值较大的，应单列项目反映。本项目可以根据有关账户的记录分析填列。

做中学

企业发生下列与投资活动现金流出有关的经济业务：

① 购入工程物资一批，价款 120 000 元，增值税额 20 400 元，已用支票支付。

② 支付在建工程人员工资 56 000 元。

③ 计提在建工程应承担的长期借款利息 120 000 元。

④ 购入一项准备长期持有的债券，面值 2 000 000 元，实际支付金额 2 200 000 元。

⑤ 购入 A 股票，实际支付的买价 254 000 元，其中包括已宣告发放但尚未领取的现金股利 4 000 元，另支付手续费 5 000 元。

⑥ 领用工程物资 200 000 元。

⑦ 购入设备一台，共支付价款 620 000 元。

根据上述资料，计算投资活动现金流出的各项目如下：

购建固定资产、无形资产和其他长期资产所支付的现金 = ①（120 000 + 20 400） +

②56 000 + ⑦620 000 = 816 400（元）

投资所支付的现金 = ④2 200 000 + ⑤（250 000 + 5 000） = 2 455 000（元）

3. **筹资活动产生的现金流量**

筹资活动产生的现金流量应按下面的项目反映和填列：

（1）“吸收投资收到的现金”项目，反映企业收到的投资者投入的现金，包括以发行股票、债券等方式筹集的资金实际收到款项净额（发行收入减去直接支付给金融企业的佣金、手续费、宣传费、咨询费、印刷费等发行费用后的净额）。以发行股票、债券等方式筹集资金而由企业直接支付的审计、咨询等费用，在“支付的其他与筹资活动有关的现金”项目反映，不从本项目内减去。本项目可以根据“实收资本（或股本）”“库存现金”“银行存款”等账户的记录分析填列。

（2）“取得借款收到的现金”项目，反映企业举借各种短期、长期借款所收到的现金。本项目可以根据“短期借款”“长期借款”“库存现金”“银行存款”等账户的记录分析填列。

（3）“收到的其他与筹资活动有关的现金”项目，反映企业除上述项目外，收到的其他与筹资活动有关的现金流入，如接受现金捐赠等。其他现金流入如价值较大的，应单列项目反映。本项目可以根据有关账户的记录分析填列。

（4）“偿还债务所支付的现金”项目，反映企业以现金偿还债务的本金，包括偿还金融企业的借款本金、偿还债券本金等。企业偿还的借款利息、债券利息，在“分配股利、利润或偿付利息所支付的现金”项目反映，不包括在本项目内。本项目可以根据“短期借款”“长期借款”“库存现金”“银行存款”等账户的记录分析填列。

做中学

企业当年“短期借款”账户年初余额为120万元，年末余额为140万元；“长期借款”账户年初余额为360万元，年末余额为840万元。当年借入短期借款240万元，借入长期借款460万元，长期借款年末余额中包括确认的20万元长期借款利息费用。除上述资料外，债权债务的增减变动均以货币资金结算。

要求计算：（1）借款收到的现金；（2）偿还债务支付的现金。

计算过程：（1）借款收到的现金 = 240 + 460 = 700（万元）

（2）偿还债务支付的现金 = （120 + 240 − 140） + [360 + 460 − （840 − 20）]

= 220（万元）

（5）“分配股利、利润或偿付利息所支付的现金”项目，反映企业实际支付的现金股利，支付给其他投资单位的利润以及支付的借款利息、债券利息等。本项目可以根据“应付股利”“财务费用”“长期借款”“库存现金”“银行存款”等账户的记录分析填列。

做中学

企业当年“财务费用”账户借方发生额为40万元，均为利息费用。财务费用包括计提的长期借款利息25万元，其余财务费用均以银行存款支付。“应付股利”账户年初余额为30万元，无年末余额。除上述资料外，债权债务的增减变动均以货币资金结算。

要求计算分配股利、利润和偿付利息支付的现金。

分配股利、利润和偿付利息支付的现金 =（40 - 25）+30 =45（万元）。

（6）“支付的其他与筹资活动有关的现金”项目，反映企业除了上述各项外，支付的其他与筹资活动有关的现金流出，包括以发行股票、债券等方式筹集资金而由企业直接支付的审计和咨询等费用、为购建固定资产而发生的借款利息资本化部分、融资租入固定资产所支付的租赁费、以分期付款方式购建固定资产以后各期支付的现金等。其他现金流出如价值较大的，应单列项目反映。本项目可以根据有关科目的记录分析填列。

4. 汇率变动对现金及现金等价物的影响

“汇率变动对现金及现金等价物的影响”项目，反映企业外币现金流量及境外子公司的现金流量折算为人民币时，所采用的现金流量发生日的即期汇率或按照系统合理的方法确定的与现金流量发生日的即期汇率近似的汇率折算的人民币金额与“现金及现金等价物净增加额”中外币现金净增加额按期末汇率折算的人民币金额之间的差额。

在编制现金流量表时，可逐笔计算外汇业务发生的汇率变动对现金的影响，也可不必逐笔计算，而采用简化的计算方法，即通过报表补充资料中的“现金及现金等价物净增加额”数额与主表中“经营活动产生的现金流量净额”“投资活动产生的现金流量净额”“筹资流动产生的现金流量净额”三项之和比较，其差额即为“汇率变动对现金的影响”项目的金额。

5. 现金及现金等价物净增加额

“现金及现金等价物净增加额”项目，反映本期现金及现金等价物期末比期初净增加（减少）的金额。通过对“库存现金”“银行存款”“其他货币资金”账户以及现金及现金等价物的期末余额与期初余额比较确定。

六、现金流量表主表的编制方法

企业可根据业务量的大小及复杂程度，选择采用工作底稿法、T 形账户法，或直接根据有关科目的记录综合分析填列现金流量表，也可以采用日记账法来进行编制。

1. 工作底稿法

采用工作底稿法编制现金流量表，是以工作底稿为手段，以利润表和资产负债表数据为基础，对每一项目进行分析并编制调整分录，从而编制出现金流量表。工作底稿法的程序是：

第一步，将资产负债表的年初数和期末数过入工作底稿的年初数栏和期末栏。

第二步，对当期业务进行分析并编制调整分录。

第三步，将调整分录过入工作底稿中相应的部分。

第四步，核对调整分录，借贷合计应相等，资产负债表项目年初数加减调整分录中的借贷金额以后应当等于期末数。

第五步，根据工作底稿中的现金流量表项目部分编制正式的现金流量表。

2. T 型账户法

T 型账户法是以 T 型账户为手段，以利润表和资产负债表数据为基础，对每一项目进行分析并编制调整分录，从而编制出现金流量表。采用 T 型账户法编制现金流量表的程序如下：

第一步，为所有的非现金项目分别开设T型账户，并将各自的期初期末变动数过入各个科目。

第二步，开设一个大的“现金及现金等价物”T型账户，每边分为经营活动、投资活动和筹资活动三个部分，左边记现金流入，右边记现金流出。

第三步，以利润表项目为基础，结合资产负债表分析每一个非现金项目的增减变动，并据此编制调整分录。

第四步，将调整分录过入各T型账户，并进行核对，该账户借贷相抵后的余额与原先过入的期末期初变动数应当一致。

第五步，根据大的“现金及现金等价物”T型账户编制正式的现金流量表。

3. 综合分析法

综合分析法是指从利润表出发，将利润表中以权责发生制为基础的收入费用，转换为以收付实现制为基础的现金流入或现金流出，并列示各项现金流入的来源和现金流出的去向。通常企业是从利润表中各项收入、费用的数据出发，调整资产负债表中与收入、费用相关的资产负债表项目的增减变化，据以分析推算出各项现金流量金额。一般来说，采用这种方法编制现金流量表效率较高，工作量相对较少，但要求编制人员的水平较高，且能及时为企业提供现金流量的信息。

（1）销售商品、提供劳务收到的现金＝营业收入＋应交增值税（销项税额）＋应收账款（期初余额－期末余额）＋应收票据（期初余额－期末余额）＋预收账款（期末余额－期初余额）±特殊调整项目。

其中：营业收入中包括主营业务收入和其他业务收入。主营业务收入不包括视同销售行为形成的收入；其他业务收入是指材料销售、代购代销的收入，不包括无形资产出租、固定资产出租、包装物出租等形成的收入。

特殊调整项目是指本期计提的坏账准备应予以扣除，因为这部分坏账的计提导致应收账款项目减少，而这部分并没有收到现金；应收账款、应收票据、预收款项等的发生与企业的销售商品、提供劳务项目无关，这些项目要做特殊处理。如应收票据贴现产生的贴现息，非现金资产抵债导致的应收项目的减少；以商品抵偿债务；应收账款与应付账款的对冲等。

做中学

某企业有关资料如下：① 应收账款项目：年初数100万元，年末数120万元；② 应收票据项目：年初数40万元，年末数20万元；③ 预收款项项目：年初数80万元，年末数90万元；④ 主营业务收入6 000万元；⑤ 应交税费——应交增值税（销项税额）1 020万元；⑥ 其他有关资料如下：本期计提坏账准备5万元（该企业采用备抵法核算坏账损失），本期发生坏账回收2万元，收到客户用11.7万元商品（货款10万元，增值税1.7万元）抵偿前欠账款12万元。

销售商品、提供劳务收到的现金

＝（6 000＋1 020）＋（100－120）＋（40－20）＋（90－80）－5－12

＝7 013（万元）

温馨提示

① 计提坏账准备，减少应收账款项目金额 5 万元，但没有产生现金流入，因此，应该减去。

② 核销坏账收回有两笔分录：

借：应收账款　　20 000

　贷：坏账准备　　20 000

借：银行存款　　20 000

　贷：应收账款　　20 000

做完两笔分录后，应收账款项目（报表项目只列示应收账款净额）减少了 2 万元，这部分金额已作为应收账款减少收到现金在应收账款项目调整中体现出来，因此，在这里本期发生坏账回收不需要进行调整。

③ 非现金资产抵债，减少应收账款，但不增加现金流入。

（2）收到的税费返还 = 本期收到返还的增值税、消费税、关税、所得税等。

（3）收到的其他与经营活动有关的现金 = 营业外收入收现 + 其他应收款中与经营活动有关项目的减少收现 + 其他应收款中与经营活动有关项目的增加收现 + 流动资产损失中由个人赔偿的现金收现 + 银行存款利息收现。

（4）购买商品接受劳务支付的现金 = 购买商品、接受劳务产生的“销售成本和增值税进项税额” + 应付账款本期减少额（期初余额 - 期末余额） + 应付票据本期减少额（期初余额 - 期末余额） + 预付款项本期增加额（期末余额 - 期初余额） + 存货本期增加额（期末余额 - 期初余额） ± 特殊调整业务。

温馨提示

购买商品、接受劳务产生的营业成本和进项税额，不包括列入生产成本、制造费用的职工薪酬和折旧费等。

做中学

某企业有关资料如下：

① 应付账款项目：年初数 100 万元，年末数 120 万元。

② 应付票据项目：年初数 40 万元，年末数 20 万元。

③ 预付款项项目：年初数 80 万元，年末数 90 万元。

④ 存货项目的年初数为 100 万元，年末数为 80 万元。

⑤ 主营业务成本 4 000 万元。

⑥ 应交税费——应交增值税（进项税额）600 万元。

⑦ 其他有关资料如下：用固定资产偿还应付账款 10 万元，生产成本中直接工资项目含有本期发生的生产工人工资费用 100 万元。

购买商品、接受劳务支付的现金 = ⑤ 4 000 + ⑥ 600 + ①（100 - 120） + ②（40 - 20） + ③（90 - 80） + ④（80 - 100） - ⑦（10 + 100） = 4 480（万元）

用固定资产偿还应付账款，不涉及现金支付，因此，要把这部分调减掉；生产成本中发生的工资费用和制造费用（不包括消耗的物料），不属于购买商品、接受劳务支付的现金，不能计算在本项目中，因此要减掉。

（5）支付给职工以及为职工支付的现金＝生产成本、制造费用、管理费用中职工薪酬＋（应付职工薪酬年初余额－应付职工薪酬期末余额）－［应付职工薪酬（在建工程）期初余额－应付职工薪酬（在建工程）期末余额］。

（6）支付的各项税费＝当期所得税费用＋营业税金及附加＋应交税费－应交增值税（已交税金）－（应交所得税期末余额－应交所得税期初余额）。

（7）支付的其他与经营活动有关的现金＝支付的运杂费、水电费、差旅费、保险费、业务招待费现金支出、罚款支出和经营租赁支付的现金等。

（8）收回投资所收到的现金＝企业出售、转让或到期收回除现金等价物以外的交易性金融资产、可供出售金融资产、长期股权投资而收到的现金，以及收回持有至到期投资本金而收到的现金。

（9）取得投资收益所收到的现金＝企业因股权性投资和债权性投资而取得的现金股利、利息，以及从子公司、联营企业和合营企业分回利润而收到的现金。

（10）处置固定资产、无形资产和其他长期资产所收回的现金净额＝企业处置固定资产、无形资产和其他长期资产所取得的现金－为处置这些资产而支付的有关费用。

（11）购建固定资产、无形资产和其他长期资产所支付的现金＝企业购买、建造固定资产，取得无形资产和其他长期资产所支付的现金及增值税款，支付的应由在建工程和无形资产负担的职工薪酬现金支出，不包括为购建固定资产而发生的借款利息资本化的部分，以及融资租入固定资产支付的租赁费。

（12）投资所支付的现金＝企业取得的除现金等价物以外的权益性投资和债权性投资所支付的现金以及支付的佣金、手续费等附加费用。

（13）吸收投资收到的现金＝企业收到的投资者投入的现金，包括以发行股票、债券等方式筹集的资金实际收到款项净额（发行收入减去直接支付给金融企业的佣金、手续费、宣传费、咨询费、印刷费等发行费用后的净额）。

（14）取得借款收到的现金＝企业举借各种短期、长期借款所收到的现金。

（15）偿还债务所支付的现金＝企业以现金偿还债务的本金，包括偿还金融企业的借款本金、偿还债券本金等。

（16）分配股利、利润或偿付利息所支付的现金＝企业实际支付的现金股利，支付给其他投资单位的利润以及支付的借款利息、债券利息等。

4. 现金流量表的简易填列方法

由于工作底稿法、T型账户法的工作量很大，同时调整分录涉及太多的会计知识，初学者往往很难掌握，下面介绍一种原理相对简单的编表方法——现金日记账法，这种方法在编制现金流量表主表部分特别简单。只需掌握现金流量表的分类和各项目的内容即可。

现金日记账法的步骤如下：

（1）在库存现金、银行存款、其他货币资金等日记账中增设活动类别归属和行次（现金流量表主表各项目行次编号）。

（2）登记本会计期间的现金日记账，登记时判断每一笔现金流量或流出的项目归属和行次。

（3）结账时，将相同行次的所有金额汇总在一起，即可得到现金流量表主表。

七、现金流量表补充资料

1. 现金流量表补充资料用间接法来进行编制

所谓间接法是以净利润为起点，调整不涉及现金的收入、费用、营业外支出以及投资和筹资活动所产生的现金流量等有关项目，据此计算出经营活动产生的现金流量。其原理是：“净利润”是按权责发生制为基础确认的，包括企业的经营活动、投资活动、筹资活动而取得的全部净收益，并不考虑收益是否已经收到或费用是否实际支出；而“经营活动的现金流量”是按收付实现制为基础确认的，只反映企业经营活动中以现金形式收到或支出项目。因此：净利润扣除投资、筹资活动的损益，成为经营活动的损益；再从中调整没有实际收付现金的收益和费用，调整经营性应收应付项目即可完成。

采用间接法列报经营活动产生的现金流量时，需要对四大类项目进行调整：

（1）实际没有支付现金的费用。

（2）实际没有收到现金的收益。

（3）不属于经营活动的损益。

（4）经营性应收应付项目的增减变动。

2. 不涉及现金收支的投资和筹资活动

不涉及现金收支的投资和筹资活动反映企业一定期间内影响资产或负债但不形成该期现金收支的所有投资和筹资活动的信息，发挥补充基本部分的作用。

（1）“债务转为资本”项目，反映企业本期转为资本的债务金额。

（2）“一年内到期的可转换公司债券”项目，反映企业一年内到期的可转换公司债券的本息。

（3）“融资租入固定资产”项目，反映企业本期融资租入固定资产的最低租赁付款额扣除应分期计入利息费用的未确认融资费用的净额。

3. 现金及现金等价物净变动情况

“现金及现金等价物净增加额”项目，反映企业一定会计期间现金及现金等价物的期末余额减去期初余额的净增加额（或净减少额），与主表中各类现金流量净额的汇总结果（主表中最后一项“现金及现金等价物净增加额”）进行核对相符。

工作步骤

1. 在库存现金、银行存款、其他货币资金等日记账中增设活动类别归属和行次（现金流量表主表各项目行次编号）

金蝶和用友等会计电算化中已有相应的功能，在录入记账凭证时，只要输入现金类会计科目，必须录入现金流量的归属项目。

2. 登记本会计期间的现金日记账，登记时判断每一笔现金流量或流出的项目归属和行次

这一步需要掌握每一笔现金流入或流出企业所属的活动类别和具体项目，需要多加练习方能掌握（见表10－15、表10－16、表10－17）。

表10－15　库存现金日记账

单位：元

题号	日期	摘要	一级科目	借方金额	贷方金额	活动类别	行次
7	2016－12－10	提现	库存现金	50 000.00		无，现金内周转	
20	2016－12－31	支付办公费	库存现金		35 600.00	经营活动	18

表10－16　银行存款日记账

单位：元

题号	日期	摘要	总账科目	借方金额	贷方金额	活动类别	行次
2	2016－12－3	银行存款支付购入设备	银行存款		210 600.00	投资活动	30
5	2016－12－8	出售交易性金融资产	银行存款	230 000.00		投资活动	22
6	2016－12－8	银行存款支付购入设备	银行存款		105 600.00	投资活动	30
7	2016－12－10	支付到期银行承兑汇票、偿还货款	银行存款		635 000.00	经营活动	10
7	2016－12－10	提现	银行存款		50 000.00	无，现金内周转	
8	2016－12－10	销售笔记本一批，价款收到	银行存款	504 972.00		经营活动	1
9	2016－12－13	借入三年期借款	银行存款	6 500 000.00		筹资活动	40
11	2016－12－18	出售设备	银行存款	561 600.00		投资活动	25
13	2016－12－20	收到现金股利	银行存款	36 000.00		投资活动	23
13	2016－12－20	购入长期股权投资	银行存款		10 000 000.00	投资活动	31
14	2016－12－20	归还短期借款、长期借款和利息	银行存款		4 650 000.00	筹资活动	45
14	2016－12－20	归还短期借款、长期借款和利息			362 000.00	筹资活动	46

续上表

题号	日期	摘要	总账科目	借方金额	贷方金额	活动类别	行次
15	2016－12－22	开出银行汇票	银行存款		740 000. 00	无，现金内周转	
16	2016－12－28	银行汇票支付材料价款	银行存款	2 900. 00		经营活动，减少购买商品所支付的现金	10
19	2016－12－31	支付水电费	银行存款		87 000. 00	经营活动	18
20	2016－12－31	支付保险费	银行存款		202 400. 00	经营活动	18
22	2016－12－31	支付工资	银行存款		767 000. 00	经营活动	12
22	2016－12－31	支付工资	银行存款		410 000. 00	投资活动	30
23	2016－12－31	支付研发支出，资本化	银行存款		120 000. 00	投资活动	30
24	2016－12－31	支付展览费、广告费	银行存款		448 000. 00	经营活动	18
26	2016－12－31	办理贴现	银行存款	327 000. 00		经营活动	1
32	2016－12－31	销售台式电脑，货款已收	银行存款	4 024 449. 00		经营活动	1
33	2016－12－31	收到货款	银行存款	2 853 620. 00		经营活动	1
36	2016－12－31	计算应交税费并上交	银行存款		180 000. 00	经营活动	13
37	2016－12－31	计算所得税并上交	银行存款		184 560. 00	经营活动	13

表 10－17　其他货币资金明细账

单位：元

题号	日期	摘要	一级科目	借方金额	贷方金额	活动类别	行次
15	2016－12－22	开出银行汇票	其他货币资金	740 000. 00		无，现金内周转	
16	2016－12－28	银行汇票支付材料价款	其他货币资金		740 000. 00	经营活动	10

3. 结账时，将相同行次的所有金额汇总在一起，即可得到现金流量表主表

具体现金流量表（见表 10－18）。

表 10－18　现金流量表

编制单位：金华股份有限公司　　　　2016 年度　　　　单位：元

项　目	行次	本期金额	上期金额
一、经营活动产生的现金流量			
销售商品、提供劳务收到的现金	1	7 710 041.00	
收到的税费返还	3		
收到的其他与经营活动有关的现金	8		
经营活动现金流入小计	9	7 710 041.00	
购买商品、接受劳务支付的现金	10	1 372 100.00	
支付给职工以及为职工支付的现金	12	767 000.00	
支付的各项税费	13	364 560.00	
支付的其他与经营活动有关的现金	18	773 000.00	
经营活动现金流出小计	20	3 276 660.00	
经营活动产生的现金流量金额	21	4 433 381.00	
二、投资活动产生的现金流量			
收回投资所收到的现金	22	230 000.00	
取得投资收益所收到的现金	23	36 000.00	
处置固定资产、无形资产和其他长期资产收回的现金净额	25	561 600.00	
处置子公司及其他营业单位收到的现金净额	26		
收到的其他与投资活动有关的现金	28		
投资活动现金流入小计	29	827 600.00	
购建固定资产所支付的现金	30	846 200.00	
投资支付的现金	31	10 000 000.00	
取得子公司及其他营业单位支付的现金净额	32		
支付的其他与投资活动有关的现金	35		
投资活动现金流出小计	36	10 846 200.00	
投资活动产生的现金流量净额	37	－10 018 600.00	
三、筹资活动的现金流量			
吸收投资所收到的现金	38		
借款所收到的现金	40	6 500 000.00	

续上表

项　目	行次	本期金额	上期金额
收到的其他与筹资活动有关的现金	43		
筹资活动现金流入小计	44	6 500 000. 00	
偿还债务所支付的现金	45	4 650 000. 00	
分配股利、利润或偿付利息所支付的现金	46	362 000. 00	
支付的其他与筹资活动有关的现金	52		
筹资活动现金流出小计	53	5 012 000. 00	
筹资活动产生的现金流量净额	54	1 488 000. 00	
四、汇率变动对现金的影响	55		
五、现金及现金等价物净增加额	56	-4 097 219. 00	
加：期初现金及现金等价物余额	57	7 541 515. 00	
六、期末现金及现金等价物余额	58	3 444 296. 00	

4. **编制补充资料**

将净利润调节为经营活动现金流量净额（见表10-19）。

（1）资产减值准备。

该项目反映企业本期计提的坏账准备、存货跌价准备、长期股权投资减值准备、持有至到期投资减值准备、投资性房地产减值准备、固定资产减值准备、在建工程减值准备、无形资产减值准备、商誉减值准备。资产计提的减值准备，列入利润表，减少了净利润，但没有发生现金的支付，因此，在这里应该将利润表中扣减的资产减值损失加回来。本项目可以根据“资产减值损失”账户的借方发生额填列，也可以根据“坏账准备”“存货跌价准备”“长期股权投资减值准备”“持有至到期投资减值准备”“投资性房地产减值准备”“固定资产减值准备”“在建工程减值准备”“无形资产减值准备”等账户的记录分析填列。

计提的资产减值准备 = 1 439 353. 20（元）

（2）固定资产折旧、油气资产折耗、生产性生物资产折旧。

该项目反映企业本期累计提取的各种折旧数。计提的折旧在本期并没有发生现金的流入或流出，但计提折旧会导致净利润减少，因此，应该从净利润出发把本期计提的折旧额加回来。本项目可以根据“累计折旧”“投资性房地产累计折旧”等账户的贷方发生额分析填列。

固定资产折旧、油气资产折耗、生产性生物资产折旧 = “累计折旧”616 517 + “投资性房地产累计折旧”3 483 = 620 000（元）

（3）无形资产摊销。

该项目分别反映企业本期累计摊入成本费用的无形资产的价值。累计摊销会导致净利润的减少，但是，当期没有发生现金的流出，因此，应把摊销数加回到净利润中。这个项目可以根据“累计摊销”账户的贷方发生额分析填列。

无形资产摊销 = “累计摊销” 120 000（元）

（4）长期待摊费用摊销。

该项目分别反映企业长期待摊费用摊销金额。长期待摊费用摊销会导致净利润的减少，但是，当期没有发生现金的流出，因此，应把摊销数加回到净利润中。这个项目可以根据“长期待摊费用”账户的贷方发生额分析填列。

长期待摊费用摊销 = 0

（5）处置固定资产、无形资产和其他长期资产的损失。

该项目反映企业本期由于处置固定资产、无形资产和其他长期资产而发生的净损失。处置固定资产、无形资产和其他长期资产本身不属于经营活动，属于投资活动，因此，应该从净利润中把属于投资活动的部分扣减掉。本项目可以根据“营业外收入”“营业外支出”“其他业务收入”“其他业务成本”账户所属有关明细账户的记录分析填列；如为净收益，以“－”号填列。

处置固定资产、无形资产和其他长期资产的损失 = “营业外支出” 50 000（元）

（6）固定资产报废损失。

该项目反映企业本期由于报废固定资产而发生的净损失。因固定资产报废本身不属于经营活动，属于投资活动，因此，应该从净利润中把属于投资活动的部分扣减掉。本项目可以根据“营业外收入”“营业外支出”“其他业务收入”“其他业务成本”账户所属有关明细账户的记录分析填列；如为净收益，以“－”号填列。

固定资产报废损失 = 0

（7）公允价值变动损失。

公允价值变动损失反映企业在初始确认时划分为以公允价值计量且其变动计入当期损益的交易性金融资产或金融负债、衍生工具、套期等业务中公允价值变动形成的应计入当期损益的利得或损失。企业发生的公允价值变动损益，通常与企业的投资活动或筹资活动有关，而且并不影响企业当期的现金流量。为此，应当将其从净利润中剔除。本项目可以根据“公允价值变动损益”账户的发生额分析填列。如为持有损失，在将净利润调节为经营活动现金流量时，应当加回；如为持有利得，在将净利润调节为经营活动现金流量时，应当扣除。

公允价值变动损失 = －10 800（元）

（8）财务费用。

该项目反映企业本期发生的应属于投资活动或筹资活动的财务费用。属于投资活动或筹资活动的部分，在计算净利润时已扣除，但这部分发生的现金流出不属于经营活动现金流量的范畴，所以，在将净利润调节为经营活动现金流量时，需要予以加回。本项目可以根据“财务费用”账户的本期借方发生额分析填列；如为收益，则以“－”号填列。

例：企业当年共发生财务费用 20 000 元，其中：19 000 元为短期借款利息，1 000 元为票据贴现息。则现金流量表补充资料中的“财务费用”项目应填列的金额为（　）元。

A. 19 000　　　　　　　　B. 20 000

C. －19 000　　　　　　　D. －20 000

答案：A；“财务费用”项目反映的金额是与筹资活动和投资活动有关的现金流量。

财务费用＝68 000（元）（计提利息为筹资活动，需加回，故在此列示。）

（9）投资损失。

该项目反映企业本期投资所发生的损失减去收益后的净损失。投资损益是因为投资活动引起的，不属于经营活动，因此，在将净利润调整为经营活动现金净流量时，应将这部分损益从净利润中调整。本项目可以根据利润表“投资收益”项目的数字填列；如为投资收益，以“－”号填写。

投资损失＝－66 000（元）

（10）递延所得税资产减少（减：增加）。

该项目反映公司资产负债表“递延所得税资产”项目的期初余额与期末余额的差额。

递延所得税资产减少使计入所得税费用的金额大于当期应交的所得税金额，其差额没有发生现金流出，但在计算净利润时已经扣除，在将净利润调节为经营活动现金流量时，应当加回。递延所得税资产增加使计入所得税费用的金额小于当期应交的所得税金额，二者之间的差额并没有发生现金流入，但在计算净利润时已经包括在内，在将净利润调节为经营活动现金流量时，应当扣除。

递延所得税资产减少＝－34 700（元）

（11）递延所得税负债增加（减：减少）。

该项目反映公司资产负债表“递延所得税负债”项目的期初余额与期末余额的差额。

递延所得税负债增加使计入所得税费用的金额大于当期应交的所得税金额，其差额没有发生现金流出，但在计算净利润时已经扣除，在将净利润调节为经营活动现金流量时，应当加回。如果递延所得税负债减少使计入当期所得税费用的金额小于当期应交的所得税金额，其差额并没有发生现金流入，但在计算净利润时已经包括在内，在将净利润调节为经营活动现金流量时，应当扣除。

（12）存货的减少（减：增加）。

本项目可根据资产负债表中“存货”项目的期初数、期末数之间的差额填列；期末数大于期初数的差额，以“－”号填列。

存货的增减变动多数属于经营活动。在不存在赊销的情况下，期末存货比期初存货增加，说明当期购入的存货除耗用外，还剩余了一部分，这部分存货也发生了现金流出，但在计算净利润时没有包括在内，所以，在将净利润调节为经营活动现金流量时，需要扣除。

期末存货比期初存货减少，说明本期生产经营过程耗用的存货有一部分是期初的存货，耗用这部分存货并没有发生现金流出，但在计算净利润时已经扣除，所以，在将净利润调节为经营活动现金流量时，应当加回。

当然，存货的增减变化过程还涉及应付项目，这一因素在“经营性应付项目的增加”中考虑。存货余额中不能扣除存货跌价准备，因为存货跌价准备的调整金额已在第一项“资产减值准备”中调整了，不能重复调整。

如果存货的增减变化过程属于投资活动，如在建工程领用存货，应当将这一因素剔除。

存货的减少 = 资产负债表中“存货”（期初 – 期末） – 存货跌价准备贷方发生额

= 6 731 602 – 3 198 012 – 11 190

= 3 522 400（元）

例：企业期初存货 50 万元，本期购进 50 万元存货，销售 30 万元，期末存货余额为 70 万元。期末存货比期初存货增加 20 万元，在现金流量表补充资料中应填“ – 20 万元”。

其中本期购入 50 万元存货均已用现金支付，但只有已销售的 30 万存货做为主营业务成本列入利润表减少净利润，还有 20 万形成存货增加，增加的存货部分已支付现金，但未从净利润中扣除，因此，存货的减少 = – 200 000（元）。

（13）经营性应收项目的减少（减：增加）。

经营性应收项目包括应收票据、应收账款、预付账款、长期应收款和其他应收款中，与经营活动有关的部分。经营性应收项目期末余额小于经营性应收项目期初余额，说明本期收回的现金大于利润表中所确认的销售收入，所以，在将净利润调节为经营活动现金流量时，需要加回。经营性应收项目期末余额大于经营性应收项目期初余额，说明本期销售收入中有一部分没有收回现金，但是，在计算净利润时这部分销售收入已包括在内，所以，在将净利润调节为经营活动现金流量时，需要扣除。本项目应当根据有关科目的期初、期末余额分析填列；如为增加，以“ – ”号填列。

经营性应收项目的减少 = 资产负债表中经营性应收项目金额（期初 – 期末） – 备抵账户的贷方发生额 = “应收票据”（期初 – 期末） + “应收账款”（期初 – 期末） + “预付账款”（期初 – 期末） + “其他应收款”（期初 – 期末） – “坏账准备”贷方发生额 = – 2 175 508（元）

（14）经营性应付项目的增加（减：减少）。

经营性应付项目包括应付票据、应付账款、预收账款、应付职工薪酬、应交税费、长期应付款、其他应付款中与经营活动有关的部分等。经营性应付项目期末余额大于经营性应付项目期初余额，说明本期购入的存货中有一部分没有支付现金，但是，在计算净利润时却通过营业成本包括在内，在将净利润调节为经营活动现金流量时，需要加回；经营性应付项目期末余额小于经营性应付项目期初余额，说明本期支付的现金大于利润表中所确认的营业成本，在将净利润调节为经营活动产生的现金流量时，需要扣除。本项目应当根据有关科目的期初、期末余额分析填列；如为减少，以“ – ”号填列。

经营性应付项目的增加 = 资产负债表中经营性应付项目金额（期末 – 期初）

= 891 989（元）

表 10－19　现金流量表补充资料

单位：元

补 充 资 料	本期金额	上期金额
1. 将净利润调节为经营活动现金流量		
净利润	1 439 353. 20	
加：计提的资产减值准备	44 346. 80	
固定资产折旧、油气资产折耗、生产性生物资产折旧	620 000. 00	
无形资产摊销	120 000. 00	
长期待摊费用摊销		
处置固定资产、无形资产和其他长期资产的损失（减：收益）	50 000. 00	
固定资产报废损失		
公允价值变动损失	－10 800. 00	
财务费用（减：收益）	68 000. 00	
投资损失（减：收益）	－66 000. 00	
递延所得税资产减少（减：增加）	－34 700. 00	
递延所得税负债增加（减：减少）		
存货的减少（减：增加）	3 522 400. 00	
经营性应收项目的减少（减：增加）	－2 175 508. 00	
经营性应付项目的增加（减：减少）	856 289. 00	
经营活动产生的现金流量净额	4 433 381. 00	
2. 不涉及现金收支的投资和筹资活动		
债务转为资本		
一年内到期的可转换公司债券		
3. 现金及现金等价物净增加情况		
现金的期末余额	3 444 296. 00	
减：现金的期初余额	7 541 515. 00	
加：现金等价物的期末余额		
减：现金等价物的期初余额		
现金及现金等价物净增加额	－4 097 219. 00	

活动四　编制所有者权益变动表

工作实例

金华股份有限公司2017年资产负债表中股东权益各项目的期末金额如下：“未分配利润”项目3 000万元、“盈余公积”项目880万元、“其他综合收益”项目120万元、“资本公积”项目为2 800万元、“股本”项目为6 000万元。

当年发生的与股东权益相关的事项资料如下：

（1）公司全年实现净利润852万元，其他综合收益增加30万元；“利润分配”账户相关子目中反映的利润分配情况为：“提取法定盈余公积”为85万元，“应付股利”为200万元。

（2）“资本公积”账户，其中“资本溢价”子目中，因企业的可转换债券转换成为股票而发生溢价10万元、因转增股本而减少800万元。

（3）“股本”账户中，因企业的可转换债券转换成为股票，增加50万元；因资本公积转增股本，增加800万元。

请根据以上资料填列当年该公司的股东权益变动表。

知识准备

一、所有者权益变动表的概念

所有者权益变动表反映构成所有者权益的各组成部分当期的增减变动情况。当期损益、直接计入所有者权益的利得和损失，以及与所有者（或股东，下同）的资本交易导致的所有者权益的变动，应当分别列示。

二、所有者权益变动表的列示项目

所有者权益变动表至少应当单独列示反映下列信息的项目：

（1）净利润。

（2）直接计入所有者权益的利得和损失项目及其总额。

（3）会计政策变更和差错更正的累积影响金额。

（4）所有者投入资本和向所有者分配利润等。

（5）按照规定提取的盈余公积。

（6）实收资本（或股本）、资本公积、盈余公积、未分配利润的期初和期末余额及其调节情况。

工作步骤

所有者权益变动表各项目的金额栏分为“本年金额”和“上年金额”两栏。

1. 填列“上年年末余额”

所有者权益变动表“上年年末余额”栏各项目应根据上一年所有者权益变动表的“本期期末余额”栏的金额填列，如果所有者权益变动表中的项目名称、内容有变化，则应根据规定对上一年所有者权益变动表相关项目的内容、金额进行调整，按照调整后的金额填入本期所有者权益变动表的“上年年末余额”栏。

2. 所有者权益变动表各项目的“本年年初余额”填列

“上年年末余额”加上“会计政策变更”“前期差错更正”，即为“本年年初余额”。“会计政策变更”“前期差错更正”项目，分别反映企业采用追溯调整法处理的会计政策变更的累计影响金额和采用追溯重述法处理的前期差错更正的累计影响金额。

3. 填列“本期增减变动金额”项目

（1）综合收益总额。该项目应根据利润表中的“综合收益总额”填列，等于利润表中的“净利润”加上“其他综合收益”项目的金额。

（2）所有者投入资本。所有者投入资本，是指投资者当期投入企业的资本，包括形成的注册资本的部分和溢价的部分。该项目应根据“实收资本”账户和“资本公积”账户本期发生额分析填列，对应表内横向的“实收资本”和“资本公积”项目。

（3）股份支付计入所有者权益的金额。股份支付计入所有者权益的金额，是指企业处于等待期中的以权益结算的股份支付，当期应计入资本公积的金额。该项目应根据“资本公积”账户本期发生额分析填列，对应表内横向的“资本公积”项目。

（4）提取盈余公积。提取盈余公积，是指企业当期按照规定提取的盈余公积。该项目应根据“利润分配”账户本期发生额分析填列。对应表内横向的“盈余公积”“未分配利润”项目，“盈余公积”项目增加，“未分配利润”项目相应减少。

（5）对所有者（或股东）的分配。对所有者（或股东）的分配，是指企业当期分配给投资者的利润（或股利）。该项目应根据“利润分配”账户本期发生额分析填列。对应表内横向的“未分配利润”项目，表现为“未分配利润”减少。

（6）资本公积转增资本（或股本）。资本公积转增资本（或股本），是指企业当期用资本公积转增资本或股本的金额。该项目应根据“实收资本”或“资本公积”账户本期发生额分析填列。对应表内横向的“实收资本”和“资本公积”项目，“实收资本”项目增加，“资本公积”项目相应减少。

（7）盈余公积转增资本（或股本）。盈余公积转增资本（或股本），是指企业当期用盈余公积转增资本或股本的金额。该项目应根据“实收资本”或“盈余公积”账户本期发生额分析填列。对应表内横向的“实收资本”和“盈余公积”项目，“实收资本”项目增加，“盈余公积”项目相应减少。

（8）盈余公积弥补亏损。盈余公积弥补亏损，是指企业当期用盈余公积弥补亏损的金额。该项目应根据“利润分配”账户本期发生额分析填列。对应表内横向的“盈余公积”和“未分配利润”项目，“未分配利润”项目增加，“盈余公积”项目相应减少。

（9）本年年末余额。本年年末余额，是指所有者权益的年末金额，可根据表内项目计算得到，各项计算结果应与同期资产负债表中的所有者权益项目的金额一致。

会计将上述步骤完成，得到所有者权益变动表（见表10－20）。

表 10－20　所有者权益变动表（会企 04 表）

编制单位：金华股份有限公司　　　　2016 年度　　　　单位：万元

项目	本年金额							上年金额						
	实收资本（或股本）	资本公积	减：库存股	其他综合收益	盈余公积	未分配利润	所有者权益合计	实收资本（或股本）	资本公积	减：库存股	其他综合收益	盈余公积	未分配利润	所有者权益合计
一、上年年末余额	6 000	2 800		120	880	3 000	12 800	略						
加：会计政策变更							0							
前期差错更正							0							
二、本年年初余额	6 000	2 800		120	880	3 000	12 800							
三、本期增减变动金额（减少以“－”号填列）														
（一）综合收益总额				30		852	882							
（二）所有者投入和减少资本							0							
1. 所有者投入资本	50	10					60							
2. 股份支付计入所有者权益的金额							0							
3. 其他							0							
（三）利润分配							0							
1. 提取盈余公积					85	－85	0							
2. 对所有者（或股东）的分配						－200	－200							
3. 其他							0							
（四）所有者权益内部结转							0							
1. 资本公积转增资本（或股本）	800	－800					0							
2. 盈余公积转增资本（或股本）							0							

续上表

项目	本年金额							上年金额						
	实收资本（或股本）	资本公积	减：库存股	其他综合收益	盈余公积	未分配利润	所有者权益合计	实收资本（或股本）	资本公积	减：库存股	其他综合收益	盈余公积	未分配利润	所有者权益合计
3. 盈余公积弥补亏损							0							
4. 其他							0							
四、本年年末余额	6 850	2 010	0	150	965	3 567	13 542							

任务二　编制附注

工作任务

完成工作任务应提交的标志性成果：附注。包括编写资产项目附注、负债项目附注、所有者权益项目附注和其他相关内容。

知识准备

附注是会计报表不可或缺的组成部分。报表使用者在了解企业的财务状况、经营成果和现金流量等时，应当全面阅读报表附注，附注与报表具有同等的重要性。

一、会计报表附注概述

1. 会计报表附注的编报意义

会计报表附注，是对资产负债表、利润表、现金流量表以及所有者权益变动表等报表中列示项目的文字描述和进一步详细说明，是对未能纳入财务会计报表的重要事项的补充说明。会计报表是数字式的表式报告，是对会计要素内容的高度概括，要通过财务会计报表真正了解企业的财务状况、经营状况，必须辅以必要的解释和说明。另外，财务会计报表所反映的内容仅仅局限于会计要素的范畴，一些能够影响使用者决策的重要信息或事件未能得到反映，因此，需要采用报表以外的手段来补充。而附注作为财务会计报表的重要组成部分，正是对财务会计报表内容的必要解释、说明和补充，与财务会计报表具有同等的重要作用。

2. **会计报表附注的主要内容**

会计报表附注的主要内容如下：企业的基本情况；会计报表的编制基础；遵循企业会计准则的声明；重要会计政策和会计估计及其变更的披露；会计差错更正的说明；重要报表项目的说明和披露格式；资产负债表日后事项的说明；关联方关系及其交易的说明。

二、会计报表附注的编制方法

1. **企业的基本情况**

企业的基本情况包括：① 企业注册地、组织形式和总部地址；② 企业的业务性质和主要经营活动；③ 母公司以及集团最终母公司的名称；④ 财务报告的批准报出者和财务报告批准报出日。按照有关法律、行政法规等规定，企业所有者或其他方面有权对报出的财务报告进行修改的事实。

2. **会计报表的编制基础和遵循企业会计准则的声明**

会计报表的编制基础包括：① 会计年度；② 记账本位币；③ 会计计量所运用的计量基础；④ 现金和现金等价物的构成。同时，企业应当明确说明编制的财务报表符合企业会计准则体系的要求，真实、公允地反映企业的财务状况、经营成果和现金流量。

3. **会计政策、会计估计及其变更和会计差错更正的披露**

(1) 会计政策及其变更的披露。

会计政策的披露，会计政策是指企业在会计确认、计量和报告中所采用的原则、基础和会计处理方法。企业应在附注中披露重要的会计政策，在判断会计政策的重要性时，应当考虑与会计政策相关的项目的性质和金额。对于不重要的会计政策可以不予披露。企业应当披露的重要会计政策，包括：① 发出存货成本的计量，是指企业确定发出存货成本所采用的会计处理方法；② 长期股权投资的后续计量，是指企业取得长期股权投资后的会计处理方法；③ 投资性房地产的后续计量，是指企业对投资性房地产进行后续计量所采用的会计处理方法；④ 固定资产的初始计量，是指对取得的固定资产初始成本的计量方法；⑤ 生物资产的初始计量，是指对取得的生物资产初始成本的计量方法；⑥ 无形资产的确认，是指对无形项目的支出是否确认为无形资产的原则；⑦ 非货币性资产交换的计量，是指非货币性资产交换事项中对换入资产成本的计量方法；⑧ 收入的确认，是指收入确认所采用的会计方法；⑨ 合同收入与费用的确认，是指确认建造合同的收入和费用所采用的会计处理方法；⑩ 借款费用的处理，是指借款费用的会计处理方法；⑪ 合并政策，是指编制合并财务报表所采用的原则；⑫ 其他重要会计政策。企业应在附注中披露主要的会计政策。

会计政策变更的披露，会计政策变更是指企业对相同的交易或者事项由原来采用的会计政策改为另一会计政策的行为。原则上，企业采用的会计政策，在每一会计期间和前后各期应当保持一致，不得随意变更，以保证会计信息的可比性，但在特殊情况下，如国家法律、行政法规或者国家统一的会计制度等要求变更，或者会计政策变更能够提供更可靠、更相关的会计信息，也允许企业变更会计政策。企业在变更会计政策后，除按照相关规定采用追溯调整法或未来适用法进行会计处理之外，还应在附注中披露与会计政策变更有关的信息，应披露的信息包括：① 会计政策变更的性质、内容和原因；② 当期和各个列报前期财务报表中受影响的项目名称和调整金额；③ 无法进行追溯调整的，说明该事实和原因以及开始应用变更后的会计政策的时点、具体应用情况。

（2）会计估计及其变更的披露。

会计估计的披露，会计估计是指企业对结果不确定的交易或者事项以最近可利用的信息作为基础做出的判断。企业应在附注中披露重要的会计估计，在判断会计估计的重要性时，应当考虑与会计估计相关的项目的性质和金额。对于不重要的会计估计可以不予披露。企业应当披露的重要会计估计，包括：① 存货可变现净值的确定。② 公允价值模式下的投资性房地产公允价值的确定。③ 固定资产的预计使用寿命与净残值、固定资产的折旧方法。④ 生物资产的预计使用寿命与净残值、各类生产性生物资产的折旧方法。⑤ 使用寿命有限的无形资产的预计使用寿命与净残值。⑥ 可收回金额按照资产组的公允价值减去处置费用后的净额确定的，确定公允价值减去处置费用后的净额的方法。可收回金额按照资产组预计未来现金流量的现值确定的，预计未来现金流量及其折现率的确定。⑦ 合同完工进度的确定。⑧ 权益工具公允价值的确定。⑨ 债务人债务重组中转让的非现金资产的公允价值、由债务转成的股份的公允价值和修改其他债务条件后债务的公允价值的确定。债权人债务重组中受让的非现金资产的公允价值、由债权转成的股份的公允价值和修改其他债务条件后债权的公允价值的确定。⑩ 预计负债初始计量的最佳估计数的确定。⑪ 金融资产公允价值的确定。⑫ 承租人对未确认融资费用的分摊，出租人对未实现融资收益的分配。⑬ 探明矿区权益、井及相关设施的折耗方法。与油气开采活动相关的辅助设备及设施的折旧方法。⑭ 非同一控制下企业合并成本的公允价值的确定。⑮ 其他重要会计估计。

会计估计变更的披露，会计估计变更是指由于资产和负债的当前状况及预期经济利益和义务发生了变化，从而对资产或负债的账面价值或者资产的定期消耗金额进行调整。当会计估计的基础发生变化，或者由于取得新信息、积累更多经验以及后来的发展变化，企业应当对会计估计进行修正，变更原来的会计估计。会计估计变更后，除按照相关规定采用未来适用法进行会计处理之外，还应在附注中披露与会计估计变更有关的信息，应披露的信息包括：① 会计估计变更的内容和原因。② 会计估计变更对当期和未来期间的影响数。③ 会计估计变更的影响数不能确定的，披露这一事实和原因。

（3）会计差错更正的说明。

会计差错更正中的会计差错，特指前期会计差错。前期会计差错，是指由于没有运用或错误运用了编报前期财务报表时预期能够取得并加以考虑的可靠信息，或者前期财务报告批准报出时能够取得的可靠信息，而对前期财务报表造成的漏报或错报。前期会计差错，通常包括计算错误、应用会计政策错误、疏忽或曲解事实以及舞弊产生的影响等。企业除应当按照规定的会计处理方法进行更正，并根据需要调整相应报告数据之外，还应在附注中披露与前期差错更正有关的信息，应披露的信息包括：① 前期差错的性质；② 各个列报前期财务报表中受影响的项目名称和更正金额；③ 无法进行追溯重述的，说明该事实和原因以及对前期差错开始进行更正的时点、具体更正情况。

4. 会计报表重要报表项目的说明

会计报表是数字式的表式报告，表内各项内容是对企业一定时期内所发生的经济业务和会计事项结果的高度概括。在附注中，对财务会计报表中的重要项目详细说明，有助于报表使用者更好地理解财务会计报表提供的数据信息，更好地把握企业的财务状况、经营状况以及现金流量情况等，从而做出正确的决策。对重要报表项目的明细说明，应当按照资产负债表、利润表、现金流量表、所有者权益变动表的顺序以及报表项目列示的顺序进行披露，并与报表项目相互参照。应以文字描述和数字描述相结合的方式进行，并应尽可能以列表形式说明重要报表项目的构成或当期增减变动情况。资产减值准备明细表、现金流量表补充资料、分部报表应当在附注中单独披露，不作为报表附表。

重要报表项目至少应说明以下内容：

（1）交易性金融资产。

应分别说明交易性债券投资、交易性权益工具投资、其他交易性金融资产以及指定为以公允价值计量且其变动计入当期损益的金融资产等公允价值的变化。

（2）应收款项。

首先，应说明坏账的确认标准，以及坏账准备的计提方法和计提比例，并说明下列事项：① 以前年度已全额计提坏账准备，或计提坏账准备的比例较大的，但在本年度又全额或部分收回的，或通过重组等其他方式收回的，应说明其原因、原估计计提比例的理由，以及原估计计提比例的合理性；② 本年度实际冲销的应收款项及其理由，其中，实际冲销的关联交易产生的应收款项应单独披露。其次，应分别列明应收账款、预付账款、其他应收款计提坏账准备的情况。另外，应说明应收账款中的主要债务方及欠债金额。

（3）存货。

应分别说明本期存货中原材料、在产品、库存商品等的占有的百分比例及其增减变动，还应说明存货跌价准备的计提情况和转回及原因等。

（4）长期股权投资。

应分别说明长期股权投资各具体内容的账面余额及其增减变动情况。对于对被投资单位具有重大影响以上的长期股权投资，应披露被投资单位清单及其主要财务信息；对于被投资单位由于所在国家或地区及其他方面的影响，使得其向投资企业转移资金的能力受到限制的，应披露该受限制的具体情况、原因、期限等；对于采用权益法核算的长期股权投资，在对被投资单位的长期权益减记至零以后，如果仍存在账外备查登记的额外损失，应披露该额外损失的累计金额及当期未予确认的金额；对于投资合同或协议中约定，当被投资单位发生亏损时，投资企业除了已投入资本及其他实质上构成投资的权益外，还应承担其他弥补义务的，应披露合同或协议中约定条款的内容，以及基于被投资单位目前生产经营情况估计或承担该部分义务的情况。

（5）投资性房地产。

采用成本模式后续计量的投资性房地产，应说明其期初和期末原价、累计折旧（或累计摊销）以及减值准备累计金额。采用公允价值模式后续计量的投资性房地产，应说明其账面价值的增减变动情况，同时，说明公允价值的取得依据和方法，以及计入当期损益的金额。当期如有房地产转换，则说明房地产转换的理由，以及因房地产转换而计入当期损益或所有者权益的金额。当期如有房地产处置，说明当期处置投资性房地产的方式，以及因此产生的处置净损益。

（6）固定资产。

首先应分别说明固定资产的分类、使用寿命、预计净残值和折旧率；其次，应分别说明各类固定资产的期初和期末原价、累计折旧额及固定资产减值准备累计金额；第三，应说明对固定资产所有权的限制及其金额和用于债务担保的固定资产账面价值；第四，应分别说明准备处置的固定资产名称、账面价值、公允价值、预计处置费用和预计处置时间等。企业确有准备处置固定资产的，应当说明准备处置的固定资产的名称、账面价值、公允价值、预计处置费用和预计处置时间等。

（7）无形资产。

第一，应说明无形资产的类别及取得方式；第二，应说明每一类无形资产的使用寿命情况，其中，使用寿命有限的无形资产，说明其使用寿命或构成使用寿命的产量等类似计量单位数量；使用寿命不确定的无形资产，说明无法预见其为企业带来经济利益期限的原因；第三，应说明使用寿命有限的无形资产，为企业带来经济利益的方式及在此基础上确定的摊销方法；第四，应提供各类无形资产的增减变动情况；第五，用于担保的无形资产，应说明其成本、累计摊销额及无形资产减值准备累计金额等。同时，应披露计入当期损益和确认为无形资产的研究开发支出金额。

（8）资产减值准备。

应说明各项资产减值准备的构成，并披露资产减值准备增减变动情况及原因等。

（9）职工薪酬。

应披露职工薪酬各项具体内容及增减变动情况。另外，应披露本期为职工提供的非货币性福利的形式、各项非货币性福利金额及其计算依据。

（10）应交税费。

应披露企业应交的各种税费的账面余额及其原因。

（11）短期借款和长期借款。

借款应按照类别披露其借款具体期限、账面余额和还款情况等。期末如有逾期未归还借款，还应披露其具体的贷款单位、金额、逾期时间、年利率、逾期未还的原因以及计划的还款期等。

（12）营业收入、营业成本。

应分别披露主营业务收入与主营业务成本的构成、其他业务收入与其他业务成本的构成。其次，应披露建造合同当期预计损失的原因和金额，包括各项合同总金额、累计已发生成本、累计已确认毛利（或亏损）、已办理结算的价款金额等。

（13）公允价值变动损益。

应按照公允价值变动损益的来源，披露不同来源公允价值变动损益的金额。

（14）投资收益（或损失）。

首先，应按照不同来源，披露不同来源的投资收益（或损失）的金额，对于当期金额较大的，还应说明具体原因。另外，应说明按照权益法核算的长期股权投资，直接以被投资企业账面净损益计算确认投资损益的情况。

（15）资产减值损失。

应按类别披露各项资产减值损失的构成及其金额。另外，如果发生重大资产减值损失，还应说明导致每项重大资产减值损失的原因和当期确认的重大资产减值损失的金额。

（16）营业外收入。

应按照营业外收入的具体来源，披露不同来源营业外收入的金额。

（17）营业外支出。

应按照营业外支出发生的具体原因，披露不同原因产生的营业外支出的金额。

（18）所得税。

应披露所得税费用的组成，包括当期所得税、递延所得税；披露所得税费用与会计利润的关系。

5. 会计报表重要事项的说明

由于受到会计要素确认条件的限制，进入财务会计报表的信息是有限的，一些重要的交易或事项，虽然对企业的经营具有重要的影响，或对信息使用者的判断具有重要影响，但却无法纳入财务会计报表，因此，需要在附注中予以说明。

（1）或有事项的说明。

或有事项，是指由过去的交易或事项形成的，但结果需由将来某些事项的发生或者不发生事项决定的。或有事项的结果具有很大的不确定性，它的存在增加了企业经营的风险，影响到报表使用者对企业的判断。常见的或有事项有：未决诉讼或者未决仲裁、债务担保、产品质量保证、亏损合同、重组义务、承诺以及环境污染整治等。因或有事项而产生的义务称为或有负债，因或有事项而产生的潜在资产称为或有资产。或有负债与或有资产不符合负债或资产的定义及确认条件，所以均不能确认进入财务会计报表。但由于其中蕴藏的潜在风险（或收益），可能对企业的正常经营产生重要影响，因此，应采用附注的形式予以披露。随着未来事项的发生或者不发生，或有资产将可能转化为真实资产，当或有资产符合资产的确认条件，被确认为真实资产时，应纳入资产负债表相关的资产项目中予以披露。而或有负债也有可能转化为现实义务，当或有负债符合负债的确认条件，被确认为负债时，则应作为“预计负债”，在资产负债表中单独列示。

（2）或有事项应说明的内容。

① 关于或有资产。或有资产作为一种潜在资产，给企业带来的是可能的经济利益流入，本着谨慎性原则，一般在附注中不予说明。但如果给企业带来经济利益的可能性很大，也应在附注中说明其形成的原因，以及预计可能对企业的财务状况产生的影响。

② 关于或有负债。或有负债作为一种潜在义务，给企业带来的是可能的经济利益流出、带来的是经营的风险，因此，除非或有负债导致经济利益流出企业的可能极小，否则均应在附注中说明以下相关内容：或有负债的种类及其形成原因，包括已贴现商业承兑汇票、未决诉讼、未决仲裁、对外提供担保等形成的或有负债；经济利益流出不确定性的说明；或有负债预计产生的财务影响，以及获得补偿的可能性；无法预计的，应当说明原因。需要注意的是，在涉及未决诉讼、未决仲裁的情况下，如果披露全部或部分信息预期会对企业会造成重大不利影响，企业则无须披露具体信息，但应当说明该未决诉讼、未决仲裁的性质，以及没有披露的事实和原因。

③ 关于预计负债。预计负债是由或有负债这一潜在负债，在满足负债确认条件时转化而来的，在会计报表附注中，应单独披露并说明以下内容：预计负债的种类、形成原因以及经济利益流出不确定性的说明；各类预计负债的期初、期末余额和本期变动情况；与预计负债有关的预期补偿金额和本期已确认的预期补偿金额。

6. **资产负债表日后事项的说明**

一些资产负债表日后发生的事项，由于不能反映在资产负债表日的财务报告中，但又会对企业以后的经营产生重大的影响，因此，应在附注中说明。

（1）资产负债表日后事项。

资产负债表日后事项，是指资产负债表日至财务报告批准报出日之间发生的、对企业的财务状况和经营结果具有一定影响的事项。资产负债表日后事项，可分为调整事项和非调整事项。调整事项，即对资产负债表日已经存在的情况提供了新的或者进一步的证据的事项。调整事项的发生说明资产负债表日的财务报告不够准确，可能误导报表使用者，因此，企业应通过账务处理，调整资产负债表日的财务报告，将日后调整事项的影响计入资产负债表日的财务报告。非调整事项，即表明了资产负债表日后发生的情况的事项。非调整事项的发生不影响资产负债表日财务报告的数据，但对企业日后的财务状况、经营成果可能产生影响，特别是一些重大的非调整事项的发生，如资产负债表日后发生的重大诉讼、仲裁、承诺事项；资产负债表日后资产价格、外汇汇率发生的重大变化，税收政策发生的重大改变；资产负债表日后因自然灾害导致资产发生的重大损失、投资遭受的重大损失；资产负债表日后发行股票和债券以及其他巨额举债；资产负债表日后资本公积转增资本；资产负债表日后发生的巨额亏损；资产负债表日后发生企业合并或处置子公司；资产负债表日后，企业利润分配方案中拟分配的以及经审议批准宣告发放的股利或利润等等。重大非调整事项的发生会对企业资产负债表日后的经营产生较大影响，但又不包括在资产负债表日财务报告的信息中，如不加以说明，将不利于财务报告使用者做出正确判断和决策。为使财务报告的使用者更充分地了解相关信息，企业需要在附注中进行说明。

（2）资产负债表日后事项说明的内容。

在附注中，应对资产负债表日后发生的重要非调整事项，逐项加以说明，说明其性质、内容及其对财务状况和经营成果的影响。如果无法做出估计的，也应说明原因。

7. **关联方关系及其交易的说明**

由于关联方关系以及关联方交易的存在，有可产生有碍财务报表信息公允的因素，从而损害其他相关者的利益，并误导信息使用者，因此，在附注中要求企业说明其关联方关系及关联方交易，以示报告信息的公允。

（1）关联方关系。

关联方关系，是以存在控制、共同控制或重大影响为前提而产生的。如果一方控制、共同控制另一方或对另一方施加重大影响，则互称关联方，而两者之间的关系称为关联方关系。

根据关联方披露准则的规定，下列各方构成企业的关联方：

① 该企业的母公司。

② 该企业的子公司。

③ 与该企业受同一母公司控制的其他企业。

④ 对该企业实施共同控制的投资方。

⑤ 对该企业施加重大影响的投资方。

⑥ 该企业的合营企业。

⑦ 该企业的联营企业。

⑧ 该企业的主要投资者个人及与其关系密切的家庭成员。主要投资者个人，是指能够控制、共同控制一个企业或者对一个企业施加重大影响的个人投资者。

⑨ 该企业或其母公司的关键管理人员及与其关系密切的家庭成员。关键管理人员，是指有权力并负责计划、指挥和控制企业活动的人员。与主要投资者个人或关键管理人员关系密切的家庭成员，是指在处理与企业的交易时可能影响该个人或受该个人影响的家庭成员。

⑩ 该企业主要投资者个人、关键管理人员或与其关系密切的家庭成员控制、共同控制或施加重大影响的其他企业。

（2）关联方交易。

关联方交易，是指关联方之间转移资源、劳务或义务的行为，而不论是否收取价款。

关联方交易的类型通常包括下列各项：购买或销售商品、购买或销售商品以外的其他资产、提供或接受劳务、担保、提供资金（贷款或股权投资）、租赁、代理、研究与开发项目的转移、许可协议、代表企业或由企业代表另一方进行债务结算、关键管理人员薪酬等。

一般情况下，认为关联方之间的交易也是以公允价值为基础进行的，但不排除为了某种目的，例如，为了转移利润、粉饰财务报表或逃避税收等目的，关联方之间可能进行非公允的交易。因此，要求企业披露关联方关系及其交易，特别是交易中的定价政策。企业在披露关联方关系及其交易的相关信息时，对于在合并财务报表编制过程中已经抵销了的，合并范围内各企业之间的交易不需要在附注中再次披露，在附注中应披露合并范围外各关联方的关系及其交易。关联方交易应当区别关联方以及交易类型予以披露，类型相似的关联方交易，在不影响财务报表阅读者正确理解关联方交易对财务报表影响的情况下，可以合并披露。

（3）关联方关系及其交易应说明的内容。

企业无论是否发生关联方交易，均应当在附注中披露与母公司和子公司有关的下列信息：

① 母公司和子公司的名称。母公司不是该企业最终控制方的，还应当披露最终控制方名称。母公司和最终控制方均不对外提供财务报表的，还应当披露母公司之上与其最相近的对外提供财务报表的母公司名称。

② 母公司和子公司的业务性质、注册地、注册资本（或实收资本、股本）及其变化。

③ 母公司对该企业或者该企业对子公司的持股比例和表决权比例。

（4）企业与关联方发生关联方交易的，应当在附注中披露该关联方关系的性质、交易类型及交易要素。交易要素至少应当包括：

① 交易的金额。

② 未结算项目的金额、条款和条件，以及有关提供或取得担保的信息。

③ 未结算应收项目的坏账准备金额。

④ 定价政策。

活动 编制财务报表附注

一、企业的基本情况

金华股份有限公司（以下简称本公司）成立于20××年7月8日，领取××市工商行政管理局颁发的企业法人营业执照，工商登记注册号44011100001××××。注册资本人民币296万元。企业类型：股份制有限公司。法定代表人：廖某。注册地址：××区。

经营范围：生产及销售甲产品、乙产品。

二、财务报表编制基准

1. 会计年度

本公司会计年度自公历1月1日起至12月31日止。

2. 核算原则和计价基础

以权责发生制为核算原则，以历史成本为资产计价基础。

3. 记账本位币和外币业务核算方法

本公司记账本位币为人民币。

外币经济业务按发生当日中国人民银行公布的人民币对外币的基准汇率折合为人民币记账；期末对各种货币性外币账户的外币余额按期末汇率折合为人民币，按照期末汇率折合的记账本位币与账面记账本位币金额之间的差额，作为汇兑损益，计入财务费用。

4. 现金和现金等价物的构成

本公司现金和现金等价物指现金、可随时用于支付的银行存款和其他货币资金以及公司持有的期限短、流动性强、易于转换为已知金额现金、价值变动风险很小的投资。

5. 编制基础

本会计报表是按照中华人民共和国财政部颁发的《企业会计准则》和《小企业会计制度》的有关规定及本公司持续经营为基础编制的，能真实、公允地反映本公司的财务状况、经营成果和现金流量。

三、主要会计政策和会计估计

1. 坏账损失的核算方法

本公司对坏账损失采用备抵法核算。坏账损失准备的提取按个别认定法计提。

确认坏账损失的标准为：有确凿证据表明该项应收款项不能收回或收回的可能性不大，如因债务人死亡或债务单位破产，资不抵债，现金流量严重不足，发生严重自然灾害导致停产而在短期无法偿付债务，以及其他足以证明应收款项发生损失和应收款项逾期五年以上的情况等。

2. 存货核算方法

本公司的存货分为原材料、产成品、低值易耗品。

外购存货按取得时的实际成本计价，发出采用先进先出法核算。存货的保管按永续盘存制度管理。

低值易耗品在领用时采用一次性摊销法摊销。

本公司对存货计提跌价准备。在期末对存货清查后，如有存货遭受毁损、全部或部分陈旧过时或销售价格低于成本时，按单个存货项目的成本低于其可变现净值的差额，计提存货跌价准备。

可变现净值指估计售价减去至完工时将要发生的成本、销售费用和相关税费后的金额。

3. 长期投资核算方法

本公司对外长期股权投资，按投资时实际支付的价款或确定的价值记账。本公司投资占被投资单位有表决权资本总额20%以下的，或虽投资占20%或20%以上，但不具有重大影响，采用成本法核算；公司投资占被投资单位有表决权资本总额20%以上或虽投资不足20%但具有重大影响的，采用权益法核算。

4. 固定资产计价与折旧方法

（1）固定资产标准：固定资产系指使用期限在一年以上的房屋建筑物、机器设备、运输工具等有形资产以及单位价值在2 000元以上、使用期限在两年以上的非生产经营用设备和物品。

（2）固定资产计价：固定资产按取得时的实际成本入账。

（3）固定资产折旧，本公司固定资产折旧采用直线法，按分类折旧率计算折旧，各类折旧率见表10－21：

表10－21　固定资产折旧计提表

固定资产类别	预计使用年限/年	年折旧率/%	预计残值率/%
机器设备	10	10.00	
运输工具	10	10.00	
电子设备	3～5	20.00～33.33	

（4）固定资产后续支出的会计处理方法。

与固定资产有关的后续支出，当该固定资产可能流入企业的经济利益超过了原先的估计时，计入固定资产账面价值，其增计后的金额不超过该固定资产的可回收金额。

5. 收入确认原则

商品销售收入确认：本公司在已将商品所有权上的重要风险和报酬转移给对方，本公司不再对该商品实施继续管理权和实际控制权，相关的收入已经收到或取得了收款的证据，并且与销售该商品有关的成本能够可靠地计量时，确认营业收入的实现，并按已实现的收入记账，计入当期损益。

6. 所得税的会计处理方法

本公司所得税的会计处理方法采用应付税款法。

7. 利润分配方法

根据《公司法》和本公司章程的规定，按以下顺序及比例进行分配：弥补以前年度亏损；提取10%的法定盈余公积金；按当年股东大会决议提取任意盈余公积金；分配股东利润。

四、会计政策、会计估计变更以及重大差错更正的说明

本报告期会计政策、会计估计与前报告期一致，亦没有发生重大差错更正事项。

五、税项

表 10－22　税项表

税种	计税基础	税率/%
增值税	产（商）品销售收入	17
城建税	应交增值税	7
教育费附加	应交增值税	3
所得税	应纳税所得额	25

六、会计报表重要项目注释

（一）资产负债表重要项目注释

1. 货币资金

表 10－23　货币资金表

单位：元

项　　目	期末余额	期初余额
库存现金	31 431. 39	4 847. 13
银行存款	3 275 904. 12	1 668 736. 74
合　　计	3 307 335. 51	1 709 583. 87

2. 应收账款

表 10－24　应收账款账龄分析表

单位：元

项　　目	期末余额		期初余额	
	账面余额	坏账准备	账面余额	坏账准备
1 年以内（含 1 年）	16 084. 50	0	6 058. 00	0
1～2 年（含 2 年）	0	0	0	0
合　　计	16 084. 50	0	6 058. 00	0

3. 其他应收款

（1）账龄分析。

表 10－25　其他应收款账龄分析表

单位：元

项　　目	期末余额		期初余额	
	账面余额	坏账准备	账面余额	坏账准备
1 年以内（含 1 年）	5 000.00	0	35 500.00	0
1～2 年	27 500.00			
合　计	32 500.00	0	35 500.00	0

（2）欠款情况。

表 10－26　其他应收款欠款情况表

单位：元

欠款单位	欠款金额	欠款原因	欠款时间
信诚公司	25 000.00	押金	20×3 年 6 月
泰林公司	2 000.00	押金	20×5 年 9 月
新方朝公司	3 000.00	押金	20×5 年 1 月

4. 存货

表 10－27　存货构成分析表

单位：元

存货种类	期初余额	本期增加额	本期减少额	期末余额
原材料	53 165.57	150 773.57	125 595.98	78 343.16
自制半成品及在产品（在研品）	0	0	0	0
库存商品（产成品）	8 213.99	665 811.58	664 514.22	9 511.35
周转材料（包装物、低值易耗品等）	88 775.50	0	88 775.50	0
消耗性生物资产	0	0	0	0
合　　计	150 155.06	816 585.15	878 885.70	87 854.51

5. 长期股权投资

表 10－28　长期股权投资分类情况表

单位：元

项　　目	期初余额	本期增加额	本期减少额	期末余额
长期股权投资	455 000.00	1 000 000.00	0	1 455 000.00
其中：对子公司投资	0	0	0	0
对其他企业投资	455 000.00	1 000 000.00	0	1 455 000.00

6. **固定资产**

（1）固定资产原值、累计折旧和减值准备变动情况。

表 10－29　固定资产原值、累计折旧和减值准备变动情况表

单位：元

项目		期初余额	本期增加	本期减少	期末余额
固定资产原值	土地资产	0	0	0	0
	房屋建筑物	0	0	0	0
	运输工具	332 500.00	220 800.00	0	553 300.00
	机器设备	931 910.00	0	15 000.00	916 910.00
	电子设备	87 567.00	8 512.82	44 579.00	51 500.82
	其他设备	0	0	0	0
小计		1 351 977.00	229 312.82	59 579.00	1 521 710.82
累计折旧	土地资产	0	0	0	0
	房屋建筑物	0	0	0	0
	运输工具	31 524.51	35 291.20	0	66 815.71
	机器设备	528 671.66	84 650.23	15 000.00	598 321.89
	电子设备	85 441.59	8 157.91	44 579.00	49 020.50
	其他设备	0	0	0	0
小计		645 637.76	128 099.34	59 579.00	714 158.10
减值准备	土地资产	0	0	0	0
	房屋建筑物	0	0	0	0
	运输工具	0	0	0	0
	机器设备	0	0	0	0
	电子设备	0	0	0	0
	其他设备	0	0	0	0
小计		0	0	0	0
固定资产净额	土地资产	0			0
	房屋建筑物	0			0
	运输工具	300 975.49			486 484.29
	机器设备	403 238.34			318 588.11
	电子设备	2 125.41			2 480.32
	其他设备	0			0
小计		706 339.24			807 552.72

（2）固定资产期末较期初增加 169 733. 82 元，其中从在建工程转入 0. 00 元。

（3）本期增加的累计折旧中，本期计提的折旧费用 128 099. 34 元。

7. 应付职工薪酬

表 10 - 30　应付工资及福利费情况表

单位：元

项　目	期初余额	本期增加	本期支付	期末余额
1. 工资、奖金、津贴和补贴	0	333 149. 60	333 149. 60	0
2. 职工福利费	0	56 479. 00	56 479. 00	0
合　计	0	389 628. 60	389 628. 60	0

8. 应交税费

表 10 - 31　应交税费情况表

单位：元

税费项目	期初余额	本期应交	本期已交	期末余额
未交增值税	5 888. 25	259 509. 19	242 733. 93	22 663. 51
房产税	0	0	0	0
城建税	412. 18	18 165. 66	16 991. 39	1 586. 45
所得税	7 093. 88	35 540. 07	26 394. 36	16 239. 59
印花税	0	170. 19	126. 70	43. 49
个人所得税	2. 47	980. 87	967. 73	15. 61
车船使用税	0	788. 00	788. 00	0
土地使用税	0	3 200. 00	3 200. 00	0
小　计	13 396. 78	318 353. 98	291 202. 11	40 548. 65
教育费附加	176. 65	7 785. 29	7 282. 03	679. 91
堤围防护费	942. 89	2 182. 39	1 837. 67	1 287. 61
矿产资源补偿费	8 704. 00	20 145. 00	16 962. 00	11 887. 00
小　计	9 823. 54	30 112. 68	26 081. 70	13 854. 52
合　计	23 220. 32	348 466. 66	317 283. 81	54 403. 17

9. **应付利润**

（1）应付利润情况。

表 10－32　应付利润情况表

单位：元

项　　目	期初余额	本期增加	本期支付	期末余额
合胜公司	43 264. 54	40 894. 67	43 264. 54	40 894. 67
文信公司	21 632. 27	8 579. 30	21 632. 27	8 579. 30
尚云枫	7 210. 75	17 444. 57	7 210. 75	17 444. 57
合　　计	72 107. 56	85 792. 99	72 107. 56	85 792. 99

（2）利润分配方案业经 20××年 4 月 12 日本公司董事会决议确认。

10. **其他应付款**

（1）其他应付款情况。

表 10－33　其他应付款情况表

单位：元

项　　目	期末余额	期初余额
非关联方债权人	335 970. 00	345 587. 01
关联方债权人	0	0
合　　计	335 970. 00	345 587. 01

（2）应付情况。

表 10－34　应付情况表

单位：元

单位名称	金额	款项内容	发生时间
海胜堂公司	331 580. 00	货款	20××年

11. **实收资本**

表 10－35　实收资本情况表

单位：元

股东名称	期初情况		本期增加	本期减少	期末情况	
	出资额	比例%			出资额	比例%
合胜公司	1 200 000. 00	40. 00	0	0	1 200 000. 00	40. 00
若泰公司	450 000. 00	15. 00	0	450 000. 00	0	0
文信公司	320 000. 00	10. 67	450 000. 00	0	770 000. 00	25. 66
尚云枫	1 030 000. 00	34. 33	0	0	1 030 000. 00	34. 33
合计	3 000 000. 00	100. 00	450 000. 00	450 000. 00	3 000 000. 00	100. 00

12. 资本公积

表 10-36　资本公积情况表

单位：元

项目	期初余额	本期增加	本期减少	期末余额	变动原因、依据
资本公积	320 000.00	0	0	320 000.00	
合　　计	320 000.00	0	0	320 000.00	

13. 盈余公积

表 10-37　盈余公积情况表

单位：元

项目	期初余额	本期增加	本期减少	期末余额	变动原因、依据
法定盈余公积	259 869.00	143 935.32	0	403 804.32	按本年净利润的10%提取
合　　计	259 869.00	143 935.32	0	403 804.32	

14. 未分配利润

（1）未分配利润变动情况。

表 10-38　未分配利润变动情况表

单位：元

项　　目	金　　额
上期期末余额	648 968.06
加：期初未分配利润调整数	0
其中：会计政策变更	0
重大会计差错	0
其他调整因素	0
本期期初余额	648 968.06
本期增加额	232 179.79
其中：本期净利润转入	232 179.79
其他增加	0
本期减少额	109 010.97
其中：本期提取盈余公积数	23 217.98
本期分配现金股利数	85 792.99

续上表

项　　目	金　　额
本期分配股票股利数	0
其他减少	0
本期期末余额	772 136.88
其中：董事会已批准的现金股利数	0

本期未对期初未分配利润进行追溯调整。

（2）本公司于20××年4月12日召开董事会会议，通过利润分配预案，拟以可供股东分配的利润进行分配，分配方案如下：按当年净利润提取10%的法定盈余公积金，再将剩余可供股东分配利润的10%按股东的投资比例分配给股东。

（二）利润表重要项目注释

1. **营业收入**

（1）营业收入情况。

表10－39　营业收入情况表

单位：元

收入项目	20×5年度	比例%	20×4年度	比例%
甲产品营业收入	1 645 383.75	98.01	1 400 336.21	98.08
乙产品营业收入	33 378.21	1.99	27 359.00	1.92
主营业务收入小计	1 678 761.96	100.00	1 427 695.21	100.00
收入合计	1 678 761.96	100.00	1 427 695.21	100.00

（2）主营业务收入较上期同期增加14.96%。

2. **营业成本**

（1）营业成本情况。

表10－40　营业成本情况表

单位：元

成本项目	20×5年度	毛利率%	20×4年度	毛利率%
甲产品成本	1 033 545.55	37.19	812 392.48	41.99
乙产品成本	13 457.24	59.68	10450.47	61.80
成本合计	1 047 002.79		822 842.95	

（2）主营业务毛利率较上期下降，主要原因是：对于已有产品进行新一代开发，产品成本有所上升。

3. **投资收益**

（1）投资收益情况。

表 10－41 投资收益情况表

单位：元

产生投资收益的来源	20×5 年度	20×4 年度
对子公司的投资收益	0	0
对联营企业和合营企业的投资收益	226 912. 36	122 357. 37
合　　计	226 912. 36	122 357. 37

（2）投资收益较上期增加 85. 45%，原因是：被投资单位文泰公司经营净利润有所上升。

4. **所得税费用**

表 10－42 所得税费用表

单位：元

项　目	20×5 年度	20×4 年度
会计利润	267 719. 86	237 047. 96
收入总额调整	0	0
扣除项目调整	0	0
纳税调整前所得	267 719. 86	237 047. 96
加：纳税调整增加额	132 534. 85	72 619. 64
减：纳税调整减少额	226 912. 36	122 357. 37
纳税调整后所得	173 342. 35	187 310. 23
应纳税所得额	173 342. 35	187 310. 23
应纳所得税额（所得税费用）	35 540. 07	37 462. 05

（三）现金流量情况

1. **按净利润调节为经营活动现金流量的信息**

表 10－43 按净利润调节为经营活动现金流量的信息表

单位：元

项　目	本期数	上期数
1. 将净利润调节为经营活动现金流量	——	——
净利润	232 179. 79	199 585. 91
加：资产减值准备	0	0

续上表

项　　目	本期数	上期数
固定资产折旧、油气资产折耗、生产性生物资产折旧	128 099. 34	125 207. 35
无形资产摊销	0	0
长期待摊费用摊销	0	0
处置固定资产、无形资产和其他长期资产损失（收益以“－”号填列）	－200. 00	0
固定资产报废损失（收益以“－”号填列）	0	0
公允价值变动损失（收益以“－”号填列）	0	0
财务费用（收益以“－”号填列）	0	0
投资损失（收益以“－”号填列）	－226 912. 36	－122 357. 37
递延所得税资产减少（收益以“－”号填列）	0	0
递延所得税负债减少（收益以“－”号填列）	0	0
存货的减少（增加以“－”号填列）	62 300. 55	8 416. 82
经营性应收项目的减少（增加以“－”号填列）	5 026. 50	8 475. 50
经营性应付项目的增加（减少以“－”号填列）	21 565. 84	－37 753. 65
其他	0	0
经营活动产生的现金流量净额	222 059. 66	181 574. 56
2. 不涉及现金收支的重大投资和筹资活动	——	——
债务转为资本	0	0
一年内到期的可转换公司债券	0	0
融资租入固定资产	0	0
3. 现金及现金等价物净变动情况	——	——
现金的期末余额	3 277 335. 51	1 669 583. 87
减：现金的期初余额	1 669 583. 87	1 595 821. 41
加：现金等价物的期末余额	0	0
减：现金等价物的期初余额	0	0
现金及现金等价物净增加额	1 607 751. 64	73 762. 46

2. **现金等价物的有关信息**

表 10－44　现金等价物的有关信息表

单位：元

项　　目	本期数	上期数
一、现金	3 277 335. 51	1 669 583. 87
其中：库存现金	1 431. 39	847. 13
可随时用于支付的银行存款	3 275 904. 12	1 668 736. 74
可随时用于支付的其他货币资金	0	0
二、现金等价物	0	0
其中：三个月内到期的债券投资	0	0
三、期末现金及现金等价物余额	3 277 335. 51	1 669 583. 87
其中：母公司或集团内子公司使用受限制的现金和现金等价物	0	0

七、关联方关系及其交易

本公司本期无发生关联交易。

八、资产负债表日后事项

本公司本期无发生资产负债表日后事项。

九、或有事项

本公司本期无发生或有事项。

十、其他重要事项

本公司本期无发生重要投资、重要债务、资产重组、债务重组、兼并、分立等事项。

项目小结

财务报表是对企业财务状况、经营成果和现金流量的结构性表述。一套完整的财务报表至少应当包括资产负债表、利润表、现金流量表、所有者权益（或股东权益）变动表以及附注。

表 10－45　财务报表名称、反映时点、核算基础与填列方法

报表名称	反映时点	核算基础	填列方法
资产负债表	时点报表	权责发生制	直接填列、计算填列、分析填列
利润表	期间报表	权责发生制	直接填列、计算填列
现金流量表	期间报表	收付实现制	直接法、间接法
所有者权益变动表	期间报表	权责发生制	直接填列

问题讨论：

1. 采用表结法时，每年12月份要结转的损益类账户的金额是12月份当月数还是全年数呢？

2. 编制资产负债表时，哪些资产科目有备抵账户？

3. 哪张财务报表是静态报表？哪张财务报表是期间报表？

4. 现金流量表把企业的日常活动分为哪几种？

5. 现金流量表的编制基础是收付实现制，与权责发生制的区别是什么？

6. 所有者权益变动表中可以体现几年的报表数据？